ENTWICKLUNG UND UNTERENTWICKLUNG
DAS BEISPIEL IRAN

Inaugural-Dissertation
zur Erlangung des Grades eines
Doktors der Wirtschaftswissenschaft
beim Fachbereich Wirtschaftswissenschaft
der Freien Universität Berlin
vorgelegt von

Diplom-Volkswirt Roland Döbele
aus Stuttgart

Berlin 1982

Fachbereichssprecher:	Prof. Dr. Herbert Büning
Referent:	Prof. Dr. Klaus-Peter Kisker
Korreferent:	Prof. Dr. Ulrich Albrecht
Tag der mündlichen Prüfung:	24. Juni 1981

ISSN 0584-603-X

Sozialwissenschaftliche Studien
zu internationalen Problemen

Social Science Studies
on International Problems

Herausgegeben von / Edited by
Prof. Dr. Diether Breitenbach

CIP-Kurztitelaufnahme der Deutschen Bibliothek

Döbele, Roland:

Entwicklung und Unterentwicklung: Das Beispiel Iran / Roland Döbele. – Saarbrücken; Fort Lauderdale: Breitenbach, 1982.

(Sozialwissenschaftliche Studien zu internationalen Problemen; H. 64)

ISBN 3-88156-201-X.

NE: GT

X

Roland Döbele

Entwicklung und Unterentwicklung: Das Beispiel Iran

Heft 64

Sozialwissenschaftliche Studien zu internationalen Problemen / Social Science Studies on International Problems

Herausgegeben von / Edited by
Prof. Dr. Diether Breitenbach

Verlag **breitenbach** Publishers
Saarbrücken · Fort Lauderdale 1982

Gefördert aus Mitteln der
Stiftung Volkswagenwerk

ISBN 3-88156-201-X

Saarbrücken, Germany · Fort Lauderdale, USA
Printed by aku-Fotodruck GmbH, Bamberg

INHALT

Seite

Seite

Seite

TABELLENVERZEICHNIS

ABKÜRZUNGSVERZEICHNIS

AIOC	Anglo Iranian Oil Company
BfAi	Bundesstelle für Außenhandelsinformation
BMZ	Bundesministerium für wirtschaftliche Zusammenarbeit
DEG	Deutsche Gesellschaft für wirtschaftliche Zusammenarbeit
IBRD	International Bank for Reconstruction and Development
IDA	International Development Association
ILO	International Labour Organization
IMDBI	Industrial and Mining Development Bank of Iran
NIOC	National Iranian Oil Company
NISC	National Iranian Steel Company
NPCI	National Petrochemical Company of Iran
OPEC	Organisation erdölexportierender Länder
UNIDO	United Nations Industrial Development Organization

I. EINLEITUNG

1. PROBLEMSTELLUNG

Die vorliegende Arbeit resultiert aus Studien, die anfänglich die sogenannte neue Weltwirtschaftsordnung und die Organisation der erdölexportierenden Länder (OPEC) zum Gegenstand hatten. Während dieser Bemühungen machte ich für mich die Erfahrung, daß es nicht ausreichte, immer nur Globaltendenzen innerhalb der Beziehungen zwischen Industrie- und Entwicklungsländern zu analysieren, sondern sich auch mit der sozio-ökonomischen "Feinstruktur" einzelner unterentwickelter Länder zu beschäftigen. Nicht zuletzt die verschiedenen Mitgliedsländer der OPEC bieten ein Beispiel dafür, welche unterschiedlichen Entwicklungs- und Wachstumsstrategien in einem Teilbereich der Dritten Welt bestehen können, obwohl alle 13 Länder ihren Reichtum auf einen gemeinsamen Bereich, die Erdölindustrie, gründen.

Während einer Voruntersuchung einzelner Ölländer entschied ich mich schließlich für den Iran, was sich rückblickend aus zwei Gründen als "glücklich" erwiesen hat: Erstens verknüpften sich mit dem staatskapitalistischen Entwicklungsmodell unter dem letzten Schah - wie mit kaum einem anderen Entwicklungsland - alle verheißungsvollen Hoffnungen westlicher Strategen für die Zweite Entwicklungsdekade. Noch Mitte der 70er Jahre schien sich der Iran mit Riesenschritten dem industriellen Take-off zu nähern. Zweitens zeigte sich angesichts des realen Entwicklungsganges und des schließlichen Umsturzes im Iran geradezu exemplarisch das Scheitern dieser Hoffnungen mit ihren völlig unrealistischen Grundvoraussetzungen. Das iranische Volk verweigerte sich einfach als Akteur in den geopolitischen Überlegungen und Bestrebungen seiner selbsternannten ausländischen und einheimischen Führer.

Keine noch so gut geführte Landesstatistik des Schah-Regimes und kein noch so wohlwollend eingestellter, westlicher Medienapparat mit seinen Lobeshymnen auf die kaiserliche "Fortschrittsdiktatur" konnten angesichts des gigantischen Umfanges der Massenkämpfe von 1977 bis 1979 den ökonomischen, ideologischen und politischen Bankrott der Monarchie überdecken. Einmal mehr hatte die Geschichte den Herrschenden in Ost und West auf schmerzliche Weise Dialektik gepaukt, und auch die Verunglimpfung des gerechten Kampfes des iranischen Volkes mit der nachgeschobenen These, daß der Schah die Fähigkeiten seiner Untertanen zur Modernisierung überschätzt und sie mit seinen schnellen Industrialisierungsplänen überfordert hätte, konnte nichts mehr an der Tatsache des Scheiterns einer Entwicklung "à la americaine" zugunsten einer kleinen gesellschaftlichen Minderheit ändern.

Ungefähr zu derselben Zeit, als sich die iranische Revolution ankündigte, hatten die gleichen Kreise zu rätseln begonnen, wie es ein bis dahin fast völlig unerwähnter Ayatollah Khomeini unter Berufung auf die schiitische Tradition des Widerstandes fertigbringen konnte, den Befehlshaber einer der größten Armeen der Welt herauszufordern und schließlich sogar in die Knie zu zwingen. Angeblich hätten sich die kulturellen Errungenschaften des Westens doch schon längst und reibungslos gegen die alten iranischen Traditionen durchsetzen müssen; bis zum Ausbruch der Massenkämpfe wurde der Islam eher nur als Anachronismus behandelt.

Offensichtlich hatte die iranische Geschichte nie einem solchen geraden Lauf der Dinge gehorcht; auch eine im Westen bewußt genährte Vorstellung demagogisch mystischer Kräfte Khomeinis konnte nicht völlig die tiefen Wurzeln des iranischen Umbruches überdecken, der durch die ökonomischen und sozialen Umwälzungen während der letzten beiden Jahrzehnte geradezu programmiert und ungeheuer beschleunigt wurde, im historischen Sinn aber ebenso das Resultat einer rund 150-jährigen Fremdbestimmung darstellt, die sich wohl am besten mit der von A.G.Frank geprägten Formel der Entwicklung der Unterentwicklung charakterisieren läßt. Dies gilt trotz oder gerade wegen der reichen natürlichen, menschlichen und finanziellen Ressourcen, welche den Iran gemessen an den in der quantitativen Wirtschaftstheorie gängigen Entwicklungsindikatoren längst zum Industrieland hätten machen können; eine Zielsetzung also, an der auch die islamische Republik langfristig nicht vorbeikommen wird.

Die Frage nach Form und Inhalt der sozio-ökonomischen Entwicklung des Iran, der wir in der vorliegenden Arbeit nachgehen wollen, verkehrt sich damit zur Frage nach ihren historischen Hemmnissen. Unter dem Eindruck der Ereignisse der letzten Jahre, aber auch schon der Jahre davor, wurden zu diesem Problemkreis schon verschiedene Interpretationen vorgelegt. Meines Erachtens ist es bisher jedoch noch nicht voll befriedigend gelungen, die vorimperialistische Geschichte[1] des Iran mit den Wirkungen der stufenweisen ausländischen Penetration,[2] insbesondere nach 1960, dergestalt zu "synthetisieren", daß nicht das eine zum Anhängsel des anderen wird. Angesichts dieses Mangels versteht sich die vorliegende Arbeit als ein ökonomisch orientierter Versuch einer solchen Synthese.

---

1) Als Arbeiten, die sich schwergewichtig mit diesem Problemkreis beschäftigen, können angeführt werden: Schirazi, A.A.-K.: Genesis der sozio-ökonomischen Unterentwicklung des Iran, Diss., Berlin 1977; Massarrat, M.: Gesellschaftliche Stagnation und die asiatische Produktionsweise - Dargestellt am Beispiel der iranischen Geschichte, eine Kritik der Grundformationstheorie, in: Geographische Hochschulmanuskripte, Mai 1977, Heft 4, S. 3 - 125; Lambton, A.K.S.: Landlord and Peasant in Persia, London u.a. 1953.

2) Vgl. exemplarisch: Halliday, Fred: Iran - Analyse einer Gesellschaft im Entwicklungskrieg, Berlin 1979; Ravasani, Schahpour: Iran - Entwicklung der Gesellschaft, der Wirtschaft und des Staates, Stuttgart 1978; Behrawan, A.H.: Iran: Die programmierte Katastrophe - Anatomie eines Konflikts, Frankfurt a.M. 1980.

2. VORGEHENSWEISE

Den Ausgangspunkt bildet eine Auseinandersetzung mit wichtigen entwicklungstheoretischen Konzepten, die in mehr oder minder ausgeprägter Form Einfluß auf die unterschiedlichen Interpretationen zur iranischen Wirtschafts- und Sozialstruktur ausgeübt haben (Kapitel II). Wir nehmen dabei entsprechend der allgemeinen Situation in den Wirtschaftswissenschaften eine Unterteilung in die beiden konkurrierenden Gruppen vor: zum einen die Ansätze mit stark wachstums- und kapitalismusorientierten Vorstellungen und zum anderen die polit-ökonomischen Theorieansätze mit ihrer kritischen Einschätzung der von der ersten Gruppe propagierten Weltmarkteinbindung der Entwicklungsländer. Den ersten Schwerpunkt innerhalb dieser Diskussion bildet eine Auseinandersetzung über das Verhältnis der sogenannten Grundformationentheorie zur Theorie der asiatischen Produktionsweise, weil unter Berufung auf diese gegensätzlichen Positionen sowohl die vorimperialistische als auch teilweise die neuere iranische Geschichte unterschiedlich interpretiert wird. Den zweiten Schwerpunkt stellt eine Auseinandersetzung mit wichtigen imperialismus- und dependenztheoretischen Thesen zur Unterentwicklung dar und zwar unter dem zentralen Aspekt, wie in ihnen die verschiedenen Transformationsphasen behandelt werden, denen die vorkolonialen Gesellschaften im imperialistischen Weltsystem unterworfen wurden.

Vor diesem Hintergrund werden dann in Kapitel III die entscheidenden Grundzüge der iranischen Geschichte interpretiert, wobei wir uns im wesentlichen auf die Struktur der Produktionsverhältnisse in der vorimperialistischen Gesellschaft, die über Jahrtausende auf relativ hohem ökonomischen Niveau keinen revolutionierenden Einflüssen unterlegen waren, und auf ihre gewaltsame Zersetzung mit Beginn der russischen und englischen Penetration im vorigen Jahrhundert konzentrieren. Daß der mehr als hundertjährige Zersetzungsprozeß der traditionellen Produktions- und Herrschaftsformen nie vollständig erfolgte, soll zwar am Zusammengehen von "asiatischer" Despotie und ausländischen Interessen während der Kadscharen- und Pahlawi-Dynastie näher herausgearbeitet werden, der Schwerpunkt liegt jedoch entsprechend der Konzeption der Arbeit auf den ökonomischen Veränderungen und nicht so sehr auf den Erscheinungsformen und Perfektionismen der jeweiligen repressiven Staatsapparate.

Infolge seiner restriktiven historischen Bedingungen lebte der Iran bis zur Gegenwart trotz gewisser Industrialisierungsbemühungen im Grunde von zwei Wirtschaftssektoren, nämlich von der Erdölwirtschaft und der Landwirtschaft (Kapitel IV). Der erste entwickelte sich in diesem Jahrhundert gleichgeschaltet mit dem allgemeinen Wachstum und Energiehunger der kapitalistischen Industriestaaten und stand seit Beginn unter ausländischer Kontrolle. In der Behandlung der iranischen Ölindustrie geht es uns schwergewichtig um eine Verknüpfung allgemeiner Gesetzmäßigkeiten und historischer Trends der Kapitalakkumulation in der Rohölproduktion, insbesondere der Dynamik der Grundrente in dieser bedeutendsten Weltmarktbranche, mit ihren ökonomischen Wirkungen auf die iranische Wirtschaft. Der zweite Sektor, die Landwirtschaft mit ihren lange Zeit unveränderten Bewirtschaftungsformen, durchlief erst mit der Weißen Revolution die entscheidende Stufe eines säkularen Transformationsprozesses. Nachdem die faktische Kolonisierung des Iran im vorigen Jahrhundert nur dem Privateigentum an Grund und Boden, nicht dagegen kapitalistischen Ausbeutungsformen zum Durchbruch verholfen hatte, stand Mitte der 60er Jahre die Freisetzung der ländlichen Arbeitskräfte aus ihrer dörflichen Einbindung an, um die sich kapitalisierende Wirtschaft mit billigen Arbeitskräften in großem Umfang zu versorgen. Es wird zu zeigen sein, daß dieser Prozeß vom partikularen kapitalistischen Kalkül aus gesehen vielleicht erfolgreich gewesen sein mag, auf die Sozial- und Wirtschaftsstruktur des gesamten Landes aber eine verheerende Wirkung ausgeübt hat.

Diese These muß sich nicht zuletzt durch die Ergebnisse verifizieren, welche die Industrialisierungsbemühungen in den 60er und 70er Jahren und vor allen Dingen der Ölboom zwischen 1974 und

1977 erbrachten (Kapitel V). Um mit Bert Brecht zu sprechen, entscheidet es sich niemals in der Küche, ob Fleisch im Haus sein wird. Genauso wenig wurde das Schicksal der iranischen Landwirtschaft und ihrer Menschen nicht in der Landwirtschaft mit ihrer überschüssigen Arbeitskraft, sondern vom Rhythmus einer hektischen industriellen Akkumulation bestimmt, die erst verspätet einsetzte, ungleichgewichtig verlief und von Anfang an unter die Kontrolle ausländischer Konzerne geriet.

In Kapitel VI wollen wir dann die globalen ökonomischen und sozialen Folgen der abhängigen Entwicklung unter der SChah-Diktatur in ihren wichtigsten Umrissen resümieren, um auch vom makroökonomischen Standpunkt aus einen umfassenden Eindruck von der extremen Einseitigkeit und Deformiertheit des iranischen Entwicklungsmodells unter dem letzten Schah zu erhalten und um die Hypothek einzuschätzen, die für die Zukunft auf dem Land lasten wird.

Aufbauend auf diesen Ergebnissen sollen schließlich im letzten Kapitel die klassenspezifischen Veränderungen und das Wechselverhältnis von staatlicher Repression und Volkswiderstand diskutiert werden, wie sie zum Sturz der Diktatur führten. Soweit es zum gegenwärtigen Zeitpunkt überhaupt möglich ist, wollen wir außerdem noch auf das ökonomische und politische Entwicklungspotential der islamischen Republik näher eingehen.

Zum Abschluß dieser Einleitung müssen noch einige formale Punkte angesprochen werden:
Die Begriffe Iran und Persien werden synonym gebraucht, obwohl nur der erste die offizielle Bezeichnung des Landes darstellt.

Der iranische Kalender entspricht nicht dem, der in westlichen Ländern angewandt wird. Das iranische Jahr beginnt am 21. März und endet am 20. März. Das Jahr März 1975 bis März 1976 wurde im Kalender, der bis 1976 Gültigkeit besaß, mit 1354 numeriert. Im Jahr 1977 wurde beschlossen, nicht mehr länger nach dem islamischen Kalender, sondern nach dem Gründungszeitpunkt der ersten persischen Monarchie zu rechnen. Dadurch wurde z.B. das Jahr 1356 zum Jahr 2536. Ende 1978 wurde wieder auf das alte System zurückgegriffen. Wenn wir uns auf ein spezifisches Jahr, etwa 1972 beziehen, dann umschließt es das iranische Rechnungsjahr vom März 1972 bis März 1973.

Die Umschrift aus dem Persischen folgt im wesentlichen dem vereinfachten System, wie es im angel-sächsischen Sprachraum üblich geworden ist und größtenteils auch im deutschsprachigen Raum Eingang gefunden hat. Die wissenschaftliche Transkription weicht davon teilweise erheblich ab. Im Deutschen üblich gewordene Schreibungen, wie Teheran, Isfahan, Basar, Schah etc. wurden beibehalten.

Die Arbeit wurde dankenswerterweise durch ein Stipendium der Stiftung Volkswagenwerk finanziert. Sie wurde Ende 1980 abgeschlossen.

II. THEORETISCHE ANSATZPUNKTE

1. WACHSTUMSORIENTIERTE ENTWICKLUNGSTHEORIEN

Bis Ende der 60er Jahre standen die Priorität eines maximalen Wirtschaftswachstums gegenüber Verteilungs- und Beschäftigungszielen und die Zweckmäßigkeit moderner kapitalintensiver Technologien in den traditionellen entwicklungsstrategischen Konzepten noch völlig außer Frage. Nachdem aber eine solche Politik der "Modernisierung" auf der Basis des Imports von ausländischem Kapital und ausländischer Technologie einerseits nur zu einem mäßigen Wachstum, andererseits aber zu gestiegener sozialer und ökonomischer Ungleichheit, wachsender Arbeitslosigkeit und Unterbeschäftigung geführt hatte, fand eine partielle Erweiterung der traditionellen Modernisierungs-, Diffusions- und Strategietheorien statt, ohne daß deshalb allerdings schon auf eine Änderung der Entwicklungspraktiken in den kapitalistischen Entwicklungsländern geschlossen werden darf.

Die Revision der bis dahin legitimierten Wachtumspolitik bzw. deren Ergänzung um eine "soziale" Komponente waren zweifellos Ausdruck des kritischen Anwachsens der sogenannten absoluten Armut.[1] Ihren Niederschlag fanden diese brisanten sozialen Verhältnisse in einer Fülle von Theorien bzw. Entwicklungsstrategien, ohne daß dadurch grundlegende Prämissen der traditionellen Wachstumstheorien aufgegeben wurden.

Von Weltbank-Theoretikern wurde z.B. das Konzept des "redistribution with growth"[2] propagiert und vergleichbare Vorstellungen

---

1) Vgl. Matzdorf, Manfred: Wissenschaft, Technologie und die Überwindung von Unterentwicklung, Saarbrücken, Fort Lauderdale 1979, S. 43.

2) Vgl. hierzu die Aufsatzsammlung von Chenery, H., u.a.: Redistribution with Growth - Policies to Improve Income Distribution in Developing Countries in the Context of Economic Growth, London 1974.

flossen in die "Internationale Strategie für die Zweite Entwicklungsdekade"[1] ein. Unter der Leitung von Galtung wurde sogar ein "World Indicators Program"[2] erstellt, das neben dem ökonomischen Wachstum noch neun weitere, mehr oder minder gleichrangige Entwicklungsziele anführte. Letzten Endes verließen aber auch diese Varianten nicht den Rahmen der traditionellen Wachstumstheorien, weil in ihnen positive Verteilungseffekte im nationalen und internationalen Rahmen nur als Vehikel für weiteres ökonomisches Wachstum fungieren sollten, d.h. mit der Erschliessung des inneren Marktes der Kapitalakkumulation ein weiterer Spielraum eröffnet werden sollte.

Im folgenden wollen wir nun den Erklärungswert einiger traditioneller und erweiterter Wachstumstheorien näher untersuchen, um ihre grundlegenden Thesen dann im weiteren Verlauf der Arbeit an der Wirklichkeit des iranischen Entwicklungsmodells zu messen.

1.1. Rostows Stadienkonzept

Während des Kolonialzeitalters behandelten die bürgerlichen Wirtschafts- und Sozialwissenschaftler internationale Einkommens- und Entwicklungsunterschiede mehr oder minder wie unabänderliche Naturgesetze, die angeblich auf rassischen oder klimatisch-geogra-

---

1) Zu dieser Strategie vgl. BMZ (Hrsg.): Die entwicklungspolitische Konzeption der BRD und die Internationale Strategie für die Zweite Entwicklungsdekade, Bonn 1973. Als eine der Grundlagen für diese Strategie der 70er Jahre diente das "World Employment Program" von der ILO (Genf 1969), in dem erstmalig die Verringerung der Arbeitslosigkeit und Unterbeschäftigung explizit als Ziel formuliert wurde. Eine weit pessimistischere Fortsetzung dieses Programms erfolgte dann in "Beschäftigung, Wachstum und Grundbedürfnisse: Ein weltweites Problem" (ILO, Genf 1976).

2) Vgl. zu den Resultaten dieses Forschungsprojektes Galtung, Johan u.a.: Measuring World Development, Oslo, o.J., Chair in Conflict and Peace Research, mimeo, Papers No. 11.

phischen Unterschieden beruhten.[1] Seit dem Ende des Zweiten Weltkrieges bzw. seit dem Zusammenbruch der großen Kolonialreiche ist diese "naturalistische" Sicht langsam verschwunden und nur noch gelegentlich tauchen Überreste eines rassisch oder kulturell begründeten Entwicklungspessimismus[2] auf.

Unter dem Eindruck der Erfolge der OPEC-Länder und dem Entstehen sogenannter Schwellenländer herrscht heute die Auffassung vor, daß die Teilung der Welt in entwickelte und unterentwickelte Regionen keinen starren Regeln gehorcht, sondern durch Prozesse relativiert wird, die eine nachholende Akkumulation einzelner "Schwellenländer", "Ölländer" etc. zu gestatten scheinen. Ihren historischen Anfang nahm diese Auffassung mit dem Aufbrechen der nationalistischen Bewegungen in der Dritten Welt, deren Anspruch, daß nämlich nationale Souveränität nur Sinn haben könnte bei einer gleichzeitigen sozialen und ökonomischen Entwicklung und einer internationalen Angleichung der Wohlfahrtsunterschiede, von der Theorie ernst genommen werden mußte, um adäquate Strategien für die Expansionsbedürfnisse der Metropolen aufzeigen und analysieren zu können.

Rostow war einer der ersten, der mit seinem für die bürgerliche Entwicklungstheorie immer noch bedeutenden Buch "Stadien wirtschaftlicher Entwicklung"[3] einen Beitrag lieferte, der sowohl zur Formulierung der Entwicklungsziele der herrschenden Klassen in den Entwicklungsländern als auch zur Fundierung der Entwicklungspolitik der imperialistischen Metropolen gegenüber den ent-

---

1) So in Huntingtons Klimatheorie (Huntington, E.: Mainsprings of Civilization, New York 1945). Ironische Kritiker bemerkten, "daß seine Beschreibung eines idealen Klimas für das menschliche Leistungsstreben merklich mit dem Klima von New Haven, Connecticut, übereinstimmt, wo Huntington lebte und arbeitete." (Bohnet, Michael: Die Entwicklungstheorien - Ein Überblick, in: Ders. (Hrsg.): Das Nord-Süd-Problem - Konflikte zwischen Industrie- und Entwicklungsländern, München 1971, S. 57).

2) Z.B. bei Behrendt, R.F.: Die Zukunft der Entwicklungsländer als Problem des Spätmarxismus, in: Bohnet, M. (Hrsg.): Das Nord-Süd-Problem, a.a.O., S. 86 - 101.

3) Rostow, W.W.: Stadien wirtschaftlichen Wachstums - eine Alternative zur marxistischen Entwicklungstheorie, Göttingen 1960.

kolonisierten Ländern beitragen sollte. Dabei unterstellte Rostow ein für die Geschichte jedes Landes weitgehend gleiches Ablaufschema von fünf Entwicklungsstufen, nämlich die der "traditionellen Gesellschaft, der Anlaufperiode, in der die Voraussetzungen für den Beginn des Wachstums gelegt werden, der Periode des wirtschaftlichen Aufstiegs, der Entwicklung zum Reifestadium, dem Zeitalter des Massenkonsums".[1)]

Zumindest den letzten Stadien lag die Vorstellung einer organischen, kumulativ-irreversiblen und zweckgerichteten Entwicklung zugrunde, in der die wachsende ökonomische Komplexität trotz sektoreller und struktureller Differenzierung zunehmend harmonisiert werden sollte, getreu den neo-klassischen Grundannahmen der ganzen Theorie. Kolonialismus und Imperialismus deutete Rostow dementsprechend geradezu als begünstigende und notwendige Entwicklungsfaktoren in der Übergangsphase vor dem entwicklungspolitischen "Take-off". Er schreibt recht deutlich:
"Der allgemeinere Fall in der modernen Geschichte ist ..., daß die Voraussetzungen für den wirtschaftlichen Aufstieg nicht endogen, sondern exogen durch das Eindringen aus entwickelteren Gesellschaften geschaffen wurden. Dieses Eindringen schockierte - tatsächlich oder bildich gesprochen - die traditionelle Gesellschaft und setzte ihren Aufbruch in Bewegung oder beschleunigte ihn. Aber darüberhinaus wurde die Gesellschaft auch mit Ideen und Gefühlen bekannt, durch die ein Prozeß in Gang gebracht wurde, der als moderne Alternative zur traditionellen Gesellschaft aus der alten Kultur entstand."[2)]

---

1) Rostow, W.W.: Stadien wirtschaftlichen Wachstums ..., a.a.O., S. 18.

2) Ebenda, S. 21. Ihre Konkretisierung findet diese positive Grundannahme im Liberalismus der klassischen, "reinen" Aussenhandelstheorie, in der alle am Außenhandel beteiligten Länder, selbst bei einseitiger Ressourcenallokation, nur gewinnen können, sofern sie sich protektionistischer Maßnahmen enthalten (Exemplarisch dafür die meisten Aufsätze in: Rose, Klaus (Hrsg.): Die Theorie der internationalen Wirtschaftsbeziehungen, Köln, Berlin 1965). Angesichts der unbefriedigenden Ergebnisse im Außenhandel der meisten Entwicklungsländer und der wachsenden Bedeutung der Kapitalexporte mußte diese

Nicht als Resultat einer bestimmten Transformation der Produktionsverhältnisse in Richtung auf die Verallgemeinerung der Warenproduktion, sondern als autonomes Subjekt, quasi als Deus-ex-machina, erscheint in dieser Welt der Ideen und Gefühle schließlich auch der "sparende" und "modernistische" Typ von Unternehmer, wie ihn Schumpeter nicht besser hätte idealisieren können: "Neue Typen von Unternehmern treten in der privaten Wirtschaft, in der Regierung oder in beiden auf; Unternehmer, die gewillt sind, Ersparnisse anzulegen und Risiko zu tragen oder um zu modernisieren. Banken und andere Institutionen, die Kapital mobilisieren, treten auf den Plan."[1)]

Es ist verständlich, daß nur diesem neuen Typ die Fähigkeit zugesprochen werden konnte,die Phase des wirtschaftlichen Aufstiegs durch einen entscheidenden Anstieg der produktiven Investitionen, durch die Entwicklung tragender Industriesektoren und durch die Schaffung eines adäquaten politischen, sozialen und institutionellen Rahmens abzusichern.[2)]

Noch immer dominieren in den heutigen Lehrbüchern zur Entwicklungspolitik diese mystifizierenden Vorstellungen über die Rolle der Unternehmer. Deshalb auch fiel es Rostow und der in seiner Tradition stehenden Entwicklungstheorie leicht, ökonomisches Wachstum, besonders in seiner kapitalistischen Form, automatisch mit einer sozial ausgewogenen Entwicklung gleichzusetzen.

Anschauung zwangsläufig fallengelassen werden. Dafür rückten bestimmte Industrialisierungsbestrebungen, gegen die in manchen Außenhandelstheorien mit dem Argument der Faktorfehlallokation noch opponiert wurde, stärker in den Vordergrund (Zur Problematik der verschiedenen Industrialisierungstypen vgl. Donges, J.B./Müller-Ohlsen, L.: Außenwirtschaftsstrategien und Industrialisierung in Entwicklungsländern, Tübingen 1978).

1) Rostow, W.W.: Stadien ..., a.a.O., S. 21. Kritisch zur innovatorischen Rolle des Unternehmers vgl. Massarrat, M.: Hauptentwicklungsstadien der kapitalistischen Weltwirtschaft, Achenbach 1976, S. 31f.

2) Im "Weltentwicklungsbericht 1978" der Weltbank wird die Schaffung eines Unternehmertums als "erste wichtige Entwicklungsaufgabe" (S. 7) angesehen.

Wie Hauck[1] das Stadienkonzept von Rostow und die darauf basierenden Modernisierungstheorien eingehend kritisierte, herrscht in ihnen eine fundamentale Unklarheit der Einteilungskriterien. Ursprüngliche Gesellschaftszustände werden am Merkmal archaischer Techniken gemessen, während für spätere Etappen andere, nicht-produktionsspezifische Faktoren wie das Aufkommen moderner Unternehmer, die Rate und Höhe der Investitionen und schließlich die Entwicklung des Pro-Kopf-Einkommens in der reifen Gesellschaft als Indikatoren für einen optimalen Wachstumspfad dienen.

Man kann sagen, daß auf solchermaßen unscharfen Klassifizierungsmerkmalen letztlich eine ahistorische Konzeption von Entwicklung beruht, die nicht nur Rostows Stadienkonzept, sondern praktisch die gesamte bürgerliche Entwicklungstheorie durchzieht. Zur Negation der konkreten Geschichte der heutigen Entwicklungsländer gesellt sich die Gleichsetzung historisch vorkapitalistischer Gesellschaften mit den aktuellen Formen von Unterentwicklung, die Deutung des Kommunismus als pathologischer Fehlentwicklung[2] und die Orientierung der Entwicklungsziele "nicht (an) Industrialisierung schlechthin, sondern an Industrialisierung àl'américaine."[3] Das unbestrittene Verdienst A.G.Franks besteht ohne Zweifel darin, daß er als einer der ersten in seinen Arbeiten[4] nachweisen konnte, daß sich in keinem Teil der unterentwickelten

---

1) Hauck, Gerhard: Das Elend der bürgerlichen Entwicklungstheorie, in: Tibi, B./ Brandes, V. (Hrsg.): Handbuch 2 - Unterentwicklung, Frankfurt a.M., Köln 1975, S. 42f.

2) Rostow charakterisiert den Kommunismus als eine "Krankheit des Übergangs" (Rostow, W.W.: Stadien ..., a.a.O., S. 193).

3) Salin, Edgar: Unterentwickelte Länder: Begriff und Wirklichkeit, in: Fritsch, Bruno (Hrsg.): Entwicklungsländer, Köln, Berlin 1968, S. 24.

4) Frank, A.G.: The Development of Underdevelopment, Monthly Review, Bd. 18, Nr. 4, September 1966 und ders.: Kapitalismus und Unterentwicklung in Lateinamerika, Frankfurt a.M. 1968. In derselben Reihe steht Paul A. Barans gewichtiges Werk "Politische Ökonomie des wirtschaftlichen Wachstums" (Neuwied und Berlin 1971).

Regionen, speziell aber in Lateinamerika, ein Geschichtsablauf bis zur Gegenwart nachweisen läßt, der mit einer solchen unkritischen Rezeption von Geschichte kompatibel wäre.

1.2. Dualismus- und Strategietheorien

Die Zeit nach dem Zweiten Weltkrieg hat sehr deutlich gezeigt, daß die Wachstumsprozesse in der Peripherie nicht in Übereinstimmung mit einem harmonisierenden Stadienkonzept abgelaufen sind. In weiten Teilen Afrikas, Lateinamerikas und Asiens entstanden unübersehbare dualistische bzw. heterogene Wirtschafts- und Sozialstrukturen, jedoch nicht in der Form eines "unverbundenen Nebeneinanders des Subsistenzsektors und des marktwirtschaftlich ausgerichteten Sektors",[1] wie Bohnet die Dualismustheorie[2] und ihren Nachläufer, den "diffusionist approach",[3] in ihren ökonomischen Aspekten zusammengefaßt hat, sondern als zusammenhängende Erscheinungen im Laufe eines historischen Entwicklungsprozesses.[4]

---

1) Bohnet, M.: Die Entwicklungstheorien ..., a.a.O., S. 50.

2) Die grundlegenden Arbeiten zur Dualismustheorie wurden von Boeke und Singer vorgelegt (Boeke, J.H.: Economics and Economic Policy of Dual Societies, New York 1953; Singer,H.W.: The Distribution of Gains between Investing and Borrowing Countries, in: American Economic Review, Bd. 40, 1950, S. 473f.

3) Vgl. Rogers, Everett: Diffusion of Innovations, New York 1962. In seinem Aufsatz "Sociology of Development and Underdevelopment of Sociology" hat A.G.Frank diesen Ansatz einer vernichtenden Kritik unterzogen (in: Cockroft, J.D.u.a. (Hrsg.): Dependence and Underdevelopment, New York 1972).

4) Vgl. Martinelli, Alberto: Dualismus und Abhängigkeit. Zur Kritik herrschender Theorien, in: Senghaas, Dieter (Hrsg.): Imperialismus und strukturelle Gewalt, Frankfurt a.M. 1972, S. 372 f.

Stavenhagen[1] betonte z.B. an Hand der Geschichte Zentralamerikas, daß viele Eingeborenensiedlungen, die heute isoliert sind und auf dem Niveau der Subsistenzwirtschaft leben, nicht immer diesen Bedingungen unterworfen waren, sondern erst im Laufe der Kolonisation in die unfruchtbarsten Gegenden vertrieben wurden, wo sie von der übrigen Wirtschaft abgeschlossen wurden und verarmten. In diesem Unterdrückungsprozeß, der auch heute noch nicht abgeschlossen ist, fungierten die rückständischen "Hinterländer" als Arbeitskräftereservoir und Lieferant für agrarische und mineralische Rohstoffe.[2]

Dessen ungeachtet wurde zum politischen Gehalt der vielschichtigen Dualismus- und Diffusionsansätze, daß Entwicklung nur durch weitere Verdrängung bereits abgedrängter traditioneller Produktionsverhältnisse und Normen im Zuge einer ungehemmten Kapitalisierung der nationalen Wirtschaften stattfinden könnte, insbesondere durch eine stärkere Integration in das internationale kapitalistische System: "... the diagnosis of the illness is that the 'patient'(Third World countries) need more of the 'drugs' (aid, unequal exchange mediated through international trade, and foreign investments) that is considered to have caused the illness, analysed within an alternative paradigm. The diagnosis is still that what is needed is more of the same."[3]

Von Strategietheoretikern wie Nurkse, Rosenstein-Rodan oder Hirschmann wurde stärker noch als von Rostow betont, daß die Behebung des Kapitalmangels einen ausgeprägteren Rückgriff auf externe Quellen erfordern würde, um eine ausreichende Investitionsrate in der "Take-off -Phase" zu erreichen. Lediglich unter dem Vorbehalt begrenzter staatlicher Kontrollen von privaten Kapital-

---

1) Stavenhagen, Rodolfo: Sieben falsche Thesen über Lateinamerika, in: Frank, A.G. u.a.: Kritik des bürgerlichen Anti-Imperialismus, Berlin 1969, S. 19f.

2) Frank spricht in diesem Zusammenhang plastisch von Satelliten der Submetropolen.

3) Løvbroek, Asbjørn: State Interventionism, Industrial Growth and Planning in Iran, Diss., Oslo 1977, S. 6.

importen wurden diese Ursache und Wirkung verkehrenden Forderungen schließlich zum Gemeinplatz und Allheilmittel innerhalb der gesamten westlichen Entwicklungstheorie und -politik.[1)]

Bei dieser Prämisse erschien für Nurkse ein Entkommen aus dem "Vicious Circle of Poverty", dem "Underdevelopment Equilibrium"[2)] nur möglich, wenn nicht nur einzelne Produktionslinien, sondern eine ganze Reihe verschiedener Industrien aufgebaut würde, d.h. wenn ein Prozeß des "Balanced Growth" in Gang gesetzt würde, in dem jeder Produktions- und Angebotszuwachs, analog dem optimistischen Gleichgewichtsbegriff von Say, automatisch auf eine identische Nachfrage treffen müsse.

Angesichts der deformierten und zurückgebliebenen Sektorenstruktur der unterentwickelten Länder lag natürlich nichts näher, als einen allumfassenden Aufbau der Industrie und Landwirtschaft zu fordern bzw. mit dem berühmten "Big Push" an Investitionen die Bedingungen für einen entwicklungsstrategischen Aufschwung herbeizuführen.[3)] Nichts erwies sich bald aber auch als schwieriger, denn unter den weltwirtschaftlichen Bedingungen der 50er und 60er Jahr unterlagen die Entwicklungsländer trotz oder gerade wegen ihrer bescheidenen Industrialisierungserfolge in einem Umfang einem Kapital- bzw. Devisenmangel, der eine solche Strategie geradezu verhinderte.

---

1) Exemplarisch dafür ist immer noch der Pearson-Report (Pearson, L.B.: Partners in Development, Report of the Commission on International Development, London 1969).

2) Vgl. Nurkse, Ragnar: Problems of Capital Formation in Underdeveloped Countries, Oxford 1953, S. 10. Myrdal gebrauchte in ähnlichem Zusammenhang den Begriff der "zirkulären Verursachung" von Elend und Unterentwicklung, nach dem ein sozialer Prozeß dazu neigt, "kumulativ zu werden und sich in steigendem Maße zu beschleunigen" (Myrdal, Gunnar: Ökonomische Theorie und unterentwickelte Regionen, Frankfurt a.M. 1974, S. 27).

3) Zur Theorie des "Big Push" vgl. Rosenstein-Rodan, P.N.: Notes on the Theory of the "Big Push", M.I.T., CIS, March 1957. Ähnlich wird im Ansatz des "Critical Minimum Effort" argumentiert, der die massierte Mobilisierung einer Minimalkapitalmenge zur Initiierung eines selbsttragenden Wachstums propagiert (vgl. Leibenstein, H.: Economic Backwardness and Economic Growth, New York 1957).

Hirschmanns Strategie des ungleichgewichtigen Wachstums mußte daher auch manch einem seiner akademischen Kollegen als ein Konzept erscheinen, das "aus dem Banne des Denkens in 'Vorbedingungen der Entwicklung' und 'Teufelskreisen der Armut'"[1] zu führen versprach. Ob Hirschmanns Gedanken die Theorie wirklich von diesem Bann befreiten, mag an dieser Stelle dahingestellt bleiben. Immerhin aber bezog er sich viel stärker als große Teile der übrigen Entwicklungstheorie auf die heterogenen Strukturen in der Dritten Welt, indem er aus der Not eine Tugend machte und für die Schaffung von Spannungen und Ungleichgewichten plädierte: "Wenn das Fortschreiten einer Volkswirtschaft erhalten werden soll, ist es die Aufgabe der Entwicklungspolitik, Spannungen, Verzerrungen und Ungleichgewichte aufrechtzuerhalten. Dieser Alptraum der Gleichgewichtstheorie, das unaufhörlich ausgesponnene Spinnweb, ist also d i e A r t von Mechanismus, auf die wir unablässig aus sein müssen, weil sie eine unschätzbare Hilfe im Entwicklungsprozeß darstellt."[2]

1.3. Aspekte neuerer Wachstumsstrategien

In den 60er und 70er Jahren zeigte sich, daß die traditionelle Entwicklungstheorie mit ihrer Fixierung auf quantitative Wachstumsgrößen nicht in der Lage war, Perspektiven zur weiteren ökonomischen Entwicklung der Dritten Welt unter kapitalistischen Bedingungen aufzuzeigen. Politisch setzte sich daher in den Metropolen langsam die Einsicht durch, daß es zur Wahrung des Fortbestandes und Ausbaus des kapitalistischen Systems notwendig wäre, soziale Spannungen und Ungleichheiten bis zu einem gewissen Grade abzubauen, d.h. neben den repressiven auch konfliktentschärfende Mittel einzusetzen. Sowohl das US-Programm

---

1) So Karl Schiller in seinem Vorwort zu A.O. Hirschmanns Buch "Die Strategie der wirtschaftlichen Entwicklung" (Stuttgart 1967, S. V).

2) Ebenda, S. 62.

für Lateinamerika ("Allianz für den Fortschritt") als auch die Propagierung der 60er Jahre zum ersten "Entwicklungsjahrzehnt" auf Initiative der Kennedy-Administration waren erste, allerdings untaugliche Versuche einer solchen Stabilisierung der sozio-ökonomischen Situation in der Dritten Welt nach der kubanischen Revolution.[1]

Trotz dieser Bemühungen schritt die Vertiefung der sozio-ökonomischen Disparitäten auf allen Ebenen weiter voran.[2] Der Komplex aus absoluter Armut, Unterbeschäftigung, Arbeitslosigkeit und Bevölkerungswachstum rückte daher neben rein quantitativen Wachstumsüberlegungen zunehmend ins Zentrum der Entwicklungstheorie und -politik. Die Doppelstrategie der UN und der Weltbank mit dem Ziel der Beschleunigung des Wachstums bei gerechterer Einkommensverteilung zielte eindeutig auf eine solche Neutralisierung der Konfliktpotentiale für die kapitalistischen Metropolen ab.

Die "Internationale Strategie für die Zweite Entwicklungsdekade" der Vereinten Nationen modifizierte den traditionellen Wachstumsansatz durch die Forderung nach einem "sozial orientierten" Wachstum auf der Basis einheimischer materieller und menschlicher Ressourcen und zugunsten der bisher am stärksten zurückgesetzten Bevölkerung in den ländlichen Gebieten mittels der Begrenzung des Bevölkerungswachstums, der Schaffung zusätzlicher Beschäftigungsmöglichkeiten außerhalb des kapitalistischen Sektors sowie der Verbesserung der landwirtschaftlichen Produktionsmethoden und der Reform der Bodenbesitzverhältnisse.[3] Basierend auf eigenen düsteren Analysen und Prognosen formulierte

---

1) Über die Grundzüge der amerikanischen Entwicklungspolitik siehe Weissman, S.(Hrsg.): Das trojanische Pferd - Die Auslandshilfe der USA, Berlin 1975.

2) Zu den empirischen Aspekten dieses Verelendungsprozesses vgl. Fröbel, Folker u.a. (Hrsg.): Die Armut des Volkes - Verelendung in den unterentwickelten Ländern, Auszüge aus Dokumenten der Vereinten Nationen, Reinbek bei Hamburg 1974.

3) Vgl. BMZ: Die entwicklungspolitische Konzeption ..., a.a.O..

die Weltbank schließlich ihre eigene "armutsorientierte Entwicklungsstrategie",[1] deren erklärtes Hauptziel in der Milderung der Armut im ländlichen Sektor besteht.

Soweit darauf basierende Konzeptionen bisher realisiert wurden, blieben jedoch immer noch kapitalistische Agrarreformen und produktivitätssteigernde Maßnahmen vom Typ der "Grünen Revolution" prioritär, während es keine größere Rolle spielte, ob die Kleinbauern in "gerechtem Umfang über moderne Technologie und Produktionsfaktoren verfügen."[2] Für die weniger armen Entwicklungsländer empfahl die Weltbank auf Grundlage der orthodoxen, komperativen Kostentheorie das alte Rezept einer liberalen Außenwirtschaftspolitik zur forcierten Integration in den kapitalistischen Weltmarkt.[3]

Ähnlich wie in den früheren Entwicklungskonzepten besteht jedoch auch in diesen neueren Strategien der entscheidende Konstruktionsfehler darin, daß sie Unterentwicklung rein deskriptiv, als Mangel- und Armutszustand konzipieren, die beziehungslos den westlichen Industrieländern gegenübergestellt werden. "Unterentwicklung erscheint dadurch als ein Anfangsstadium innerhalb eines ökonomischen und sozialen Kontinuums, an dessen Ende die 'entwickelten' Industriestaaten stehen, 'Entwicklung' als die Überwindung dieser Distanz.[4]

---

1) Chahoud, Tatjana: Der Entwicklungsbericht der Weltbank, in: Das Argument, Nr. 114, Berlin 1979, S. 211. Die neueren Vorstellungen der Weltbank zu dieser Strategie finden sich im "Weltentwicklungsbericht 1978" (Washington, D.C. 1978, S. 30ff).

2) Weltentwicklungsbericht ..., a.a.O., S. 43.

3) Ebenda, S. 65ff.

4) Matzdorf, M.: Wissenschaft ..., a.a.O., S. 77.

1.4. Kritik der methodischen Grundlagen

Bei allen Unterschieden im Detail haben die von uns bisher angesprochenen Entwicklungsstrategien drei wesentliche Charakterzüge gemeinsam: Erstens sind sie auf die expansionistischen und konfliktdämpfenden Bedürfnisse der kapitalistischen Industrieländer zugeschnitten, zumindest dienen sie für die Entwicklungspolitik der kapitalistischen Metropolen als Legitimationsbasis, zweitens propagieren sie das kapitalistische Entwicklungsmodell für den Aufbau der unterentwickelten Wirtschaften und drittens siedeln sie Widersprüche und Ausbeutung nur im Spannungsfeld zwischen vorkapitalistisch-traditionellen und kapitalistisch-modernen Sektoren an, nicht dagegen intern im kapitalistischen Bereich oder im Verhältnis zwischen Metropolen und Peripherie.

Schon R. Luxemburg kritisierte an der klassischen Nationalökonomie "die ganze offiziöse manchesterliche Ideologie der Interessenharmonie zwischen den Handelsnationen der Welt - die andere Seite der Interessenharmonie zwischen Kapital und Arbeit",[1] aber erst das Vordringen der Neo-Klassik innerhalb des Entwicklungsdenkens brachte es zustande, diese Hoffnung zum Prinzip zu überhöhen. Ihre am Nutzen- und Knappheitskalkül orientierte Theoriebildung mußte, wie G.Kay[2] herausgearbeitet hat, fast zwangsläufig auf die Konstruktion ahistorischer Entwicklungssequenzen unter der Annahme sozialer Harmonie und der sozialen Äquivalenz der "Produktionsfaktoren" hinauslaufen. "At a stroke any real basis for exploitation and class struggle is removed."[3]

---

1) Luxemburg, Rosa: Die Akkumulation des Kapitals, Berlin 1923, S. 361.

2) Kay, Geoffrey: Development and Underdevelopment, London 1975, S. 4ff. Natürlich wird in den verschiedenen Theorien nicht geleugnet, daß in der Praxis soziale Konflikte entstehen können. Es wird ihnen jedoch im Prinzip nur ein begrenzter und transitorischer Charakter zugeschrieben.

3) Ebenda, S. 5.

Diese ungenügende Unterscheidung verschiedener realer Organisationsformen von Wirtschaft und Gesellschaft hinderte die bürgerliche Entwicklungstheorie allerdings nie daran, gegen vorkapitalistische und noch stärker gegen sozialistische Verhältnisse zu opponieren und den Kapitalismus als universelle und für alle Völker erstrebenswerte Organisationsform zu propagieren.

Die auf neo-klassischen Grundannahmen beruhende Entwicklungskonzeption empfand es übrigens auch nie als Widerspruch, dem peripheren Staat die Rolle des Wirtschaftsregulators zuzuweisen, selbst wenn dies den Aufbau eines dominierenden staatskapitalistischen Sektors implizierte. Sie behalf sich mit zwei Argumenten gegen den Vorwurf der Verletzung marktwirtschaftlicher Prinzipien: Erstens unterstellte sie dem Staat im Entwicklungsfall eine sozialharmonisierende Rolle, getreu den liberalen Grundvoraussetzungen, und zweitens sprach sie ihm eine initiierende und stimulierende Funktion im Bildungsprozeß des privaten Unternehmertums zu. Nurkse meinte z.B. lapidar, daß der Staatsinterventionismus in Entwicklungsländern "really in accord with the needs of the situation"[1] sei.

1) Nurkse, R.: Problems ..., a.a.O., S. 96.

2. POLIT-ÖKONOMISCHE ENTWICKLUNGSTHEORIEN

2.1. Problemstellung

Das offensichtliche Versagen bürgerlicher Entwicklungs- und Modernisierungsstrategien - gemessen am Anspruch einer Verbesserung und Nivellierung der Lebensqualität der breiten Bevölkerung in unterentwickelten Regionen - und das Aufbrechen vielschichtiger nationalistischer Bewegungen in Afrika, Asien und Lateinamerika im Verlauf der Dekolonisation führten zum Entstehen bzw. Wiederaufleben verschiedener radikaler und marxistischer Entwicklungstheorien, in denen die gesellschaftliche und ökonomische Unterentwicklung in der Dritten Welt historisch auf die koloniale und imperialistische Expansion der Handels- und Industriemetropolen zurückgeführt wurde. Ideologisch unterschiedlich gefärbte Begriffe wie Abhängigkeit, Penetration, Surplustransfer, Ungleicher Tausch etc. wurden in diesem Zusammenhang zu Schlagwörtern, mit denen alle wichtigen Dimensionen von Unterentwicklung erklärt werden sollen.

Nun kann die Bedeutung externer Faktoren bei der Erklärung von Unterentwicklung bzw. deformierter Entwicklung sicherlich nicht hoch genug eingeschätzt werden. Zur a l l e i n i g e n Ursachenerklärung der Genesis und Dynamik im Falle von Unterentwicklung, wie dies in wichtigen Arbeiten latein-amerikanischer Dependenztheoretiker[1] oder auch in Barans grundlegender Studie[2] zentral formuliert wird, reichen sie jedoch nicht aus. Vielmehr spielten auch interne Faktoren bei der Herausbildung von Stagna-

---

1) Zu Genesis und Inhalt lateinamerikanischer Dependenztheorien vgl. Hurtienne, Thomas: Zur Ideologiekritik der lateinamerikanischen Theorien der Unterentwicklung und Abhängigkeit, in: Probleme des Klassenkampfes, IV. Jg. 1974, Heft 14/15, S. 213-283 und Evers, T.T. / Wogau, P.: "Dependencia": Lateinamerikanische Beiträge zur Theorie der Unterentwicklung, in: Das Argument, 15. Jg., Juli 1973, Heft 4-6, S. 404-454.

2) Baran, P.: Politische Ökonomie ..., a.a.O..

tion und Unterentwicklung eine wichtige Rolle, und zwar nicht nur während der vorkolonialistischen Zeit - insofern geben sie zwar keine Rechtfertigung, aber immerhin eine plausible Begründung dafür ab, warum die ausländische Penetration relativ zügig vonstatten gehen konnte -, sondern auch für die neuere Geschichte, die ihre Ergebnisse in bezug auf das Entwicklungsniveau eben erst durch das Zusammenspiel von extern-imperialistischen und traditionellen, vorkapitalistischen Kräften im Inneren hervorbrachte.

Unter diesem Gesichtspunkt ist es meines Erachtens für die theoretische Grundlegung dieser Arbeit fruchtbar, stärker auf das Konzept der vorkapitalistischen Produktionsweisen, ihrer Aufeinanderfolge und ihrer Remanenz einzugehen, als dies infolge einer gewissen Überreaktion auf amerikanische Modernisierungstheorien üblicherweise in Dependenztheorien der Fall ist.

Córdova[1)] ist einer der wenigen kritischen lateinamerikanischen Sozialwissenschaftler, der mit seinem Konzept der "strukturellen Heterogenität" solche Überreaktionen, in denen Unterentwicklung zum ausschließlichen Resultat der ausländischen Penetration gemacht wird, problematisierte und Marini[2)] weist auf den Umstand, daß ökonomische und damit politische Schwäche nicht nur als End-, sondern auch als Ausgangspunkt in Abhängigkeitsanalysen dienen müssen, hin. Praktisch blieben diese Deklamationen jedoch ohne größeren Nachhall,zumindest in den bekannteren Varianten radikaler bzw. marxistischer Entwicklungstheorien.

---

1) Córdova, Armando: Strukturelle Heterogenität und wirtschaftliches Wachstum, Frankfurt a.M. 1973, insbesondere S. 60ff.

2) Marini, R.M.: Die Dialektik der Abhängigkeit, in: Senghaas,D. (Hrsg.): Peripherer Kapitalismus - Analysen über Abhängigkeit und Unterentwicklung, Frankfurt a.M. 1974, S. 109. Autoren wie Sautter dient der Verweis auf eine ungenügende Berücksichtigung interner Faktoren zur Ablehnung der marxistischen Entwicklungstheorie und zur Rechtfertigung des Dominanzverhaltens der Metropolen gegenüber der Dritten Welt (vgl. Sautter, Hermann: Integration in internationale Güter- und Faktorströme - ein Instrument zur Überwindung oder Verstärkung der Unterentwicklung?, in: Urff, Winfried von (Hrsg.): Integration der Entwicklungsländer in eine instabile Weltwirtschaft - Probleme, Chancen, Gefahren, Berlin 1966, S. 34f).

Erst die in anderem Zusammenhang geführte Diskussion[1] um eine gesetzmäßige oder variierende Aufeinanderfolge vor- und nachkapitalistischer Produktionsweisen im allgemeinen und die historische Bedeutung der asiatischen Produktionsweise im besonderen ließ schließlich die zentrale Frage aufkommen, warum innerhalb geschlossener vorkolonialistischer Gesellschaften keine dynamische Polarisierung in Proletariat und Bourgeoisie wie im Europa des 18. und 19. Jahrhunderts entstehen konnte, welche die ökonomische und politische Selbständigkeit der Gesellschaft gegenüber Übergriffen durch europäische und später nordamerikanische und japanische Interessen verhindert hätte. Damit stellt sich gleichzeitig die Frage, ob eine solche Stagnation ursprünglich nicht in der ökonomischen und sozialen Struktur der außereuropäischen Gesellschaften selbst begründet lag und durch die Herausbildung des kapitalistischen Weltmarktes nur einen neuen Charakter und eine neue Richtung verliehen bekam.[2]

---

1) Gemeint sind die um den Aufbau des Sozialismus in der Sowjetunion und China geführten Auseinandersetzungen über einen deterministischen oder nicht-deterministischen Geschichtsverlauf, d.h. über die Frage, ob alle Gesellschaften die für weite Teile Westeuropas gültigen Entwicklungsetappen Urgesellschaft, Sklaverei, Feudalismus, Kapitalismus und - eventuell - Sozialismus durchlaufen müssen oder ob eine solche Abfolge z.B. durch das Vorhandensein einer eigenständigen asiatischen Produktionsweise durchbrochen wird (vgl. dazu Leggewie, Claus: Asiatische Produktionsweise und Unterentwicklung, in: Tibi, B./ Brandes, V. (Hrsg.): Handbuch 2 - Unterentwicklung, Frankfurt a.M., Köln 1975, S. 87-119; Sofri, Gianni: Über asiatische Produktionsweise, Frankfurt a.M. 1969 und neuerdings Bahro, Rudolf: Die Alternative - Zur Kritik des real existierenden Sozialismus, Frankfurt a.M., Köln 1979).

2) Massarrat, M.: Hauptentwicklungstendenzen ..., a.a.O., S. 55.

2.2. Zur Kritik der Grundformationentheorie

2.2.1. Produktionsweise und Gesellschaftsformation

Besonders die von Tökei, Sofri, Mandel u.a. geführte Diskussion um die asiatische Produktionsweise[1] hat gezeigt, daß sich der Dogmatismus der Grundformationentheorie - verstanden als universale Gesetzmäßigkeit der historischen Aufeinanderfolge der "fünf Phasen" Urkommunismus, Sklaverei, Feudalismus, Kapitalismus und Sozialismus bzw. Kommunismus - unmöglich halten läßt.[2]

Mit einem in dieser Richtung differenzierten Verständnis zur Problematik vorkapitalistischer Produktionsweisen und ihrer eventuellen Remanenz nach dem kolonialistischen bzw. imperialistischen Vordringen ist - zumindest in einer generalisierenden Form - die Übertragung des europäischen Entwicklungsweges auf die heute als unterentwickelt bezeichneten Regionen nicht mehr länger möglich. Allerdings sollte dies nicht darüber hinwegtäuschen, daß es der marxistischen Theorie in Fragen der Entwicklung/Unterentwicklung sehr lange nicht gelungen war, sich von der irrigen Annahme der bürgerlichen Geschichtsschreibung zu trennen, nach der die Weltgeschichte das Geschichtsmodell eines bestimmten Gebietes nachahmt, das selbst erst die Führung seit 300 bis 400 Jahren innehat. Daß der Geschichtsverlauf dabei antagonistisch konzipiert wurde, ändert nichts an dieser falschen Unterstellung eines historischen Unilinearismus.[3]

---

1) Diese Diskussion hat eine lange Tradition, der wir hier nicht nachgehen können. Sie wird von Sofri brillant nachgezeichnet (Sofri, G.: Über asiatische Produktionsweise, a.a.O.).

2) Der Kern dieser Grundformationentheorie geht auf Stalin zurück: "Die Geschichte kennt fünf Grundtypen von Produktionsverhältnissen: Die Produktionsverhältnisse der Urgemeinschaft, der Sklaverei, des Feudalismus, des Kapitalismus, des Sozialismus."

(Stalin, J.: Über dialektischen und historischen Materialismus, in: Geschichte der KPdSU(B). Kurzer Lehrgang, Berlin (O) 1946, S. 156).

3) Siehe Eric Hobsbawms Einleitung zu dem von ihm herausgegebenen Buch "Precapitalist Economic Formations", London 1964.

Eine solche Unterstellung ist deshalb schon obsolet, weil in weiten Teilen der heute unterentwickelten Regionen die vorkolonialistische Entwicklung gerade nicht zu den Resultaten geführt hat wie in den spätmittelalterlichen Feudalgesellschaften Westeuropas, wo nämlich eine sehr starke Ausdehnung der Warenwirtschaft, die politische und ökonomische Differenzierung zwischen Stadt und Land, die Herausbildung des Privateigentums an Grund und Boden, die sich verstärkende Expansion nach außen und schließlich die ursprüngliche Akkumulation als Springpunkt für die Selbstentwicklung des Kapitals erzielt wurden. Im 19. Jahrhundert endete dieser Prozeß schließlich mit der Übernahme der politischen Macht durch die Bourgeoisie und der Entstehung des industriellen Proletariats infolge der Entwurzelung der Landbevölkerung und der Verarmung der städtischen Kleinbourgeoisie.[1)]

Sicherlich war die Möglichkeit zur kapitalistischen Entwicklung nicht nur in europäisch feudalen Gesellschaften angelegt. Gerade das Abgehen von einem starren Unilinearismus läßt die Möglichkeit einer ungleichmäßigen Entwicklung offen, nach der bestimmte nicht-feudale Produktionsweisen kein absolutes Hindernis für das Entstehen eines autonomen Kapitalismus dargestellt hätten, wenn nicht der Kolonialismus über sie gekommen wäre.[2)] Mandel betont zu Recht, daß einige orientalische Gesellschaften durchaus nicht unfähig gewesen wären, aus eigener Kraft zum Kapitalismus überzugehen. Nach ihm läßt sich für diese Fälle nur von einer objektiven Verzögerung der kapitalistischen Produktion und der ihr vorgeschalteten ursprünglichen Akkumulation ausgehen, die sich erst mit der kolonialistischen Penetration in einen unaufholbaren Rückstand verwandelten.[3)]

---

1) Die "Loslösung des Arbeiters von der Erde als seinem natürlichen Laboratorium, d.h. die Trennung der freien Arbeit von den objektiven Bedingungen ihrer Verwirklichung - von dem Arbeitsmittel und dem Arbeitsmaterial" war letztlich die Grundlage dieses ganzen Prozesses (vgl. Marx, Karl: Grundrisse der Kritik der politischen Ökonomie, Frankfurt a.M., Wien, o.J., S.375).

2) Sofri, G.: Über asiatische ..., a.a.O., S. 158.

3) Mandel, Ernest: Entstehung und Entwicklung der ökonomischen Lehre von Karl Marx, Frankfurt a.M. 1968, S. 113ff.

Unterschwellig floß in die Kritik an der stalinistischen Entwicklungskonzeption die Rückbesinnung auf ein Verständnis von Gesellschaftsformationen und Produktionsweisen mit ein, wie es sicherlich dem Denken von Marx entsprochen hat.[1] Er unterschied nämlich nur drei Gesellschaftsformationen, nämlich die primäre oder archaische Formation, in der das kollektive, d.h. vor allem das Gemeineigentum überwiegt, die sekundäre Formation, die durch die Vorherrschaft des Privateigentums bestimmt ist und schließlich die für Marx noch eher hypothetische, tertiäre Formation auf kollektivem oder Gemeineigentum,[2] also die kommunistische Gesellschaft, in der nicht mehr der gesellschaftliche Produktionsprozeß die Menschen, sondern der Mensch den Produktionsprozeß beherrscht.[3]

Gemäß einer solchen Definition fungiert der Begriff der gesellschaftlichen Formationen zwar nur als Grundlage eines eher "groben Evolutionsschemas",[4] bei Marx impliziert er aber auch schon jegliche Negation eines Determinismus in der Aufeinanderfolge der verschiedenen Produktionsweisen, deren Bestimmungen von Marx im übrigen weit spezifischer als die der gesellschaftlichen Formation gewählt wurden. Im historischen Schnitt, den er verallgemeinernd durch die geschichtliche Entwicklung einer Vielzahl von Völkern legte, wurden daher weit mehr als nur drei Produktionsweisen unterschieden, so z.B. die urgesellschaftliche, die germanische, die antike und die asiatische Produktionsweise als Kern- bzw. Übergangsformen der primären Gesellschaftsformation und die

---

1) Vgl. Marx, Karl: Entwürfe einer Antwort auf den Brief von V.I. Sassulitsch, in: Marx-Engels-Werke (MEW) Bd. 19, Berlin (O) 1973, S. 401f und Ahlers u.a.: Die vorkapitalistischen Produktionsweisen, Erlangen 1973, S. 9f.

2) Marx zitiert in diesem Zusammenhang zustimmend den amerikanischen Ethnologen L.H. Morgan, der von einer "Wiedergeburt des archaischen Gesellschaftstyps in einer höheren Form" sprach. Marx fügte hinzu, daß man sich "nur nicht allzusehr von dem Wort 'archaisch' erschrecken lassen" sollte (Marx, K.: Entwürfe ..., a.a.O., S. 386).

3) Marx, Karl: Das Kapital, Bd. 1, MEW Bd. 23, Berlin 1969, S. 95.

4) Leggewie, C.: Asiatische Produktionsweise ..., a.a.O., S. 95.

Sklaverei, die Leibeigenschaft und der Kapitalismus als die Gruppe der im wesentlichen eurozentrischen, sekundären Formation.[1]

Diese von Marx auch als "progressive Epochen"[2] bezeichneten Produktionsweisen dürfen jedoch keineswegs als eine logisch-chronologisch zu denkende Stadienfolge von universeller Gültigkeit aufgefaßt werden: Was "als Stufenfolge mißverstanden werden könnte, ist die ideale 'Normalität' eines historischen Ablaufs, der in Westeuropa zur Entstehung der kapitalistischen Produktionsweise geführt hat - dessen Besonderheit zwar einen gewaltigen Sprung der allgemeinen gesamtmenschlichen Entwicklung ermöglichte, aber eben doch als Besonderheit aufgefaßt werden muß."[3] Neuere Forschungsarbeiten zeigen sogar, daß die Entwicklung wichtiger vorkolonialistischer Gesellschaften in Asien, Afrika und Lateinamerika weitgehend kontingent verlief und keiner naturgesetzlichen Abfolge von Produktionsweisen gehorchte.[4] Erst recht verhinderte der Imperialismus der letzten einhundert Jahre in diesen Gesellschaften eine "eurozentristische" Abfolge, weil er unter Ausnutzung der alten Produktionsweise in einigen Wirtschaftssektoren der betreffenden Länder unmittelbar kapitalistische Verhältnisse installierte, ohne auf die traditionellen Wirtschaften erst die lange europäische Entwicklungsreihe zu pfropfen.

---

1) Vgl. Ahlers u.a.: Die vorkapitalistischen ..., a.a.O., S. 10.

2) Marx, K.: Zur Kritik der Politischen Ökonomie, in MEW Bd. 13, Berlin (O) 1971, S. 9.

3) Leggewie, C.: Asiatische Produktionsweise ..., a.a.O., S. 98.

4) So z.B. Vogel, Ulrich: Zur Theorie der chinesischen Revolution - die asiatische Produktionsweise und ihre Zersetzung durch den Imperialismus, Frankfurt a.M. 1974, S. 136ff; Ahlers, u.a.: Die vorkapitalistischen Produktionsweisen, a.a.O., Teil II; Vatankhah, Mostafa: Historischer Materialismus und Revolution in nichtindustrialisierten Ländern an den Beispielen Rußland und China, Berlin 1973.

2.2.2. Die asiatische Produktionsweise

2.2.2.1. Elemente

Die asiatische Produktionsweise stellt den wichtigsten Organisationsfall dar, bei dem man von einer solchen kontingenten Entwicklung ausgehen kann. Allgemein herrscht die Auffassung vor,[1] daß es sich bei ihr um eine weitgehend statische Übergangsform zwischen der Urgemeinde und der antiken Produktionsweise handelt, in der das Privateigentum noch keine entscheidende Rolle spielte und die bis zum Einbruch des abendländischen Kapitalismus zumindest in Asien[2] die dominierende Produktionsweise darstellte. Nach Tökei[3] blieben die meisten asiatischen Völker über Jahrtausende in dieser Übergangsphase zwischen primärer und sekundärer Gesellschaftsformation stecken, weil sie das Gemeineigentum nicht nur nicht überwanden, sondern sogar stabilisierten und in seinen Gesetzen festhielten.

Mit der Transformation des urgesellschaftlichen Stammeigentums in Gemeinde- oder Staatseigentum etablierte sich in der asiatischen Produktionsweise ein Ausbeutungsverhältnis eigener Art, nämlich "Ausbeutung der unmittelbaren Produzenten durch die ökonomisch leitende Funktionen wahrnehmende 'höhere Einheit'".[4]

---

1) Tökei, F.: Zur Frage der asiatischen Produktionsweise, Neuwied, Berlin 1969; Ahlers, u.a.: Die vorkapitalistischen ..., a.a.O..

2) Marxistische Autoren wie Varga, Chesneaux und Suret-Canale vertreten die These, daß sich wesentliche Elemente der asiatischen Produktionsweise auch in nichtasiatischen Gesellschaften nachweisen lassen, ohne deshalb einem "concept residuel", einem neuen dogmatischen Geschichtsdeterminismus, das Wort zu reden. (Vgl. Varga, Eugen: Über die asiatische Produktionsweise, in: Jahrbuch für Wirtschaftsgeschichte, Bd. 4, 1967, S. 181-204; Suret-Canale, J.: Schwarzafrika, Geographie, Bevölkerung, Geschichte West- und Zentralafrikas, 2 Bde, Berlin 1966/69; Chesneaux, J.: Le mode de production asiatique, quelques perspectives de recherche, in: La Pensée, Nr. 114, Paris 1964, S. 34ff.)

3) Vgl. Tökei, F.: Zur Frage ..., a.a.O., S. 45ff.

4) Ahlers, u.a.: Die vorkapitalistischen ..., a.a.O., S. 10.

Trotz des Fehlens von Privateigentum an Grund und Boden als dem wichtigsten Produktionsfaktor neben dem Menschen existierte schon Mehrarbeit und ein Teil des Ertrags dieser Mehrarbeit "gehört(e) der höhern Gemeinschaft, die zuletzt als P e r s o n existiert(e), und diese Surplusarbeit macht(e) sich geltend sowohl im Tribut etc., wie in gemeinsamen Arbeiten zur Verherrlichung der Einheit, teils des wirklichen Despoten, teils des gedachten Stammwesens, des Gottes."[1)]

Während eines längeren Zeitraumes entwickelte sich diese "zusammenfassende Einheit" zu einer Art höherer Eigentümer und die wirklichen Gemeinden degenerierten zu den rein erblichen Besitzern. Für den einzelnen Produzenten erschien das Eigentum vermittelt "durch das Ablassen der Gesamtheit - die im Despoten realisiert ist als dem Vater der vielen Gemeinwesen - ... durch die Vermittlung der besonderen Gemeinde."[2)]

Demgegenüber war die antike Produktionsweise schon durch den Dualismus zwischen Privat- und Gemeineigentum an Grund und Boden geprägt, und in der germanisch-feudalen Eigentumsform erschien das Gemeineigentum nur noch als Ergänzung des individuellen Eigentums.[3)] In dieser letzten Eigentumsform bestand ein viel größerer Individualismus als in den beiden früheren, der sich darin zeigte, daß nicht das Dorf wie in der asiatischen Produktionsweise oder die Stadt, wie in der Antike, die wirtschaftliche Einheit bildete, sondern jedes einzelne Haus und die ökonomischen Einheiten nur gelegentlich zusammenkamen, "für Krieg, Religion, Rechtsschlichtung etc.".[4)]

Die materielle Produktionsbasis der asiatischen Produktionsweise bildete genauso wie für die antike oder feudale Produktionsweise

---

1) Marx, K.: Grundrisse ..., a.a.O., S. 376.

2) Ebenda, S. 376f.

3) Ebenda, S. 383.

4) Ebenda.

der Ackerbau und die ihm angegliederte Viehzucht. Es fragt sich daher, warum im einen Fall das Privateigentum nicht zur dominierenden Form werden konnte, während eine solche Entwicklung in Europa mittels Kriege, Plünderungen, Eroberungen, feudaler Verschuldung etc. in einem - historisch gesehen - relativ kurzen Zeitraum über die Bühne gehen konnte.

Marx ging sogar so weit, vom fehlenden Privateigentum als dem "clef selbst zum orientalischen Himmel zu reden"[1] und Engels antwortete postwendend: "Die Abwesenheit des Grundeigentums ist in der Tat der Schlüssel zum ganzen Orient. Darin liegt die politische und religiöse Geschichte. Aber woher kommt es, daß die Orientalen nicht zum Grundeigentum kommen, nicht einmal zum feudalen? Ich glaube, es liegt hauptsächlich am Klima, verbunden mit den Bodenverhältnissen, speziell mit den großen Wüstenstrichen, die sich von der Sahara quer durch Arabien, Persien, Indien und die Tatarei bis ans höchste asiatische Hochland durchziehn. Die künstliche Bewässerung ist hier erste Bedingung des Ackerbaus, und diese ist Sache entweder der Kommunen, Provinzen oder der Zentralregierung. Die Regierung im Orient hatte immer auch nur drei Departements: Finanzen (Plünderung des Inlands), Krieg (Plünderung des Inlands und des Auslands) und travaux publics, Sorge für die Reproduktion."[2]

Unter den naturwidrigen Bedingungen zeichnete sich die gesellschaftliche und ökonomische Organisation dieser Gesellschaften, im Gegensatz zu Europa, durch eine mehr oder minder ausgeprägte Isolierung der dörflichen Einheiten aus, und in Gebieten, wo die Isolation mit der Größe des Territoriums wuchs, wie in Rußland oder in Persien oder dort, wo die natürlichen Lebensbedingungen am extremsten waren, wie auf der arabischen Halbinsel, entwickelte

---

1) Brief von Marx an Engels am 2. Juni 1853, MEW Bd. 28, S. 252f.
2) Brief von Engels an Marx am 6. Juni 1853, MEW Bd. 28, S. 259.

sich auch der stärkste zentralisierte Despotismus mit seiner Verpflichtung zur gesellschaftlichen Regulierung der allgemeinen Reproduktionsbedingungen (Bewässerung, Wegebau). Gerade diese Tätigkeit wurde zur entscheidenden Grundlage der Staatsmacht über die zusammenhangslosen Produktionsgrundeinheiten.[1)]

Die despotischen Verhältnisse, die in weiten Teilen während der Vorherrschaft dieser Produktionsweise dominierten, sollten allerdings nicht darüber hinwegtäuschen, daß eine Gewaltform des Überbaus durchaus nicht immer und überall in der asiatischen Produktionsweise vorherrschte. Marx schreibt beispielsweise, daß die "uraltertümlichen kleinen indischen Gemeinwesen"[2)] in den verschiedenen Teilen des Subkontinents durchaus verschiedene, demokratische bis despotische Organisationsformen hervorbrachten. Wahrscheinlich trifft die These Amins[3)] zu, nach der diese Produktionsform zu Beginn nicht besonders despotisch organisiert war und sich erst allmählich mit der Vergrößerung des Reichtums und der zu bewältigenden gemeinsamen Aufgaben eine bürokratisch-theokratische Staatsklasse[4)] von den Dorfgemeinwesen löste, die sich als Organisator des sozio-ökonomischen Lebens der Gesellschaft aufschwingen konnte. Erwähnenswert ist in diesem Zusammenhang auch der für die alten orientalischen Gesellschaften wichtige Umstand, daß bei aller Erstarrung der Herrschaftsformen eine relativ große individuelle Mobilität auf sozialer Ebene bestand, wie im chinesischen Mandarinat.

---

1) "Wie viele Despotien auch über Persien oder Indien auf- oder untergegangen sind, jede wußte ganz genau, daß sie vor allem die Gesamtunternehmerin der Berieselung der Flußtäler war, ohne die dort kein Ackerbau möglich war." (Engels, Friedrich: Herrn Eugen Dührings Umwälzung der Wissenschaft, "Anti-Dühring", Berlin (O) 1971, S. 167.)

2) Marx, K.: Das Kapital, Bd. 1, a.a.O., S. 378.

3) Amin, Samir: Die ungleiche Entwicklung, Hamburg 1975, S. 41 f.

4) Insbesondere Bahro arbeitet heraus, wie zuerst ein differenziertes Priestertum ("Priesterkorporation") entstehen konnte, dann aber mit der Ausgestaltung der ideologischen und administrativen Aufgaben auch ein weltliches Königtum aufsteigen konnte, also eine zweigleisige Hierarchie entstand (Bahro, Rudolf: Die Alternative ..., a.a.O., S. 84).

2.2.2.2. Stagnation und Auflösung

Die historische Entwicklung in Ländern wie China, Indien oder Persien zeigt, daß die asiatische Produktionsweise, einmal zur Blüte gelangt, eine hohe Widerstandsfähigkeit besaß und sich auf Grund innerer und - in geringerem Umfang - auch äußerer Widerstände nur langsam fortentwickelte. Ehedem in weiten Regionen (Ägypten, China, Persien etc.) der europäischen Entwicklung überlegen, geriet sie jedoch spätestens mit dem Entstehen des europäischen Kapitalismus in eine sozio-ökonomische Rückständigkeit und Stagnation, aus der sich letztlich ihre geringe Widerstandskraft gegenüber der europäischen Penetration im 19. Jahrhundert erklärt.[1]

Man hat versucht, diese Erstarrung aus dem Charakter des staatlichen Überbaus zu erklären. Die Verhältnisse werden dadurch jedoch genau umgekehrt. Tatsächlich läßt sich eine solche Rolle des Überbaus nur aus der Organisation der "Basis", d.h. der produzierenden Einheiten ableiten, und die Organisation der materiellen Produktion in der asiatischen Despotie zielte in der Tat auf eine Erstarrung und Stagnation der gesamten sozio-ökonomischen Verhältnisse ab. Wie Massarrat[2] herausgearbeitet hat, konnten sich bei der Zerstreuung der Bevölkerung über die weiten Gebiete Asiens kleinere, dichter bevölkerte Zentren nur dadurch herausbilden, daß Ackerbau und Handwerk häuslich eng vereinigt blieben, im Gegensatz zu Europa, wo die Zentrenbildung geradezu mit einer Trennung dieser Aktivitäten und der Herausbildung einer neuen Klassenstruktur einherging. Zwangsläufig blieben damit Produktion, Verteilung und Konsumtion der Lebensmittel im weitesten Sinn in einem engen häuslichen bzw. dörflichen Zirkel befangen, und auch die gesellschaftliche Organisation nur kollektiv zu bewältigender Aufgaben konnte wenig daran ändern.

---

1) Vgl. Sofri, G.: Über asiatische ..., a.a.O., S. 46.
2) Massarrat, M.: Hauptentwicklungstendenzen ..., a.a.O., S. 68ff.

Die Regulierung öffentlicher Arbeiten auf großer Stufenleiter und die häusliche Vereinigung von Ackerbau und Handwerk, die in Europa durch den aufkommenden Binnenhandel zwischen Stadt und Land bald in Frage gestellt wurden, brachten unter asiatischen Verhältnissen geradezu ein System mit besonderen Charakterzügen hervor, "das sogenannte Dorfsystem, das jeder dieser kleinen Einheiten ihre unabhängige Organisation und ihr Eigenleben gab ...".[1] In ähnlichem Zusammenhang lesen wir an anderer Stelle: "Der einfache produktive Organismus dieser selbstgenügenden Gemeinwesen, die sich beständig in derselben Form reproduzieren und, wenn zufällig zerstört, an demselben Ort, mit demselben Namen, wieder aufbauen, liefert den Schlüssel zum Geheimnis der Unveränderlichkeit asiatischer Gesellschaften, so auffallend kontrastiert durch die beständige Auflösung und Neubildung asiatischer Staaten und rastlosen Dynastenwechsel. Die Struktur der ökonomischen Grundelemente der Gesellschaft bleibt von den Stürmen der politischen Wolkenregion unberührt."[2]

Die wenigen Städte bildeten sich vor allem an Stellen, die für den Außenhandel besonders günstig lagen, wie z.B. entlang der Seidenstraße, und dienten neben dieser Funktion im wesentlichen nur als Residenzen oder Verwaltungssitze des Staatsoberhauptes und seiner Satrapen. In diese Städte, die Marx abschätzig als Prinzenlager charakterisierte, floß ein Großteil des bäuerlichen Mehrprodukts zur Unterhaltung der herrschenden Klasse.

Soweit im Umfeld und innerhalb der Städte der Tauschhandel aufkommen konnte, blieb er für die gesamte Gesellschaft unbedeutend. Er spielte sich im wesentlichen nur im Verkehr zwischen der ausbeutenden Klasse und dem städtischen Handwerk ab, das für seine Leistungen Teile des Tributs, der den Bauern abgepreßt wurde, kassierte. Der direkte Tauschhandel zwischen dem bäuerlichen Sektor und dem Handwerk der Städte, wie in den spätmittelalterlichen euro-

---

1) Marx, K.: Die britische Herrschaft in Indien, in: MEW Bd. 9 Berlin (O) 1970, S. 129f.

2) Derselbe: Das Kapital, Bd. 1, a.a.O., S. 379.

päischen Gesellschaften, d.h. der sogenannte innere Markt, blieb völlig rudimentär.

"So konnte der Handel in der asiatischen Produktionsweise nicht die revolutionäre Rolle spielen, die er in anderen Gesellschaften unter anderen Voraussetzungen und Bedingungen gespielt hat, wo er die Produktivkräfte revolutionieren half und die alten Produktionsweisen in ihrer Auflösung beschleunigte."[1] Die selbstgenügsamen Bauern wurden auf der Basis der Naturalrente ausgepreßt und das städtische Kleinbürgertum wurde, im Gegensatz zu Europa, völlig der staatlichen Gewalt untergeordnet. Dieselbe strenge staatliche Kontrolle wurde in ähnlich restriktiver Weise für die Kapitalakkumulation auch über den Fernhandel ausgeübt.

In der Konsequenz verhinderte eine mächtige staatsbürokratische Klasse sowohl die Ausbildung privaten Grundeigentums, weil die Landhaltung ihren bürokratischen Charakter behielt,[2] als auch die Gründung einer manufakturellen oder großen Industrie mit einem freien Proletariat.[3] Die Stabilisierung der agrarischen Gemeinwesen war identisch mit der Lähmung des Stadtbürgertums.

Amin ist der Meinung, daß die Inadäquanz zwischen der Entwicklung der Produktivkräfte und der Produktionsverhältnisse im asiatischen

---

1) Ahlers, u.a.: Die vorkapitalistischen ..., a.a.O., S. 26.

2) Die Bestrebungen feudaler Landlords zur Privatisierung von Grundeigentum wurden immer als Eingriffe in die staatliche Gewalt und in die Rechte der Bauern gewertet und führten oftmals nur zu ökonomischen und politischen Krisen, in deren Verlauf die privaten Grundeigentümer nicht selten zur "Vernunft" gebracht wurden (vgl. Mandel, E.: Entstehung ..., a.a.O., S. 131).

3) Die großen Manufakturen, die in Asien teilweise viel früher als in Europa entstanden waren, gehörten nicht einem freien Bürgertum, sondern unterlagen der staatlichen Despotie. Die Bourgeoisie blieb gehemmt durch eine starke Rechtsunsicherheit und Willkürherrschaft, welche einen kontinuierlichen Rhythmus in der Kapitalakkumulation ausschlossen. Im alten China blieb der Handwerker immer Bediensteter des Staates (vgl. Wittfogel, K.A.: Wirtschaft und Gesellschaft Chinas, Leipzig 1931, S. 670ff).

Entwicklungsmodell erst mit dem Eindringen des Handels- bzw. Industriekapitals aus Europa transparent wurde.[1] Vielleicht mag sie auch schon früher sichtbar gewesen sein. Auf jeden Fall begnügten sich die eindringenden Kolonial- bzw. Imperialmächte nicht mit einem einfachen Transparentmachen, sondern begannen die innere Schwäche dieser Gesellschaften auszunutzen und sie nach ihren Vorstellungen umzufunktionalisieren.

2.3. Weltmarkt und Unterentwicklung

2.3.1. Imperialismustheorie und Penetrationsstadien

Am russischen Beispiel wies Marx auf einen inneren Dualismus der reifen asiatischen Produktionsweise hin, der zwar nicht unbedingt antagonistischen Charakter annehmen mußte, aber immerhin "unter gewissen historischen Bedingungen"[2] die Zersetzung des althergebrachten Dorfsystems erleichtern konnte.

In ihrer primitiveren Form wurde die Arbeit in diesem System noch gemeinsam verrichtet und das Produkt wurde je nach den Bedürfnissen unter den einzelnen Dorfgenossen aufgeteilt. Mit der Verfestigung des Ackerbaus blieb der Boden zwar weiterhin in Gemeineigentum, das Privateigentum als zersetzendes Element der ursprünglichen ökonomischen und sozialen Gleichheit schlich sich jedoch langsam ein in Gestalt eines Hauses mit seinem Hof und der privaten Aneignung beweglicher Dinge (Vieh, Geld, gelegentlich sogar Sklaven und Leibeigene), "wobei List und Zufall leichtes Spiel"[3] hatten. Parallel dazu konnte schon in gewissem Umfang hinzukommen, daß das Gemeineigentum nicht mehr gemeinschaftlich bewirtschaftet wurde, sondern einzelnen Dorfgenossen zugewiesen wurde, welche das Land dann auf eigene Rechnung bewirtschafteten und sich die Früchte unter Umgehung des Kollektives aneigneten.

---

1) Amin, S.: Die ungleiche Entwicklung, a.a.O., S. 43.

2) Marx, K.: Entwürfe einer Antwort ..., a.a.O., S. 399.

3) Ebenda, S. 404.

Im Rußland des vorigen Jahrhunderts waren die historischen Bedingungen für die Zersetzung der althergebrachten Produktions- und Gesellschaftsstruktur, von denen Marx sprach, im wesentlichen "eine gewisse Art von Kapitalismus, genährt durch Vermittlung des Staats auf Kosten der Bauern."[1)] Dieser Kapitalismus, der nach der Stolypinschen Reform ein Interesse daran hatte, sich gegen die Gemeinde zu erheben und sie zu zerstören, übte starken Druck auf die ländliche Ökonomie aus und nutzte deren "Interessenkonflikte und Leidenschaften",[2)] so daß sich zunächst das Gemeindeeigentum an Ackerland und später die Wälder, Weiden und Brachländer langsam in Privateigentum zu verwandeln begannen.

In den meisten übrigen Ländern mit dominierender asiatischer Produktionsweise wurde dieser Druck, der sich den unterschwelligen Dualismus zwischen Privat- und Gemeineigentum zunutze machte, nicht von einer staatskapitalistisch orientierten Regierung ausgeübt, sondern er wurde von außen herangetragen, von den kolonisierenden europäischen Metropolen.[3)] Dieser Druck hatte in jenen Ländern zwar ähnlich zersetzende Wirkung auf die ländlich strukturierten Gesellschaften, wie im Rußland der letzten 30 - 40 Jahre vor der Oktoberrevolution, sein externer Charakter ließ aber keine analoge Kapitalakkumulation wie in Rußland aufkommen.[4)] Die europäischen Länder waren damals an einer solchen Entwicklung noch nicht interessiert, obwohl die menschlichen und natürlichen Ressourcen dazu zweifellos vorhanden waren. Man denke nur an die

---

1) Marx, K.: Entwürfe einer Antwort ..., a.a.O., S. 400.

2) Ebenda, S. 404.

3) So z.B. forcierten die indischen Samindari das Aufkeimen des Privateigentums zwar schon in der Hindu-Gemeinde, sein Durchbruch gelang aber erst unter kolonialer Herrschaft (vgl. Marx, K.: Die künftigen Ergebnisse der britischen Herrschaft in Indien, in: MEW Bd. 9, Berlin 1972, S. 221).

4) Zur Entwicklung des russischen Kapitalismus um die Jahrhundertwende vgl. Lenin, W.L.: Die Entwicklung des Kapitalismus in Rußland, Lenin-Werke Bd. 3, Berlin (O) 1975, sowie Rabehl, B., u.a.: Halbheiten in der Überwindung des Leninismus - Zur Leninkritik des Projekts Klassenanalyse, in: Probleme des Klassenkampfes, IV. Jahrgang 1974, Nr. 11/12, S.1-55.

mineralischen Reichtümer Lateinamerikas oder des Nahen Ostens oder an die vielzählige und begabte Arbeitskraft Indiens und Chinas mit ihrer langen agrarökonomischen und handwerklichen Tradition.[1)]

Neuere Imperialismustheorien haben deutlich gezeigt, daß die Entfaltung des europäischen Handelskapitals seit dem 15. und 16. Jahrhundert im Zuge der gewaltsamen Kolonisierung, der kolonialen Plünderung und schließlich des Sklavenhandels, d.h. der Nutzung des Außenhandels und des Diebstahls als Bereicherungsquelle, zwar zu einer wesentlichen Störung des Reproduktionsprozesses lateinamerikanischer, afrikanischer und asiatischer Gesellschaften geführt hat.[2)] Die vollständige und endgültige Zersetzung und Umwälzung der traditionellen Produktions- und Eigentumsformen gelang allerdings erst dem Imperialismus der letzten einhundert Jahre.

Dabei ging es in seiner "klassischen" Phase bis zur Weltwirtschaftskrise der 30er Jahre zunächst noch keineswegs um die allumfassende Verwandlung selbständiger Bauern und Handwerker in Lohnarbeiter. Unter den vorgefundenen traditionellen Lebensformen konnte einerseits kaum eine solche "Selbständigkeit" kleinbürgerlicher Existenzen erwartet werden und andererseits waren Lohnarbeiter im

---

1) Sarkastisch merkte Marx über die indischen Verhältnisse an, "daß dort die gewaltsame Aufhebung des Gemeineigentums an Grund und Boden nur ein Akt des englischen Vandalismus war, der die Eingeborenen nicht nach vorn, sondern nach rückwärts stieß." (Marx, K.: Entwürfe ..., a.a.O., S. 402).

2) Vgl. exemplarisch zu dieser These Mandel, E.: Der Spätkapitalismus, Frankfurt a.M. 1972, S. 48f. Mandel ist sogar der Meinung, daß das soziale und ökonomische Gefüge der peripheren Gebiete bis Ende des vorigen Jahrhunderts nicht entscheidend durch die ausländischen Interessen verändert wurde. Keineswegs waren bis dahin nationale Industrialisierungsbemühungen schon völlig ausgeschlossen, wie Frank am lateinamerikanischen Beispiel herausgearbeitet hat (Frank, A.G.: Kapitalismus und Unterentwicklung in Lateinamerika, Frankfurt a.M. 1968, S. 48). Auch England tat sich anfänglich sehr schwer, den Zusammenhalt der handwerklich-agrikolen Produktion in China zu zerstören, um sich wachsende Märkte zu sichern (vgl. Marx, K.: Das Kapital Bd. 3, MEW Bd. 25, Berlin (O) 1969, S. 346f).

europäischen Sinn in dieser Phase praktisch nur in der Minenproduktion gefragt, die im Normalfall nur eine relativ geringe Nachfrage nach Arbeitskräften entstehen ließ. Nicht die reelle Subsumtion der Arbeitskraft unter das Kapital war das Ziel der Expansion des "klassischen" oder "extraktiven" Imperialismus, sondern die Subsumtion des zentralisierten Grundeigentums unter quasifeudales oder bürgerliches Privateigentum.[1)]

Ihre eigentlich umwälzende Rolle spielten die imperialistischen Metropolen anfänglich daher nicht so sehr im Bereich der Produktion mineralischer Rohstoffe, sondern in der endgültigen Durchsetzung privaten Großgrundbesitzes und in der mehr oder minder ausgeprägten Verwandlung bzw. Verfestigung des Dorfbewohners in einen landarmen Parzellenbauern oder Landarbeiter. Diese Scheidung des unmittelbaren Produzenten von seinem wichtigsten Produktionsmittel bedeutete noch keineswegs seine Verwandlung in städtisches oder ländliches Proletariat, wie wir es als den geschichtsbestimmenden Prozeß im Europa des 18. und 19. Jahrhunderts kennen. Industrialisierung wurde erst für die Zeit ab dem Zweiten Weltkrieg zu einem relevanten Merkmal in der Dritten Welt.

In den klassischen Imperialismustheorien wurden die Bedingungen des Expansionsprozesses der Zentren aus Umschichtungen innerhalb der metropolen Kapitalakkumulation in der zweiten Hälfte des vorigen Jahrhunderts abgeleitet, und zwar mit durchaus verschieden akzentuierten Begründungen. Hilferding[2)] z.B. erklärte die koloniale Kapitalexpansion aus dem europäischen Protektionismus des Monopol- und Finanzkapitals und der Kartellbildung, R. Luxemburg[3)] berief sich auf angebliche Realisierungsschwierigkeiten, die nach ihr nur über einen nicht-kapitalistischen Raum behoben werden konnten und

---

1) Massarrat, M.: Hauptentwicklungstendenzen ..., a.a.O., S. 234f.

2) Hilferding, Rudolf: Das Finanzkapital, Frankfurt a.M. 1973, S. 406-459.

3) Luxemburg, Rosa: Die Akkumulation des Kapitals, Frankfurt a.M. 1923, besonders Abschnitt III.

Lenin[1] machte das Phänomen des Monopols und der ihm entsprechenden Konkurrenzformen verantwortlich für die Aggressions- und Expansionspolitik gegenüber Kolonien und Halbkolonien (Argentinien, Persien).

An dieser Stelle kann es nicht darum gehen, die Prämissen dieser Theorien in einer Form zu kritisieren, wie es in den letzten Jahren Mode geworden ist.[2] Es geht eher um die sozio-ökonomische Perspektive, welche in diesen Theorien für die unterentwickelten Länder aufgeworfen wurde. In diesem Punkt nämlich schien die gesamte klassische Imperialismustheorie angesichts des missionarischen Eifers des Imperialismus von der Vorstellung geprägt zu sein, daß es den europäischen Industriestaaten in den Kolonien nur um eine schnelle und kontrollierbare Kopierung der eigenen Verhältnisse mit ähnlichen Wachstumsraten ging.[3]

Nun kann man natürlich, wie neuerdings Kay,[4] sagen, daß die jüngste verstärkte Kapitalakkumulation in einigen Entwicklungsländern, vor allem in den sogenannten Schwellenländern, die Vision bestätige, wonach das stärker entwickelte dem minder entwickelten Land nur die eigene Zukunft weist; trotzdem aber kommt man nicht umhin festzustellen, daß sich diese Vision mit all ihren sozialen Widersprüchen eben erst nach über 50 Jahren mit nur partiellen Ergebnissen und in anderen Formen als in den kapitalistischen Metropo-

---

1) Lenin, W.I.: Der Imperialismus als höchstes Stadium des Kapitalismus, Berlin (O) 1970, S. 66ff.

2) Siehe Neusüss, Christel: Imperialismus und Weltmarktbewegung des Kapitals, Erlangen 1972 oder Busch, Klaus: Die multinationalen Konzerne - Zur Weltmarktbewegung des Kapitals, Frankfurt a.M. 1974. Gegenüber diesen Arbeiten heben sich die klassischen Imperialismustheorien immer noch davon ab, daß sie das Wertgesetz nicht zu einem Fetisch hochstilisierten und Geschichte unter einem politisch-praktischen, nicht akademischen Interesse interpretierten.

3) So nährt Lenin die Vorstellung einer außerordentlichen Beschleunigung des Wachstums der kapitalistischen Peripherieländern, in die sich der Kapitalexport ergoß (Lenin, W.I.: Der Imperialismus ..., a.a.O., S. 69).

4) Kay, G.: Development ..., a.a.O., S. 10f.

polen zu verwirklichen beginnt.

G. Adám,[1] ein ungarischer Ökonom, war einer der ersten, der mit seiner "Wellentheorie" einerseits auf die hemmenden Ausgangsbedingungen einer ausländisch dominierten Industrialisierung und andererseits auf die Strukturwandlungen im Bereich der Kapitalexporte bzw. ausländischen Direktinvestitionen hinwies, mit denen die Verlaufsformen peripherer Industrialisierungsprozesse ansatzweise erklärt werden können. Gemäß Adám war die erste Welle von Direktinvestitionen in der Dritten Welt nur auf die natürlichen Ressourcen gerichtet, die zweite zielte auf die Importsubstitution im Konsumgüterbereich ab und die dritte Welle, die verstärkt seit den späten 60er Jahren einsetzte, orientierte sich an der industriellen Fertigwarenproduktion zur Belieferung der Industriestaaten, um in der Phase der reellen Herstellung des Weltmarktes einer verschärften internationalen Konkurrenz begegnen zu können.

Der Grad der kapitalistischen Entwicklung eines Landes mißt sich - unter dem Vorzeichen der Abhängigkeit - demnach an der "Höhe", welche die zweite und vor allem die dritte Welle jeweils erreicht hat und an den Impulsen, die sie auf die übrige Wirtschaft ausstrahlt. In seiner entwickelsten Form manifestiert sich dieser Prozeß "in einem geradezu massenhaften Exodus arbeitsintensiver Industrien aus den entwickelten Ländern in die Entwicklungsländer mit niedrigen Löhnen."[2]

Gemeinhin wird dieser von den multinationalen Industriekonzernen initiierte und genutzte Prozeß mit dem Schlagwort der "neuen internationalen Arbeitsteilung" belegt. Nach Fröbel u.a. beruht diese massive Verstärkung einer grenzüberschreitenden vertikalen Ar-

---

1) Adám, György: Neue Tendenzen in der internationalen Ökonomie: Industrieverlagerung und weltweite Produktion, in: Kreye, Otto (Hrsg.): Multinationale Konzerne - Entwicklungstendenzen im kapitalistischen System, München 1974, S. 130-155.

2) Fröbel / Heinrichs / Kreye: Die neue internationale Arbeitsteilung, Reinbek 1977. Eine Apologie dieser neuen Verhältnisse findet sich in einer Studie von Donges und Müller-Ohlsen (Aussenwirtschaftsstrategien ..., a.a.O., bes. S. 149ff).

beitsteilung[1] bis hin zur Komponentenfertigung für ein Endprodukt (Weltmarktfabriken) auf einer Reihe von Faktoren, von denen die "ungeheure Reservearmee billigster Arbeitskraft"[2] sicherlich der wichtigste, aber nicht der einzige ist. Im Prinzip ermöglicht wurde dieser Prozeß erst durch die Entwicklung neuer Fertigungstechnologien, die den Arbeitsprozeß soweit zerlegbar machen und vereinfachen, daß die meisten Arbeitsgänge durch kurzfristig angelernte Arbeitskräfte mit geringer Grundqualifikation ausgeführt werden können. Außerdem fanden tiefgehende Veränderungen im Transport- und Kommunikationswesen statt, auf Grund derer sich Kosten, die zwangsläufig durch eine räumliche Zerlegung der Produktion entstehen, in Grenzen gehalten werden können bzw. durch die Lohn- und Produktionskostenvorteile kompensiert werden. Oder anders formuliert: "Noch nie waren in der gesamten Geschichte der kapitalistischen Produktionsweise so niedrige Löhne mit so hoher Produktivität kombiniert."[3]

Es ist ein Mangel der Studie von Fröbel u.a., daß sie nur den externen Bedingungen dieses Prozesses nachgeht und nicht die Frage aufwirft, welche inneren Wandlungsprozesse die Entwicklungsländer bis zum Erreichen des Stadiums "billigster Arbeitskraft" durchmachten.

Der Schlüssel dafür ist meines Erachtens in dem raschen Auflösen einer vorkapitalistisch-feudalen Agrarverfassung zu sehen, wie sie der klassische Imperialismus zu seinem Funktionieren ursprünglich noch benötigt hatte. In seinem Bestreben, die traditionelle Organisationsform des Gemeineigentums zu zersetzen,

---

1) Es ist eines der charakteristischen Kennzeichen der Nachkriegsentwicklung, daß dieser konzerninterne Güteraustausch sehr viel schneller zunahm als der gesamte internationale Handel bzw. das ökonomische Wachstum der kapitalistischen Welt. Dem weltweiten Suchen nach billigen Teilen, dem "world-wide sourcing", folgte die weltweite Integration der Produktion nach dem Baukastenprinzip (vgl. Meier, Heinz-Dieter: Der Konkurrenzkampf auf dem Weltmarkt, Frankfurt a.M. 1977, S. 192f).

2) Fröbel, u.a.: Die neue internationale ..., a.a.O., S. 24.

3) Meier, Heinz-Dieter: Der Konkurrenzkampf ..., a.a.O., S. µ51.

machte er bis zur großen Weltwirtschaftskrise, wie wir schon ausgeführt haben, noch auf halbem Wege halt, indem er zwar den privaten Großgrundbesitz institutionalisierte, aber kaum auf ländliche Lohnarbeit zurückgriff, von der städtischen ganz zu schweigen.

Erst die nach dem Zweiten Weltkrieg in einer Vielzahl von Entwicklungsländern dekretierten bürgerlichen Agrarreformen[1)] brachten den Freisetzungsmechanismus in Gang, der den nationalen und ausländischen Industrieunternehmen in der Dritten Welt ein überreichliches Arbeitskraftreservoir zur Verfügung stellte und die Slums am Rande der Städte anschwellen ließ. Dieser Prozeß ist in den meisten Ländern immer noch in vollem Gange und hat durchaus noch nicht zu einer tiefgreifenden industriellen Entwicklung im Bereich reproduktiver Industriezweige geführt, wie Schöller verallgemeinernd für die Dritte Welt annimmt.[2)]

Dahin mag die gesamte Entwicklung vielleicht einmal steuern; gegenwärtig läßt sich jedoch nur bei einigen Ausnahmen von breiten Industrialisierungsprozessen reden (Brasilien, Taiwan, Mexiko). Nicht zuletzt an diesen Ländern zeigt sich aber auch die Problematik der exportorientierten Industrialisierung, weil unter der Herrschaft internationaler Konzerne immer nur eine - gemessen an den nationalen Bedürfnissen - unvollständige und ungerechte Wirtschafts- und Industriestruktur ins Leben gerufen werden kann. In den meisten Fällen verstecken sich hinter dem Glanz der Industrien immer noch wenig verankerte Montagebetriebe mit geringer nationaler Wertschöpfung und starker Belastung der übrigen Wirtschaft.

---

1) Zur Typologie der Agrarreform und des Agrarkapitalismus in der Dritten Welt vgl. Baumgärtner, U.M. / Poppinga, O.H.: Grundzüge der Agrarstruktur im peripheren Kapitalismus, in: Tibi / Brandes: Handbuch 2, a.a.O., S. 207-240.

2) Schöller, Wolfgang: Weltmarkt und Reproduktion des Kapitals, Frankfurt a.M. 1976, S. 190f.

Wie in mehreren Arbeiten[1] nachgewiesen wurde, spielt die Politik des Kapital- und Technologietransfers der multinationalen Konzerne bei der Aussparung wichtiger Verarbeitungsstufen eine sehr wichtige Rolle. Es ist eine unbestreitbare Tatsache, daß trotz vieler an sich frei zugänglicher und nicht kommerzialisierter Bereiche in Wissenschaft und Technik immer noch der bedeutendste Teil des technologisch-wissenschaftlichen Wissens in der Verfügungsgewalt internationaler Großkonzerne ist, und zwar entweder kooperiert in Produktionsprozessen oder Produkten, patentrechtlich geschützt oder auf irgendeine andere Weise für den freien Zugriff unzugänglich gemacht.[2]

Nun ist es entsprechend dem kapitalistischen Verwertungskalkül nur konsequent, durch eine Monopolisierung des für bestimmte Produktionsprozesse notwendigen Know-hows technologische Renten zu erzielen.[3] Mit derselben Konsequenz führt eine solche Monopolisierung aber auch durch eine Erhöhung der Marktzutrittsschranken zu einem überhöhten Preisniveau, wie es im Industriewarenbereich vieler Entwicklungsländer notorisch ist, sowie zum Abfluß dieser Renten in die Kassen der dominierenden Muttergesellschaft.[4] Beides deckt sich nicht mit den Akkumulations- und Industrialisierungsbedürfnissen des jeweiligen Landes und noch weniger mit einer an nationalen Bedürfnissen orientierten Entwicklungspoli-

---

1) Vgl. Vaitsos, C.V.: Einkommensverteilung und transnationale Unternehmen, in: Kreye, O.: Multinationale ..., a.a.O., S. 184-235; derselbe: Bargaining and the Distribution of Returns in the Purchase of Technology by Developing Countries, in: Bernstein, Henry (Hrsg.): Underdevelopment and Development. The Third World Today, Harmondsworth 1973, S. 315-322 und Matzdorf, M.: Wissenschaft ..., a.a.O., S. 170-177.

2) Matzdorf, M.: Wissenschaft ..., a.a.O., S. 171.

3) Vgl. u.a. Altvater, Elmar: Multinationale Konzerne und Arbeiterklasse, in: Tudyka, K. (Hrsg.): Multinationale Konzerne und Gewerkschaftsstrategie, Hamburg 1974, S. 79ff. Wesentliche Aspekte zu einer Theorie technologischer Renten finden sich in M. Merhavs wichtigem Buch "Technological Dependence, Monopoly, and Growth", Oxford, London 1969.

4) Zu den lateinamerikanischen Verhältnissen vgl. Chudnovsky, Daniel: Empresas Multinacionales y Ganancias Monopolicas, Buenos Aires 1974.

tik, wie sie von der Dissoziationstheorie mit ihrem Ruf nach "autozentrierter Entwicklung"[1] vehement gefordert wird.

2.3.2. Anmerkungen zur Dependenz- und Dissoziationstheorie

Die "dependencia"-Theorie mit ihrer teils nationalistisch, teils marxistisch orientierten Richtung[2] entwickelte sich als Antwort auf die ökonomischen Stagnationstendenzen und auf die revolutionären Bewegungen im Lateinamerika der 50er und 60er Jahre. Aus der Sicht der Peripherieländer sollte, so Dos Santos,[3] erstens der Entwicklungsprozeß der Dritten Welt in seinen verschiedenen historischen Situationen analysiert werden, zweitens die allgemeinen Entwicklungsgesetze der untersuchten Gesellschaft aufgezeigt und drittens die inneren Gegensätze und Wachstumsmöglichkeiten der peripheren Entwicklungsprozesse berücksichtigt werden, ohne jeglichen Versuch, den historischen Ablauf auf den von uns schon angesprochenen Unilinearismus zu reduzieren.

Wie Arbeiten von Cardoso, Hurtienne und Eßer[4] gezeigt haben, konnte die Dependenztheorie diesen selbstgestellten Forderungen

---

1) So Senghaas, Dieter: Weltwirtschaftsordnung und Entwicklungspolitik - Plädoyer für Dissoziation, Frankfurt a.M. 1977, S. 265 ff.

2) Diese Unterscheidung geht auf Evers und Wogau zurück ('Dependencia': lateinamerikanische Beiträge zur Theorie der Unterentwicklung, in: Das Argument, 15. Jg., Juli 1973, Heft 4 - 6, S. 404-454).

3) Dos Santos, Theotonio: Dependencia Económica y Cambio Revolucionario en América Latina, Caracas 1973, S. 15 f.

4) Vgl. Cardoso, F.H.: Brasilien: Die Widersprüche der assoziierten Entwicklung, in: Sonntag, H.R. (Hrsg.): Lateinamerika - Faschismus oder Revolution, Berlin 1974, S. 32-62; Hurtienne, Thomas: Zur Ideologiekritik der lateinamerikanischen Theorie der Unterentwicklung und Abhängigkeit, in: Probleme des Klassenkampfes, IV. Jg. 1974, Heft Nr. 14/15, S. 213-283; Eßer, Klaus: Lateinamerika - Industrialisierungsstrategien und Entwicklung, Frankfurt a.M. 1979.

nicht gerecht werden, was ihren allmählichen Bedeutungsverlust erklärbar macht. Angesichts verbreiteter Marginalisierungsphänomene wurden permanent die Möglichkeiten der abhängigen kapitalistischen Industrialisierung unterschätzt und die des sozialistischen Klassenkampfes überschätzt. Aus "dem wachstumspolitischen Unvermögen der nationalen industriellen Bourgeoisie angesichts der schnellen Erschöpfung der importsubstituierenden Industrialisierung wurde auf eine tiefgreifende Krise des Kapitalismus in der Region und auf kurzfristigen Systemwandel geschlossen. Angenommen wurde, nachdem sich neue politisch-ökonomische Führungsgruppen mit wirksameren Industrialisierungsstrategien herausgebildet hatten, der Staat als Wirtschaftssubjekt an Bedeutung gewann und mit multinationalen Konzernen zusammenwirkte, ein 'abhängiger Staatskapitalismus' mit begrenzten Industrialisierungschancen. Als sich eine Gruppe von teilindustrialisierten Ländern herausgebildet hatte, hieß es, der Kapitalismus der Peripherie könne zwar eine 'außerordentliche industrielle Dynamik' entfalten, aber auf keinen Fall - wegen der Dependenz - die Unterentwicklung aufheben."[1)]

Die dogmatische Konzeption des Imperialismus als Wirken des ewig Gleichen, so z.B. in Franks Metropolen-Satelliten Modell, die meist auf das Bild des klassischen "extraktiven" Imperialismus hinauslief, ließ neben der Rolle vorkapitalistischer Wirtschaftssektoren und ihrer Zersetzung auch wesentliche Entwicklungsmerkmale der kapitalistischen Dynamik unberücksichtigt, wie sie Cardoso in seinen fünf "falschen Thesen" zur Abhängigkeitstheorie zum Ausdruck brachte.Demnach ist es bei dem spiralenförmigen Wachsen des kapitalistischen Systems Zeichen von "Normalität" und nicht unbedingt von Nichtentwicklung, daß der hohe "Preis der Unterdrückung von Generationen und wichtigen Teilen der ausgebeuteten Klassen zu entrichten"[2)] ist.

---

1) Eßer, K.: Lateinamerika ..., a.a.O., S. 11f.

2) Cardoso, F.H.: Brasilien ..., a.a.O., S. 37.

Die These der "deformierten Entwicklung" unterstellt dem Kapitalismus Eigenschaften, durch die er nie gekennzeichnet war, nämlich Rationalität und niedrige Ausbeutung der Arbeitskraft. Es kann kaum weiter darum gehen, auf einer solchen These der Nicht- oder Falschentwicklung, einer "Blockage-Theorie", zu bestehen, sondern - wie es in einer Theorie der neuen internationalen Arbeitsteilung bzw. Weltwirtschaftsordnung ansatzweise schon geleistet wird - unterschiedliche Formen von Stagnation, Abhängigkeit und Industrialisierung zu analysieren. Zumindest sollte der Blick stärker auf die immanente Wachstumsfähigkeit einzelner größerer und mittlerer Länder und auf den Umfang und das Machtpotential der pro- und antikapitalistischen Klassen und Schichten gelenkt werden. Dadurch erst könnte die faktische Irrelevanz der Abhängigkeitstheorien im politischen Prozeß durchbrochen werden.

Nachdem sich die These, daß unter imperialistischen Bedingungen eine tiefergehende industrielle Akkumulation in der Dritten Welt ausgeschlossen sei, nicht mehr länger halten ließ, entstand mit der Theorie des peripheren Kapitalismus die Auffassung, daß ein solcher Weg zwar im Prinzip möglich sei, aber nicht zur Befriedigung der Grundbedürfnisse der breiten Masse führen könne. Der Verweis auf die sich ausdehnende absolute Armut in der Dritten Welt wurde dafür als Beweis angeführt.

Ganz zwangsläufig formulierte sich für ein solches kapitalistisches Randsystem die Forderung nach Dissoziation, nach Abkoppelung aus der kapitalistischen Weltwirtschaft. Im Grunde entsprach diese der "Blockage-These" nachfolgende "Break-with-the-world-market-These" jedoch nur einer Forderung, die schon viel früher von der national-kapitalistischen Richtung der lateinamerikanischen Dependenztheorie mit ihrer Anlehnung an das Entwicklungskonzept der CEPAL unter R. Prebisch formuliert wurde.

Sie verdichtete sich in der Forderung nach "autozentrierter Entwicklung", möglichst auf der Basis lokaler Ressourcen und Arbeitskräfte (self-reliance) und der ausschließlichen Produktion für einen wachsenden Binnenmarkt, ohne allerdings zu präzisieren, welche gesellschaftlichen Klassen - außer einer verschwommen definierten nationalen Kapitalistenklasse und einem progressiven Teil des Staatsapparates - für diesen politischen und ökonomischen Bruch mit den kapitalistischen Industrieländern als treibende Kraft in Frage kommen würden.[1]

Zu Recht wendet daher Eßer[2] gegen die Dissoziationstheorie ein, daß sich solche Forderungen ohne Revolution gegen die proimperialistischen Führungsgruppen in den Entwicklungsländern selbst nicht durchsetzen lassen, d.h. da soziale Revolution in einem solchen Fall ohnehin Dissoziation von den Metropolen bedeutet, kann man einer separaten Forderung nach Dissoziation eigentlich nur das Verdienst bescheinigen, zur theoretischen Verklärung der praktischen Probleme beizutragen.

2.3.3. Thesen zur Klassenstruktur in Entwicklungsländern

Wir sind an einem Punkt angelangt, an dem es sich als notwendig erweist, etwas ausführlicher auf die Dynamik der Klassenstruktur in Entwicklungsländern einzugehen. Es werden verschiedene Thesen formuliert, die dann in verschiedenen Punkten der weiteren Arbeit am iranischen Beispiel überprüft werden sollen.

Die Struktur vorkolonialer Gesellschaften mit asiatischer Produktionsweise war, wie z.B. Bahro an vielen historischen Beispielen

---

1) Evers/Wogau erwähnen den "progressiven, nationalistischen, nicht-korrumpierten Teil der Streitkräfte" (Evers/Wogau: "dependencia": lateinamerikanische ..., a.a.O., S. 435) und Senghaas spricht nebulös von einer notwendigen "Massenmobilisierung" und "Partizipation" in politischer Hinsicht (derselbe: Weltwirtschaftsordnung und ..., a.a.O., S. 283 ff).

2) Eßer, K.: Lateinamerika ..., a.a.O., S. 15.

ausführt,[1] streng hierarchisch und bürokratisch mit einem weltlichen oder religiösen Herrscher an der Spitze organisiert, dem es zustand, die Verwaltung des Gemein- bzw. Staatseigentums an lokale Herrscher oder Beamte zu delegieren. Die traditionelle Stammesführung spielte dabei eine ganz wesentliche Rolle. Ehedem demokratisch organisiert, wie z.B. Engels[2] an mehreren Stellen seines Werkes über den Ursprung der Familie, des Privateigentums und des Staates ausführt, wurde sie langsam zu einer den Bauern und Nomaden übergeordneten Macht- und Unterdrückungsinstanz, deren Interesse vor allem der Ausdehnung des Tributs galt. Unter diesen Bedingungen eines starken Staatseigentums, einer auf Dorfebene organisierten Produktions- und Lebensweise und einem starken Zentralismus konnte sich weder privater Großgrundbesitz noch ein dominierendes Stadtbürgertum wie in Europa herausbilden.

Mit dem Eindringen des Imperialismus verlagerte sich das Machtzentrum auf die Klasse der Großgrundbesitzer, die ihre privaten Eigentumsansprüche mit ausländischer Protektion durchsetzen konnten. Die Entwicklung ging soweit - und Persien ist ein Beispiel dafür -, daß das jeweilige Herrscherhaus zwar weiterhin versuchte, auf seinen angestammten Privilegien gegenüber einem ehemals verbeamteten Großgrundbesitz zu beharren, sich aber unter der Hand selbst zum größten Privateigentümer an Grund und Boden transformierte. In dieser widersprüchlichen Situation wurde der jeweilige Herrscher gewissermaßen zum "Primus inter pares" der Großgrundbesitzer. Deshalb auch wurden das Herrscherhaus und der Staatsapparat oft zur wichtigsten Stütze der ausländischen Kräfte und dort, wo nicht direkt auf das Mittel formell-kolonialer Beherrschung zurückgegriffen wurde, wie z.B. in Indien oder Algerien, änderte sich trotz eines gewandelten ökonomischen Unterbaus nur wenig an den Erscheinungsformen politischer Macht; eher trat sie noch despotischer auf, wie die Entwicklung einer ganzen

---

1) Bahro, R.: Die Alternative ..., a.a.O., S. 80ff.

2) Engels, Friedrich: Der Ursprung der Familie, des Privateigentums und des Staates, Berlin (O) 1971.

Reihe von Ländern des Mittleren Ostens in diesem Jahrhundert plastisch vor Augen geführt hat.

Eine nur schwach entwickelte einheimische Bourgeoisie, die Anfang des vorigen Jahrhunderts in Lateinamerika und um die Jahrhundertwende in Indien, China, Iran, Ägypten etc. noch versucht hatte, sich von den Kolonialmächten zu befreien, löste sich, wie Djazani[1] am iranischen Fall exemplarisch herausgearbeitet hat, in zwei Schichten mit gegensätzlichen Interessen auf, nämlich in die Nationalbourgeoisie, die sich auf den inneren Markt stützte und beständig von der Gefahr des völligen Untergangs bedroht wurde, und in die sogenannte Komperadoren-Bourgeoisie, die sich im Außenhandel zwischen Metropolen und Peripherie etablierte[2] und allmählich neben den Landlords mit wachsender Dynamik an der politischen Macht beteiligt wurde.

Diese Komperadoren-Bourgeoisie, von der die traditionelle, bürgerliche Entwicklungstheorie nur in Anführungszeichen spricht, d.h. negiert, obwohl ihr Vorhandensein offensichtlich ist,[3] unterlag mit den weltwirtschaftlichen Veränderungen selber einem qualitativen Wandel, den es sich lohnt, kurz zu beschreiben, weil darüber auch in einer Reihe von marxistischen oder kritischen Arbeiten nur eine unklare Vorstellung herrscht.[4]

---

1) Djazani, Bijan: Klassenkämpfe im Iran, o.J., S. 86f.

2) Sie organisierte den Export landwirtschaftlicher Produkte und mineralischer Rohstoffe sowie den Import industrieller Produkte aus den kapitalistischen Zentren. Unter bestimmten historischen Bedingungen investierte sie ihr Kapital auch im Grundbesitz, daher der synthetisierte Begriff Export-Oligarchie. Ihr "Liberalismus", gepaart mit der Industrialisierungsfeindlichkeit der Landlords, sorgte in der Phase des klassischen Imperialismus für das völlige Verkümmern des sekundären Wirtschaftssektors.

3) Amin, S.: Die ungleiche ..., a.a.O., S. 274.

4) Exemplarisch für diese Unklarheiten sind z.B. Eßers Lateinamerikastudie (S. 71 ff) und S. Ravasanis Buch "Iran - Entwicklung der Gesellschaft, der Wirtschaft und des Staates" (a.a.O., S. 22ff). Franks Konzept einer "Lumpenbourgeoisie" hat viel zu diesen Unklarheiten beigetragen (Frank, A.G.: Lumpenbourguesía - Lumpendesarrollo, Buenos Aires 1971).

Für einige zentrale Länder der Dritten Welt, wie z.B. Brasilien, Mexiko, Indien, Persien etc., mündete die Entwicklung der 60er und 70er Jahre in das System des abhängigen Kapitalismus, in dem nicht mehr nur die Unterordnung extraktiver Bereiche, sondern auch industrieller Teilsektoren für die kapitalistischen Industriestaaten interessant wurden. Damit aber wurde die Stagnation der National-Bourgeoisie durch die rasche Entwicklung der Komperadoren-Bourgeoisie ersetzt, die im Zuge der langsamen politischen Zersetzung der Klasse der traditionellen Großgrundbesitzer (Agrarreformen) zur herrschenden Elite aufstieg. Der Schwerpunkt der Aktivitäten der Komperadoren-Bourgeoisie verlagerte sich während dieses Prozesses mehr und mehr vom unproduktiven Handelssektor auf den Industriesektor, d.h. auf eine Zusammenarbeit mit internationalen Konzernen im p r o d u k t i v e n Bereich.

Der Charakter der "alten" Komperadoren-Bourgeoisie ist damit ein völlig anderer als der der "neuen", obwohl letztere aus der ersten hervorgegangen ist und in weiten Bereichen der Dritten Welt immer noch das Bild bestimmt. Am deutlichsten tritt dieser Wandel in einem konzentrierten Ausbau des Protektionismus in Teilbereichen der Industrie in der Dritten Welt auf, der von der alten, liberalen Fraktion noch völlig unvorstellbar gewesen wäre.[1)]

Politisch gesehen ließ sich in diesem System des abhängigen Kapitalismus mit einer sich ausdifferenzierenden Komperadoren-Bourgeoisie die Machtstellung der alten Dynastien, Eliten etc. nur halten, indem sie sich ökonomisch in diese Klasse koope-

---

1) Die Konzeption der Komperadoren-Bourgeoisie als einer reinen "Geschäftsführer-Bourgeoisie" oder bornierten "Brückenkopf-Elite", wie z.B. bei Eßer (Lateinamerika ..., a.a.O., S. 72) schließt natürlich theoretisch einen solchen Wandel in der Kontinuität aus. In Wirklichkeit sind die Beziehungen zwischen den Komperadoren-Bourgeoisien und Metropolen jedoch komplexer Natur und enthalten durchaus Widersprüche begrenzter Natur, wie z.B. im Verhältnis der OPEC-Staaten zu den Industrieländern deutlich zu Tage tritt.

rierten und traditionelle Betätigungsweisen (Großgrundbesitz) zurückstellten oder ganz aufgaben. Es ist durchaus kein seltener Fall, daß sich trotz personeller Kontinuität in der Herrschaftsausübung der ökonomische Charakter der herrschenden Klasse völlig gewandelt hat.

Den kapitalistischen Industriestaaten erlaubten diese Wandlungen eine nicht mehr primär politisch oder militärisch, sondern ökonomisch fundierte Herrschaftsausübung (Neo-Kolonialismus),[1] sofern dieser stumme Zwang der ökonomischen Gesetze natürlich nicht radikal in Frage gestellt wurde.

Eine ganze Reihe relativ fortgeschrittener Entwicklungsländer zeigt, daß der abhängige Kapitalisierungsprozeß immer noch den autoritären Staat benötigt, schon um den Polarisierungsprozeß der Bauern, das Wachstum des Industrieproletariats und das Entstehen einer technokratischen Mittelklasse mit der gewünschten Geschwindigkeit ablaufen zu lassen. Funktionell gesehen instrumentalisierte die an einer abhängigen Kapitalakkumulation interessierte Komperadoren-Bourgeoisie den Staat, und zwar sowohl in seinen ökonomischen als auch in seinen unterdrückerischen Tätigkeitsbereichen. Es sind die Dimensionen des sozioökonomischen Umwandlungsprozesses, welche die Dimensionen des Staatsapparates bestimmen und nicht umgekehrt.

Daher bleibt es unscharf, den Staat im Entwicklungsfall als irgendwie separierte Instanz zu konzipieren und von einer Staatsklasse zu sprechen, wie es bei Eßer anklingt.[2] Im System des abhängigen Kapitalismus mag zwar der politischen bzw. militärischen Führung des Landes (Komperadoren-Bürokratie, -Militär) eine wichtige oder gar führende Rolle in der Ausrichtung des sozio-ökonomischen Prozesses zukommen; sie steht aber keineswegs außerhalb der Interessen der Komperadorenklasse, obwohl sie natürlich nicht die Bedürfnisse all ihrer Fraktionen gleichermaßen befriedigen kann.

---

1) Vgl. Szentes, Tamás: Zur politischen Ökonomie der Entwicklungsländer, Köln, Frankfurt a.M. 1974, S. 317ff.

2) Eßer, K.: Lateinamerika ..., a.a.O., S. 73.

III. GRUNDZÜGE DER IRANISCHEN GESCHICHTE

1. DIE VORIMPERIALISTISCHE GESELLSCHAFT

Im vorigen Abschnitt untersuchten wir den Ideologie- und Erklärungsgehalt verschiedener Entwicklungstheorien und -strategien. Dabei verwiesen wir für die Erklärung von Unterentwicklung und Stagnation in weiten Teilen der Dritten Welt besonders auf die große Bedeutung der asiatischen Produktionsweise und auf die über sie hereinbrechende imperialistische Penetration in ihren verschiedenen Stadien.

In diesem Punkt wollen wir nun prüfen, warum sich das Konzept der asiatischen Produktionsweise auf die vorimperialistische Geschichte des Iran übertragen läßt, d.h. warum sie nicht einem in der Grundformationstheorie festgelegten Stadienablauf gehorchte. Dies setzt zunächst die Kritik an einigen falschen Auffassungen über den Charakter der vorimperialistischen iranischen Gesellschaft in einer Form voraus, wie sie meines Erachtens bisher leider nur von wenigen Autoren[1] geführt wurde. Danach sollen die zentralen Elemente näher untersucht werden, die den vorimperialistischen Iran kennzeichnen.

---

1) So z.B. von Ashraf, Ahmad: Historical Obstacles to the Development of a Bourgeoisie in Iran, in: Cook, M.A. (Hrsg.): Studies in the Economic History of the Middle East, London, New York, Toronto 1970, S. 308-332; Ashraf, A. / Hekmat, H.: Traditional Bourgeoisie and the Development Processes of Nineteenth Century Iran, Conference on the Economic History of the Near East in the Nineteenth Century, unveröffentlichtes Manuskript, Princeton 1974; Massarrat, M.: Gesellschaftliche Stagnation und die asiatische Produktionsweide - dargestellt am Beispiel der iranischen Geschichte, Eine Kritik der Grundformationstheorie, in: Geographische Hochschulmanuskripte, Mai 1977, Heft 4, S. 3-125.
Ohne explizit auf die asiatische Produktionsweise als eigenständiger Organisationsform einzugehen, kommt Ravasani zu ähnlichen Ergebnissen wie Ashraf oder Massarrat (vgl. Ravasani, Schapour: Sowjetrepublik Gilan - Die sozialistische Bewegung im Iran seit Ende des 19. Jh. bis 1922, Berlin o.J., bes. S. 32-82).

1.1. Auffassungen zur dominierenden Produktionsweise

Von einigen Autoren, die von einem materialistischen Standpunkt aus die persische Geschichte untersucht haben, wird die Übertragung des Konzepts der asiatischen Produktionsweise auf die iranischen Verhältnisse mehr oder weniger explizit abgelehnt.

Am deutlichsten zeigt sich diese These, die sich bis in die Interpretation der neueren Geschichte auswirkt, in Arbeiten, die sehr eng Bezug auf die Grundformationentheorie nehmen. So z.B. vertritt Ritter die Meinung, ohne allerdings den Beweis zu liefern, "daß einerseits die alte Dorfgemeinde auch in allen feudalen Ländern der Welt zu finden war und andererseits im Osten neben der Dorfgemeinde von Alters her verschiedene Formen des privaten Bodeneigentums existierten"[1] und damit auch für den Iran die These von der asiatischen Produktionsweise "ins Wanken geraten" sei. Diesem Einwand, der insofern schon verpufft, als auch Verteidiger des Konzepts einer asiatischen Produktionsweise nie das Weiterbestehen von Gemeineigentumsformen in den feudalen europäischen Ländern und das Entstehen von privatem Grundeigentum in asiatischen Gesellschaften völlig in Abrede gestellt haben, folgt konsequent die Charakterisierung des vorimperialistischen Irans als einer feudalen Wirtschaft auf hohem Niveau mit ausgeprägten Stagnationserscheinungen.[2]

Die Widersprüchlichkeit von Ritters Argumentation zeigt sich darin, daß dieser iranische "Feudalismus" in einer Weise beschrieben wird, der eher an die asiatische Produktionsweise erinnert als an Formen des europäischen Feudalismus, dessen Elemente letztlich auch einer Definition von Feudalismus im Iran zugrunde liegen müßte, wenn ein solches Konzept überhapt Sinn haben soll. Insbesondere muß auch Ritter zugeben, daß die Kaufleute

---

1) Ritter, Wolfgang: Der Iran unter der Diktatur des Schah-Regimes, Frankfurt a.M. 1979, S. 22.

2) Ebenda, S. 23.

und Händler im Gegensatz zur spätmittelalterlichen Gesellschaft Europas nicht die geringsten politischen und persönlichen Rechte gegenüber den mächtigen "Feudalherren", die er offensichtlich mit der Staatsbürokratie verwechselt, besaßen[1] und daß diese politischen Verhältnisse die ursprüngliche Kapitalakkumulation und die Entwicklung eines inneren Marktes verhinderten.

Ähnlich unbefriedigend in der Frage der dominierenden Produktionsweise bis zum Ende des vorigen Jahrhunderts und ihren Nachwirkungen urteilte auch F. Halliday in seinem ansonsten sehr scharfsinnigen Beitrag zur neueren Iranforschung,[2] indem er an die Stelle des Beweises die Behauptung setzte: "Noch weniger nützlich als die Heranziehung des Islam ist eine Erklärung des Iran durch seinen angeblich 'asiatischen' Charakter: es gibt kein spezifisch 'asiatisches' politisches System, und es hat keinen Wert, auf den Begriff eines 'asiatischen Despotismus' zurückzugreifen, um die iranische Geschichte zu erklären."[3]

Im Gegensatz zu Ritter spricht Halliday zwar nicht von feudalen Verhältnissen, sondern nur von vorkapitalistischen; ähnlich wie Ritter führt er aber auch Argumente an, die eher für als gegen einen "asiatischen" Charakter sprechen, nämlich die übermächtige Stellung des Despoten und seiner Bürokratie, den stationären Subsistenzcharakter der Landwirtschaft und die Entwicklungshemmung kapitalistischer Klassenkräfte. Die Bourgeoisie fungierte nach ihm als "Gehilfe des Staates"[4] und er kann sie diese Rolle sogar bis zur Gegenwart spielen lassen, weil er

---

1) Er spricht von einer "politischen Schwäche dieser Schichten gegenüber der überaus starken Position der zentralisierten Staatsgewalt und Bürokratie" (S. 23) - ein Machtverhältnis, das gerade die asiatische Produktionsweise und nicht den Feudalismus kennzeichnet.

2) Halliday, Fred: Iran ..., a.a.O.. Hallidays Analyse leidet darunter, daß er die Bedeutung des Imperialismus für die iranische Entwicklung herunterspielt (S. 38f).

3) Ebenda, S. 37.

4) Ebenda, S. 40.

nicht klar herausgearbeitet hat, daß die Staatselite nach der Weißen Revolution selber Teil dieser (Komperadoren-)Bourgeoisie wurde, mithin der a l t e Gegensatz zwischen Staat und Bourgeoisie nicht mehr bestehen konnte.

Am konsequentesten negierten bisher allerdings führende sowjetische Iranologen[1] die Rolle der asiatischen Produktionsweise in der persischen Geschichte, indem sie sich auf das bekannte Schema der Aufeinanderfolge von Produktionsweisen stützten: "Thus, according to this theory, the Median, Achaemenian and Parthian periods represent a typical stage of slavery. The Sasanid period is categorized as an incipient stage in the development of feudalism, the period of the caliphs as 'underdeveloped feudalism' brought about by the expansion of the state lands, and in the Saljuq period we witness the growth of feudalism proper. The Mongol Invasion is dubbed as a stage of 'nomadic feudalism'. For the highly centralized state system created in Persia under the Safawids, the term 'centralized feudalism' is used, whilst the nineteenth century is thought to be a period of the disintegration of feudalism in a situation of colonial penetration. Finally, the present century's history is interpreted and analysed in terms of the rise of a 'national and dependent bourgeoisie'."[2]

---

1) Vgl. insbesondere die von Ashraf (Historical Obstacles ..., a.a.O., S. 308ff) und M. Massarrat (Gesellschaftliche Stagnation ..., a.a.O.) ausführlich wiedergegebenen Arbeiten von Diakonov und einem sowjetischen Autorenkollektiv (Diakonov, I.M.: Tarikhe-e Mad - Persisch - Die Geschichte von Medien, Teheran 1966; sowie Autorenkollektiv, Pigoleskaja, u.a.: Tarikh-e Iran - P - Die Geschichte Irans vom Altertum bis zum Ende des 18. Jahrhunderts, Teheran 1970).

2) Ashraf, A.: Historical Obstacles ..., a.a.O., S. 309. Die Periode der Meder, Achämeniden und Parther reichte vom 8. Jh. v.u.Z. bis 226 u.Z., die der Sassaniden von 226 bis 651, die der Kalifen und Selschuken bis ins 13. Jh., die der Mongolen bis ungefähr 1500 und die der Safawiden von 1502 bis 1736. Danach regierten die Afscharen (bis 1784), die Kadscharen (1784-1925), die schließlich 1925 von der Pahlawi-Dynastie abgelöst wurden.

Im Kern orientierten sich diese Abgrenzungen der vorkapitalistischen Formen, wie Massarrat herausgearbeitet hat, unspezifisch an den periodischen Prozessen der Zentralisation und Dezentralisation des Grundeigentums während der iranischen Geschichte,[1] die als solche durchaus in jeder, auch in der asiatischen Produktionsweise auftreten können. Es gelingt ihnen damit nicht, was von einer materialistischen Analyse zu verlangen wäre, nämlich die postulierte Sklavenhalter- oder Feudalgesellschaft vom Standpunkt ihrer sozio-ökonomischen Besonderheiten gegenüber anderen Formen zu substantieren.[2]

Als einer der wenigen sowjet-marxistischen Autoren löste sich erst Khalatbari implizit von einem überholten Feudalismuskonzept für den Iran. Ihm zufolge basierten die außerokzidentalen Gesellschaftssysteme, die er wie die Modernisierungstheorie als traditionell klassifizierte, auf einem Wirtschaftssystem, das auf "verschiedenen Formen des selbstgenügsamen Gemeinwesens"[3] beruhte. Für die iranische Geschichte negierte er auf Grund des Zwangs zur kollektiven Wasserregulierung und der damit verbundenen Grundeigentumsformen, die er noch unscharf als "staatsfeudalistisch" bezeichnete, einen zu Europa analogen unilinearen Geschichtsablauf.[4]

---

1) Massarrat, M.: Gesellschaftliche Stagnation ..., a.a.O., S. 117 f.

2) Vgl. A. Ashraf: Historical Obstacles ..., a.a.O., S. 309. Eher ironisch vermerkt Amin, daß die sowjetische Orientforschung wohl nichts von einer asiatischen Produktionsweise wissen wolle, weil dadurch zwangsläufig zugegeben werden müßte, daß Gemein- oder Staatseigentum nicht unbedingt mit sozialistischen Verhältnissen identisch sein müssen, sondern durchaus die Ausbildung einer ausbeuterischen Klasse zulassen (Amin, S.: Die ungleiche ..., a.a.O., S. 294).

3) Khalatbari, Parviz: Ökonomische Unterentwicklung, Mechanismus, Probleme, Ausweg, Frankfurt a.M. 1972, S. 47.

4) Derselbe: Die Agrarfrage im Iran, in: Deutsche Außenpolitik 2, 1962, S. 1075. Ähnlich argumentiert auch Nirumand, Bahman: Persien - Modell eines Entwicklungslandes, Reinbek 1967, S. 13f.

1.2. Zentrale Elemente des iranischen "Asiatismus"

1.2.1. Die Stabilität der Produktionsverhältnisse

Die Auflösung der Urgesellschaft und der Übergang zur asiatischen Produktionsweise erfolgten im Iran wohl schon im 4. Jahrhundert v.u.Z..[1] Der Übergang zur Ackerbauwirtschaft spielte in diesem Prozeß, der erst im 7. Jh. v. u.Z. mit der Zentralisierung der Staatsmacht im Reich der Elamiten seinen Abschluß fand, die entscheidende Rolle, denn er setzte, wie in den meisten orientalischen Ländern, eine künstliche Wasserregulierung voraus, die nur unter der Regie des ganzen Stammes oder durch die Zusammenarbeit mehrerer Stämme bewerkstelligt werden konnte. Diese Schnittstelle der iranischen Gesellschaft mit ihrer gleichzeitigen Forcierung der Arbeitsteilung und Arbeitsspezialisierung markiert gleichzeitig auch den Beginn eines Privilegierungsprozesses innerhalb der Stämme, der schließlich mit der Herausbildung von undemokratischen Herrschaftsverhältnissen endete; einerseits gedieh das Staats- oder Stammesoberhaupt mit der Heerschar von Steuerbeamten, Militärs, Theologen, Infrastrukturspezialisten etc. und andererseits wurden von den zersplitterten kleinen Dorfgemeinwesen als den produktiven Elementen der Gesellschaft hohe Tributzahlungen abgepreßt.

Die widrigen Naturbedingungen (Trockenheit, Unzugänglichkeit weiter Regionen) sorgten zwangsläufig für eine enge Bindung der Individuen an das dörfliche Gemeinwesen, sonst wäre die materielle Produktion radikal in Frage gestellt worden:
"The village in Persia has thus been from early times the unit which formed the basis of social life, and the group into which the population organized themselves for economic and political cooperations. This importance of the village as the unit in rural

---

1) In den folgenden Ausführungen stützen wir uns auf die Studie von Massarrat (Gesellschaftliche Stagnation ..., a.a.O., S. 38ff).

life has persisted through medieval times down to the present day. The isolated settlement is still the exception and not the rule",[1] wie Lambton noch in den 50er Jahren die Situation charakterisierte.

Über Tausende von Jahren wurde damit die auf Gemein- bzw. Staatseigentum beruhende gemeinschaftliche Produktion der Urgesellschaft konserviert. Die Macht der Bürokratenklasse basierte infolgedessen nicht auf irgendeiner Form von Privateigentum an Grund und Boden, sondern sie entsprang der Notwendigkeit einer vereinheitlichten Verwaltung des sozialen und wirtschaftlichen Lebens. Im besten Fall konnte sich der oberste Herrscher als Titular- oder Repräsentativeigentümer des von ihm verwalteten Gemein- bzw. Staatseigentums fühlen.[2] Bahro spricht daher in ähnlichem Zusammenhang treffend von einer nur "als ideologischer und administrativer Staatsapparat organisierte(n) herrschende(n) Klasse."[3]

Es war ganz natürlich, daß ein solcher Apparat durch eine nach außen gerichtete Expansion seine Macht- und damit Tributbasis zu erhalten und zu erweitern suchte, zumal die technologischen Kenntnisse im Landbau und in der Wasserwirtschaft durchaus die Unterwerfung fremder Stämme oder Staatsgebiete, die noch auf der Stufe der Urgesellschaft standen, unter asiatische Ausbeutungsformen erlaubte. Wir erleben daher periodisch eine ungeheure Expansion des Perserreiches, das seine extremste Ausdehnung unter Darius I (um 500 v.u.Z.) fand, als das militärisch, ökonomisch und politisch straff organisierte Reich vom Indus bis nach Griechenland reichte.

---

1) Lambton, A.K.S.: Landlord and Peasant in Persia, London, New York, Toronto 1953, S. 4.

2) Ravasani ist der Meinung, daß der König immer nur einen kleinen Teil des Grund und Bodens als sein Privateigentum betrachten konnte (Ravasani, S.: Sowjetrepublik Gilan ..., a.a.O., S. 55).

3) Bahro, R.: Die Alternative ..., a.a.O., S. 96.

Während dieses ersten persischen Großreiches wurde mit dem Ausbau des Verkehrs- und Nachrichtenwesens und eines unterirdischen Wasserversorgungssystems (Quanate), das selbst heute noch von großer Bedeutung in der Wasserwirtschaft ist, eine Produktionsorganisation auf der Stufe des Ackerbaus geschaffen, die jahrtausendelang innerlich unverändert blieb. In diese Zeit der Achämeniden fällt auch der Übergang von der eher demokratischen Herrschaft zum Despotismus, der gleichermaßen wie die starren Produktionsformen für die persische Geschichte prägend wurde.

Ähnlich wie die Expansionsbewegungen änderten auch interne Zerfallsprozesse praktisch nichts an den Produktionsverhältnissen. Dies gilt nicht nur für die Herrschaft der Araber und für die Zeit der Mongolen, sondern auch schon für die griechische Penetration unter Alexander dem Großen, dem es nicht gelang, die antike Sklaverei auf die eroberten Gebiete des Orients zu übertragen.[1)]

Die Islamisierung des Iran bewirkte nach Lambton sogar eine Stärkung der dörflichen Organisationen, zum einen weil sich die Verwaltung von ganzen Dorfgemeinden einfacher als mit den einzelnen Dorfbewohnern gestalten ließ und zum anderen aus direkt ökonomischen Gründen, welche von den islamischen Eroberern unmittelbar erkannt und auf ihre Herrschaftsnachfolger weitergereicht wurden:
"One of their main interests was in the collection of revenue from the conquered lands, and this could only achieved if a certain degree of property prevailed. Agriculture could hardly flourish if the peasantry was discontented and overburdened. The early Muslims may well have been influenced by considerations of general agricultural prosperity to treat the village as a unit, realizing that if the peasant had some interest

---

1) Vgl. Massarrat, M.: Gesellschaftliche Stagnation ..., a.a O. S. 72f.

in his land and some degree of local self-government he would be more likely to cultivate it better."[1])

Immer wieder erwies sich das iranische Dorfsystem, das in sich durchaus demokratische und egalitäre Züge behielt, gegen alle zersetzenden Einflüsse als unüberwindliche Festung, die erst viel später unter dem Wirken der imperialistischen Metropolen Europas geschleift werden konnte.[2]) Selbst in den ausgedehnten Perioden der Dezentralisation blieb das innere Gefüge des Dorfes immer stabil und öffnete dem Handelskapital gegenüber der Bürokratie, die in solchen Zeiten geschwächt wurde, kaum grösseren Spielraum. Überhaupt muß man, wie Ashraf als zentralen Punkt betont hat, sehen, daß in solchen Dezentralisierungsperioden einzelne Elemente, wie die Stärkung partikularer Interessen einzelner Stämme und der regionalen Landlords, eine ursprüngliche Kapitalakkumulation eher hemmten als förderten.

In den Perioden der Zentralisierung, die regelmäßig den ökonomischen Aufschwung brachten und eigentlich positiv auf die Entwicklung des Handelskapitals hätten wirken müssen, wie z.B. während der Blütezeit unter Schah Abbas I (bis 1619), verhinderte gerade der staatliche Despotismus eine unabhängige und nur am Profit orientierte Kapitalakkumulation. In dieser Zeit starker Herrscher kehrte sich auch regelmäßig die Ausdehnung quasi-feudalen Landbesitzes gegenüber Staats-, Kron- und Kirchenländereien um,[3]) indem die Landlords wieder verstärkt als staatliche Verwalter in die Pflicht genommen wurden und auf Eigentumsrechte, die sie sich faktisch angeeignet hatten (Erblichkeit des Bodens), verzichten mußten.

---

1) Lambton, A.K.S.: Landlord ..., a.a.O., S. 3.

2) Vgl. die Darstellung von Ashraf und Hekmat: Traditional Bourgeoisie and the Development Processes ..., a.a.O., S. 3 f.

3) Vgl. Ashraf, A.: Historical Obstacles ..., a.a.O., S. 314.

Unter diesen Bedingungen bildete sich ein auf der Naturalrente beruhendes Steuer- oder besser Tributeinzugssystem heraus, das Steuerdistrikte, Steuerkreise und schließlich auf der untersten Ebene die zu besteuernden Dörfer mit ihren Mitgliedern erfaßte. Bis zu einem gewissen Grad keimte jedoch auch in diesem System schon der von Marx angesprochene Dualismus. Lambton beschreibt ihn folgendermaßen:
"But although the fiscal system on the one hand favoured the survival of communal groupings, on the other hand it also brought about certain changes in the structure of village society. The tendency was for the burden of taxation to grow in the course of time, and this weighed most heavily upon the peasants and smaller landowners who had fewer economic reserves to tide them over bad times and less possibility of resisting unjust demands. This made them more dependent upon the relatively rich and the powerful, who therefore came to assume quite naturally a position of authority with regard to the tax-payers generally, both as their protectors vis-à-vis the government and as responsible for them towards the government."[1)]

Trotz dieser Tendenzen gelang es dieser Gruppe von "Autoritäten", die Lambton an anderer Stelle auch als Treuhänder (assignee) bezeichnete, erst im 20. Jahrhundert, ihre Position zur Bildung von großem Privatbesitz am Boden auszunutzen und die Bauern in *ihre* Knechtschaft zu zwingen.

1.2.2. Die Organisation des Grundeigentums

Die Zeitspanne seit dem Untergang des ersten persischen Großreiches bis ins 20. Jahrhundert zerfällt, grob gesprochen, in drei große Etappen, die alle durch das Auseinanderfallen des zentralen Herrschaftsapparates - gefolgt von einer erneuten

---

1) Lambton, A.K.S.: Landlords ..., a.a.O., S. 3.

Zentralisation - gekennzeichnet sind. Da Herrschaft immer mit der Verfügungsgewalt über Grund und Boden verknüpft war, spiegeln sich diese Phasen auch in der Dezentralisation bzw. Zentralisation des Gemein- bzw. Staatseigentums wider.[1)]

X Die e r s t e Phase begann mit dem Zerfall des Achämenidenreiches und erreichte während des Großreichs der Sassaniden (bis 651) wieder ihren Höhepunkt. In dieser Zeit wurde das Bewässerungssystem sehr stark weiterentwickelt, und der Iran spielte eine äußerst wichtige Mittlerrolle im Handel zwischen Europa und Asien. Der Zerfall des Sassanidenreiches durch die arabische Eroberung und Islamisierung (ab 650) läutete die X z w e i t e Phase ein. Dieser Prozeß hatte eine Zerstückelung des iranischen Reiches zur Folge, in dessen Verlauf sich mehrere relativ unabhängige Machtzentren etablieren konnten, die sich - zunächst unter arabischer, dann unter mongolischer Herrschaft - nahezu acht Jahrhunderte erhalten konnten, bis unter der Herrschaft der Saffawiden der Zentralisierungsprozeß und der staatliche Ausbau der allgemeinen Produktionsbedingungen wieder einen erstaunlichen Aufschwung erhielten. Dieser Ausbau und die Zurückdrängung der Privatisierungstendenzen beim Landbesitz verhalfen dem alten Dorfsystem wieder in seine Rechte und zur ökonomischen Blüte.

X In die d r i t t e Phase fielen die Auflösung des Saffawidenreiches mit den schon aus früheren Dezentralisierungszeiten bekannten politischen und ökonomischen Zerfallserscheinungen[2)]

---

1) Massarrat leitet diese Dezentralisierungsbewegungen sehr mechanisch aus allgemeinen Verwaltungsschwierigkeiten und Verselbständigungstendenzen innerhalb der großen Herrschaftsräume ab (Massarrat, M.: Gesellschaftliche Stagnation ..., a.a.O., S. 64ff).

2) Durch exzessive Gewaltanwendung in jenen Zeiten gelang es niemals, die Bauern mittels Raub oder Plünderungen zu Leibeigenen zu machen, allenfalls gelang es den Usurpatoren, die Dörfler zu pauperisieren oder auszurotten. Während der arabischen Fremdherrschaft führten die Außeneinflüsse im Gegenteil sogar zur Bereicherung der alten sozialen Verkehrsformen.

und die Rezentralisierung zu Beginn der Kadscharen-Dynastie (1794 - 1925). Die Pahlawi-Herrschaft kann zwar noch dieser Phase zugerechnet werden, weil der despotische Charakter der Zentralgewalt erhalten blieb bzw. sich sogar noch verstärkte; Mitte des vorigen Jahrhunderts begann jedoch die erfolgreiche Penetration durch Rußland und England mit ihren für die traditionellen asiatischen Eigentumsformen und ländlichen Sozialstrukturen so verhängnisvollen Wirkungen. Eine noch stärkere Transformation machte der ökonomische Unterbau schließlich mit dem Vordringen kapitalistischer Verhältnisse in diesem Jahrhundert durch. Unter dieser Bedingung dienten der staatliche Despotismus und Bürokratismus nicht mehr der Erhaltung der alten Verhältnisse, sondern der Absicherung der ausländischen Interessen, die zunächst mit einer im letzten Jahrhundert formierten Feudalklasse zusammengingen, aber nach der Weißen Revolution stärker auf die Initiierung einer abhängigen Industrialisierung ausgerichtet wurden.[1]

Bis zum Hereinbrechen des ausländischen Imperialismus erfolgte die Organisation des Grund und Bodens als Gemein- bzw. Staatseigentum mit weitgehenden Rechten der verwaltenden Bürokratie keineswegs immer in denselben Formen - trotz der Mumifizierung der Arbeitsorganisation im Kollektiv. Leider ist die Iranforschung in diesem Punkt über erste Schritte noch nicht hinausgekommen;[2] immerhin aber lassen sich einige Grundformen erkennen, deren relative Bedeutung sehr eng mit den erwähnten Zentralisations- und Dezentralisationsbewegungen in der politischen Macht korrelierte.

---

1) Vgl. Halliday, Fred: Iran ..., a.a.O., S. 35f. Die Klassenstruktur im vorimperialistischen Iran wird in recht ausführlicher Form von James Bill in seiner Studie "The Politics of Iran", (Columbus/Ohio 1972, S. 1-52) abgehandelt.

2) Am ausführlichsten ist immer noch die Arbeit von Lambton (Landlords ..., a.a.O., Teil 1).

In Anlehnung an sowjetische Autoren spricht Massarrat[1] von einer Unterteilung in drei Haupteigentumsformen. Zu Beginn der arabischen Herrschaft spaltete sich der Grund und Boden in Grundeigentum des Staates und des islamischen Klerus (Vaghf-Ländereien). Mit diesem Grundeigentum, das seiner Natur nach res extra commercium[2] war, erhielt der Klerus seine selbständige ökonomische Basis und politische Legitimation. In der Praxis bedeutete diese Treuhänderschaft des islamischen Klerus an kommunalem Land, analog zu anderen Weltreligionen, das Abweichen von egalitären Vorstellungen.

Wahrscheinlich unter mongolischer Herrschaft spaltete sich vom Staatseigentum das persönliche Grundeigentum des Königs (Kronländereien) als dritte Hauptform ab. Wie in früheren Epochen blieb aber privates Groß- und Parzelleneigentum unbedeutend; sowohl bei Staats- und Kronländereien als auch beim religiösen Stiftungsland erfolgte die Abpressung des bäuerlichen Mehrprodukts durch Vertreter, die vom Staat oder der Kirche eingesetzt wurden (Beamte, Aufseher, Pächter). Zwischen den privaten Vertretern des Königs und den Staatsbeamten gab es keine deutliche Trennung - ein Indiz dafür, daß die Institution des Privateigentums kaum verfestigt war.

Innerhalb des streng hierarchisierten Verwaltungsapparates erfolgte die Pachtgewährung in der Regel zu festgesetzten Perioden, obwohl sich nie eine dem feudalen Lehensystem in Europa vergleichbare Rechtssicherheit entwickeln konnte. "In Persien wechselten die großen Ländereien ihre Besitzer nicht nur beim Sturz einer Dynastie und Gründung einer neuen, sondern auch bei der Krönung eines neuen Schah aus der gleichen Dynastie. Dieser

---

1) Massarrat, M.: Gesellschaftliche Stagnation ..., a.a.O., S. 85f.

2) Lambton, A.K.S.: Landlords ..., a.a.O., S. 27. Teilweise wurde dem islamischen Klerus Land gestiftet, um es vor Übergriffen des weltlichen Herrschers zu schützen.

Zustand, nach dem alles von den Interessen und Befehlen des jeweiligen Königs abhing, verhinderte u.a. die Etablierung eines Landadels, wie er in Westeuropa vorkam. Außerdem säte er Feindseligkeiten innerhalb der besitzenden Klasse."[1]

Aus diesem System der Tributpacht, das entsprechend der Zahl der parasitären Glieder zwischen Herrscher und Dorf das Maß der bäuerlichen Ausbeutung bestimmte, entsprangen verschiedene, dem Iran eigene Beherrschungsformen.

Lange Zeit dominierte zweifellos das sogenannte Eghta-System, das schon unter der Seldschuken-Herrschaft (10. - 13. Jh.) seine prägende Gestalt erhielt.[2] Der Eghta-Rechtstitel über Staatsland wurde in der Regel Staatsbeamten verliehen, die dem Staat als Gegenleistung ihre Dienste anboten. Eghta befreite daher teilweise von Steuerzahlungen. Als solche stellte diese Pachtform zwar einen vererbbaren, aber keinen veräußerbaren Rechtstitel dar und wurde vor allem der mächtigen Militärbürokratie gewährt, um im Namen des Königs die bäuerlichen Massen niederzuhalten.[3]

Bis zur imperialistischen Penetration gelang durch Usurpation die Verwandlung von Eghta-Land in Privateigentum nur in den seltensten Fällen. Im Gegensatz zum europäischen Lehensystem behielt das Eghta-System seinen bürokratischen Charakter und wandelte sich langsam zu einem Militärsystem. Außerdem führte es zur Konzentration eines absentistischen Landadels in den Städten und nicht wie in Europa zur Massierung in Burgen, Kastellen etc..[4]

---

1) Ravasani, S.: Sowjetrepublik Gilan ..., a.a.O., S. 53.

2) Lambton, A.K.S.: Landlord ..., a.a.O., S. 53.

3) Ebenda, S. 29.

4) Vgl. Becker, C.H.: Islamstudien, Leipzig 1924, S. 240 und Lambton, A.K.S.: Rural Development and Land Reform in Iran, in: Issawi, Charles (Hrsg.): The Economic History of Iran, 1800 - 1918, Chicago und London 1971, S. 53.

Zwei andere wichtige Formen der iranischen Tributpacht mit ihrem stationären Charakter, die sich teilweise nur wenig von der Eghta-Form unterschieden, waren "Seyurghal" und "Teyul". Als Rechtstitel wurde Seyurghal ausschließlich vom Hauptgrundeigentümer (Staat, König, Kirche) gewährt und machte den Begünstigten weitgehend souverän gegenüber dem obersten Herren. Er stand deshalb praktisch nur den obersten Militärs, lokalen Stammesfürsten, Familienmitgliedern des Schahs etc. offen und sollte vor allem in Dezentralisationsperioden der Machterosion der Zentralregierung bzw. -verwaltung entgegenwirken. Dennoch stellte auch diese Form niemals einen Eigentumstitel auf Land dar, sondern verlieh nur mehr oder minder stark ausgeprägte Tributeinzugsprivilegien gegenüber den einzelnen Pachtgebieten und Dörfern.[1)]

Das Besondere an "Teyul" bestand hauptsächlich darin, daß sie auf der Verpachtung von Kronländereien (Khaleseh) an hohe Beamte und Militärs an Stelle von Gehaltszahlungen beruhte, eine Tendenz, die sich um 1800 gewaltig verstärkte.[2)] Nach Massarrat war dieser Anspruch nicht nur unverkäuflich, sondern auch unvererbbar und entstand - ähnlich wie Eghta - vor allem in Phasen einer gestärkten Zentralmacht.[3)]

1.2.3. Handels-, Wucher- und industrielles Kapital

Die Tatsache, daß nicht im Kapitalmangel das Haupthindernis einer Industrialisierung im Iran bestand, sondern in der fehlenden Bereitschaft der Privaten, vorhandenes Kapital langfristig

---

1) Siehe Massarrat, M.: Gesellschaftliche Stagnation ..., a.a.O., S. 54.

2) Ravasani, S.: Sowjetrepublik Gilan ..., a.a.O., S. 58. In Zeiten einer starken Zentralmacht wurde die Ausbeutung des Landes wieder unmittelbar der staatlichen Autorität unterworfen (vgl. Lambton, A.K.S.: Landlord ..., a.a.O., S. 250f).

3) Vgl. Ravasani, S.: Sowjetrepublik Gilan ..., a.a.O., S. 54.

und zu nicht-spekulativen Zwecken zu investieren, ist keineswegs ein neueres Phänomen. Es hat vielmehr eine sehr lange Tradition,[1] die tief in der "asiatischen" Verfassung des Landes wurzelt und während der oberflächlichen Industrialisierungspolitik des letzten Schahs nie aufgehoben werden konnte, obwohl sich nach der Weißen Revolution zweifellos eine Reihe von neuen Investitionsfeldern für Privatanleger auftaten.

Unter den Bedingungen bis zu Beginn dieses Jahrhunderts hatten die schwache Kapitalbildung im Iran und die ihr entsprechenden Klassenverhältnisse im wesentlichen zwei Ursachen, denen wir an dieser Stelle in ihren Grundzügen kurz nachgehen wollen.

Der erste Faktor bestand im bürokratischen Herrschaftssystem, das die privaten gewerblichen Aktivitäten besonders in Epochen der Zentralisation der politischen Macht in das Zwangskorsett eines staatlichen Überwachungssystems preßte. Die Voraussetzung dafür bestand in der Beherrschung der als "Prinzenlager" (Marx) organisierten Städte durch die weltliche und religiöse Obrigkeit.[2] In deren Taschen floß ein Großteil der Profite, die im Handel und Handwerk erzielt wurden und zwar dadurch, daß eine rigorose Kontrolle über den Basar und die Handwerkerstände (asnafs, sinfs) ausgeübt wurde, die in keinem stärkeren Gegensatz zu den europäischen Gilden mit ihrer relativen Selbstän-

---

1) Auch für die iranische Geschichte gilt Barans zentrale These, daß nicht so sehr ein unzureichender volkswirtschaftlicher Surplus Entwicklung und Industrialisierung verhindert hat, sondern die historische Form seiner Abpressung und Verwendung durch interne und externe Kräfte (vgl. Baran, Paul: Politische Ökonomie des wirtschaftlichen Wachstums, Neuwied und Berlin 1971, S. 227ff).

2) Stadt heißt auf persisch "Sharestan", d.h. Sitz des Schahs, des Herrschers. Dieser Rolle der Stadt als Sitz des absentistischen Grundherren verdankte z.B. Teheran seinen Aufstieg zur Hauptstadt unter den Kadscharen, deren Stammland im Norden lag. Auf wirtschaftlichem Gebiet waren frühere Haupt- und Residenzstädte wie Täbris, Isfahan oder Schiraz bis ins 20. Jahrhundert weit aktiver (vgl. Korby, Wilfried: Probleme der industriellen Entwicklung und Konzentration in Iran, Wiesbaden 1977, S. 24f).

digkeit gegenüber dem Landadel hätten stehen können. "Das private Unternehmertum wurde bis hinein in die locker organisierten handwerklichen Vereinigungen (sinfs) kontrolliert, denen vom Schah oder Stadtoberhaupt ernannte Beamte zur Seite gestellt wurden; Basarüberwacher und sogenannte 'Karvansaraydars' registrierten jede Transaktion des Privathandels."[1)]

Lapidar bescheinigen Ashraf und Hekmat dieser "patrimonial domination" daher "disastrous consequences for trade, industry and agriculture."[2)] Selbst im 19. Jahrhundert, als die Macht des Schahs und seines Apparates gegenüber den Landlords, Stämmen und Kolonialmächten zerfiel, blieb die Beherrschung von Händlern und Handwerkern unverändert, nur daß jetzt die oberste Macht stärker von regionalen und lokalen Führern und Fürsten ausgeübt wurde. "Therefore, the atmosphere of autonomous commercial activities which existed in the medieval European towns and which contributed to the pre-capitalist formation of a bourgeoisie was conspiciously lacking in Persia."[3)]

Parallel zur Überwachung und Unterdrückung der privaten Kapitalakkumulation bildete sich ein bis in die Gegenwart gültiger Zwang heraus, das eigene Kapital vor obrigkeitlichen Übergriffen zu sichern, d.h. es nicht in längerfristigen Anlagen zu immobilisieren. Ein Beobachter charakterisierte den vermögenden Perser um die Jahrhundertwende in folgenden Worten und ein Gutteil davon behielt seine Gültigkeit bis heute: "Seinen Reichtum wird er eher verstecken und vergraben, höchstens in Grund und Boden und kostbaren Teppichen anlegen - nicht ihn aber öffentlicher Kontrolle unterstellen, indem er sein Bargeld in Unternehmungen wirtschaftlicher Natur, in Fabriken oder Straßenbau steckt. Denn

---

1) Korby, W.: Probleme ..., a.a.O., S. 18. In dem Aufsatz von Ashraf und Hekmat (Traditional Bourgeoisie ..., a.a.O., S. 6ff) findet sich eine ausführliche Darstellung dieses Überwachungssystems.

2) Ashraf / Hekmat: Traditional Bourgeoisie ..., a.a.O., S. 4.

3) Ebenda, S. 8.

in solchem Falle setzte er sich bei dem bisherigen Regierungssystem der beständigen Schröpfung, ja dem gänzlichen Verluste seiner Kapitalien durch skrupellose Konfiskationen aus ... Mir ist es zweifellos, daß mehr Geld im Lande als vergrabenes Pfund liegt, als man annimmt, von einer Armut Persiens also keineswegs gesprochen werden kann."[1]

In einem solchen System der Willkürherrschaft, das periodisch bis zum staatlichen Terror ausarten konnte, wurde für den Einzelnen die Korruption zum probaten Mittel, um den Übergriffen des Despoten und seiner Helfershelfer auszuweichen. Völlig offen entwickelte sich geradezu ein auf der Kanalisation von "Geschenken" beruhendes System der Ämtervergabe und Vorteilsgewinnung, das immer stärker auf die produktive Basis des Landes drückte und eine Orientierung der ökonomischen Aktivitäten nach rationalen Gesichtspunkten verhinderte.[2]

Die zweite Ursache für das Ausbleiben einer ursprünglichen Akkumulation, die vielleicht noch stärker als der staatliche Despotismus wirkte, bestand in dem geschlossenen Charakter des iranischen Dorfwesens, auf dem letztlich ja der gesamte staatliche Überbau beruhte. Der enge Verbund zwischen Agrikultur und Manufaktur innerhalb des Dorfes schloß von vornherein eine Ausdehnung des dörflichen Handels und des Tauschverkehrs zwischen Dorf und Stadt aus. Dem Subsistenzcharakter der dörflichen Produktion entsprach ein Mehrprodukt in Form von Naturalrente, das dem Staat bzw. den Landverwaltern zustand. Nur ein Teil der Über-

---

1) Grothe, H.: Zur Natur und Wirtschaft von Vorderasien, in: Angewandte Geographie, III. Serie, H. 11. Bd. 1: Persien, Frankfurt a.M. 1911, S. 45.

2) Zwangsläufig war jeder bestrebt, innerhalb kürzester Zeit aus seiner Stellung oder seinem Amt den höchstmöglichen Gewinn herauszuschlagen, denn es war integraler Teil dieser "Geschenkepraxis", die vom kaiserlichen Hof liebevoll gepflegt wurde, daß permanent die Verdrängung durch zahlungskräftigere Bewerber drohte (vgl. Sevrugian, Emanuel: Die gewerbliche Wirtschaft Persiens gegen Ende der Kadjarenherrschaft, Diss., Heidelberg 1967, S. 298f).

schüsse, der von den Herrschern als Revenue verausgabt wurde, verwandelte sich in Geld, das bei der auf Selbstbedarf gerichteten Produktionsweise mit ihrem festgefügten Kreis von Bedürfnissen zwangsläufig zur Schatzbildung und nicht zur produktiven Verwendung führte.[1)]

Ursprünglich bildeten sich im Iran das Geldwesen, der Wucher, erste Formen eines organisierten Kreditsystems und eine breite Händlerschicht nur außerhalb der agrarischen Basis, d.h. zur Verteilung des bäuerlichen Mehrprodukts unter die städtischen Klassen. Darüberhinaus spielte das Händlertum aber auch bald eine weitere wichtige Rolle. Für den Staat war es insbesondere in Phasen der Zentralisation nämlich durchaus vorteilhaft, Land nicht nur an Beamte oder Militärs zu vergeben, sondern auch an Händler. Die Konsequenz für die in dem Eghta-, Seyurghal- und Teyulsystem integrierten Kaufleute war allerdings eher ihre weitere Verbürokratisierung als ihre Emanzipation und Verwandlung in Industrielle. Außerdem ließ dieses Vordringen des Handelskapitals nur den Wucher im Gefolge überhöhter Tributzahlungen aufblühen - eine Entwicklung, die bis zum Niedergang ganzer Dynastien führen konnte.[2)]

Die Entwicklung des Handels-, Wucher- und Manufakturkapitals war infolge der Festigkeit und inneren Gliederung der alten iranischen Produktionsweise für sich genommen nicht in der Lage, den Übergang zum Kapitalismus herbeizuführen, zumal es nie selbständige Existenz gegenüber dem Staat wie in Europa annehmen konnte, in der es als "Hebel zur Bildung der Voraus-

---

1) Marx hielt die Schatzbildnerei für typisch "bei den Asiaten" (Das Kapital, Bd. 2, a.a.O., S. 144).

2) Vgl. Massarrat, M.: Gesellschaftliche ..., a.a.O., S. 51ff. Der "Wucher ändert die Produktionsweise nicht, sondern saugt sich an sie als Parasit fest und macht sie miserabel." (Marx, K.: Das Kapital, Bd. 3, a.a.O., S. 610). "Je unbedeutender die Rolle ist, die die Zirkulation in der gesellschaftlichen Reproduktion spielt, desto blühender der Wucher." (Ebenda, S. 623).

setzungen für das industrielle Kapital"[1] hätte fungieren können.

Historisch gesehen bestand die Tragik für eine im 19. Jahrhundert nur im Keim vorhandene traditionelle iranische Nationalbourgeoisie im Handels- und Manufakturbereich folglich darin, daß sie unter der Vorherrschaft der asiatischen Produktionsweise noch nicht und mit der kolonialistischen Penetration nicht mehr zur herrschenden Klasse aufsteigen konnte, daher verkümmert blieb und ihre Entwicklungsbedingungen von außen diktiert bekam.

1.2.4. Die traditionelle Klassenstruktur

Das auf den oben beschriebenen Tributpachtformen und auf der despotischen Kontrolle von Handel und Gewerbe basierende Klassensystem umfaßte nach Bill[2] folgendes Spektrum: die herrschende Klasse, die bürokratische und teilbürgerliche Mittelklasse, die klerikale Mittelklasse, die Gruppe der Nomaden mit ihren relativ egalitären sozialen Beziehungen und die traditionelle werktätige Klasse (Bauern, Kleinhandwerk).

Die herrschende Klasse untergliederte sich in sechs mehr oder minder getrennte Komponenten, die bis in die jüngste Vergangenheit wichtige politische Schlüsselfunktionen innehatten: 1. den Schah, 2. die Familie der herrschenden Dynastie, 3. die Stammesführer, 4. die Landlords, 5. die Ulama (hohe Geistlichkeit) und 6. die militärische Führung. "These six groups have composed

---

1) Marx, K.: Das Kapital, Bd. 3, a.a.O., S. 624.

2) Bill, J.: The Politics ..., a.a.O., S. 9f; außerdem Zonis, M.: The Political Elite of Iran, Princeton 1971.
Im 20. Jahrhundert erweiterte sich das Klassenspektrum um die industrielle Arbeiterklasse und um die "neue" Mittelklasse (Intelligentsia). Innerhalb der herrschenden Klasse entwickelte sich die Komperadoren-Bourgeoisie zur dynamischsten Kraft unter gleichzeitigem Machtverfall der Landlords und der hohen Geistlichkeit sowie der Auflösung der Bauernschaft.

the ruling class for centuries and their character is quite clearly described by their titles. However, the Shah has always been somewhat detached from the rest of the ruling class because of the special power position that he held."[1]

Die Position der übrigen Klassen definierte sich stark aus ihrem Verhältnis zur ökonomischen Basis des Landes. Die weltliche und geistliche Mittelklasse spielte im wesentlichen ihre Funktion auf den unteren Stufen des Tributeinzugssystems im direkten Kontakt mit den Dörfern und Bauern. Teilweise müssen ihr auch schon die Dorfvorsteher und sonstigen Funktionäre im dörflichen Gefüge zugerechnet werden, weil sie bestimmte Privilegien gegenüber den übrigen Bauern genossen. Es ist ein Mangel der Analyse von Bill, daß die verschiedenen Klassen nicht als Vermittlungsebenen zwischen Dorf bzw. städtischem Handwerk und der weltlichen und geistlichen Führung herausgearbeitet werden, sondern relativ zusammenhanglos nebeneinander stehen.

In den Städten wurde, wie Ashraf und Hekmat[2] am Beispiel von Schiraz, Isfahan und Kahan betonen, das traditionelle Bürgertum in Handel und Gewerbe (tojjar und asnaf) von dem "patrimonial staff" (ummal-e divani) und der geistlichen Ulama streng reglementiert. Dieses schloß natürlich nicht eine vielschichtige und regional unterschiedliche Hierarchisierung innerhalb der traditionellen Bourgeoisie aus, die rein zahlenmäßig durchaus eine größere Gruppe innerhalb der persischen Gesellschaft darstellte. Die staatliche Verfassung gestattete jedoch eben nicht ihren Aufstieg zur herrschenden Klasse.

Die anti-despotische Integrationskraft des Islam schiitischer Prägung in den letzten Jahren der Schah-Herrschaft hatte übrigens eine lange Tradition, obwohl innerhalb der einflußreichen Kirchenführung die egalitären Vorstellungen der Schia während

1) Bill, J. The Politics ..., a.a.O., S. 9.

2) Ashraf / Hekmat: Traditional Bourgeoisie ..., a.a.O., S. 14ff.

der persischen Geschichte nur höchst selten mit dem Herrschaftsanspruch des Schah und der "old families"[1] konfligierten.

Spätestens ab dem 17. Jahrhundert wurde der Islam zur stärksten Integrationskraft, indem er in alle Bereiche des privaten und gesellschaftlichen Lebens eindrang und teilweise sogar einzelne öffentliche Sektoren beherrschte (Teile der Justiz, des Steuerwesens, des Volksunterrichtswesens etc.[2]). Die darauf gegründete relative Unabhängigkeit gegenüber der weltlichen Führung gestattete der eng mit den Bauern und dem städtischen Kleinbürgertum verbundenen Masse der Mullahs, deren ökonomische Situation kaum sehr viel besser als die der ausgebeuteten Klassen war, periodisch immer wieder eine führende Rolle im Kampf gegen die Monarchie,[3] besonders wenn eigene Interessen tangiert waren.

Seine größte Entfaltung gewann dieser Kampf mit dem Eindringen des Imperialismus um die Jahrhundertwende und während der 60er und 70er Jahre, als der Kapitalismus ausländischer Prägung die soziale und ökonomische Basis des Klerus radikal in Frage stellte, indem er die Bauernmassen verelendete und die traditionelle Mittelklasse in Handel und Gewerbe auszubluten begann.

---

1) Lambton, A.K.S.: Rural Development ..., a.a.O., S. 54. Nach Meinung Bills bestimmten nie mehr als 100 - 200 Familien die Geschicke des Landes.

2) Vgl. Ravasani, S.: Sowjetrepublik Gilan ..., a.a.O., S. 75f und Halliday, F.: Iran ..., a.a.O., S. 200 ff.

3) Teile der Geistlichen arbeiteten immer sehr eng mit dem Hof zusammen und waren selbst Grundbesitzer und Wucherer, andere Teile dienten treu der schiitischen Lehre und kämpften für die Interessen des einfachen Volkes (vgl. Ravasani, S.: Sowjetrepublik Gilan ..., a.a.O., S. 76).

2. DIE IMPERIALISTISCHE PENETRATION UND IHRE FOLGEN

Mit wachsendem Druck zerstörten die im 19. Jahrhundert vordringenden europäischen Interessen die alten ökonomischen und politischen Strukturen des Iran. Dieser Prozeß der Penetration, der sich bis zum Sturz des Schah-Regimes in mehreren Etappen und Formen fortentwickelte, soll in diesem Teil bis zur entscheidenden Schnittstelle der Nachkriegsentwicklung, nämlich bis zur Weißen Revolution, in seinen Grundzügen analysiert werden. Dabei liegt das Schwergewicht auf zwei Punkten: 1. auf der Auflösung der agrarischen Basis der traditionellen Gesellschaft und 2. auf der Funktionalisierung der Despotie durch die imperialistischen Metropolen. Beide Momente sind deshalb so wichtig, weil sie die wesentlichen Bezugspunkte für die englische bzw. amerikanische Herrschaft über den Ölsektor und für eine aufoktroyierte Landreform in den 60er Jahren bildeten, die den Weg zur Industrialisierung des Landes ebnen sollte.

2.1. Die Auflösung der asiatischen Produktionsweise

2.1.1. Das Vordringen des Privateigentums

Keddie[1] konstatiert für die zweite Hälfte des vorigen Jahrhunderts unter einer scheinbar statischen asiatischen Fassade zunehmende Machtansprüche auf Seiten der iranischen Landlords, die schließlich zu einem halbasiatisch-halbfeudalen System privaten Großgrundbesitzes führten, das bis zur Mitte unseres Jahrhunderts dominierte, ohne jedoch den Subsistenzcharakter der iranischen Landwirtschaft aufzuheben.[2]

---

1) Keddie, N.R.: Historical Obstacles to Agrarian Change in Iran, in: Issawi, Charles (Hrsg.): The Economic History ..., a.a.O., S. 55.

2) Anfang des 20. Jahrhunderts galten folgende Eigentumsverhältnisse am bebauten Land: 66% Großgrundbesitz, 14% Stammländereien, 10% Vaghf-Ländereien, 6% Kleingrundbesitzer und nur noch 4% Kron- und Staatsländereien (vgl. Ravasani, S.: Sowjetrepublik Gilan ..., a.a.O., S. 60).

Unter der Kadscharen-Herrschaft verschwand langsam die alte Vorstellung vom Herrscher als Titulareigentümer über das Staats- bzw. Gemeineigentum, die auf der Bindung dieses Eigentums an öffentlichen Funktionen beruhte. Die Durchsetzung des Privateigentums an Grund und Boden bewirkte ganz folgerichtig eine Trennung grundherrlicher Rechte von öffentlichen Funktionen. Aus dem "petty territorial prince" wurde der "ordinary landowner",[1] gegenüber dem sich der Staat zu verselbständigen begann.

Dieser Privatisierungsprozeß ist umso erstaunlicher, als die überaus brutale und despotische Kadscharan-Dynastie zu Beginn der Herrschaft noch praktisch die gesamten unbebauten und weite Teile des bebauten Landes als Staats- und Kronländereien zentralisierte. Erst die durch die Entwicklung des Industriekapitalismus bewirkte europäische Expansion in Asien setzte den inneren Auflösungsprozeß dieser alten Eigentumsformen in Gang.

Konkret verlor die persische Zentralmacht mit der imperialistischen Ausdehnung Englands und Rußlands zunächst ihre traditionellen Exportmärkte. Dann folgten nach dem verlorenen Krieg gegen Rußland (1826-1828) große Gebietsabtretungen, und schließlich setzte die europäische Bourgeoisie zum Sturm auf den persischen Markt an. Bis zur russischen Revolution herrschte zwischen englischen und russischen Handelshäusern eine scharfe Konkurrenz um Einflußsphären in Persien zu Lasten der inneren ökonomischen Entwicklung des Landes.

Ursprünglich als Kompensation des Verlustes externer Einnahmequellen gedacht, bewirkte eine liberale Politik im Bereich von Auslandskonzessionen und -anleihen sowie eine erzwungene Handelsöffnung bald den raschen politischen und ökonomischen Ver-

---

1) Lambton, A.K.S.: Landlord ..., a.a.O., S. 259. Insbesondere unter Reza Schah wurde dieser Trennungsprozeß weit vorangetrieben, indem er die relative Autonomie der Stammeskhane beseitigte.

fall der Kadscharen-Dynastie als der letzten unabhängigen iranischen Zentralmacht. Alle drei Penetrationsformen führten nämlich, wie Ramazani[1] in einem ausführlichen historischen Werk nachgewiesen hat, letzten Endes dazu, daß ein bedeutender Teil des gesellschaftlichen Mehrprodukts in Form von Anleihezinsen, Handelsgewinnen, abgetretenen Zolleinnahmen etc. ins Ausland abfloß.

Bei einer solchen externen Aushöhlung der ökonomischen Basis wurde der V e r k a u f von Staats- und Kronländereien, d.h. die Veruntreuung des Gemeineigentums durch die herrschende Dynastie zur unabwendbaren Folge einer ausgedehnten Verschwendungssucht des Herrscherhauses und seiner Lakaien. In großem Stil wurden ganze Dörfer und Distrikte, die vorher als Teyul-, Eghta- oder Vaghfländereien oder direkt als Staatsland bewirtschaftet wurden, an potente Kaufleute, Wucherer, Beamte oder Stammesführer verkauft, ohne daß damit allerdings die Landwirtschaft zum Übergang zur Warenproduktion gezwungen wurde.

In dieser Entwicklung spielte die Übereignung von Land an Beamte als Gegenleistung für deren Dienste[2] zwar eine wichtige Rolle, die eigentliche Durchsetzung des Privateigentums an Grund und Boden wurde jedoch eher durch den Verkauf an Kaufleute und Geldverleiher bewirkt, die die Schwäche des verschuldeten Herrscherhauses und Staates voll ausnutzen konnten und sich in den Reihen des Landeigentums etablierten, zumal bei den mangelhaften Investitionsmöglichkeiten die Kapitalanlage in Grundbesitz noch am interessantesten erscheinen mußte.[3]

---

1) Ramazani, R.K.: The Foreign Policy of Iran, 1500 - 1941, Charlottesville 1966, S. 63-77.

2) Keddie zitiert einen Reisenden mit folgenden Worten: "... if the Shah or the Governor of a province cannot pay inferior officers they give them a village or villages to do their worst with, and woe to the village thus given - nobody therein can call anything his own." (Keddie, N.R.: Historical Obstacles ..., a.a.O., S. 57).

3) Zu den Agrarverhältnissen, wie sie sich mit der ausländischen Penetration durchsetzten, vgl. Ravasani, S.: Sowjetrepublik Gilan ..., a.a.O., S. 58-61.

Die Position einer solchen Grundeigentümerklasse mit ausgeprägten Tendenzen zum Großbesitz[1] war allerdings nie in dem Maße stabil wie in Europa, weil seine bürokratische Vorgeschichte, das islamische Erbrecht mit seinem Prinzip der realen Erbteilung und vor allem Perioden der politischen Anarchie bzw. des Dynastienwechsels permanent Unsicherheitselemente erzeugten.[2] Der Aufstieg der Pahlawi-Dynastie in diesem Jahrhundert bestätigte nur die alte Regel, daß mit einem neuen Herrscherhaus durch staatlichen Druck, Konfiskationen, Diebstahl etc. sogleich ein Wandel in der Zusammensetzung der Klasse der Großgrundbesitzer bzw. Bodenverwalter eingeleitet wurde.

Mit dieser Rechtsunsicherheit eines in der Grundtendenz bürokratischen Grundeigentums[3] und in den traditionellen kollektiven Formen der Landbewirtschaftung, die bis zur Weißen Revolution in weiten Teilen des Iran überlebten, wurden weiterhin wichtige Momente der alten, asiatischen Produktionsweise am Leben gehalten. Das vordringende feudale Element in den landwirtschaftlichen Strukturen konstituierte sich aus dem privaten Großgrundbesitz und einer zunehmenden Individualisierung der

---

1) Nach Dreskornfeld umfaßte der Großgrundbesitz vor der Weißen Revolution rund 90% der landwirtschaftlichen Nutzfläche und massierte sich insbesondere in ertragreichen und verkehrsgünstigen Regionen (vgl. Dreskornfeld, Friedrich: Agrarstrukturwandel und Agrarreform in Iran, Saarbrücken 1976, S. 28).

2) "Never has a stable landed aristocracy, transmitting its estates in their entirety from generation to generation, emerged." (Lambton, A.K.S.: Landlord ..., a.a.O., S. 259)

3) Erst die Konstitutionelle Bewegung zu Beginn dieses Jahrhunderts vermochte mit der Abschaffung des Teyul-Systems und mit der Durchsetzung gewisser gesetzlicher Eigentumsgarantien, das Privateigentum zum ersten Mal etwas abzusichern. Die Großgrundbesitzer wurden damit zu den eigentlichen Gewinnern dieser ursprünglich national-revolutionären Volksbewegung, die sie in ihrem Kampf gegen die Monarchie und den Imperialismus erst nach langem Zögern und nur solange, wie sie ihren eigenen Zielen nicht zuwiderlief, unterstützte. (Zu den Klassenkämpfen während der "Konstitutionellen Revolution" von 1905/6 vgl. Iran-Report, o.O., Okt. 1978, S. 78f und "Die kommunistische Bewegung Irans", Verlag 20. Mai, München 1973, S. 23-51).

Abgabepflichten. Nicht mehr so sehr das ganze Dorf, sondern die einzelnen Parzellenbauern wurden von den innovationsfeindlichen Grundeigentümern als die eigentliche Tributquelle angesehen.

2.1.2. Die Zersetzung der traditionellen Dorfverfassung

Dreskornfeld[1] hebt als Charakteristikum bis zur Jahrhundertwende hervor, daß die dörfliche Organisation die Grenze jeglichen externen Einflusses bildete; nicht das Individuum, sondern das Dorf, das eine Art Puffer zwischen den Bauern und den Grundherren bildete, wurde zu Steuern und Abgaben veranlagt. Das Hauptmerkmal blieb, wie schon ein europäischer Reisender um 1820 festgestellt hatte, eine feste Einbindung der einzelnen Bauern in die relativ egalitär strukturierte dörfliche Organisation, auch gegenüber den Landlords.[2]

Mit dem Vordringen des Privateigentums wurde diese Grenze des externen Einflusses auf das Dorf in einem weit höheren Maße durchbrochen, als z.B. Massarrat[3] mit seiner These der "konservierenden Wirkung" des Privateigentums auf die dörfliche Organisation zugeben kann. So konstatiert Lambton sogar schon für das vorige Jahrhundert, "that the old village organisation ... was broken during the course of the nineteenth century.".[4] Planck spricht im selben Zusammenhang von einer "Fellachisierung der iranischen Bauern".[5]

---

1) Dreskornfeld, F.: Agrarstrukturwandel ..., a.a.O., S. 51.

2) Frazer, zitiert nach Lambton, A.K.S.: Landlord ..., a.a.O., S. 152f.

3) Massarrat, M.: Gesellschaftliche Stagnation ..., a.a.O., S. 110. Offensichtlich verwechselt Massarrat den erst im 19. Jahrhundert vordringenden halbfeudalen Teilbau mit den Ausbeutungsformen unter rein "asiatischen" Verhältnissen.

4) Lambton, A.K.S.: Landlord ..., a.a.O., S. 173.

5) Planck, Ulrich: Der Teilbau im Iran, in: Zeitschrift für ausländische Landwirtschaft, 1/1962, S. 50.

Auf den Überresten der alten iranischen Dorforganisation bildete sich während des 19. Jahrhunderts langsam das sogenannte Mozare'eh-System als spezifisch iranische Form der Teilwirtschaft heraus, weil der Grundherr wichtige traditionelle Funktionen und Rechte der Dorfgemeinschaft aufhob (Rechtsfindung, Aufteilung des zu bearbeitenden Bodens unter die einzelnen Bauern) und die Bauern in seine individuelle Abhängigkeit brachte.

Die alte "asiatische" Dorfverfassung war aber immerhin noch so stark geblieben, daß ihre völlige Auflösung erst unter Reza Schah ihren rechtlich gesicherten Abschluß fand: Die Bestätigung der unbeschränkten Verfügungsgewalt des Grundherren ließ keinen Platz mehr für traditionelle bäuerliche Rechte. Per Gesetz wurde der Khadkhoda (Ortsvorsteher) endgültig Vertreter des Staates und des Grundherren statt Repräsentant der Dorfbewohner, und in den 1937 geschaffenen Provinzversammlungen waren nur die staatliche Bürokratie und die Grundherren, nicht jedoch Bauern vertreten. Mitte dieses Jahrhunderts befand sich das iranische Bauerntum, die Hauptmasse der iranischen Bevölkerung, schließlich in einer praktisch rechtlosen Position gegenüber einem allmächtigen Großgrundbesitz mit der Schah-Familie an der Spitze.[1)]

Seinem ökonomischen Kern nach stellte das halbfeudale Mozare'eh-System ein auf Großgrundbesitz basierendes Teilbausystem dar, das kaum Spielraum für individuelle Bauernwirtschaften auf eigenem Land (Eigentümer-Boden) bot, d.h. in dem der fruchtbare Boden gegenüber den Teilbauern künstlich monopolisiert und verknappt wurde (Kleinparzellenwirtschaft).[2)] Nach Khalatbari[3)]

---

1) Siehe Planck, U.: Der Teilbau ..., a.a.O., S. 51.

2) Im Jahr 1960 wurden nur 23% der iranischen Anbaufläche von ihren Eigentümern selber bewirtschaftet. Die restlichen 77% wurden in Pacht bzw. Teilbau parzelliert. Unter Berücksichtigung des Brachlandes wäre die Situation der Eigentümer-Bauern noch schlechter ausgefallen (vgl. Planck, Ulrich: Berufs- und Erwerbsstruktur im Iran als Ausdruck eines typischen frühindustriellen Wirtschaftssystems, in: Zeitschrift für ausländische Landwirtschaft, 2/1963, S. 91).

3) Khalatbari, P.: Die Agrarfrage ..., a.a.O., S. 1077f.

existierte dieses System des Cropsharing, das im wesentlichen fünf gleichwertige "Produktionsfaktoren" (Land, Wasser, Betriebsmittel, Vieh, bäuerliche Arbeitskraft) kannte, in verschiedenen Erscheinungsformen, je nachdem, ob der Teilbauer neben seiner Arbeitskraft noch andere Faktoren aufbieten konnte. In der Mehrzahl der Fälle übte der Grundherr gegenüber den landlosen Bauern das Besitzmonopol über den Boden und das Wasser mit seiner für den Iran so eminenten Bedeutung aus und stellte einen Teil der Betriebsmittel (vor allem Saatgut), während der Bauer nur das Vieh und seine Arbeitskraft zum Einsatz brachte.

Maximal konnte der Grundherr im iranischen Mozare'eh-System 80% der gesamten Ernte beanspruchen; in den einzelnen Regionen bildeten sich jedoch aufgrund verschiedener Faktoren (Fruchtbarkeit, Bewässerungsform, Stadtnähe etc.) variierende Verteilungsschlüssel heraus, die den Grundherren zwischen 10 und 80% der gesamten Ernte sicherten.[1)]

Khalatbari[2)] charakterisierte das Mozare'eh-System als Übergangsform vom Feudalismus zum Kapitalismus. Das Argument, das diese These untermauern sollte, nämlich die Funktion des Grundeigentümers als Verleiher der Produktionsmittel, ist jedoch wenig stichhaltig. Mit viel größerer Berechtigung läßt es sich als Übergangssystem zwischen Asiatismus und Feudalismus bezeichnen, denn infolge des Doppelmonopols an Boden und Wasser, das auch Khalatbari anführt, konnte nicht nur das gesamte Mehrprodukt, sondern auch Teile des notwendigen Produkts durch die Landherren absorbiert werden. Eine solche Ausplünderung, die den Wucher noch verschärfte (Zinssätze bis 100% und darüber), hemmte aber jegliche Akkumulation und schloß eine Transformation von Teilen der Bauernschaft in kapitalistische Pächter aus. Es gab Zeiten,

---

1) Siehe Saedlou, H.: Der Einfluß der Bewässerung auf die Volkswirtschaft und Landwirtschaft im Iran, Diss., Bonn 1960, S. 91.

2) Khalatbari, P.: Die Agrarfrage ..., a.a.O., S. 1077.

in denen das Mehrprodukt wuchs, obwohl das Gesamtprodukt, von dem es einen Teil bildete, abnahm, wie z.B. in der Niedergangsphase der Kadscharen oder während des Zweiten Weltkriegs.[1]

Zudem gingen von den Städten nur schwache Kapitalisierungsimpulse auf die Landwirtschaft mit ihrem ausgeprägten Subsistenzcharakter aus, weil unter imperialistischer Dominanz die industrielle Entwicklung völlig gehemmt blieb. Die Grundherren hatten daher weder ein Interesse, billige Arbeitskräfte durch technisierte Produktionsmethoden zu ersetzen, noch sich in Großbauern oder gar Agrarkapitalisten zu transformieren.[2]

Die ganze Künstlichkeit der Individualisierung des Ausbeutungsverhältnisses zwischen Grundherren und Bauern unter den natürlichen Bedingungen Persiens, wie sie im Teilbausystem verwirklicht wurde, tritt darin hervor, daß es dem usurpatorischen Großgrundbesitz nie gelang, wichtige der materiellen Produktion entspringende Notwendigkeiten aufzuheben und damit das Gehöft, den Hof an die Stelle des Dorfes zu setzen. Gemeint ist damit im wesentlichen die als "Boneh" oder "Haratha"[3] bekanntgewordene Form der kollektiven Arbeitsorganisation (Feldgemeinschaften, Bewässerungs- und Gespanngemeinschaften etc.). Das Erstaunliche an diesen traditionellen Basisorganisationen mit ihrem ausgeprägten Solidarcharakter, die in Teilen des Iran sogar die Weiße Revolution überlebten, ist darin zu sehen, daß sie selbst

---

1) Vgl. Bharier, Julian: Economic Development in Iran 1900 - 1970, London, New York, Toronto 1971, S. 42ff.

2) Aus diesen Gründen eignet sich auch nicht das Konzept eines "Rentenkapitalismus", wie es von Bobek für die Zeit vor der Weißen Revolution entwickelt wurde. (Bobek, H.: Iran - Probleme eines unterentwickelten Landes alter Kultur, Frankfurt/M., Berlin, München 1967, S. 47ff).

3) Vgl. Planck, Ulrich: Iranische Dörfer nach der Bodenreform - Sozialorganisation und Sozialökonomik, Opladen 1974, S. 144f. Planck sieht in diesen Gemeinschaften gar "Prinzipien ursprünglicher Raiffeisengenossenschaften" (S. 144) verwirklicht.

die Individualisierung der Landzuweisung,[1] der Ernteerträge und der Tributzahlungen an das private Grundeigentum überstehen konnten, ja für die armen Bauern sogar zu einer Überlebensnotwendigkeit gegenüber einer feindlichen Natur und Gesellschaft wurden.

2.1.3. Die Verelendung der Bauern

Im Zusammenhang mit der französischen Kolonisierung Algeriens sprach Rosa Luxemburg von einem "Fiasko" der gewaltsamen Einführung des Privateigentums. Das einzige, was nach ihr bei der Zerstörung des "Großfamilienkommunismus", den sie fälschlich mit der algerischen Variante der asiatischen Produktionsweise verwechselte, herauskam, "war eine tolle Bodenspekulation, ein üppig gedeihender Wucher und der wirtschaftliche Ruin der Eingeborenen."[2]

Eine ähnlich polarisierende Wirkung kann man auch dem unter imperialistischen Druck vordringenden privaten Großgrundbesitz und Wucher- und Handelskapital im Iran zusprechen, denen es schließlich gelang, bis auf die ländliche Arbeitskraft sämtliche Produktionsfaktoren in ihr Eigentum zu bringen. Den Rest besorgte die partielle Integration der iranischen Landwirtschaft in den segmentierenden kapitalistischen Weltmarkt, nachdem die Entwicklung des inneren Marktes aufgrund billiger Industriewaren-

---

1) Ursprünglich erfolgte die Landzuweisung über die Dorforganisation, und zwar in rotierender Folge, um Reichtumsunterschiede zwischen einzelnen Dorfgenossen und ihre Individualisierung zu verhindern. Erst unter dem Privateigentum wurde dieses Rotationssystem zu einem Instrument der Individualisierung und zur Vermeidung von Besitzansprüchen der Bauern gegenüber den Grundherren.

2) Luxemburg, R.: Die Akkumulation ..., a.a.O., S. 305. Zur Charakterisierung der algerischen Verhältnisse vgl. C. Leggewie: Asiatische Produktionsweise ..., a.a.O., S. 100-113.

importe versperrt blieb.[1)]

Ab der Mitte des vorigen Jahrhunderts verschlechterte sich die ökonomische Situation der Bauern in einem vorher nicht gekannten Ausmaß, wobei es gleichgültig war, ob der von ihnen bearbeitete Boden im Besitz von privaten Grundbesitzern war oder dem Staat oder der Kirche gehörte. In einem Aufsatz aus dem Jahr 1950 stellte Keddie einen langfristigen Vergleich der bäuerlichen Lebenssituation dar, aus dem wir ein längeres Zitat ausgewählt haben, weil in ihm die "zivilisatorischen" Wirkungen der westlichen Penetration auf den Punkt gebracht werden:
"... before the mid-nineteenth century the peasants were apparently better off than they are today (although probably never at a level of comfort). That the period of Western impact has seen a worsening of peasant conditions and not simply a maintenance of traditional standards is indicated by comparing Western travelers' reports before the mid-nineteenth century with present conditions. Jean Chardin, an observant and thorough reporter on seventeenth century Iran, spoke of the comfortable standards of Iranian peasants, which he compared favorably with those of the West. As late as 1833 another perceptive observer, the Englishman James Fraser, noted: 'The cultivators of the soil ... are those on whom the tyranny of their rulers falls the most heavily. Yet their houses are comfortable and neat, and are seldom found without a supply of good wheaten cakes, some mast or sour milk, and cheese,- often fruit makes its appearance, and sometimes a preparation of meat, in soup or pilau ... In fact, the high rate of wages proves that the profits of agriculture are high, while food is cheap; and we may be satisfied that in despite of rapacity, enforced by torture, no small share of the gain is hoarded by the farmer.'
Even allowing for possible exaggeration, it is difficult to

---

1) Ohne gleichzeitige Entwicklung eines Industriekapitalismus erzeugte das ausländische Handelskapital nur Parasitismus an Stelle der Revolutionierung der Produktivkräfte (vgl. Massarrat, M.: Hauptentwicklungstendenzen ..., a.a.O., S. 308ff).

imagine such a description of peasant conditions being made now. Since the late nineteenth century descriptions show nearly all peasants living on the bare edge of subsistence, with the poorest kind of food and lodging ... In general, feudal and nomadic leaders took advantage of economic changes brought by Western contact to enhance their position, and new groups were encouraged to invest in large estates run for profit."[1)]

2.2. Imperialismus und Despotie

2.2.1. Stadien und wirtschaftliche Folgen der Penetration

Die endgültige Deformation der iranischen Wirtschafts- und Sozialstruktur wurde erst im letzten Viertel des vorigen Jahrhunderts eingeleitet, als sich der Druck der beiden rivalisierenden Großmächte England und Rußland auf die iranischen Reichtumsquellen sehr stark intensivierte. Die Folgen dieser Politik, die in der Klasse der Großgrundbesitzer ihren natürlichen Verbündeten fand, zeigten sich in der Desorganisation der lokalen Märkte, im Wachstum eines inflexiblen Außenhandels, in der Degradierung des Landes zum Rohstofflieferanten für den Westen und im Verfall einer lokalen Industrie.

Entgegen den Vorstellungen der etablierten Wachstums- und Modernisierungstheorien wurde der imperiale Einfluß auch zum entscheidenden Hindernis für die Entwicklung eines industriellen Unternehmertums. Im Gegensatz zur Schicht der Komperadoren-Händler

---

1) Keddie, N.R.: Historical Obstacles ..., a.a.O., S. 54f. "If the Western impact helped the wealthier groups it harmed most peasants." (S. 57).
Alavi berichtet von zahlreichen Hungersnöten in der zweiten Hälfte des vorigen Jahrhunderts. Allein die Hungersnot von 1869 bis 1872 dezimierte die iranische Bevölkerung um ein Zehntel und um die Jarhundertwende wanderten jährlich über 20 000 Iraner nach Rußland aus (Alavi, Bozorg: Geschichte und Entwicklung der modernen iranischen Literatur, Berlin (O) 1964, S. 5f).

wurde die schwache traditionelle Bourgeoisie und Kleinbourgeoisie schwer geschädigt. "The destruction of rural and urban handicraft industries through the competition of cheap industrial goods from the west dealt a blow to the social and economic position of the indigenous traders, craftsmen and artisans ... Comprador traders, tribal chiefs, patrimonial staff and landowners, emerged as the clients of Western powers and thus were discredited by, and alienated from, the traditional bourgeoisie and petty-bourgeoisie, emerging intelligentsia and the public at large."[1)]

Die Übernahme westlicher Technologien und Verwaltungspraktiken verschärfte zwar mit dem Aufkommen der neuen sozialen Kräfte und ausländischen Interventionen die ungleiche sozio-ökonomische und politische Entwicklung und Desintegration der traditionellen Institutionen, führte andererseits aber auch zu einer spezifischen nationalen Identität, die sich periodisch in anti-imperialistischen Revolten Luft verschaffte.

Historisch gesehen bestand das Hauptziel der ursprünglichen Imperialmächte Rußland und England in der Jagd nach Konzessionen,[2)] wobei England mehr durch seine ökonomische Potenz und seine Stellung in Indien begünstigt war, während Rußland mehr von seiner geographischen Nähe zum Iran profitierte. In einem 1907 zwischen beiden Mächten geschlossenen Geheimvertrag (vgl. zur Gebietsaufteilung das Schaubild 1) kam die totale ökonomische und politische Abhängigkeit des Iran schließlich zu einem ersten Abschluß.

---

1) Ashraf/Hekmat: Traditional Bourgeoisie ..., a.a.O., S. 29f.

2) In der einschlägigen Literatur wurde diese Konzessionsjagd schon detailliert beschrieben (exemplarisch Ramazani, R.K.: The Foreign ..., a.a.O., S. 63-80). "In general, concession-hunting in Iran was a game of speculators and adventures, out for quick profits, whose wits were matched against those of wity courtiers and the shah, who equally wanted to get as much money with as little trouble as possible." (Keddie,N.R.: Eligion and Rebellion in Iran, London 1966, S. 7).

Schaubild 1: Die Aufteilung Persiens durch den Vertrag von 1907

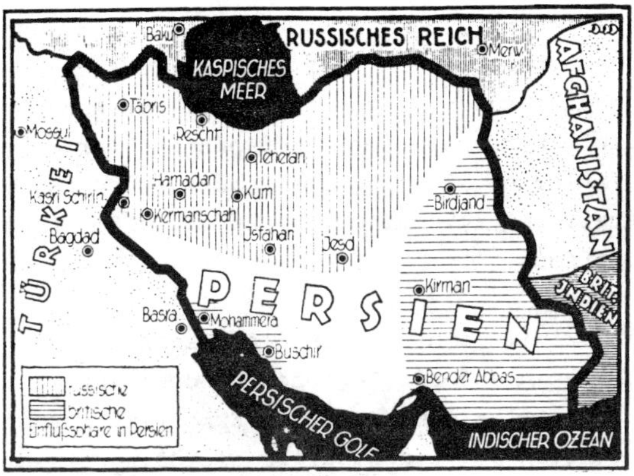

Quelle: Die kommunistische Bewegung ..., a.a.O., S. 32.

Nach rund einem halben Jahrhundert der englisch-russischen Rivalitäten um "Einflußsphären" fand sich der Iran auf dem Status einer Halbkolonie wieder: Der Norden mit den Städten Täbriz, Teheran, Isfahan etc. wurde Rußland als Interessengebiet zugeschlagen; England festigte seine Macht im Süden und Osten, d.h. in den späteren Ölgebieten. Zwischen beiden Sphären wurde eine "neutrale" Pufferzone eingerichtet, die ohne größere ökonomische Bedeutung war.

Die Auflösung manufakturell-industrieller Bereiche in der Frühphase imperialistischer Penetration (1875-1913) war, wie Ravasani[1] herausgearbeitet hat, identisch mit einer Monopolisierung und Ausdehnung der iranischen Außenwirtschaft. Beisteigenden Handelsumsätzen nahmen sowohl die Handelsdefizite als auch

---

1) Ravasani, S.: Iran ..., a.a.O., S. 38ff.

die Auslandsschulden sehr stark zu und öffneten das Land für die wucherischen Anleihen und Kapitalimporte, die im Gefolge günstiger Konzessionen ins Land strömten.[1] Durch diese Konzessionen wurden weite Bereiche im Bank-, Zoll-, Währungs- und Kommunikationswesen sowie ab 1901 der gesamte Erdöl- und Fernhandelssektor der nationalen Verfügungsgewalt des Iran entzogen und den beiden "interessierten" Großmächten übertragen.[2] Zusammen mit den Anleihen waren solche Konzessionen ja "das hervorragendste Mittel, dem akkumulierten Kapital alter Länder neue Anlagesphären zu öffnen."[3]

Trotz großzügiger Privilegien blieben die ausländischen Kapitalanlagen, ähnlich wie in anderen Regionen, jedoch auf wenige Bereiche beschränkt. Infolge dominierender Exportinteressen flossen ausländische Kapitalien praktisch nur in die Ölindustrie, das Bankwesen, den Transportbereich und den Außenhandelssektor.

In den wenigen Beispielen im traditionellen Manufakturbereich, wie in der Teppichindustrie, wo in geringerem Umfang ausländische Investitionen erfolgten, zeigten sich bald die Folgen kapitalistischer Betriebsverfahren gegenüber der traditionellen, kleinbürgerlichen Organisierung. Härtere Produktionsmethoden, eine ra-

---

1) Sevrugian erwähnt in diesem Zusammenhang langfristige Vorzugszölle (max. 5%), den Verzicht auf eine autonome Schutzzollpolitik, die Monopolisierung der Handels- und Transportwege im Norden des Iran, die Gründung einer Bank, den unbeschränkten Profitabfluß etc.. Nicht ohne Grund wurde der Persische Golf scherzhaft als "British Lake" tituliert. (Sevrugian, E.: Die gewerbliche Wirtschaft ..., a.a.O., S. 211ff; zur sich verschlechternden Lage einheimischer Händler vgl. die "Complaints of Persian Merchants, 1906" in: Issawi, C.: The Economic ..., a.a.O., S. 67ff.)

2) Auf Grund nationalistischer Bewegungen mußten einzelne Konzessionen, wie z.B. die Reuter-Konzession, die von der englischen Regierung wie ein Staatsgeschäft behandelt wurde, oder die Auslieferung des Tabakhandels an eine englische Firma wieder rückgängig gemacht werden (vgl. Lenczowski, George: Russia and the West in Iran, 1918-1948, New York 1949, S. 76.)

3) Luxemburg, R.: Die Akkumulation ..., a.a.O., S. 338.

tionelle Kosten- und Gewinnkalkulation und die Produktion für den europäischen Absatz ließen z.B. in der Teppichindustrie noch vor der Ölindustrie die Arbeiterfrage im modernen Sinn entstehen. Sevrugian[1)] ist der Meinung, daß sich mit der auslänischen Penetration fortan weder die ausländischen noch die einheimischen Unternehmen sehr um die hochqualifizierten Knüpfer, die Erben einer ruhmreichen Tradition, bekümmerten, sondern dieses autochtone Produktionspotential in typisch frühkapitalistischer Weise exploitierten.

Das Ausscheiden der Sowjetunion als Macht mit imperialistischen Ambitionen nach der Oktoberrevolution wurde von England ohne Zögern dazu genutzt, ganz Persien unter seinen Einflußbereich zu bringen. Lediglich in den ersten Jahren nach dem Ersten Weltkrieg wurde diese Dominanz noch durch eine starke anti-imperialistische Volksbewegung, die 1921 in der Gründung der Sowjetrepublik Gilan im Norden des Landes gipfelte, und durch die Ausdehnungsversuche amerikanischer und französischer Erdölkonzerne in Frage gestellt. Die englische Persienpolitik zu Beginn der 20er Jahre bestand daher im wesentlichen in der Sicherung der Erdölquellen für die Anglo-Iranian Oil Company, der späteren British Petroleum, und in der politischen und ideologischen Zurückdrängung des Einflusses der Sowjetunion, deren Politik des Antikolonialismus starken Anklang bei der breiten iranischen Bevölkerung gefunden hatte.

Beide Ziele implizierten die Ausdehnung des englischen Einflusses auch auf den persischen Norden mit Teheran als Zentrum und die Errichtung eines starken zentralisierten Staates. Insbesondere diese von England betriebene Zentralisierung stellte eine entscheidende Revision gegenüber ihrer Iranpolitik bis zum Ersten Weltkrieg dar, die mit ihrem Grundsatz des Divide-et-impera

---

1) Sevrugian, E.: Die gewerbliche Wirtschaft ..., a.a.O., S. 256.

noch eher auf eine Schwächung der Zentralmacht zugunsten lokaler Stammes- oder Heeresführer abgezielt hatte.

In der national-revolutionären Bewegung der 20er Jahre führte dieser englische Wandel daher auch zu ziemlicher Verwirrung, weil von ihr - immer noch die alte englische Politik vor Augen - der staatliche Zentralismus unter Reza Schah als eine gegen englische Interessen verstoßende Bewegung interpretiert und unterstützt wurde,[1] zumal England diesem neuen Modell mit seinen Reformen (Reorganisation der Verwaltung, Ausbau der Infrastruktur, Gründung eines zentralisierten Heeres, Abbau lokaler und regionaler Machtzentren, Verweltlichung von Sitten und Gebräuchen, Erlaß von regulierenden Handelsgesetzen, Gründung einiger Industrien etc.) nicht offen zur Macht verholfen hatte, sondern seine Allianz mit Reza Schah geschickt tarnte.[2]

Løvbroek und Halliday[3] mißverstehen völlig den Charakter der englischen Politik der "friedlichen Penetration" in den 20er und 30er Jahren, indem sie der Diktatur unter Reza Schah antiimperialistische bzw. national-kapitalistische Bestrebungen unterstellen. Ein Hauptergebnis der neueren Iranforschung ist nämlich, daß Reza Schah nicht "irgendwie ein 'britischer Agent' war",[4] sondern in einer Reihe genau benennbarer Schritte und

---

1) Diese Bewegung mußte ihre Fehleinschätzung mit der eigenen Zerschlagung während der 20er und 30er Jahre büßen (vgl. Djazani, B.: Klassenkämpfe ..., a.a.O., S. 27f).

2) Reza Schah kam zugute, daß er ursprünglich nicht der herrschenden Klasse der Großgrundbesitzer bzw. der Komperadoren-Bourgeoisie entstammte, sondern als kleiner Unteroffizier in der Kosakenbrigade gedient hatte, die nach 1918 unter englischen Einfluß geraten war. Darin lag sein Nutzen gegenüber einer völlig kompromittierten und korrumpierten Kadscharen-Herrschaft. Der Nutzen stieg noch dadurch, daß er anfänglich vorgab, bessere Beziehungen mit der Sowjetunion herzustellen. (Vgl. "Die kommunistische Bewegung ...", a.a.O., S. 103f.)

3) Løvbroek, Asbjørn: State Interventionism, Industrial Growth and Planning in Iran, Diss., Oslo 1977, S. 69-71; Halliday, F.: Iran ..., a.a.O., S. 31 und 289.

4) Halliday, F.: Iran ..., a.a.O., S. 289.

Methoden durch die englische Politik 1921 an die Macht gebracht und auch gestützt wurde,[1] b e v o r ihn die englische Schwäche Ende der 30er Jahre zum Hitler-Faschismus umschwenken ließ, dem er ideologisch viel näher als dem Westminster-Parlamentarismus stand,[2] und b e v o r er in der 2.Hälfte seiner Rerungszeit mit einem verselbständigten Staatsdespotismus, in dem er all seinen Vorgängern auf dem Pfauenthron glich, sogar Teile der englandhörigen Komperadoren und Großgrundbesitzer verprellte, die ihn schließlich 1941 mit englischer Unterstützung außer Landes jagten.

Im Gegensatz zu allen früheren Dynastien war die Pahlawi-Dynastie von vornherein ein Geschöpf des englischen Imperialismus, das - wie wir in einem späteren Punkt näher sehen werden - vor allen Dingen der Durchsetzung der englischen Ölinteressen zu dienen hatte. Als Herrschaftsträger fungierten weiterhin die Großgrundbesitzer und die im Außenhandel und Landbesitz engagierte Exportoligarchie, an deren Spitze sich mit der Festigung des zentralen Staatsapparates während der 30er Jahre langsam wieder die herrschende Dynastie, der Hof und die hohen Staatsbeam-

---

1) Siehe die Dokumentensammlung bei Ravasani, S.: Iran ..., a.a.O., S. 78ff. Gestützt auf Dokumente aus den Jahren bis 1925 urteilt ein der Sympathie für den iranischen Nationalismus unverdächtiger Autor, daß "es nun nichts mehr in Persien (gab), um das sich die Engländer nicht kümmerten: Da werden dem Ministerpräsidenten schriftliche Anweisungen über die Ernennung des persischen Außenministers erteilt. In einem anderen Brief wird angeordnet, wer Innenminister zu werden hat. In einem dritten, wer die Regierung Persiens in der 'Imperial Bank of Iran' vertreten darf und wer Leiter des Finanzamtes von Khorasan werden soll. Da regelt die Britische Botschaft in Teheran die Beziehungen der Regierung zur Geistlichkeit des Landes, und da wird schließlich die Rückzahlung von 4 Mio. Rial Bestechungsgeldern gefordert, die im Zusammenhang mit dem Vertrag von 1919 (der England die Kontrolle über die iranische Wirtschaft und das iranische Militär zusprach, dann aber wegen nationaler und internationaler Proteste scheiterte, d.V.) bezahlt worden sind und deren Empfänger sich nicht wie vereinbart verhielten." (Zischka, Anton: Europas bedrohte Hauptschlagader, Bern 1976, S. 146).

2) Zu den Voraussetzungen dieser Politik des "Schwankens" vgl. Djazani, B.: Klassenkämpfe ..., a.a.O., S. 29f.

te setzten.[1]

Auf ökonomischem Gebiet verhinderten die harte ausländische Konkurrenz und die allgemeine Rückständigkeit des Landes die Ausbildung eines lukrativen Binnenmarktes. Anders als der Nationalbourgeoisie blieb aber der Komperadoren-Bourgeoisie wenigstens die Möglichkeit, durch Investitionen in Grundbesitz an der Feudalausbeutung der Bauern zu partizipieren. Darum, und nicht so sehr wegen ihrer Außenhandelsprivilegien, war sie an einer Erhaltung der agrarischen Sozialstrukturen interessiert.[2]

Die Industrialisierungsbemühungen während der Weltwirtschaftskrise und des Zweiten Weltkriegs, als sich der ausländische Druck auf die iranischen Märkte etwas lockerte, gehorchten eher den durch die Lieferbeschränkungen Europas aufgeworfenen Problemen und den Bereicherungsinteressen der herrschenden Dynastie als einer am nationalen Wohl orientierten Entwicklungspolitik. Zudem gab es für England aus finanziellen Gründen keine andere Alternative als einen gewissen ökonomischen Ausbau des Iran, um den Iran gegenüber dem sowjetischen Einfluß zu stabilisieren.

Der zunehmende Importstrom nach dem Zweiten Weltkrieg zerstörte diese bescheidenen Industrialisierungsansätze denn auch ohne größere Widerstände; politisch jedoch hatten sich weit größerer Sprengsatz und Widerstand angesammelt und stellten zunehmend

---

1) Raub am Staats- und Volkseinkommen, Aneignung großer Ländereien und schließlich die Plünderung staatlicher Industrien waren die Mittel, mit denen der Gründer der Pahlawi-Dynastie reüssierte. Reza Schah "built a nation as well as a fortune", war daher das Urteil, das Baldwin, ein Weltbankökonom, über ihn fällte (Baldwin, G.B.: Planning and Development in Iran, Baltimore 1967, S. 9).

2) Djazani spricht von einem "Doppelcharakter" dieser Komperadoren-Bourgeoisie (Djazani, B.: Klassenkämpfe ..., a.a.O., S. 25; ähnlich "Die kommunistische Bewegung ...", a.a.O., S. 109).

die englische Oberhoheit in Frage. Die Schwächung der Zentralregierung, die alliierte Invasion des Landes und der sowjetische Einfluß während des Zweiten Weltkrieges hatten nämlich für einen Aufschwung der demokratischen Bewegung gesorgt, dessen Führung zunächst die kommunistische Tudeh-Partei innehatte, die dann aber auf das national-bürgerliche Lager um Mossadeghs Nationalfront überging.[1)]

Den Höhepunkt dieses anti-diktatorischen und anti-imperialistischen Kampfes stellte schließlich die Nationalisierung der Ölindustrie von 1951 dar, die jedoch schon bald wieder durch den CIA-Putsch von 1953 rückgängig gemacht wurde, mit dem die Herrschaft des letzten Schahs und der US-Interessen ihren Anfang nahmen.

Damit zeigte das persische Beispiel, daß der Imperialismus durchaus nicht nur als politischer Ausdruck eines Prozesses der Kapitalakkumulation zu verstehen ist, bei dem es um den Kampf des noch nicht mit Beschlag belegten nichtkapitalistischen Weltmilieus ging, wie R. Luxemburg[2)] meinte, sondern gleichermaßen um die Neuverteilung bereits kolonisierter Gebiete. Insbesondere Lenin verwies auf diesen zentralen Aspekt imperialistischer Konkurrenz, der unter Umständen bis zu kriegerischen Auseinandersetzungen der Imperialmächte eskalieren konnte.

So weit kam es um Persien zwischen den Metropolen zwar nie. Gleichwohl bestätigt die persische Entwicklung jedoch recht plastisch jenen Aspekt der ungleichmäßigen Entwicklung auf in-

---

1) Über die Fehler und Schwächen der Tudeh-Partei, die zu diesem Führungsverlust und ihrem Verfall unter dem Schah-Regime führten, liegen bisher noch keine umfassenden Untersuchungen vor. Ansatzweise analysiert Djazani, ein ehemaliges Parteimitglied, die Wurzeln des Revisionismus innerhalb der Tudeh-Partei, der die Zersplitterung der Linken während der 60er und 70er Jahre herbeiführte (vgl. Djazani, B.: Klassenkämpfe ..., a.a.O., S. 35ff).

2) Luxemburg, R.: Die Akkumulation ..., a.a.O., S. 361.

ternationaler Ebene, bei dem es zur Neuverteilung von Einflußsphären in unterentwickelten Gebieten kommt, wenn sich das ökonomische und politische Gewicht zwischen den kapitalistischen Metropolen entscheidend verschiebt. Bis zur Mitte des Jahrhunderts war der englische Imperialismus noch der Hauptbegünstigte an den iranischen Ölquellen und dem iranischen Importmarkt. Nach dem Zweiten Weltkrieg wuchsen die USA jedoch unaufhaltsam in die bestimmende ökonomische und politische Position hinein.

Grob unterteilt lassen sich drei Phasen der amerikanischen Iranpolitik unterscheiden:

1. die Phase der stillen Einmischung bis 1951
2. die Phase der aktiven Einmischung ab dem Militärputsch von 1953 und dem Eindringen in den Ölsektor bis zur Weißen Revolution und
3. die Phase der Konsolidierung und des Zerfalls der amerikanischen Dominanz, die von ungefähr 1960 bis 1979 reichte.

In der ersten Phase zehrten die USA noch von ihrer republikanischen und demokratischen Staatsform. Insbesondere während der Konstitutionellen Bewegung zu Beginn des Jahrhunderts fand die amerikanische Politik trotz ihrer Versuche, Konzessionen für einzelne Ölkonzerne und Banken zu erringen,[1] starke Sympathien in der nationalistischen Bewegung. Noch bis zu Beginn der 50er Jahre blieb sogar die iranische National-Bourgeoisie interessiert an einer Zusammenarbeit mit amerikanischen Wirtschaftskreisen, die jedoch am englischen Widerstand scheiterte.[2]

Die zweite Phase der amerikanischen Iranpolitik nahm ihren Ausgangspunkt in der militärischen Besetzung des Iran während des

---

1) Vgl. Ramazani, R.K.: The Foreign ..., a.a.O., S. 205.

2) Zu den Anfängen der amerikanischen Persienpolitik vgl. Mojdehi, Hassan: Arthur Millspaugh's Two Missions to Iran and their Impact on American-Iranian Relations, Diss., Muncie 1975; sowie "Iran Report", Oktober 1978, S. 49ff.

Zweiten Weltkriegs, durch die es den USA gelang, stärker auf dem iranischen Markt Fuß zu fassen (Lieferung von Nahrungsmitteln, Kleidung, Transportmitteln und Waffen) und den englischen und sowjetischen Einfluß zurückzudrängen. Mit der Verkündigung des "Vier-Punkte-Programmes" unter Truman, das auf eine "Amerikanisierung" des asiatischen und afrikanischen Kontinents abzielte,[1] wurde im Iran die aktive Einmischung der USA zugunsten der pro-imperialistischen Kreise und Großgrundbesitzer endgültig zementiert.[2] In der Praxis wirkte sich diese mit der These der "amerikanischen Sicherheit" begründete Politik vor allem in Form bedeutender Kredite für Waffenlieferungen aus, die unmittelbar nach Kriegsende aufgenommen wurden und den Kalten Krieg gegen die Sowjetunion einleiteten.

Stärker nach innen - gegen die wachsende nationalistische Massenbewegung - richteten sich bis 1950 die amerikanischen Bemühungen um die Reform des Polizeiapparates und der öffentlichen Verwaltung.[3] Aus diesen Gründen stand die amerikanische Militärpolitik gegenüber der Wirtschaftspolitik, die in den 20er und 30er Jahren keine größeren Erfolge erbracht hatte, eindeutig im Vordergrund, obwohl die amerikanischen Interessen natürlich langfristig den hochproduktiven südiranischen Ölquellen galten, die damals noch im Monopolbesitz der BP waren. Angesichts

---

1) Nirumand zitiert den damaligen amerikanischen Außenminister, Acheson, nach dem dieses später berühmt gewordene Programm in erster Linie nicht dem Aufbau von Industrien in Entwicklungsländern dienen sollte, sondern der Erhaltung der amerikanischen "Sicherheit". (Nirumand, Bahman: Persien - Modell eines Entwicklungslandes oder die Diktatur der Freien Welt, Reinbek 1967, S. 32.)

2) Die anfängliche Unterstützung nationaler Kräfte während der Mossadegh-Regierung (1951 - 1953) war lediglich taktischer Natur, um gegenüber den Engländern an Boden zu gewinnen.

3) Ende der 40er Jahre kam es zu dem von den USA organisierten ersten Siebenjahresplan, der die Korruption eindämmen sollte und einer starken Rechtsregierung die Unterstützung einer lebensfähigen Mittelklasse einbringen sollte. Auf Grund der oberflächlichen Reformen erwies sich beides als illusorisch. (Vgl. "Iran Report", Oktober 1978, S. 56f.)

des Aufstiegs der USA zur führenden kapitalistischen Wirtschaftsmacht setzte dieses Monopol den großen amerikanischen Ölkonzernen, die im übrigen Nahen Osten schon längst Fuß gefaßt hatten, gewissermaßen künstliche Schranken.[1)]

Die amerikanischen Penetrationsversuche während der Nationalisierungsphase unter Mossadegh reichten von versteckten Drohungen und Forderungen, amerikanischen Ölkonzernen lukrative Konzessionen einzuräumen, bis zum Boykott iranischen Öls und dem Einfrieren persischer Devisenguthaben in den USA. Sie erreichten schließlich ihren frühen Höhepunkt mit der Organisierung des Putsches gegen Mossadegh, der für die USA die Tür zur Beherrschung der iranischen Ölwirtschaft öffnete.[2)] Die USA hatten sich vom "Schiedsrichter zum Scharfrichter" gewandelt, wie Nirumand die Ereignisse in der zweiten Phase der amerikanischen Iranpolitik resümierte.[3)]

Ökonomisch erbrachte dieser Putsch erstens die erneute Auslieferung der Ölquellen an ausländisches Kapital, diesmal jedoch nicht an einen einzigen Konzern, sondern an alle im sogenannten internationalen Ölkartell zusammengeschlossenen Firmen und

---

1) Zum Vordringen nordamerikanischer Ölkonzerne im Nahen Osten vgl. Kokxhoorn, Nicoline: Oil and Politics - The Domestic Roots of US-Expansion in the Middle East, Diss., Berlin 1976, S. 81ff.

2) In einer Reihe unterschiedlicher Veröffentlichungen wird diese amerikanische Politik recht gut dokumentiert, so daß sich eine detaillierte Darstellung erübrigt. (Vgl. Nazari, Hassan: Der ökonomische und politische Kampf um das iranische Erdöl, Köln 1971, S. 127 ff; Ravasani, S.: Iran ..., a.a.O., S. 100ff und Fesharaki, F.: Development of the Iranian Oil Industry, New York, Washington, London 1976, S. 41ff.)

3) Nirumand, B.: Persien ..., a.a.O., S. 65. Für den letzten Schah verklärte sich dieser Putsch in einen "Erfolg der Revolution". (Vgl. Pahlawi, M.R.: Im Dienste meines Landes, Stuttgart o.J., S. 93.) Überhaupt war diese Marionette ein Meister darin, jeden Schritt der Verschärfung der Abhängigkeit in Schritte zur nationalen Unabhängigkeit und Vorsehung umzufabulieren (vgl. Pahlawi, M.R.: Die soziale Revolution Irans, Köln 1967, S. 9ff).

zweitens eine erneute Überschwemmung der iranischen Märkte mit ausländischen Importen aller Art.

Trotz gestiegener Öleinnahmen verschlechterte sich daher permanent die Wirtschafts- und Handelsbilanz des Landes. Ökonomisch stand es zu Beginn der 60er Jahre schlechter da als auf dem Höhepunkt des gegen die Mossadegh-Regierung gerichteten Wirtschaftsboykotts. Die Folgen der amerikanischen Schenkungen und Kredite im Zuge der Etablierung des Gewaltregimes unter Mohammed Reza Schah,[1] nämlich die außenwirtschaftliche Liberalisierung und die wachsende Verschuldung, führten Anfang der 60er Jahre praktisch zum Bankrott der Zentralbank und des Staates.[2]

Die Politik der "offenen Tür" hatte für die Komperadoren-Bourgeoisie zwar bedeutende Vorteile; die breite Masse der Bevölkerung, die weiterhin in einer unproduktiven Landwirtschaft und in einigen städtischen Wirtschaftsbereichen gebunden war, verarmte jedoch zusehends, insbesondere als eine spekulative Geld- und Kreditaufblähung zu Beginn der 60er Jahre die Inflation und Arbeitslosigkeit sehr stark beschleunigte.[3]

Die widersprüchlichen Ergebnisse des Jahrzehnts von 1953 bis 1963, mit dem sich die abhängig-kapitalistischen Verhältnisse auszubreiten begannen, lassen sich auf ökonomischem und politischem Gebiet mit Djazani folgendermaßen zusammenfassen: "Die rasche Entwicklung der Komperadoren-Bourgeoisie hatte die Nationalbourgeoisie in Mitleidenschaft gezogen. Die nationale Industrie-Bourgeoisie war das erste Opfer dieser Entwicklung. Na-

---

1) Daten über die finanziellen Zuwendungen der USA finden sich bei Zonis, Marvin: The Political Elite ..., a.a.O., S. 108f.

2) Zur Entwicklung der iranischen Auslandsschulden nach dem Putsch vgl. Kiani, M.: Ansätze und Möglichkeiten der Geld- und Fiskalpolitik als Finanzierungselemente einer gesamtwirtschaftlichen Entwicklungspolitik, dargestellt am Beispiel Persiens, Berlin 1971, S. 25f.

3) Vgl. Nazari, H.: Der ökonomische ..., a.a.O., S. 75.

tionale Produktionsstätten, die in bezug auf Rohstoffe, Kapital und Absatzmärkte auf nationaler Basis existierten, wurden zumeist ruiniert (z.B. die Fabriken in Isfahan). Staatliche Fabriken, die unter denselben Bedingungen Konsumgüter produzierten, erfuhren dasselbe Schicksal. Diese Fabriken wurden nur mit staatlichen Zuschüssen weiter am Leben erhalten, um der steigenden Arbeitslosigkeit Einhalt zu gebieten. Die traditionellen Werkstätten konnten der Konkurrenz der besseren Waren aus dem Ausland nicht standhalten und verfielen nacheinander dem Bankrott. Als z.B. im Jahre 1954 die Mercedes-Benz-Busse den Inlandmarkt eroberten, ging der inländische Karosseriebau allmählich zugrunde ... Als Pepsi-Cola auf den Markt kam, wurden zahlreiche Limonaden-Fabriken geschlossen. Für nationale Großproduzenten blieb keine andere Wahl als den Grundsatz der industriellen Abhängigkeit vom Ausland zu akzeptieren, damit sie weiter existieren und hohe Profite einstreichen konnten.

Für die traditionellen kleinen Produzenten gab es zwei Wege: die meisten von ihnen stießen zu den Arbeitern, und nur ein kleiner Teil versuchte auf andere, noch nicht gefährdete Zweige überzuwechseln oder sich in den Dienst der Komperadoren zu stellen ...

Diese Integration der Nationalbourgeoisie und eines Teils der Feudalisten brachte die Komperadoren zur Blüte ihres Wachstums und verlieh ihnen eine hohe gesellschaftliche Autorität ...

In diesen Jahren konnte die Entstehung und Entwicklung der Komperadoren-Finanzbourgeoisie beobachtet werden. Innerhalb weniger Jahre waren mehr als zehn Banken mit iranischem und gemischtem Kapital entstanden. Das Kapital und die Kredite dieser Banken, ob iranisch oder gemischt, hatten sich die Unterstützung des ausländischen Kapitals bei der Beherrschung des Inlandsmarktes zum Ziel gesetzt. In diesen Jahren nahm die Zahl der in- und ausländischen Versicherungsgesellschaften zu. Die

Entwicklung der Finanzbourgeoisie war ein Indiz für die allgemeine Entwicklung kapitalistischer Verhältnisse."[1]

Man kann das Jahrzehnt, das der Weißen Revolution voranging, insofern auch als Periode des Umbruchs bezeichnen, als sich die ursprünglich nur auf den Außenhandel und den Grundbesitz fixierte abhängige Bourgeoisie um eine Schicht von Bankiers, Industriellen und Agrarunternehmern erweiterte und damit den Charakter und die gesellschaftliche Stellung einer ausgereiften Klasse annahm, ohne jedoch machtpolitisch mehr als ein Patt mit dem Großgrundbesitz zu erzielen.

Ihre herrschende Rolle (mit der Monarchie an der Spitze) erlangte sie erst mit der sehr stark von den USA betriebenen Agrarreform der 60er Jahre und dem Ölboom der 70er Jahre, in deren Verlauf die iranische Wirtschaft und Gesellschaft auf ein - labiles - kapitalistisches Fundament gestellt wurden. Zuvor hatte der Kapitalismus in der Ölindustrie noch eher symbiotisch zusammen mit dem führenden Großgrundbesitz geherrscht.

2.2.2. Der Ausbau der "Bajonettökonomie"

Mit "Bajonettökonomie" bezeichnete Djazani[2] recht plastisch den nach außen und innen gerichteten Gewaltcharakter des iranischen Entwicklungsmodells der 60er und 70er Jahre, als der Kapitalismus während der Konsolidierungsphase des amerikanischen Einflusses, der dritten Etappe der Penetration, durch die Zunahme der Lohnarbeit in Industrie und Landwirtschaft relativ stark in die Tiefe und Breite wuchs.

Gelegentlich wurde zur Beschreibung der iranischen Gewaltverhältnisse auch der am brasilianischen Modell entwickelte Begriff

---

1) Djazani, B.: Klassenkämpfe ..., a.a.O., S. 48f.

2) Ebenda, S. 105.

des Subimperialismus gewählt.[1] Meines Erachtens gibt er die persische Wirklichkeit bis zum Sturz des Schah-Regimes jedoch nur unscharf wieder, weil mit ihm die nach außen gerichtete ökonomische, politische und militärische Expansion gegenüber der Entwicklung des internen Marktes und des ihm entsprechenden politisch-militärischen Überbaus zu sehr hervorgehoben wird.[2] Damit soll keineswegs bestritten werden, daß der Iran in den 60er und 70er Jahren die dominierende Gendarmenrolle am Golf spielte; seine militärischen Interventionen auf Grundlage der Nixon-Doktrin in Dhofar und gegenüber dem Irak in der Schatt al-Arab- und Kurdenfrage sowie die Besetzung mehrerer Inseln im Golf legen darüber ein beredtes Zeugnis ab.[3]

Letzten Endes hing der Erfolg bzw. Mißerfolg des Gewaltregimes unter dem Schah jedoch nicht von externen, sondern internen Faktoren ab, insbesondere von der Ausbeutung und Unterdrückung der werktätigen Bevölkerung im Zuge der Militarisierung von Wirtschaft und Gesellschaft, daher die Berechtigung des Begriffes Bajonettökonomie.[4]

---

1) So z.B. Albrecht, U., u.a.: Rüstung und Unterentwicklung, Reinbek 1976, S. 74ff. Widersprüchlich wird in dieser Studie einerseits nur von einer bedingten Kontrolle des Schah-Regimes durch die Großmächte gesprochen (S. 104), andererseits wird hervorgehoben, daß die Expansion der iranischen Militärmacht sorgfältig in den strategischen Auftrag der amerikanischen Streitkräfte eingepaßt war (S. 102).

2) Halliday betont zu Recht, daß sich das Konzept des Subimperialismus eher für Länder wie Brasilien eignet, in denen bereits eine stärkere Industriediversifizierung eine breitere Basis für Industriewaren- und Kapitalexporte abgibt, als dies im Iran mit seiner einseitig vom Öl abhängigen Wirtschaft je der Fall war. (Vgl. Halliday, F.: Iran ..., a.a.O., S. 258ff.)

3) Dieses Expansionsstreben ging bis zur Proklamation des Indischen Ozeans zum Machtvakuum. (Zur politisch-militärischen Expansion des Iran unter dem Schah vgl. Steinbach, Udo: Irans Rolle im arabischen Nahen Osten und Indischen Ozean, in: Orient 2/1976, S. 88-113 und Amirie, Abbas: Iran als Regionalmacht, in: Europa Archiv. Zeitschrift für internationale Politik, 2/1978, S. 43-52.)

4) Nicht ohne Grund wurden viele Fabriken direkt neben Kasernen errichtet. Ein wichtiges Ziel der Industrialisierungs-

Diese implizierte einen Staatsapparat, der von zwei Tendenzen lebte, die nicht erst geschaffen werden mußten, wie in manch anderem Entwicklungsland, sondern als Erbe des mittelalterlichen Staates übernommen werden konnten: nämlich von seinem despotischen Charakter und von seiner vergleichsweise großen Eigenständigkeit innerhalb der herrschenden Klasse sowie in viel stärkerem Maße gegenüber der werktätigen Bevölkerung.[1)]

Mit dem forcierten Ausbau des Polizei- und Militärapparates nach der Krise von 1960-63 und insbesondere in den 70er Jahren traten diese beiden Tendenzen stärker als je zuvor in den Vordergrund. Bei einem Anteil der Militärausgaben am Staatshaushalt der Jahre 1974 bis 1978 von statistisch ausgewiesenen 25-30 %[2)] stieg der Iran nach 1973 zum größten ausländischen Waffenkäufer für die amerikanische Rüstungsindustrie empor. Zwischen 1970 und 1978 verkaufte sie an den Iran Waffen für rund 20 Mrd. Dollar[3)] und innerhalb von drei Jahren (1972-1975) verzehnfachten sich die iranischen Rüstungsausgaben auf 10 Mrd. Dollar (1975). In dieser Summe waren die Ausgaben für die rund 40 000 amerikanischen Militärberater noch nicht einmal enthalten.[4)]

---

politik in den 70er Jahren bestand im Ausbau der iranischen Rüstungsproduktion in Kooperation mit dem Westen (vgl. Albrecht, U., u.a.: Rüstung ..., a.a.O., S. 95ff).

1) Vgl. Massarrat, M.: Iran - Von der ökonomischen Krise zur sozialen Revolution, in: Sozialistischer Internationalismus, Februar 1979, S. 12.

2) Offizielle Haushaltsdaten nach Graham, Robert: Iran. Die Illusion der Macht, Frankfurt a.M., Berlin, Wien 1979, S. 205.

3) Vgl. Süddeutsche Zeitung, 20./21.1.1979. Über die Vorteile für die amerikanische Rüstungsindustrie finden sich zahlreiche Hinweise in einem amerikanischen Kongressbericht (vgl. United States Arms Sales to the Persian Golf, Washington 1975, S. 25ff).

4) Danesh schätzte die entsprechenden Ausgaben für 1977 auf 4,4 Mrd. Dollar, die zum Militäretat von 14 Mrd. Dollar noch hinzuaddiert werden müssen (vgl. Danesh, M.: Für die Armee hat der Iran schon zu viel bezahlt, in: Frankfurter Rundschau, 8.12.78, S. 9).

Der weitverzweigte Polizeiapparat (Gendarmerie, SAVAK, Kaiserliche Garde) mit rund 200 000 Mitgliedern bildete die zweite Säule der kaiserlichen Gewaltherrschaft und verschlang gleichermaßen beträchtliche Teile der Staatseinnahmen aus dem Ölboom.

Die mit diesem Gewaltpotential ausgerüstete monarchistische Diktatur entsprach zweifellos den politischen und ökonomischen Interessen des Westens. Die Despotie und relative Selbständigkeit der Pahlawi-Dynastie, die den Staat wie ihre Privatsache leitete, entsprangen gleichermaßen aber auch der historischen Schwäche der iranischen Privatbourgeoisie, die - entsprechend der asiatischen Tradition -, der kaiserlichen Regierung und den Spitzen des Staatsapparates, nach Djazani der "Bürokraten-Bourgeoisie", immer eine prononcierte Führerrolle innerhalb der gesamten abhängigen Bourgeoisie einräumen mußte.

In einem System wie dem Iran, in dem der Staat traditionell immer einen großen Teil des volkswirtschaftlichen Überschusses beanspruchte, konnte eine solche Stellung der Bürokratie auch unter kapitalistischen Vorzeichen nicht überraschen. Ihre hervorgehobene Position bedeutete im übrigen keineswegs, daß die Diktatur im allgemeinen nicht der abhängigen Bourgeoisie und dem Westen genutzt hätte. Sie implizierte nur eine Einschränkung der Handlungsfreiheit der privaten Großbourgeoisie gegenüber den Bereicherungs- und Machtinteressen des Hofes, dessen korrumpiertes Verhalten sie im übrigen seit ihrem Bestehen adaptierte.

Das staatliche Privilegiensystem mit seiner darauf aufbauenden rigiden Hierarchisierung engte eine rationale kapitalistische Entwicklung zweifellos ein. Ein unter der Oberfläche latent vorhandener Nationalismus ließ jedoch jedes andere bürgerliche und mehr demokratische System als zu riskant erscheinen. Zwangsläufig konnten die ökonomischen Probleme der 60er und 70er Jahre daher immer nur aus der Perspektive der Pahlawi-Dynastie "gelöst" werden,[1] selbst auf die Gefahr hin, daß die entsprechenden Maßnahmen im Widerspruch zu den Interessen des Gesamtsystems standen.[2]

Im großen und ganzen profitierte die abhängige Privatbourgeoisie natürlich ökonomisch von dem diktatorischen System, selbst wenn ihre Aktivitäten immer einer gewissen Unsicherheit und Unberechenbarkeit unterlagen. Aus diesem Nutzen erklärt sich die Unterstützung der Diktatur in weiten Teilen dieser Klasse; politisch blieb sie aber gegenüber dem Hof entmündigt.[3]

---

1) Daher auch mußten alle Versuche in den verschiedenen Entwicklungsplänen scheitern, die entwicklungshemmende Kopflastigkeit und Schwerfälligkeit der iranischen Bürokratie abzubauen (Korby, W.: Probleme ..., a.a.O., S. 198f).

2) Die 70er Jahre mit ihrer Industrialisierungspriorität sind voller Beispiele, wie eine inkonsequente Zoll- und Außenhandelspolitik im Interesse der Schah-Familie immer wieder einzelne Industrieprojekte in Frage stellte. Die Diktatur schreckte gelegentlich auch nicht davor zurück, mit Polizei und SAVAK gegen private Handels- und Industrieunternehmen vorzugehen, um sich eigene finanzielle Vorteile zu verschaffen.

3) Folgendes "Interview" eines iranischen Satirikers mit dem erfundenen Parlamentsabgeordneten Qurbanali (Ali, the Sacrifice)beleuchtet diese Entmündigung:

"Q: How many bills did you vote against and which ones are they?
A: Well, about none!
Q: Why?
A: Because the bills were presented by the Government.
Q: Are you saying that one should vote for any bill presented by the Government?
A: Would you give a vote against them?
Q: What are the three most important events during your term?
A: The first important event occured when I was sitting one day in my home, minding my own business and wondering what kind of job I should try for. The radio suddenly announced in the news bulletin that I had been elected a member of Parliament! The second event was the day when the Parliament voted an increase in our salaries to 70,000 rials a month. The third, when they gave us a big housing grant."

(zitiert nach: Zonis, M.: The Political ..., a.a.O., S. 12f)

IV. ERDÖLWIRTSCHAFT UND URSPRÜNGLICHE AKKUMULATION

1. IMPERIALISMUS UND ERDÖLWIRTSCHAFT

Das späte Entstehen und die Dynamik eines unterentwickelten Industriekapitalismus abhängigen Typs im Iran der 60er und 70er Jahre hingen eng mit dem enklavenhaften Wachstum der Erdölindustrie[1] und einer sehr späten und aufgesetzten Transformation der vorkapitalistischen Agrarverhältnisse im Verlauf der Weißen Revolution zusammen. Beides war bedingt durch das Zusammenspiel imperialistischer Interessen mit einer diktatorischen Staatsmacht, die einen starken autonomen Kapitalismus nicht ohne Grund als Bedrohung ihrer ökonomischen Grundlage fürchten mußte, d.h. die eine industrielle Entwicklung nur in abhängig-bürokratischer Form zulassen konnte.

In diesem Punkt wenden wir uns der iranischen Erdölindustrie als der ersten wichtigen Determinante für die industrielle Nichtentwicklung bis 1960 und für die industrielle Fehlentwicklung ab 1960 bzw. verstärkt ab 1973/74 zu. Die seit dem Entstehen der iranischen Ölwirtschaft bestimmende Einbettung in den internationalen Erdölmarkt mit seinen gigantischen Dimensionen erfordert dabei zunächst allerdings eine relativ ausführliche Skizzierung einiger theoretischer und historischer Charakteristika der Kapitalakkumulation in dieser Branche, insbesondere in bezug auf die Konsequenzen für unterentwickelte Länder wie den Iran.

Auf theoretischer Ebene läuft dieser Exkurs auf die Frage hinaus, wie man sich in Abgrenzung zur marktphänomenologischen Betrach-

---

1) Wenn nichts anderes angegeben ist, verstehen wir unter "Erdölindustrie" nur die Aktivitäten in der Extraktion, d.h. bei der Förderung des Rohöls. Es war die Beherrschung des Rohölgeschäfts durch die Ölmonopole, welche den hohen Grad konzerninterner Verarbeitung und Vermarktung erst ermöglichte und stabilisierte.

tungsweise bürgerlicher Analytiker[1] die Übertragung der marxistischen Grundrententheorie auf diese extraktive Branche vorzustellen hat und auf historischer Ebene, welche konkreten Umstände die Entstehung der Grundrente und ihre Verteilung unter die "Produktionsfaktoren" Kapital und Boden determinieren, d.h. im wesentlichen wie und in welchem Umfang eine monopolistische Kontrolle über die Produktion und damit die Rohölpreise ausgeübt werden konnte.

Methodisch dient uns diese Skizzierung in Form eines Exkurses als Basis sowohl für die Beurteilung der politischen und ökonomischen Implikationen der Ölkonzessionen, die der Iran in diesem Jahrhundert den großen Mineralölkonzernen gewährte bzw. aufgezwungen bekam, als auch für die Beurteilung der Wachstumseffekte, die von diesem Bereich auf die übrige Wirtschaft ausgingen.

1.1. Exkurs: Charakteristika der Kapitalakkumulation in der Erdölproduktion

1.1.1. Preis, Profit und Grundrente

Der neuerlichen Rekapitulation der Marxschen Überlegungen zur Grundrente und ihrer Übertragung auf das Verhältnis zwischen Ölkonzernen und unterentwickelten Ölstaaten kommt zweifellos das Verdienst zu, daß sie den ungenügenden theoretischen Rahmen vieler Arbeiten zur internationalen Erdölindustrie und damit deren begrenzte historische Aussagekraft haben deutlich werden lassen.[2]

---

1) Als "klassische" Arbeit in dieser Beziehung ist zu nennen: Adelman, M.A.: The World Petroleum Market, Baltimore und London 1972.

2) Gemeint sind in diesem Zusammenhang beispielsweise die Studien von H.J. Frank: Crude Oil Prices in the Middle East - A Study in Oligopolistic Price Behavior, New York, Washington, London 1966; Adelman, M.A.: The World Petroleum ..., a.a.O.; und Blair, J.M.: The Control of Oil, New York 1976.

In Deutschland gingen in den letzten Jahren Elsenhans und vor allem Tahmasebi und Massarrat[1] der Frage nach, wie man sich die Modifikationen des Wertgesetzes in der Preisbildung des Rohöls, d.h. die Entstehung des Surplusprofit für die Gesamtbranche und seine mehr oder minder vollständige Verwandlung in Grundrente vorzustellen hat. Noch weiter wurde die kritische Analyse der Ölproblematik meines Wissens nur in einer französischen und venezolanischen Studie vorangetrieben, die in Deutschland bisher leider unbekannt geblieben sind, auf die wir uns im folgenden aber stärker stützen werden.[2]

Im Anschluß an diese Arbeiten hat man das Spezifische der Erdölproduktion im Gegensatz zur verarbeitenden Industrie darin zu sehen, daß sich in ihr die überdurchschnittlich hohe Produktivität eines bzw. mehrerer Produzenten nie für den Gesamtbereich verallgemeinern läßt, weil sich im Gegensatz etwa zu den inkorporierten Produktionstechnologien die Differenzen der Lagerstättenqualitäten nie völlig abbauen lassen.

Diese durch unterschiedliche Naturgegebenheiten gesetzte Schranke der Konkurrenz impliziert, daß sich für die gesamte Branche und nicht nur für einzelne Produzenten Extraprofite realisieren las-

---

1) Elsenhans, Hartmut: Entwicklungstendenzen der Welterdölindustrie, in: Elsenhans, H. (Hrsg.): Erdöl für Europa, Hamburg 1974, S. 7-47; Tahmasebi, Ahmad: Einige Aspekte der Wirkungsweise des Preismechanismus auf dem Erdölmarkt, unveröffentl. Diss., Berlin 1979 und Massarrat, M.: Energiekrise oder die Krise des Kapitalismus, in: Probleme des Klassenkampfes 11/12, IV. Jg., 1974 Heft 1, S. 219-252. Die Schwäche des Aufsatzes von Massarrat besteht m.E. darin, daß er einen sehr engen gebrauchswertmäßigen und preislichen Zusammenhang zwischen Erdöl und anderen Rohstoff- und Energieträgern konstruiert, daß er unterschiedliche Rentdifferentiale verschieden produktiver Ölfelder nicht exakt ableitet und daß er Konsumsteuern auf Ölderivate fälschlich als Teil der Grundrente ansieht.

2) Angelier, J.-P.: La Rente Pétrolière - Eléments pour une Interprétation Théorique de la Structure des Prix de Produits de l'Industrie Pétrolière Internationale, Paris 1976 und Comisión Ideológica de Ruptura: El Imperialismo Petrolero y la Révolución Venezolana, Bd. 1: Capital y Propiedad Territorial, Caracas 1975 (im folgenden zitiert als "Ruptura").

sen, wenn die Befriedigung der Nachfrage nach Rohöl auch die Nutzung ungünstiger Felder verlangt, also eine relative Knappheit hochproduktiver und marktnaher Ölquellen von guter Qualität besteht.[1] Im theoretischen Idealfall verwandelt sich dieser gesamte Extraprofit in die Differtialrente des Grundeigentümers.

Unter dieser für die Rohölproduktion geradezu typischen natürlichen Beschränkung kann der Gleichgewichtspreis daher nicht durch den individuellen Produktionspreis der unter "mittleren Bedingungen" produzierenden Kapitale bestimmt sein, sondern muß dem höheren individuellen Produktionspreisniveau der Grenzproduzenten entsprechen, deren Produktion zur Befriedigung des gesellschaftlichen Bedarfs definitionsgemäß unerläßlich ist.

Historisch wurde diese relative natürliche Knappheit der produktivsten Naturbasis im Bereich des Rohöls allerdings erst richtig durch die von den Ölkonzernen seit ungefähr 1920 betriebene Politik der künstlichen bis monopolitischen Verknappung hochproduktiver und marktnaher Ölquellen verfestigt, die auf der staatlichen Produktionsregulierung in den USA[2] und der Kartell- bzw. Konsortienbildung der "Seven Sisters" in den außeramerikanischen Ölgebieten fußte.[3] Insgesamt wurden dadurch die Marktzutrittsmöglichkeiten für Newcomer sehr stark restringiert.

---

1) Differenzen der natürlichen Ergiebigkeit verschiedener Ölfelder rühren u.a. aus variierenden Bohrtiefen und einem unterschiedlichen Gasdruck her; Qualitätsunterschiede entstehen auf Grund unterschiedlicher Schwere (gemessen in °API) und unterschiedlichen Schwefelgehalts der einzelnen Rohöle. Libysches Rohöl z.B. zeichnet sich durch seinen geringen Schwefelgehalt und seine geringe Schwere aus (Leichtöl um 40° API).

2) Vgl. Dulex, C.A.: Preisgestaltung in der US-Petroleumindustrie - Wirtschaftliche Auswirkungen der Gesetze und der regulatorischen Maßnahmen, Zürich 1977, S. 14-47.

3) Zum internationalen Erdölkartell, das von den größten Ölkonzernen Ende der 20er Jahre aufgebaut wurde, vgl. die klassische Studie der Federal Trade Commission: The International Petroleum Cartel, Washington 1972. Infolge der Konsortienbildung waren die großen Ölkonzerne untereinander sehr gut informiert, konnten gemeinsam handeln und schlossen gegenseitige Konkurrenz aus, weil immer mehrere - entsprechend ihrer Kapitalkraft - gleichermaßen an Risiken und Erträgen beteiligt waren.

Zur gemeinsam betriebenen Politik der großen Ölkonzerne wurde die Maxime, daß selbst noch die Kapitalanlagen unter der ungünstigsten natürlichen und geographischen Allokation einen durchschnittlichen "angemessenen" Profit abwerfen mußten. Alle anderen produktiveren bzw. marktnäheren Kapitalanlagen sorgten dann automatisch für Surplus- oder Differentialgewinne, um deren Verwandlung in Differentialrente die Auseinandersetzungen zwischen Ölkonzernen und Grundeigentümern geführt wurden.

Da die Beziehungen zwischen individuellen und allgemeinen Produktionspreisen einerseits und den jeweiligen Profitlagen andererseits in der Literatur bisher nicht sehr systematisch herausgearbeitet wurden, wollen wir im folgenden ein etwas längeres und abgestuftes Zahlenbeispiel entwickeln, in dem wir die Wirkung unterschiedlicher natürlicher Produktivitäten und differierender geographischer Allokationen auf die Größe der Profite demonstrieren wollen.[1)]

Unterstellt sei für das zu entwickelnde Beispiel bei einer Investition von fünf Dollar (bzw. einem Vielfachen) folgende wertmässige Komposition:

fixes Kapital	4,05	Dollar
zirkulierendes Kapital	0,45	Dollar
variables Kapital	0,50	Dollar
Total	5,00	Dollar

Angenommen sei ferner eine zehnjährige Umschlagsdauer des fixen Kapitals und eine einjährige Umschlagsdauer des zirkulierenden und variablen Kapitals. Die durchschnittliche oder "angemessene" Profitrate, d.h. der gesellschaftliche Durchschnitt betrage 15%. Dann ergibt sich für ein Jahr folgende Kalkulation:

---

1) Im folgenden stützen wir uns auf die venezolanische Studie ("Ruptura", a.a.O., S. 37ff).

Wertverzehr an fixem Kapital	0,40 Dollar
Einsatz an zirkulierendem Kapital	0,45 Dollar
Einsatz an variablem Kapital	0,50 Dollar
Kostpreis der Jahresproduktion	1,35 Dollar
Profit auf das Gesamtkapital (15%)	0,75 Dollar
Individueller Produktionspreis der Jahresproduktion	2,10 Dollar

Je nach der natürlichen Ergiebigkeit der Region, in der die Investition vorgenommen wurde, repräsentiert dieser individuelle Produktionspreis der Jahresproduktion von 2,10 Dollar eine mehr oder minder große Rohölmenge (Barrels). Wenn wir von vier Förderregionen A,B,C und D ausgehen, die z.B. für den Nahen Ost (A), Venezuela (B), Indonesien (C) und Texas (D) stehen könnten, für deren natürliche Produktivitäten

$$P_A > P_B > P_C > P_D$$

gelten soll, so produziert A das Maximum und D das Minimum an Rohöl pro Kapitaleinheit. Übertragen wir diese Produktivitätsunterschiede auf die von uns gewählte Struktur der organischen Zusammensetzung des Kapitals, Umschlagsbedingungen und Durchschnittsprofitrate, die in allen Förderregionen gleich sein sollen, so sind z.B. Relationen denkbar, wie sie in Beispiel 1 auf der folgenden Seite gewählt wurden.

Die individuellen Produktionspreise schwanken demnach zwischen 0,525 und 2,10 Dollar. Unterstellt man c.p. unterschiedlich hohe Kapitalinvestitionen in den einzelnen Regionen, wie es der Realität entspricht, so sieht man, daß sich zwar nicht die individuellen Produktionspreise, wohl aber die relativen Produktionsmengen und individuellen Produktionspreise der gesamten Produktion verändern (Beispiel 2).

Beispiel 1: Die Bestimmung der individuellen Produktionspreise bei gleichem Kapitaleinsatz und unterschiedlichen natürlichen Produktivitäten

Förderregion	Investiertes Kapital (Dollar) (1)	Jährliche Produktion in Barrel b/d (2)	Individueller Produktionspreis der gesamten Produktion in Dollar (3)	Individueller Produktionspreis eines Barrels (Dollar/b) (4)
A	5	4	2,10	0,525
B	5	3	2,10	0,70
C	5	2	2,10	1,05
D	5	1	2,10	2,10
TOTAL	20	10	8,40	-

Anmerkung: (4) = (3)/(2)

Beispiel 2: Bestimmung des allgemeinen Produktionspreises und der Extraprofite

Region	Investiertes Kapital, Dollar (1)	Jährliche Produktion in Barrel (2)	Individueller Produktionspreis eines Barrels Dollar/b (3)	Individueller Produktionspreis der gesamten Produktion, Dollar (4)	Allgemeiner Produktionspreis der gesamten Produktion, Dollar (5)	Extraprofite, Dollar (6)	Extraprofitrate, % (7)
A	20	16	0,525	8,40	33,60	25,20	126,0
B	75	45	0,70	31,50	94,50	63,00	84,0
C	75	30	1,05	31,50	63,00	31,50	42,0
D	45	9	2,10	18,90	18,90	0	0,0
TOTAL	215	100	-	90,30	210,00	119,70	ø 55,67

Anmerkungen: (4) = (2) x (3)
(5) = (2) x (2,10 Dollar)
(6) = (5) - (4)
(7) = (6) / (1) in Prozent
Durchschnittliche Extraprofitrate = 119,70 / 215 = 55,67%

Nach demselben Beispiel muß im Gleichgewicht der allgemeine Produktionspreis durch den Produzenten in Region D bestimmt werden, um seine Produktion überhaupt hervorzurufen (Grenzproduzent), ein Umstand, von dem wir in Beispiel 1 aus methodischen Gründen noch abgesehen haben. Demnach muß der Marktpreis um den allgemeinen Produktionspreis von exakt 2,10 Dollar oszillieren. Die Umsätze auf diesem Preisniveau (allgemeiner Produktionspreis der gesamten jeweiligen Regionalproduktion) ermöglichen nunmehr den Produzenten in den Regionen A,B und C teilweise recht erhebliche Extraprofite. Nicht zuletzt aus diesem in der Ölwirtschaft auch tatsächlich vorfindbaren Umstand, wie wir noch später durch empirisches Material aufzeigen werden, resultierte die gigantische Dimension der internationalen Ölindustrie.

Die These extrem hoher Extraprofite gilt zumindest so lange, wie in den produktiveren Regionen die Produktion nicht übermäßig ausgedehnt wird. Infolge einer gewissen natürlichen Knappheit solcher überdurchschnittlich produktiver Quellen und ihrer bereits angesprochenen Unterwerfung unter die Kontrolle weniger Produktionskonsortien war die Ölindustrie bis auf relativ kurzfristige Abschnitte eigentlich nie dieser Gefahr ausgesetzt. Oder anders ausgedrückt: Würde das Marktpreisniveau auf den niedrigen individuellen Produktionspreis (Barrel) des produktivsten Anbieters als einzigen Produzenten reduziert werden, so würde die Nachfrage sehr schnell dessen Angebot übersteigen und den Marktpreis nach oben drücken. In diesem Fall würde die Produktion in den weniger ergiebigen Regionen wiederum möglich, und zwar bis zu einem Punkt, an dem das Verhältnis von Angebot und Nachfrage einen Preis fixieren würde, der dem individuellen Produktionspreis der unproduktivsten, aber gleichwohl notwendigen Region entsprechen müßte.[1)]
Keinesfalls jedoch ist eine übermäßige Produktionsausdehnung wahrscheinlich, da sie im Falle von Produktionskonsortien nur die eigenen Kapitalanlagen in weniger kostengünstigen Regionen

---

1) Vgl. "Ruptura", a.a.O., S. 49.

in Gefahr bringen würde.[1]

In unserem Beispiel 2 liegt die Summe der allgemeinen Produktionspreise für die gesamte Produktion in allen Förderregionen erheblich über der Summe der individuellen Produktionspreise, nämlich um 119,70 Dollar oder 133%. Es liegt auf der Hand, daß es nur die Konsumenten sein können, die diesen Wertzufluß in die Taschen der Mineralölkonzerne und Ölstaaten zu finanzieren haben.[2] Die Möglichkeit sehr hoher Extraprofite in der Extraktion läßt auch den Schluß zu, daß es nicht der hohe Integrationsgrad der Mineralölkonzerne ist, der die Basis für diese Übergewinne abgibt, sondern ihre "Nahtstelle" mit der Natur, d.h. die Gewinnung des Rohöls, wo ja auch ihr ursprüngliches Betätigungsfeld lag. Ihr integrierter Konzerncharakter schafft allerdings die Möglichkeit, diese Extraprofite zu verschleiern bzw. an an-

---

1) "Wären die neuen Felder im Nahen Osten und Venezuela von Gesellschaften ohne Ölvorkommen in den Vereinigten Staaten erschlossen worden, dann wäre die Lage vollkommen anders gewesen. Dann hätten sich die Vorgänge von 1880 wiederholt, als russisches Öl nach Europa strömte, die Herrschaft der Standard brach und die Gesellschaft zwang, die Preise für amerikanisches Petroleum zu senken. Im Nahen Osten waren die Förderkosten halb so hoch wie in den Vereinigten Staaten; trotzdem wurde das Erdöl aus dem Nahen Osten und Venezuela immer zu einem Preis verkauft, als ob es aus den Vereinigten Staaten käme. Für die großen Gesellschaften war die Idee eines Preiskrieges zwischen ihren neuen Feldern in Übersee und ihren alten in den Vereinigten Staaten absurd. Es war weitaus besser für sie, aus all ihren Unternehmungen Gewinn zu erzielen und die Förderung auf den neuen Feldern zu drosseln." (Tugendhat, Cristopher: Erdöl - Treibstoff der Weltwirtschaft, Sprengstoff der Weltpolitik, Hamburg 1972, S. 121f.) Am ersten Konsortium, der Irak Petroleum Co., orientierten sich alle späteren Konsortien, wie z.B. die ARAMCO in Saudi-Arabien (Socal, Texaco, Exxon, Mobil) oder die Kuweit Oil Co. (BP und Gulf)).

2) Marx urteilt folgendermaßen darüber: "Der Produktionspreis des schlechteren, keine Rente tragenden Bodens ist stets der regulierende Marktpreis ... Was die Gesellschaft, als Konsument betrachtet, zuviel zahlt für die Bodenprodukte, was ein Minus der Realisierung ihrer Arbeitszeit in Bodenproduktion bildet, bildet jetzt das Plus für einen Teil der Gesellschaft, die Grundeigentümer." (Marx, K.: Das Kapital, Bd. 3, a.a.O., S. 671 und 674.)

derer Stelle auszuweisen,[1] sofern sie nicht von den Grundeigentümern "abgefangen" werden.

Wenn wir unser "Vier-Felder-Beispiel" gedanklich um eine fünfte Region (Nordsee oder Alaska) mit extrem ungünstiger natürlicher Produktivität erweitern, weil die gesellschaftliche Nachfrage die Inbetriebnahme eines solchen, nunmehr preisbestimmenden Feldes notwendig macht, so erzielt unter sonst gleichbleibenden Bedingungen auch der alte Grenzproduzent (Region D) Extraprofite, und alle anderen Produzenten, die vorher auch schon auf dem Markt waren, dehnen ihre Extraprofite noch stärker aus[2] - eine Entwicklung, wie sie z.B. mit der Aufnahme der Produktion in der Nordsee und in Alaska nach den großen Preissteigerungen von 1973/74 eintrat und diverse Alternativenergien (Atomenergie, Ölschiefer, Kohleverflüssigung) als Substitute rentabel erscheinen ließ.

Nach unseren bisherigen Voraussetzungen können sich Extraprofite nur aus geologischen Unterschieden der einzelnen Ölfelder erge-

---

1) Zur Ausschaltung dieser Möglichkeit hat sich die Forschung immer damit beholfen, daß sie als Ausgangspunkt die Preise gewählt hat, welche die Ölgesellschaften z.B. für ihre aus dem Nahostöl gewonnenen Produkte frei Raffinerie Rotterdam erzielt haben. Von diesem Preis werden dann die üblichen Raffineriekosten und die Fracht vom Persischen Golf nach Rotterdam abgezogen, um so den "richtigen" fob- oder Marktpreis für Rohöl einer bestimmten Qualität im jeweiligen Verschiffungshafen zu bekommen (vgl. Adelman, M.A.: "The World Petroleum Market, a.a.O., S. 183). Nach Abzug der - bekannten - Produktionskosten bleibt dann der Bruttoprofit pro Mengeneinheit übrig, der sich zwischen Ölkonzern und Grundeigentümer verteilt.

2) Der neue Preis "may mean very high profits for the more efficient and better located producing units." (Adelman, M.A.: The World ..., a.a.O., S. 42.) An anderer Stelle bezeichnete Adelman diese hohen Extraprofite nicht zu unrecht als "source of tension in the system, which, good or bad, is not to be talked away by calling it fair, reasonable, natural or even 'competitive', in view of the nearest substitute. It can be maintained only by a united front and refusal to supply at any lower price." (Adelman, M.A.: The World Oil Outlook, in: Clawson, Marion (Hrsg.): Natural Resources and International Development, Baltimore 1964, S. 81).

ben. Nun spielt bei der Bestimmung der Extraprofite aber auch die geographische Lage dieser Vorkommen bezüglich der zu beliefernden Märkte eine wichtige Rolle,[1] wenngleich in geringerem Umfang als die Lagerstättenstruktur. Wir unterstellten bisher quasi vernachlässigungsfähige Transportkosten bzw. gleiche Transportkosten von allen Förderregionen zu den Hauptmärkten.

Die Wirklichkeit ist natürlich komplexer. Berücksichtigt man, anknüpfend an unser Beispiel 1, unterschiedliche Transportkosten, so ist eine in Beispiel 3 gewählte Kosten- und Preisstruktur durchaus denkbar. Wir sehen, daß das Dazwischentreten unterschiedlicher Transportkosten pro Barrel es notwendig macht, unsere ursprünglichen individuellen Produktionspreise nun exakter als individuelle Produktionspreise a m B o h r l o c h zu bestimmen, weil sie als Ausgangspunkt zur Bestimmung der individuellen Produktionspreise auf dem Markt X dienen.[2]

Da sich nach unserem Beispiel für Region C mindestens ein Preis von 2,50 Dollar je Barrel ergeben muß, wenn in dieser Region die Durchschnittsprofitrate von 15% realisiert werden soll, so muß der allgemeine Preis am Markt X (cif-Preis bzw. Preis frei Grenze des importierenden Landes etc.) durch die Lieferanten aus dieser Region bestimmt werden. C dient als "Basis Point" für die Preisstruktur aller anderen Anbieter und nur so stellt sich am Markt X ein einheitlicher Importpreis für Lieferungen aus den Regionen A,B,C und D in Höhe von 2,50 Dollar je Barrel her.

---

1) Methodisch ähnlich wie die geographischen Unterschiede lassen sich auch die Unterschiede der einzelnen Rohölqualitäten behandeln. Wir können daher auf die Beschreibung ihres Einflusses auf die Extraprofitlagen verzichten.

2) Dieser nur kalkulatorisch zur Bestimmung der Extraprofite interessante "Preis" ist die Summe aus dem individuellen Produktionspreis am Bohrloch und den Transportkosten zu eben diesem Markt.

Beispiel 3: Der Einfluß unterschiedlicher Transportkosten auf die Extraprofite

Förderregion	Investiertes Kapital in Dollar (1)	Jährliche Produktion in Barrel (2)	Individueller Produktionspreis der ganzen Produktion, Dollar (3)	Individueller Produktionspreis eines Barrels am Bohrloch, Dollar/b (4)	Transportkosten eines Barrels zum Markt X (5)
A	5	3	2,10	0,70	0,10
B	5	2	2,10	1,05	1,40
C	5	1,5	2,10	1,40	1,10
D	5	1	2,10	2,10	0,20

Individueller Produktionspreis eines Barrels am Markt X, Dollar/b (6)	Allgemeiner Produktionspreis am Markt X (CIF-Preise) (7)	Allgemeiner Produktionspreis am Bohrloch (8)	Extragewinn pro Barrel (9)
0,8	2,50	2,40	1,70
2,45	2,50	1,10	0,05
2,50	2,50	1,40	0
2,30	2,50	2,30	0,20

Anmerkungen: (4) = (3) / (2)
(6) = (4) + (5)
(7) = höchster individueller Produktionspreis
(8) = (7) - (5)
(9) = (7) - (6)

Durch den Abzug der Transportkosten von diesem Preis ergeben sich dann für die einzelnen Regionen die unterschiedlichen allgemeinen Produktionspreise (am Bohrloch bzw. auf fob-Basis). Diese entscheiden ihrerseits über die jeweiligen Extraprofite. Man sieht, daß unter Berücksichtigung der geographischen Situation jetzt nicht mehr D den Grenzproduzenten darstellt, sondern Region C.

Der Hauptunterschied gegenüber den früheren Beispielen besteht jedoch darin, daß nicht mehr ein einziger, sondern stark differierende allgemeine Produktionspreise entstehen, welche die Marktpreise an der Produktionsstelle regulieren. Bei Belieferung mehrerer Märkte kann unter bestimmten Bedingungen sogar das Phänomen auftreten, daß an einer einzigen Förderstelle mehrere Marktpreise für ein und dasselbe Öl gelten.

Im sogenannten Golf-Plus-System, das bis in die 50er Jahre Gültigkeit hatte, zahlte z.B. ein deutscher Käufer für iranisches Öl einen anderen fob-Preis als ein italienischer oder griechischer Käufer, weshalb dieses System der Maximierung der Extraprofite auch beständiger Kritik unterlag. Nur im Golf von Mexiko, als dem damaligen "Basis Point", galten einheitliche Preise für alle Bestimmungshäfen. Heute bestimmt natürlich nicht mehr texanisches Öl, sondern das "Arabian Light", die typische Qualität, die Saudi-Arabien produziert, als "Marker Crude" die Preise in allen anderen Förderregionen und für alle anderen Qualitäten, trotz gewisser politisch motovierter Preisspaltungen innerhalb der OPEC und eines gewissen Preisregulierungssystems in den USA. Dies hat zur Folge, daß die "awkward differentials", die lästigen Preisunterschiede, in modifizierter Form weiterbestehen.[1)]

---

1) Vgl. Keiser, Günter: Die Energiekrise und die Strategien der Energiesicherung, München 1979, S. 49. Das diesem "Marker Crude" vergleichbare nigerianische Rohöl notierte z.B. im Oktober 1975 um rund einen Dollar pro Barrel höher als das "Arabian Light", weil seine Transportkosten zu den Hauptmärkten entsprechend niedriger sind.

Der Extraprofit wird zwar in erster Instanz vom ölproduzierenden Kapital angeeignet, im weiteren Verlauf der Dinge kommt es jedoch zwischen ihm und dem Grundeigentümer zu Auseinandersetzungen um "die Verwandlung dieses Surplusprofits in die Form der Grundrente (überhaupt der Rente, als einer vom Profit unterschiedenen Form); es muß immer untersucht werden, wann, wie, unter welchen Umständen diese Verwandlung stattfindet."[1)]

In Europa hatte das Kapital epochenlang gegen die von den Physiokraten verfestigte Auffassung zu kämpfen, nach der die Grundrente als die normale Form des Mehrwerts überhaupt angesehen wurde und nach welcher der Profit "höchstens als ein vom Kapitalisten dem Grundeigentümer abgepreßter Teil dieses Mehrwerts erscheint."[2)] Historisch gesehen stellte diese starke ideologische und politische Stellung des europäischen Grundeigentums zweifellos einen wichtigen Grund für die kolonialistische Expansion der kapitalistischen Metropolen dar. Die Profite in der Rohstoffproduktion waren in den Kolonien bedeutend höher als in Europa.

In den Ölstaaten mit "asiatischer" Verfassung, wie Saudi-Arabien oder dem Iran, war das private Grundeigentum weder gegenüber dieser ausländischen Penetration noch gegenüber den permanenten Übergriffen eines ausgeprägten Etatismus in der Lage, private Eigentumsrechte an den Bodenschätzen anzumelden. Angesichts dieser Schwäche konnte sogar die falsche Vorstellung entstehen, nach der die Ölkonzerne Eigentümer des im Boden befindlichen Erdöls wären. Erst mit dem Wachstum der nationalistischen Bewegungen und dem Erstarken der OPEC während der 60er und 70er Jahre wurde dem Westen klar, daß die jeweiligen Staaten und nicht

---

1) Marx, K.: Das Kapital, Bd. 3, a.a.O., S. 662.

2) Ebenda, S. 792. Marx ging in seiner Untersuchung über die Grundrente, die sich an englischen Verhältnissen orientierte, praktisch immer von einer vollständigen Transformation des Extraprofits in Grundrente aus.

die Ölkonzerne Eigentümer ihrer Bodenschätze sind, die bei ihrer Ausbeutung konsequenterweise möglichst hohe Grundrenten abzuwerfen haben.[1)]

Lange Zeit sorgte die Abhängigkeit der Ölstaaten im Rahmen ihres kolonialen bzw. neo-kolonialen Status jedoch für die Reduktion der staatlichen Ansprüche an den Ölextraprofiten auf einem niedrigen Niveau. Der typische Konzessionsvertrag bis zur Mitte unseres Jahrhunderts sicherte den Staaten gerade eine gewisse fixe Summe bei Vertragsabschluß sowie die Abtretung eines bescheidenen Royalties für die laufende Produktion und wirkte sich kaum belastend für die Ölkonzerne aus.[2)] Überhaupt war in diesen vorkapitalistischen Staaten die Geldrente nur schwach entwickelt. Größere Erfolge wurden daher erst nach der Gründung der OPEC in den 60er Jahren erzielt, als sich das Monopol der "Seven-Sisters" etwas lockerte und in den Ölstaaten selber eine bescheidene Kapitalakkumulation in Gang kam, die sich sehr stark auf die Renteneinnahmen des Ölsektors stützte.

Nach unseren bisherigen Annahmen ist der Grenzproduzent niemals zur Zahlung einer Rente in der Lage, weil ihm der Marktpreis gerade den Durchschnittsprofit einbringt. Unter der Voraussetzung einer nichtrealisierbaren Grundrente besteht für den Grundeigentümer andererseits aber auch kein Grund, dem Ölkapital seinen Boden zur Ausbeutung zu überlassen.[3)] Das Problem löst sich offensichtlich erst dann, wenn der Marktpreis

---

1) Im Grunde befindet sich die OPEC in einer den westlichen Gewerkschaften vergleichbaren Situation: Sie strebt die Verbesserung der Einnahmen ihrer Mitglieder gegenüber den Industriestaaten als "Verhandlungspartnern" an, ohne das internationale System der kapitalistischen Marktwirtschaft ernsthaft in Frage zu stellen.

2) Keiser spricht von einer "Art Handgeld für die Herrschenden" (Keiser, G.: Die Energiekrise ..., a.a.O., S. 14).

3) Auch die Abtretung eines Teils des Durchschnittsprofits würde das Dilemma nicht lösen, weil dann der betroffene Grenzproduzent über kurz oder lang sein Kapital abziehen würde.

über den allgemeinen Produktionspreis steigt, d.h. wenn auch für die Nutzung des unfruchtbarsten Bodens eine "Gebühr"[1] bezahlt werden kann.

Marx bezeichnete diese Gebühr im Gegensatz zur Differentialrente, die den Extraprofiten entspringt, als absolute Grundrente, weil sie aus der mehr oder minder ausgeprägten Monopolisierung des Grundeigentums in Händen einer bestimmten Klasse entsteht und nichts mit den geologischen oder geographischen Unterschieden der einzelnen Bodenstücke zu tun hat.[2] Sie begünstigt alle Produzenten bzw. Grundeigentümer, weil sie zur Steigerung des für alle gültigen Marktpreises führt.

Aus diesem Grund braucht auch nicht unbedingt der Grenzproduzent als wirklicher Ausgangspunkt für ihre Entstehung zu dienen, obwohl sich ihre Höhe und ihr Charakter am besten aus dem Verhältnis seines Produktionspreises zum allgemeinen Marktpreis demonstrieren läßt. Es ist durchaus möglich und historisch auch eingetreten, daß die Ausdehnung der absoluten Grundrente und mit ihr der Marktpreis durch eine Produktionseinschränkung gerade der produktivsten Unternehmen hervorgerufen wird, wie z.B. während der Ölkrise von 1973/74, als die Preissteigerungen im Nahen Osten praktisch überall auf der Welt entsprechende Erhöhungen nach sich zogen, selbst in Ländern, in denen eine gewaltige Propaganda gegen die "ausbeuterischen" Golfstaaten in Gang gesetzt wurde.

---

1) Massarrat, M.: Energiekrise ..., a.a.O., S. 225.

2) Marx nennt insgesamt vier Faktoren, welche eine Grenze für die absolute Grundrente darstellen: zusätzliche Kapitalanlagen in alten Konzessionsgebieten, die Konkurrenz ausländischer Anbieter (die auf dem internationalisierten Ölmarkt weitgehend wegfällt), die Konkurrenz der Grundeigentümer untereinander und schließlich das Bedürfnis und die Zahlungsfähigkeit der Konsumenten, im Fall von Erdöl also ganzer Staaten. (Vgl. Marx, K.: Das Kapital, Bd. 3, a.a.O., S. 766.)

Die Entstehung bzw. Ausdehnung der absoluten Grundrente belastet im übrigen n i c h t die Erdölkonzerne, da sie einfach über Preiserhöhungen an die Verbraucher, deren Nachfrageelastizität relativ gering ist, weitergereicht wird. Die Konzerne können sogar unter zwei Gesichtspunkten von einer solchen Erhöhung profitieren: Erstens ist es keine ausgemachte Sache, daß sie die gesamte zusätzliche Rente abzuführen haben und zweitens können jetzt unproduktive Vorkommen in politisch sicheren Gebieten plötzlich zu einem hochrentablen Investment werden.

Die absolute Grundrente ist quantitativ nicht streng fixierbar und hängt von den Umschichtungsprozessen zwischen den unterschiedlich produktiven Gebieten ab. Es gab Zeiten, in denen sie sehr gering war (einige Cents pro Barrel). Gegenwärtig (1980) dürfte sie sich bei Produktionskosten des Alaskaöls von 7-10 Dollar auf 70-80% am durchschnittlichen Weltmarktpreis (fob-Basis) belaufen.

Differential- und absolute Rente erscheinen nicht direkt als solche und auch nicht getrennt voneinander, sondern werden von den Grundeigentümern im wesentlichen als Royalty und/oder als Gewinnbeteiligung vereinnahmt;[1] im Falle von Staatseigentum an den Ölvorkommen, wie in den OPEC-Staaten, werden beide Formen als Steuern auf die Erlöse im Rohölgeschäft erhoben (Royalty und Gewinnsteuern).

Aus historischen Gründen dominierte lange Zeit das als Teil

---

1) Daneben existieren noch andere Erscheinungsformen der Grundrente, die nur zu bestimmten Zeitpunkten fällig werden (Konzessionsabschluß, Beginn der Erkundung etc.). Bei K a u f eines ölhaltigen Gebietes, was natürlich privates Eigentum an den im Boden ruhenden Schätzen wie in den USA voraussetzt, stellt der Kaufpreis nichts anderes als die kapitalisierte Grundrente dar.

der Produktion ausgedrückte Royalty ("Anteil des Königs");[1] aufgrund seiner Inelastizität gegenüber Preisschwankungen setzten sich ab der Mitte dieses Jahrhunderts in den OPEC-Staaten jedoch immer mehr die Gewinnbeteiligung durch, wobei lange das sogenannte "Fifty-Fifty" vorherrschte: Eine Hälfte der Bruttogewinne beanspruchte der jeweilige Ölkonzern bzw. das jeweilige Konsortium, die andere Hälfte der Grundeigentümerstaat.

Mit der Steigerung der absoluten Grundrente in den 70er Jahren zu Lasten der Verbraucherstaaten wurde dieses Verhältnis jedoch obsolet,[2] so daß es den Ölstaaten gelang, ihre Gewinnbeteiligung an einer mehr als verzehnfachten Bruttoprofitmasse pro Barrel auf über 90% hochzuschrauben: Die restlichen Prozente garantierten den Ölkonzernen aber immer noch höhere Nettoprofite als zu Zeiten des "Fifty-Fifty" vor 1970, als die Marktpreise kaum höher als zwei Dollar pro Barrel lagen. Aus dieser ökonomischen Interessenlage resultierte trotz aller gegenseitigen Schuldvorwürfe an den Preiserhöhungen und Klagen über die Produktionspartizipation der Ölstaaten an den jeweiligen Konsortien das letztlich kooperative Zusammengehen zwischen den meisten Ölstaaten und den ausländischen Ölkonzernen.

---

1) Historisch herrschte lange Zeit ein Royalty von einem Achtel oder 12,5% am Wert der gesamten Produktion vor. (Zur Bedeutung des Royalties in historischer Sicht vgl. Rouhani, Fuad: A History of OPEC, New York, London 1971, S. 217 ff.)

2) Einen Überblick über die Entwicklung des Konzessionsrechtes innerhalb der OPEC-Staaten vermitteln Elsenhans/Werdé-Bräuninger/Wittgrebe: Die Auseinandersetzungen zwischen den Förderländern und den Ölkonzernen, in: Elsenhans, H. (Hrsg.): Erdöl ..., a.a.O., S. 99ff und Angelier, J.-P.: La Rente ..., a.a.O., S. 81-104.

1.1.2. Einige Entwicklungstendenzen des Welterdölmarktes

Die neuere Diskussion um das Verhältnis nationaler und internationaler Werte bzw. Produktionspreise[1] hat gezeigt, daß die Bestimmung der "gesellschaftlich notwendigen Arbeitszeit" bzw. des allgemeinen Produktionspreises durchaus unterschiedlich ausfallen kann, je nachdem, ob der jeweilige Markt, für den produziert wird, regional, national oder gar international ausgelegt ist. Gemeint ist damit, daß bei regional bzw. national separierten Märkten das gesellschaftlich durchschnittliche Arbeitsquantum zur Produktion einer bestimmten Ware und damit auch die Marktpreise entsprechend unterschiedlich ausfallen können, weil in jeder regionalen oder nationalen Anbietergruppe andere Produktivitäts- und Intensitätsstrukturen der Arbeit vorherrschen können.

Für die kapitalistische Entwicklung besteht ganz eindeutig die Tendenz der zunehmenden Integration von Submärkten zu größeren Märkten bis hin zu einer schon von Marx vorhergesagten Herstellung des Weltmarktes. Die Geschwindigkeit dieses Prozesses hängt im wesentlichen von den jeweiligen Preisunterschieden, den Transport- und Verlagerungskosten, etwaigen tarifären Handelsbarrieren ab, wobei - wie im Fall des Erdöls - durchaus der teuerste Submarkt zum Preisregulator für den größeren Markt werden kann, in dem er im Zuge der Entwicklung aufgeht.

Historisch wurde Erdöl nach den Edelmetallen als einer der ersten Rohstoffe schon früh auf dem Weltmarkt gehandelt, und im ersten Drittel unseres Jahrhunderts bildete sich ein einheitliches, weltweites Marktpreissystem heraus, in dem erstens Preisdifferenzen (am Bohrloch) nur noch infolge von Qualitäts-

---

1) Insbesondere Schöller, Wolfgang: Weltmarkt und Reproduktion des Kapitals, Frankfurt a.M., Köln 1976 und Busch, Klaus: Die multinationalen Konzerne. Zur Analyse der Weltmarktbewegung des Kapitals, Frankfurt a.M. 1974.

unterschieden und differierenden Entfernungen zu den Importhäfen auftraten, nicht dagegen infolge von unterschiedlichen Produktivitäten und Produktionskosten und in dem zweitens jeweils das teuerste Rohöl den Weltmarktpreis vergleichbarer Qualitäten in anderen, produktiveren Regionen bestimmte.

Im sogenannten Golf-Plus-System, das Ende der 20er Jahre entstand und bis in die 50er Jahre Bestand hatte, wurde Rohöl unabhängig von seiner jeweiligen Quelle zu dem für texanisches Rohöl gültigen Preis verkauft, das mit einer vergleichsweise sehr ungünstigen natürlichen Produktivität gefördert wird. Der Golf von Mexiko bildete den Bezugspunkt in diesem frühesten "Basis-Point System", das als solches heutzutage zwar nicht mehr existiert, dessen Kalkulationsmechanismen aber immer noch als Vorbild für die heutige Preisstruktur dienen.

Dieses System bezog seinen Namen aus der Tatsache, daß die Preisbildung für Rohöl irgendwo auf der Welt immer vom fob-Preis des texanischen Öls ausging, zu dem dann die Frachtraten zum jeweiligen Bestimmungshafen, z.B. Rotterdam, addiert wurden. Ausgehend von diesem Importpreis (cif-Preis) für texanisches Öl erfolgte dann die Bestimmung der Marktpreise in allen anderen Fördergebieten der Welt, indem vom Importpreis in Rotterdam die Frachtraten zwischen Rotterdam und dem jeweiligen Fördergebiet. z.B. Iran, abgezogen wurden. Folgendes vereinfachte Beispiel gibt diesen Mechanismus der Preisfixierung durch den unproduktivsten Hersteller annäherungsweise wieder:

Preis für iranisches Rohöl (Barrel) bei Bestimmungshafen Rotterdam im Golf-Plus-System

fob-Preise Houston	2,00	Dollar
+ Transportkosten Houston-Rotterdam	1,00	Dollar
cif-Preis Rotterdam	3,00	Dollar
- Transportkosten Abadan-Rotterdam	1,50	Dollar
fob-Preis des iranischen Öls bei Beistimmungshafen Rotterdam	1,50	Dollar

Im Resultat "the effective f.o.b. prices of oil derived from some port other than the Gulf of Mexico differed from that price in the Gulf of Mexico by an amount depending on the geographical position of the source of origin in relation to the port of which the oil was sold."[1] Obwohl dadurch zwar die geographisch relativ ungünstig gelegenen Vorkommen im Nahen Osten benachteiligt waren, lagen die Exportpreise für Öl aus jener Region immer noch weit über ihren entsprechenden individuellen Produktionspreisen (Kostpreis plus Durchschnittsprofit), einfach weil die Produktivität im Nahen Osten um ein Vielfaches über der in den USA lag und liegt.[2]

Infolge dieser Tatsache warfen die arabischen und iranischen Ölfelder während der 50er und 60er Jahre trotz eines Preisniveaus von ungefähr zwei Dollar immer noch hohe Extraprofite ab, die zum Großteil den abhängigen Grundeigentümerstaaten vorenthalten wurden: "... the pricing had no effect on royalties paid to the government since these are calculated as a flat sum per unit of production (generally four shillings gold per ton)".[3]

Mit dem ungeheuren Wachstum der Ölproduktion im Nahen Osten nach dem Zweiten Weltkrieg traten die Preisunterschiede, die sich für ein und dasselbe Öl im Exporthafen infolge der Transportdifferentiale zu den wichtigsten Importhäfen ergaben, immer stärker in den Vordergrund. Wegen der zunehmenden Kritik an diesen Preisdiskriminierungen mußte der persische Golf von den Öl-

---

1) Frank, H.J.: Crude Oil Prices ..., a.a.O., S. 8.

2) "The price in an area of lower, falling costs was being determined by the price in an area of higher rising costs." (Blair, J.M.: The Control ..., a.a.O., S. 114f.) Eine Zeitlang verkaufte z.B. die BP ihr Öl an die iranischen Konsumenten zu einem Preis, der sich aus dem Preis für entsprechendes texanisches Öl plus der Frachtkosten von Texas nach dem Iran zusammensetzte. Neben den hohen Extraprofiten auf Grundlage der äußerst günstigen natürlichen Produktivität der iranischen Ölfelder kassierte die BP damit auch noch eine Phantomfrachtrate, weil ja das Öl aus den heimischen Quellen stammte.

3) Frank, H.J.: Crude Oil Prices ..., a.a.O., S. 16.

konzernen Ende der 40er Jahre daher zu einem zweiten Basispunkt der Preisbildung ausgebaut werden. Ab 1949 wurden die fob-Preise im Persischen Golf (genauer gesagt Abadan und später das saudische Ras Tanura) für ungefähr zehn Jahre so kalkuliert, daß sich für texanisches Öl und vergleichbares Öl aus dem Nahen Osten identische Importpreise in New York ergaben. Diese Stadt bildete gewissermaßen die "Preisscheide": Westlich von ihr galt der texanische Preis, östlich davon galten für alle Importhäfen einheitlich die Preise des Nahen Ostens.[1)]

Mit dieser Vereinheitlichung unterschied sich zwar der neue vom alten Preismechanismus, letztlich blieb aber das teuere texanische Öl weiterhin der Preisfixierer im Nahen und Mittleren Osten: Zum Verladepreis für texanisches Öl wurden die jeweiligen Transportkosten nach New York addiert. Von diesem cif-Preis wurden dann die Transportkosten von Abadan bzw. Ras Tanura nach New York abgezogen, um den jeweils gültigen Verschiffungspreis im persisch-arabischen Golf zu erhalten. Dieser lag infolge der größeren Entfernung nach New York immer etwas unter dem entsprechenden Marktpreis im Golf von Mexiko, aber noch weit über dem individuellen Produktionspreis des arabischen oder iranischen Öls.[2)]

Diese für den Ölimperialismus spezifische Maximierung der Extraprofite durch eine Preisfixierung auf dem Niveau des unproduktivsten Anbietergebietes hatte natürlich eine monopolistische Kartellkontrolle zur Voraussetzung, die zumindest bis

---

1) Zur Begründung, warum dieser Scheidepunkt langsam von Marseille über Southampton nach New York gewandert war, siehe Frank, H.J.: Crude Oil Prices ..., a.a.O., S. 29-61.

2) Diese Preisfixierung bekam bald den Namen "net back formula". Als Ausgangsrohöl diente das sogenannte "West Texas Sour" mit 36°API, dem qualitätsmäßig ungefähr das saudische "Arabian Light" entspricht. Auf Grund dieser Kongruenz bot sich letzteres als "Marker Grade" im persischen Golf (Ras Tanura) als dem zweiten Basispunkt an. Andere Qualitäten notierten dann - bezogen auf diesen Fixpunkt - mit entsprechenden Preiszu- oder -abschlägen (vgl. "Ruptura": a.a.O., S. 252ff).

1959/60, als sich die Weltmarktpreise spalteten, und dann wieder ab 1973/74 sehr effektiv wirkte.

Diese Produktionskontrolle, die sich auf der schon weiter oben angesprochenen staatlichen Produktionsregulierung in den USA und der Bildung von Produktionskonsortien im Nahen Osten[1)] gründete, ermöglichte sieben Kartellmitgliedern (Exxon, Mobil, Texaco, Gulf, Socal, Royal Dutch Shell, BP) schon bei den ersten Anzeichen einer preisdrückenden Überproduktion sofortige Produktionsrestriktionen, die neuerdings in aller Ausführlichkeit von Blair aufgedeckt wurden:
"Forecasts have regularly been made for the Free World, for the Eastern Hemisphere, and, of greatest importance, for the Middle East. These 'annual internal industry-wide supply-demand forecasts' are set forth in what are referred to as Exxon's 'Green Books', SoCal's 'Blue Books', Gulf's 'Orange Books', etc. ...
On the basis of these forecasts it is readily possible to determine the total size of the pie, which can then be divided up among the various producing countries. In world oil this process has begun with establishing the production rate for Iran, which, it turns out, has also come to govern the production rate in Saudi Arabia."[2)]

---

1) 1972 kontrollierten die in den diversen Konsortien zusammengeschlossenen "Seven Sisters" immerhin noch 77,1% der gesamten OPEC-Produktion (siehe Blair, J.M.: The Control ..., a.a.O., S. 118).

2) Ebenda, S. 101 und 103. Bei ersten Anzeichen einer Überproduktion wurden niemals die unproduktiveren Felder (Texas) stillgelegt, denn dies hätte den allgemeinen Produktions- und damit Marktpreis gedrückt. Es wurde vielmehr immer der Output der produktiveren Regionen - relativ oder absolut - gekürzt, um das alte Wertgefüge zu erhalten. Umgekehrt wurde bei starker Nachfrageausdehnung nicht die Produktion der produktiveren Vorkommen bis zum Maximum ausgedehnt, sondern es wurde die Exploitation unproduktiver Vorkommen (Nordsee, Alaska) "angepackt",um die Preise auf ein höheres Niveau treiben und fixieren zu können (vgl. Chichique, Bruno: La Crisis Petrolera, Caracas 1974, S. 13ff).

Lediglich in den 60er Jahren bewirkten das Vordringen der sogenannten amerikanischen Independents und französischer, italienischer und japanischer Ölunternehmen sowie sowjetische Ölexporte eine gewisse Belebung der Konkurrenz auf dem Welterdölmarkt, ohne jedoch die im Nahen Osten und Nordafrika erzielten Extraprofite entscheidend zu beschneiden.[1] Diese Preissenkungen gingen hauptsächlich von den in Libyen tätigen unabhängigen Ölkonzernen aus, die wenig Rücksicht auf die teuere Produktion in den USA nehmen mußten, weil sie dort in unbedeutendem Umfang tätig waren.

Die Senkungen führten schließlich zu einem von der amerikanischen Regierung im Jahr 1959 durchgedrückten Importquotensystem (Mandatory Oil Import Program), das die USA zum ersten Mal vom Weltmarkt abschloß. Infolge dieser Handelsbarrieren für nicht-amerikanisches Öl stiegen die Rohölpreise in den USA während der 60er Jahre in schöner Regelmäßigkeit, während der verstärkte und umgeleitete Zustrom arabischen und iranischen Öls in Europa und Japan das genaue Gegenteil bewirkte und vor dem Hintergrund des Zechensterbens für die sprichwörtlich niedrigen Energiekosten der 60er Jahre sorgte.[2] Mit diesem gespaltenen Preismechanismus war das internationale "Basing-Point-System" natürlich zusammengebrochen.[3]

Diese Spaltung klang Ende der 60er Jahre allerdings schon wieder ab. Die USA waren nämlich trotz ihres Importquotensystems

---

1) Im Jahre 1955 operierten im Mittleren Osten 22 amerikanische Ölkonzerne gegenüber nur fünf amerikanischen Konzernen im Jahr 1953. (Zur Expansion der sogenannten Newcomer vgl. Kokxhoorn, Nicoline: Oil and Politics, Frankfurt a.M., Bern 1977, S. 177f.)

2) 1959 fiel der Marktpreis im Persischen Golf von 2,12 auf 1,94 Dollar pro Barrel, und in der Folgezeit mußten für Rohöl bzw. dessen Derivate Preisabschläge bis zu 30% gewährt werden. (Vgl. Frank, H.J.: Crude Oil Prices ..., a.a.O., S. 114ff.)

3) Blair, J.M.: The Control ..., a.a.O., S. 118.

bei künstlich hochgeschraubten Importpreisen immer stärker von Öleinfuhren abhängig geworden. Bei gleichzeitig vernachlässigten inländischen Investitionen in der Ölförderung hatten sie sich damit eine Energiekrise ins Haus geliefert, die sich in den 70er Jahren auf die gesamte kapitalistische Welt übertrug.[1)]

Mit der ungezügelten europäischen und japanischen Ausweitung der Ölnachfrage trat Ende der 60er Jahre zudem eine Trendwende der Weltmarktpreise für Rohöl ein. Sie begannen zu steigen und erreichten wieder das Preisniveau der amerikanischen Inlandsproduktion. Anfang 1973 war das amerikanische Importquotensystem unter diesem Aspekt hinfällig geworden und seine Aufhebung führte - trotz dieser vorgängigen Preisnivellierung - zu den Verknappungserscheinungen, welche die erste Energiekrise von 1973/74 einleiteten, weil sich die amerikanische Nachfrage wieder unlimitiert auf den Weltmarkt ausdehnte.

In diesem Punkt glichen die Preisnivellierung und -stabilisierung zwischen 1970 und 1973 ähnlichen Entwicklungen, welche das Ölkartell schon früher bei sporadischem Preisdruck zu seinen Gunsten herbeizuführen verstanden hatte. Ansonsten aber erwies sich das in den 60er Jahren entstandene Problem der Wiedererrichtung einer effektiven, außeramerikanischen Produktions- und Preiskontrolle zu Beginn der 70er Jahre von einer Dimension, die von den internationalen Mineralölkonzernen allein nicht mehr gelöst werden konnte. Dazu bedurfte es der direkten staatlichen Eingriffe von Seiten der Grundeigentümerstaaten, der OPEC, um kooperativ ein ungleich stärkeres Monopol über die Ölquellen als früher ausüben zu können.

---

1) Da die Ölkonzerne das relativ hohe amerikanische Preisniveau natürlich stabilisieren wollten, nahmen sie während der 60er Jahre in den USA ihre Investitionen hauptsächlich nur im Bereich der "marginal wells", der unproduktivsten Bohrlöcher vor, mit entsprechend geringer Ölausbeute. Desgleichen restringierte ein eingefrorener Erdgaspreis die gesamte amerikanische Energieproduktion. (Zu diesem Komplex vgl. Schneider/Schmitt/Pluge: Die Energiekrise in den USA - Ursachen und Auswege, München, Wien 1974.)

Zwangsläufig mußten den Ölländern in diesem Prozeß der sich neu konstituierenden Kontrolle von den Ölkonzernen Zugeständnisse, wie Preissetzungsbefugnisse bei den Listen- bzw. Staatspreisen entsprechend den Marktpreisen,[1] Steuerabgabenerhöhungen, Partizipationen oder sogar Nationalisierungen in mehr oder minder radikaler Form eingeräumt werden, die in der "klasischen" Phase des Ölimperialismus bis in die 50er Jahre natürlich noch undenkbar gewesen wären.

Das gemeinsame Interesse der Ölkonzerne und Ölstaaten an steigenden Ölpreisen und eine weiterhin existente Kontrolle der internationalen Ölkonzerne über das OPEC-Öl,[2] insbesondere über die saudi-arabische Ölproduktion, verbieten es allerdings, von einer faktischen anti-westlichen Grundhaltung der OPEC zu sprechen, selbst wenn einzelne Länder wie Algerien, Libyen oder

---

1) Listenpreise sind keine im Handel realisierten Preise, sondern dienen den Ölstaaten nur als Bezugsgröße zur Berechnung der Steuern, die sie für Öl verlangen, das die ausländischen Ölkonzerne im Rahmen ihrer Konzessionen produzieren. Die Listenpreise folgen in der Regel den recht undurchsichtigen Marktpreisen. Deren richtige Höhe blieb zwischen Ölkonzernen und Ölländern immer ein Streitpunkt; eine Erhöhung der Listenpreise bei konstanten Marktpreisen kommt der Erhöhung des Steuersatzes auf die Ölgewinne gleich.
Mit dem Vordringen des sog. Partizipations- oder Staatsöls verlor der Listenpreis als Marktpreisindikator allerdings an Bedeutung und die Spotmärkte für frei verkauftes Öl rückten stärker in den Vordergrund (vgl. Tahmasebi, A.: Einige Aspekte ..., a.a.O., S. 122).

2) Die Ölkonzerne verfügen direkt über das sogenannte Konzessionsöl, das z.B. in Saudi-Arabien immer noch 40% der gesamten Produktion beträgt. Außerdem verfügen sie über das sogenannte Rückkaufsöl, das ihnen von den nationalen Ölgesellschaften der OPEC-Staaten aus deren Produktion im Rahmen langfristiger Verträge mit Rabatten abgetreten wird. 1978 wurden rund zwei Drittel aller Rohölgeschäfte auf dieser Basis abgewickelt, die sich in der unternehmenspolitischen Praxis der Ölkonzerne nicht sehr vom Geschäft mit Konzessionsöl unterscheidet. (Das Handelsblatt, 28./29., 1979, S. 6.) Erst nach der Iran-Krise verstärkten sich die freien Verkäufe der Ölländer von sogenanntem Staatsöl, insbesondere auf den Spotmärkten und gegenüber kleineren Ölgesellschaften.

der revolutionäre Iran eine relativ starke Konfrontationspolitik betreiben. Die wirkliche Situation wird m.E. am treffendsten durch das von Blair gezeichnete Bild eines "symbiotischen Oligopols"[1] zwischen Ölkonzernen und Ölstaaten beschrieben, trotz eines in den westlichen Medien gepflegten Feindbildes beider Lager.

Diese Symbiose wurde wohl zum ersten Mal in der gemeinsamen Verknappungspolitik Ende 1973 deutlich,[2] als ein von drei auf über zehn Dollar gestiegener Barrelpreis den "government take" der Ölstaaten auf rund sieben Dollar und die Ölprofite der Konzerne auf nie zuvor gekannte Höhen steigen ließ. Ohne aktive und treibende Rolle der Ölkonzerne wäre eine solche Aktion (Boykott der arabischen Ölländer) völlig undenkbar gewesen, denn selbst heute noch besteht wegen unterschiedlicher nationaler Politiken der OPEC-Staaten, die bis zum Krieg gegeneinander (Iran - Irak) gehen, keine supranationale Produktions- und Preiskontrolle im Nahen Osten.[3]

Angesichts eines für 1980 geltenden Rohölpreises von 30 bis 37 Dollar pro Barrel wissen wir, daß es nicht nur bei diesem vergleichsweise bescheidenen "government take" der Ölländer von rund sieben Dollar blieb, sondern daß nunmehr das nahöstliche Öl, dessen Preis um eine gewaltig gestiegene monopolistische Grundrente aufgebläht wurde, zum neuen und einzigen "Basis Point" des gesamten internationalen Ölpreisgefüges wurde: "The parallelism in movement (zwischen den nordamerikanischen und den OPEC-Preisen, d.Verf.) ..., as well as the size of the

---

1) Blair, J.M.: The Control ..., a.a.O., S. 293.

2) Gegenüber Juli bis September sank die Produktion von Oktober bis Dezember 1973 in Saudi-Arabien um 19,5%, in Kuwait um 16,1%, in Libyen um 11% und in Algerien um 13,4%. Insbesondere Exxon erwies sich in dieser Situation als Vorreiter von Produktionskürzungen (vgl. ebenda, S. 416f).

3) Zur Direktionsstruktur innerhalb der OPEC siehe Mikdashi, Zuhayr: The OPEC Process, in: Daedalus, Journal of the American Academy of Arts and Sciences, Herbst 1975, S.205f.

'normal' differential, suggests a continued use of the industry's international basing point system, with one important change. Instead of determining the Mideast price by adding to the Texas base price freight to New York and then subtracting freight back to the Middle East, the sequence appears to have simply been reversed: the OPEC price is the 'base' price and the US-price is the 'netback' price."[1)]

Vor diesem Hintergrund wollen wir nun zur Frage der empirisch feststellbaren internationalen Produktivitäts- und Kostenrelationen übergehen, um die Extraprofite, die in Ländern wie dem Iran realisierbar waren und sind, näher quantifizieren zu können: Die These, daß die Erdölproduktion den einzigen relevanten Industriebereich darstellt, in dem in Entwicklungsländern ein sehr viel höheres Produktivitätsniveau als in Industrieländern herrscht, ist in der Fachliteratur unbestritten.

Diese Unterschiede lassen sich nicht auf das technologische Niveau des fixen Kapitals oder die Fertigkeiten der Ölarbeiter oder -techniker zurückführen, denn infolge der aggressiven Expansion der amerikanischen Ölkonzerne übertrug sich deren technologisches Potential - vermittelt über die amerikanischen Kapital- und Technikertransfers - immer sehr schnell auf alle westlichen Ölländer. Technologisch bedingte Renten konnten daher nie erheblich und von großer Dauer sein. Unterschiedliche Produktivitäten, gemessen z.B. am Tagesausstoß einer Bohrstelle,

---

1) Blair, J.M.: The Control ..., a.a.O., S. 365. Man kann von einem neuen "Gulf-Plus System" sprechen, nur daß diesmal der persisch-arabische Golf und nicht der Golf von Mexiko gemeint ist. Die Tatsache, daß die Saudis seit 1978 ihr Öl unter dem Preis der meisten anderen OPEC-Staaten abgeben, ändert nichts an diesem Fixierungsmechanismus. Von ihrem relativ niedrigen Listen- bzw. Staatspreis profitieren nur die Ölkonzerne in der Aramco in Form unterdurchschnittlicher Förderabgaben bzw. günstiger Einkaufspreise beim Staatsöl. Beim Weiterverkauf des Rohöls bzw. der Endprodukte wird nämlich zu den üblichen Marktpreisen verkauft und diese liegen über dem saudischen Verrechnungsniveau. Der Vorteil, den z.B. die Mobil Oil Co. in den ersten drei Monaten 1980 aus dieser saudischen Preispolitik zog, wurde auf ungefähr 125 Mio.Dollar (!!) geschätzt (Handelsblatt,7.5.1980, S. 13).

beruhten daher immer zum ganz überwiegenden Teil auf geologischen Unterschieden der einzelnen Ölfelder.[1)]

Diese müssen von gewaltiger Dimension sein, wie die unterschiedlichen Tagesförderraten in einigen wichtigen Ländern anzeigen (siehe Tabelle 1).

Tabelle 1: Durchschnittliche tägliche Förderung pro Bohrloch, in Barrel, 1975

Land	Barrel
Irak	15.730
Iran	13.544
Saudi-Arabien	9.226
Kuwait	2.656
Algerien	1.086
Venezuela	327
Kanada	73
USA	16

Quelle: Berechnet nach "World Oil", August 1976, S. 42.

Diese Daten lassen eigentlich keine Zweifel aufkommen, daß die nordamerikanische Rohölförderung vergleichsweise sehr unproduktiv, die im Nahen Osten dagegen sehr produktiv ausfällt. Zu berücksichtigen ist dabei allerdings, daß sich die Naturwidrig-

1) Man erinnere sich: Marx machte die Produktivkaraft der Arbeit, also die mehr oder minder große Ausbeute an Gebrauchswerten in einer bestimmten Arbeitszeit, abhängig vom Durchschnittsgrad des Arbeitergeschickes, von dem Entwicklungsstand der Wissenschaft und ihrer Anwendung, von der gesellschaftlichen Kombination des Produktionsprozesses, von Umfang und Wirkungsfähigkeit der Produktionsmittel und von Naturverhältnissen. (Marx, K.: Das Kapital, Bd. 1, a.a.O., S. 54.) Es liegt auf der Hand, daß letztere in der extraktiven Industrie im Vordergrund stehen.

keiten in den USA noch dadurch potenzieren, daß dort ein zerstückelndes privates Bodenrecht und eine die Grenzproduzenten (ungefähr zwei Drittel aller Bohrlöcher) begünstigende staatliche Produktionskontrolle herrschen. Diese Politik bot den Ölkonzernen immer eine Rechtfertigung zur Fixierung der amerikanischen und Weltmarktpreise auf dem Preisniveau dieser Grenzproduzenten,[1] wenigstens so lange, bis der Persische Golf zum Basispunkt der Preisbildung wurde.

Die Massenproduktion im Nahen Osten, wo ein Ölfeld infolge des staatlichen Eigentums optimal mit Bohrstellen besetzt werden kann, verlangt mit der geringeren Zahl an Bohrlöchern zwar höhere Kapitalinvestitionen pro Bohrstelle, aber selbst wenn man diesen Umstand berücksichtigt, bleiben die enormen natürlichen Lagerstättenunterschiede evident, d.h. die Produktionskosten pro Barrel - als Kennzahl für eine solche bereinigte Kalkulation - differieren in einem Maß, das z.B. in der internationalen Stahl- oder Automobilindustrie völlig undenkbar wäre (vgl. Tab. 2).

Tabelle 2: Kosten der Produktion pro Barrel Erdöl in den USA und in anderen wichtigen Erdölländern

Land	Dollar pro Barrel	Jahr
USA	1,22	1960-63
Venezuela	0,46	1966-68
Iran	0,10	1963-69
Saudi-Arabien	0,09	1966-68
(Naher Osten zwischen 0,07 und 0,11)		

Quelle: Adelman, M.A.: The World ..., a.a.O., S. 76.

1) Blair spricht von der Politik eines künstlich in die Höhe getriebenen Preisniveaus,das nicht nur die amerikanischen Verbraucher, sondern den "Rest der Welt" belastete (Blair, J.M.: The Control ..., a.a.O., S. 115).

Aus diesen Daten läßt sich folgern, daß die Produktivitäten im Nahen Osten während der 60er Jahre rund fünfmal so hoch wie in Venezuela und mehr als zehnmal so hoch wie in den USA lagen.[1] Das preisbestimmende amerikanische Öl sicherte damit den Ölproduzenten im Nahen Osten einen Wertzufluß, der um ein Vielfaches über den entsprechenden individuellen Werten bzw. Produktionspreisen lag.

Mit der Produktionsaufnahme in der Nordsee und in Alaska sowie dem Abbau von Ölsänden (Kanada) wurde dieses Produktivitäts- und damit Differentialrentengefälle noch weiter auseinandergerissen. Für die Nordsee entstehen im Durchschnitt an reinen Produktionskosten zwischen drei und vier Dollar pro Barrel, in Alaska zwischen sechs und acht Dollar.[2] Der nach 1973/74 gültige Marktpreis auf dem Weltmarkt deckte nicht nur diese Kosten; mit seiner Explosion auf über 30 Dollar im Jahre 1980 warf er zudem noch eine extrem hohe, absolute Grundrente ab.

"It was of course the fabulous profits arising from extraordinary low costs that induced the major oil companies to go to such length to control oil in the Middle East."[3] Im Durchschnitt der Jahre 1952 bis 1963 betrug - nach Berechnungen von Mikdashi[4] - die Profitrate der Iraq Petroleum Co (Shell, BP, CFP, Exxon, Mobil) 56,6% auf das in der irakischen Förderung angelegte Kapital. Das iranische Konsortium realisierte nach derselben Quelle zwischen 1955 und 1964 jährlich durchschnitt-

---

1) Auf Grund einiger Vereinfachungen in Adelmans Kalkulation (Annahme von Vollauslastung, Nichtberücksichtigung der Grenzproduzenten etc.) erscheint in den USA für die 60er Jahre eher ein Kostenniveau von zwei Dollar als wahrscheinlich (vgl. "Ruptura", a.a.O., S. 294f).

2) Keiser, G.: Die Energiekrise ..., a.a.O., S. 47.

3) Blair, J.M.: The Control ..., a.a.O., S. 47.

4) Mikdashi, Zuhayr: A Financial Analysis of Middle East Oil Concessions, 1901-1965, New York 1966, S. 195ff.

lich 69,3%. Die Aramco (Exxon, SoCal, Texaco, Mobil), deren Werte nur bis 1961 reichen, realisierte rund 57,6% p.a.. Angesichts dieser Zahlen bleibt nicht viel von dem Argument eines "Great Risk" übrig, das so häufig von der Ölindustrie zur Rechtfertigung ihrer Preise und Profite ins Feld geführt wird.[1)]

Die Pay-Out-Periode auf das von den einzelnen Konsortialmitgliedern investierte Kapital betrug damit im Durchschnitt weniger als zwei Jahre. Das persische Konsortium warf zwischen 1955 und 1964 insgesamt 709 Mio. Pfund Sterling an Profiten ab; die IPC strich zwischen 1952 und 1963 gar 810 Mio. in derselben Währung ein.

Da sich während dieser Zeit das sogenannte "Fifty-Fifty" zwischen Ölstaaten und -konzernen schon durchgesetzt hatte, beliefen sich die Einnahmen der Ölstaaten auf vergleichbar hohe Summen. Es lag also nicht an fehlenden Staats- bzw. Deviseneinnahmen oder an einem ungleichen Tausch zuungunsten der Ölstaaten, die eine tiefgehende Industrialisierung jener Länder verhinderten.Der Grund dafür lag vielmehr in der Allianz zwischen den Ölkonzernen und einer korrumpierten und verschwenderischen herrschenden Klasse, welche eine produktive Verwendung dieser Staatseinnahmen verhinderte. Das in der politischen Ökonomie weitverbreitete Argument zu geringer Öleinnahmen n a c h 1950 ist daher sehr fragwürdig und exkulpiert lediglich die abhängigen Eliten von ihrem Unvermögen und Unwillen gegenüber ihren Völkern, eine befriedigende industrielle Entwicklung in Gang zu bringen.

Zwischen 1970 und Mitte 1973 stieg schließlich der Marktpreis für Öl aus dem Nahen Osten von 1,30 Dollar auf rund drei Dollar

---

1) Schon Tanzer wies nach, daß bei den relativ großen Bohrprogrammen der Ölkonzerne im Durchschnitt immer rentable Quellen entdeckt werden, welche die Verluste bei Trockenbohrungen, die nach ihm aus Verschleierungsgründen stark übertrieben werden, immer überkompensieren. (Tanzer, Michael: The Political Economy of International Oil and the Underdeveloped Countries, Boston 1969, S. 117ff.)

pro Barrel. Diese Entwicklung verdoppelte den Reingewinn der Ölkonzerne auf über einen Dollar pro Barrel, mit der Konsequenz, daß die Profitrate im Nahen Osten auf über 100% anstieg.[1] Während der ersten Ölkrise (Ende 1973) stieg der Reingewinn bei einem Preis von 11 Dollar zeitweise auf rund 4,5 Dollar pro Barrel an, während die Förderabgaben sogar von 0,9 Dollar (Ende 1970) auf 7,00 Dollar pro Barrel (1.1.1974) hochschnellten.[2]

Mit der Ausdehnung der Partizipationen und der Erhöhung der Förderabgaben auf über 90% der Bruttogewinne konnte dieses Gewinniveau der Ölkonzerne zwar nicht gehalten werden, aber dennoch fallen für OPEC-Öl weiterhin Extraprofite für die Ölkonzerne an, die beträchtlich über dem Niveau vor der ersten und zweiten Ölkrise liegen - ganz zu schweigen von den Gewinnen, welche das Nordsee- und Alaskaöl bei einem heutigen Weltmarktniveau von über 30 Dollar pro Barrel einbringt.

Jeweils nach den beiden Ölkrisen der letzten zehn Jahre läßt sich daher ein steiler Anstieg bei den Profiten der Ölkonzerne feststellen, die zum größten Teil aus dem Rohölgeschäft stammen. In der einschlägigen Literatur und Fachpresse werden diese Gewinnexplosionen in schöner Regelmäßigkeit zweifelsfrei nachgewiesen.[3] Allein im ersten Quartal 1980 schlug Exxon mit einer Verdoppelung der Gewinne gegenüber der entsprechenden Periode in 1979 auf 1,93 Mrd. Dollar (!!) alle Rekorde in der amerikanischen Wirtschaftsgeschichte. Texaco und Mobil Oil steigerten im Zusammenhang mit der sogenannten Irankrise ihre

1) Chichique, B.: La Crisis ..., a.a.O., S. 30.

2) Vgl. die Berechnungen von Shamleh, Omar: Politik der OPEC, Bochum 1979, S. 74.

3) Zur historischen Entwicklung der Konzernprofite vgl. Blair, J.M.: The Control ..., a.a.O., S. 313f und Kokxhoorn, N.: Oil ..., a.a.O., S. 236f. Nach Blair, einem der renommiertesten Kenner der internationalen Ölszene, stellten die Ereignisse von 1973/74 die entscheidende Trendwende für die Ölindustrie dar, nachdem das Vordringen der Independents in den 60er Jahren noch für eine Gewinnstagnation (auf hohem Niveau) gesorgt hatte.

Quartalsgewinne mit derselben Rate; die in Peru und Libyen, also einem "Falkenstaat", engagierte Occidental Petroleum dehnte ihren Gewinn gar um 236% aus.[1]

Noch stürmischer als die Konzerngewinne und in keiner Relation zum Mengenwachstum entwickelten sich die Einnahmen der Ölländer aus dem Ölgeschäft (vgl. Tab. 3), obwohl sie kaum die Dimension erreichten, die - wie in der Diskussion der Transfer-, Inflations- und Petrodollarproblematik oft behauptet wurde[3] - den Konjunkturverlauf der Industriestaaten entscheidend bestimmen konnte.

Die Entwicklung der letzten Jahre hat gezeigt, daß die Ausdehnung der Grundrente durch die OPEC keinesfalls zu Lasten der großen Mineralölkonzerne erfolgte, sondern diesen sogar die Erschließung neuer Ölfelder und Alternativenergien ermöglichte, von der Diversifizierung in anderen Wirtschaftsbereichen ganz zu schweigen. Zudem blieb ihre Kontrolle über einen Großteil der weltweiten Ölproduktion und -vermarktung weiterhin bestehen. Auch die OPEC kann als Organisation kein Interesse daran haben, die großen Ölkonzerne völlig aus der Produktion im Nahen Osten zu drängen. Als reine Zwischenhändler haben letztere unter einer solchen Voraussetzung nämlich ein Interesse daran, Druck auf die Abgabepreise der nationalisierten Ölgesellschaften auszuüben, da die "freien" Verkäufe auf den Spotmärkten unter den herrschenden politischen und wirtschaftlichen Bedingungen begrenzt bleiben.

---

1) Handelsblatt, 2./3.5.1980, S. 18.

2) Vgl. zu dieser Diskussion Jonas/Minte: Petrodollar - Chance für die kooperative Weltwirtschaft, Bonn-Bad Godesberg 1975.

Tabelle 3: Öleinnahmen der OPEC-Länder, Mrd. Dollar

Jahr	Alle OPEC-Länder	davon: Iran	Saudi-Arabien
1963	3,0 - 3,5	--	--
1972	14,5 - 15,0	1,6	3,1
1974	rd. 90	--	--
1976	rd. 115	22,0	33,5
1977	rd. 130	23,0	37,8
1979	rd. 199	20,8	57,7

Quelle: Zusammengestellt nach Keiser, G.: Die Energiekrise ..., a.a.O., S. 35f und Handelsblatt 22.5.1980, S. 11.

Die neuere Entwicklung hat auch gezeigt, daß die Milliardentransfers in die Ölländer im Zuge einer verstärkten Austerity-Politik in den Metropolen, d.h. durch Druck auf die Reallöhne von den nationalen Kapitalen auf die werktätige Bevölkerung abgewälzt werden konnten.[1] Die These einer Verengung des Verteilungsspielraumes implizierte eigentlich auch immer nur Lohn- und nie Gewinnrestriktionen.

Trotz der gewaltig gestiegenen Einnahmen von Staaten wie Saudi-Arabien oder dem Iran (bis 1979) sollte auch nicht übersehen werden, daß nach 1973 weiterhin ökonomische und politische Abhängigkeits- und Unterordnungsverhältnisse als Schranken einer autonom-nationalen Entwicklung bestehen blieben, wie sie die von westlichen Einflüssen geleiteten Ölpotentaten bis auf wenige Ausnahmen de facto auch nie angestrebt hatten.

Ökonomisch glich ein Teil der gestiegenen Öleinnahmen nur die Verschlechterung der Terms-of-Trade in den 50er und 60er Jahren aus.[2] Die in Dollar ausgedrückten Öleinnahmen erscheinen zudem

---

1) Schon früh verwies Altvater auf diesen Überwälzungsmechanismus (Altvater, Elmar: Ölkrise oder die Krise des Kapitalismus? in: Probleme des Klassenkampfes 11/12, a.a.O., S. 215-218).

2) Vgl. Panahi, Bahram: Erdöl. Gegenwart und Zukunft des Iran, Köln, Wien 1975, S. 93-102.

weniger imposant, wenn man den Dollarverfall und die Preissteigerungen für Waren, die von den OPEC-Ländern nach 1973 verstärkt importiert wurden, in Rechnung stellt.[1] Die OPEC-Länder laufen sogar Gefahr, "am Ende ihres Ölreichtums nicht viel besser dazustehen als am Anfang."[2]

Zusätzliche Auffangmöglichkeiten für die gestiegenen Ölrechnungen der Industriestaaten eröffneten sich durch die starke Expansion wichtiger Exportmärkte und Anlagesphären im Nahen Osten (Rüstung, Anlagen- und Maschinenbau, Atomwirtschaft etc.), die hohe Profite abwerfen und jene Region in eine starre technologisch-industrielle und militärische Abhängigkeit gegenüber dem Westen brachten. Schon bald nach den spektakulären Preissteigerungen wurde zudem deutlich, daß sich die überschüssigen Öleinnahmen ohne größere Schwierigkeiten von den internationalen Finanzmärkten absorbieren ließen.[3]

Vor diesem Hintergrund hat man die vielschichtigen Umstrukturierungen der traditionellen Komperadorenklasse in den Ölländern zu interpretieren, die sich im Bereich des Industrie-, Finanz- und Agrarsektors sehr stark ausdehnte und von Anfang an intensiv mit multinationalen Unternehmen und internationalem Finanzkapital (Weltbank, Bankenkonsortien, internationale Entwicklungsagenturen etc.) zusammenarbeitete.

---

1) Nach Keiser stiegen die Importpreise der Ölstaaten zwischen 1974 und 1978 von Index 100 auf Index 151,1, so daß - bei einem leicht gestiegenen Ölpreis von Index 100 auf 116 - der Realwert des Erdöldollars im gleichen Zeitraum von Index 100 auf 77 zurückging - ein Grund, warum ab 1977/78 die einzelnen nationalen Entwicklungspläne stark zurückgeschraubt werden mußten. (Keiser, G.: Die Energiekrise ..., a.a.O.,S.60.)

2) So ein führender amerikanischer Wirtschaftsexperte, W.Levy, in einem Interview mit dem "Spiegel" (Nr.24/79, S. 60).

3) Dieses Petrodollarrecycling "bedeutet ja nichts anderes als die Umwandlung von Konsumeinkommen (der Ölverbraucher,d.Verf.) in Kapital. Diese Anreicherung des Weltkapitalstocks durch die überschüssigen Ölmilliarden muß auf längere Sicht dazu beitragen, die internationalen Geldmärkte anzureichern und die Weltkapitalmärkte leistungsfähiger zu machen." (Keiser, G.: Die Energiekrise ..., a.a.O., S. 38f.)

1.2. Implikationen der Ölkonzessionen für den Iran

1.2.1. Die Monopolstellung des englischen Kapitals bis 1951

Die Parallelität hochproduktiver Vorkommen und politisch-ökonomischer Abhängigkeit gegenüber dem Westen macht verständlich, warum der Iran für die internationale Ölindustrie immer von höchstem Interesse war. Diese günstige Kombination politischer und ökonomischer Faktoren erklärt sowohl das frühe Vordringen als auch die extrem einseitige Ausrichtung ausländischer Interessen auf diesen extraktiven Bereich; sie machte den Iran bis zum Sturz des Schah-Regimes zu einem anschaulichen Beispiel für das Verhältnis zwischen Ölkonzernen und unterentwickelten Ölstaaten.

Zum Zeitpunkt der Entdeckung der südpersischen Ölvorkommen um die Jahrhundertwende stand der englische Expansionismus auf dem Gipfel seiner Macht.[1)] Ähnlich wie Rußland hatte England zu diesem Zeitpunkt die Schwäche des "asiatischen" Etatismus schon genutzt, um größere Teile des iranischen Reiches politisch und ökonomisch seinem Netz von Kolonien und Halbkolonien einzugliedern. Nichts lag daher näher, als im Jahr 1901 die Ölkonzessionen im Südiran, dem "Interessengebiet" Englands, einem Engländer, William Knox D'Arcy, einzuräumen.

Nach Fesharaki[2)] wurde ihm von der Kadscharen-Dynastie für sechzig Jahre das ausschließliche Recht gewährt, mit Ausnahme der fünf nördlichen Provinzen auf dem gesamten iranischen Territorium nach Erdöl zu suchen, es auszubeuten, zu verkaufen und zu exportieren. Gleichzeitig überließ man ihm noch das Monopol am Pipelinebau zum Persischen Golf.

---

1) Nazari, H.: Der ökonomische und politische Kampf ..., a.a.O., S. 27.

2) Fesharaki, F.: Development ..., a.a.O., S. 5f.

D'Arcy mußte sich in diesem ungleichen Vertrag lediglich zur Zahlung relativ geringfügiger Tribute verpflichten, die - wie die Entwicklung bald zeigen sollte - immer nur unregelmäßig und unvollständig abgeführt wurden.[1] Den Großteil der Extraprofite aus der Erdölproduktion, die 1908 in relevantem Umfang aufgenommen wurde, beanspruchte die von D'Arcy gegründete Anglo-Persian Oil Company (APOC), die später in Anglo-Iranian Oil Company (1935) bzw. in British Petroleum (1953) umbenannt wurde.[2]

Aus strategischen Gründen übernahm 1914 der englische Staat die Mehrheit des Aktienkapitals der APOC, um gegenüber den aufholenden kapitalistischen Konkurrenten Vorteile in der Rohstoffversorgung für den näher rückenden Weltkrieg zu erzielen.[3] Mit dem noch im selben Jahr abgeschlossenen 40-Jahresliefervertrag zwischen der APOC und der englischen Admiralität erwies sich diese Aktienübernahme in der Tat bald als ein glänzendes Geschäft: Nach zuverlässigen Quellen, die Fesharaki[4] anführt, beliefen sich die der englischen Admiralität eingeräumten Preise auf nur 30 bis 40 Cent pro Barrel gegenüber einem damaligen

---

1) Nazari, H.: Der ökonomische ..., a.a.O., S. 43f.

2) Als Industrieunternehmen stand sie seit ihrer Gründung in enger kapitalmäßiger und personeller Verbindung mit dem englischen Finanzkapital (National Provincial Bank, Midland Bank, Colonial Bank) und verband sich gleichzeitig eng mit dem englischen Staat. Dadurch wurde die APOC zu einem sich diversifizierenden Unternehmen, das keineswegs nur in der persischen Ölproduktion tätig blieb, obwohl sie zweifellos über Jahrzehnte die Basis für ihre Aktivitäten abgab. (Vgl. Nazari, H.: Der ökonomische ..., a.a.O., S. 30f.)

3) Churchill als damaliger Minister der Kriegsmarine betrieb sehr stark diese Allianz zwischen Privat- und Staatskapital, um die Versorgung des englischen Militärapparates mit Erdöl langfristig und preisgünstig zu sichern. Im Jahre 1914 besaß der englische Staat eine Aktienmajorität von 52,5%; der Rest verteilte sich auf die Burmah Oil Comp. (22,5%) und auf sonstige englische Unternehmen bzw. Privatpersonen (vgl. Fesharaki, F.: Development ..., a.a.O., S. 8).

4) Ebenda, S. 9f.

Marktpreis zwischen 0,90 und 2,43 Dollar. Allein zwischen 1914 und 1923 erzielte der englische Staat aus diesen Rabatten und seinem Aktienanteil einen finanziellen Nutzen von rund 40 Mio. Pfd. St., während sich die persische Regierung nur mit 3,5 Mio. Pfund aus den Förderabgaben zwischen 1911 und 1923 begnügen mußte.

Trotz der hohen Rabatte an die englische Kriegsmarine als wichtigstem Ölabnehmer realisierte die APOC im gleichen Zeitraum immer noch einen Nettoprofit von rund 11 Mio. Pfund Sterling, also fast das Dreifache dessen, was sie als Grundrente abzuführen hatte. Diese skandalöse Verteilung der Gesamtgewinne und die mit Gewalt und Korruption ausgeübte politische Dominanz Großbritanniens bzw. der APOC über das Land, waren die Gründe, die schließlich in den 40er und 50er Jahren die Nationalisierungsbewegung ins Leben riefen, weil sie zu den Hauptbarrieren der Entwicklung der iranischen Wirtschaft und Kultur wurden.[1)]

Die ungünstige Situation für den Iran wurde auch nicht durch ein neues Konzessionsabkommen von 1933 zwischen dem iranischen Staat und der APOC aufgehoben, nachdem der alte Vertrag unter dem Druck der iranischen öffentlichen Meinung nicht mehr länger aufrechterhalten werden konnte. England bzw. die APOC, die das Zustandkommen dieses Vertrages mit nicht unbedeutenden Bestechungsgeldern förderten,[2)] waren während der Weltwirtschaftskrise dazu übergegangen, den Rückgang ihrer Profite durch die Minderung der Förderabgaben an den iranischen Staat auszugleichen. Das neue Konzessionsabkommen, das unter teil-

1) Der Amerikaner Millspaugh, der zwischen 1922 und 1927 bzw. zwischen 1943 und 1945 als Berater der persischen Regierung tätig war, schrieb, daß die APOC "to all intents and purposes an arm of the British Admirality and the British strategic policy" wurde. (Millspaugh, A.C.: Americans in Persia, Washington D.C. 1946, S. 162.)

2) Vgl. Nazari, H.: Der ökonomische ..., a.a.O., S. 50.

weise mysteriösen Begleitumständen zustande kam,[1] sollte nun den Anschein erwecken, als ob sich die Bedingungen trotz der durch England installierten Pahlawi-Dynastie für die iranische Nation entscheidend verbessert hätten.[2]

Letztlich bot der Konzessionsvertrag von 1933 für die APOC jedoch zwei wesentliche Vorteile gegenüber der früheren Situation: Erstens wurde dem englischen Kapital eine um 32 Jahre längere Konzessionsdauer als im alten Vertrag eingeräumt - die Konzession sollte erst 1993 auslaufen - und zweitens stellte das neue Abkommen keine Abmachung zwischen zwei Privatpersonen, wie dem Schah und D'Arcy dar, sondern hatte infolge der Ratifizierung durch das iranische Parlament formell öffentlich-rechtlichen und legalen Charakter.[3]

Wie wenig sich mit diesem Vertrag jedoch am Inhalt der ungleichen Beziehungen zwischen Ölkapital und Grundeigentümerstaat geändert hatte, wird schon darin sichtbar, daß der Iran weiterhin nur den kleineren Teil aus den Ölgewinnen einstrich. Das Royalty pro Tonne erhöhte sich zwar von 0,26 (1933) auf 0,50 Pfund Sterling (1950), im gleichen Zeitraum dehnten sich aber die ausgewiesenen Gewinne der AIOC von 0,37 auf 1,06 Pfd. Sterling aus.[4] Einen Teil zu diesem Gewinn trug sicherlich das Erdölpreisniveau für den internen persischen Konsum bei, das infolge des alten Golf-Plus Systems bis zu Beginn der 50er Jahre über dem englischen Niveau angesiedelt war.

---

1) Zu den Einzelheiten des diplomatischen Hin-und-Hers bei den Vertragsverhandlungen vgl. Nirumand, B.: Persien ..., a.a.O., S. 24f.

2) Nazari spricht lapidar von einem "Schwindel" (a.a.O., S. 45).

3) Vgl. Nirumand, B.: Persien ..., a.a.O., S. 25.

4) Fesharaki, F.: Development ..., a.a.O., S. 15. Nazari weist nach, daß die AIOC bis 1951 keine der Vertragsverpflichtungen erfüllte, die Weiterverarbeitung sabotierte und in den Bohrgebieten die Menschen zum Aufgeben ihrer landwirtschaftlichen Aktivitäten zwang, ohne sie gleichzeitig als Arbeitskräfte zu absorbieren. (Nazari, H.: Der ökonomische ..., a.a.O., S. 50ff.)

Ende der 40er Jahre erhielt die anti-britische Volksbewegung zur Nationalisierung der Ölindustrie sehr starke Impulse durch verschiedene Befreiungsbewegungen in anderen Regionen der Welt, durch innerimperialistische Umschichtungsprozesse und durch die Schwächung des staatlichen Despotismus: England war aus dem Zweiten Weltkrieg geschwächt hervorgegangen, sein Kolonialreich begann zu zerbröckeln und die amerikanischen Ölkonzerne suchten mit Macht, in die englische Monopolstellung im Iran vorzudringen. Infolge dieser Widersprüche nahm die anglo-iranische Konfrontation bis zu einem Punkt an Schärfe zu, an dem der damalige Ministerpräsident Mossadegh die Nationalisierung der Erdölwirtschaft gegen das Herrscherhaus im Parlament durchsetzen konnte (1951).

Die Reaktion Englands bestand in einem totalen Wirtschaftsboykott des Iran und zwar in einer Schärfe, die noch sehr viel weiter ging als der Druck, der z.B. während der Dispute um die Profitverteilung in Venezuela (1947) und Saudi-Arabien (1949) ausgeübt wurde. Anfänglich wurden die englischen Maßnahmen von den USA nur schwach unterstützt. Diese hatten 1951 sogar noch die Zusammenarbeit mit der iranischen Regierung gesucht, weil sie glaubten, dadurch das englische Kapital ausschalten und in die iranische Ölindustrie mit ihren exorbitanten Profitmöglichkeiten vorstoßen zu können.[1]

Die Standfestigkeit der Mossadegh-Regierung gegenüber den amerikanischen Avancen sowie ein Angebot der britischen Regierung, amerikanische Ölgesellschaften an der künftigen Erdölproduktion zu beteiligen, brachten jedoch bald eine allmähliche Annähe-

---

1) Der Schah in seiner damals schwachen Position mußte zwar gezwungenermaßen dieser Nationalisierung zustimmen, insgeheim intrigierte er aber auf allen Ebenen gegen die demokratische Bewegung (vgl. Tugendhat, C.: Erdöl ..., a.a.O., S. 157).

rung der britischen und amerikanischen Standpunkte.[1] Die englische Politik wurde schließlich immer stärker von den Vorstellungen und Plänen der USA abhängig. Außerdem war England zur Überwindung der wirtschaftlichen Folgen der Ölkrise von 1951 bis 1953 auf amerikanische Hilfe bei der Umschichtung der Ölströme angewiesen.

1.2.2. Die Herrschaft des internationalen Konsortiums

Der Putsch vom 19. August 1953 lieferte einen weiteren Beweis, wie sich Geschichte im Iran wiederholte: Die anschließende politische Instabilität ließ es den englischen und amerikanischen Ölinteressen nämlich geraten erscheinen, wieder auf die Institution des Schah mit seiner ganzen Ideologie gottgewollten Herrschertums und jahrtausendealter überkommener Traditionen zurückzugreifen, innerhalb derer der Herrscher den Bürgern keinerlei Verantwortung für seine - von außen gelenkten - Entscheidungen schuldete.[2]

Immerhin hatte die demokratische Bewegung aber eine solche Legitimation 1953 sehr viel stärker als während der Tabakrevolte Ende des vorigen Jahrhunderts oder während der Konstitutionellen Revolution zu Beginn dieses Jahrhunderts in Frage gestellt, so daß das Schah-Regime von vornherein eines gigantischen Repressions- und Terrorapparates bedurfte, ohne den es nicht sehr lange überlebt hätte.[3]

---

1) Zu diesem Anpassungsprozeß vgl. Eden, Anthony: Memoirs, 3. Bd., London 1960, S. 189-223 und Elwell-Sutton, L.P.: Persian Oil - A Study in Power Politics, London 1955.

2) Vgl. Nirumand, B.: Persien ..., a.a.O., S. 72f.

3) Unter Anleitung des amerikanischen und israelitischen Geheimdienstes erfolgte der Aufbau dieses Gewaltapparates in zwei größeren Etappen: einer Aufbauphase bis 1963 und einer allumfassenden Ausbauphase während und nach der Weissen Revolution (vgl. Kanani, Nasser: SAVAK - der iranische Geheimdienst, Münster 197). Zu den engen iranisch-israeliti-

Dieser wiedererrichtete Despotismus stellte zweifellos die Voraussetzung für ein als "Grundvertrag" bekanntes Abkommen im August 1954 zwischen der "National Iranian Oil Company" (NIOC)[1] und einem Konsortium aus den größten internationalen Ölkonzernen dar, das sich auf die Gebiete der früheren AIOC erstreckte. Gerade die Internationalisierung bzw. Amerikanisierung der iranischen Erdölproduktion bildete den entscheidenden Unterschied zur Situation vor 1951.

Nach einigen kleineren Veränderungen bildete sich schließlich ein Schlüssel heraus, nach dem BP 40%, Royal Dutch/Shell 14%, SoCal, Exxon, Mobil Oil, Gulf Oil sowie Texaco jeweils 7%, die Compagnie Francaises des Petroles 6% und Iricon, ein Zusammenschluß unabhängiger Firmen, 5% am Aktienkapital dieses Konsortiums hielten.[2]

Gemäß diesem Grundvertrag blieb zwar das Eigentum an den Produktions- und Verarbeitungsanlagen formell in Händen der NIOC, faktisch erhielt sie jedoch keinerlei Einfluß auf die Investitions-, Produktions- und Preispolitik, weil sie das Nutzungs- und Verfügungsrecht über die Produktionsanlagen an das Konsortium abtreten mußte. Der Iran verharrte damit auf seiner inferioren Grundeigentümerposition und wurde weiterhin aus der Produktion ferngehalten. Einschließlich der Royalties von 12,5% am Verkaufspreis bzw. an der Produktion wurde der iranische Anteil an den Gesamt-

---

schen Beziehungen, die nach der islamischen Revolution aufgekündigt wurden, siehe Reppa, R.B.: Israel und Iran, New York, London 1974.

1) Diese Staatsgesellschaft wurde unmittelbar nach der Nationalisierung von der Mossadegh-Regierung gegründet, um die Anlagen der AIOC zu übernehmen.

2) Vgl. Hoeppner, R.-R.: Zur Entwicklung der Erdölwirtschaft Irans von 1954-1973, Hamburg 1973, S. 12. Iricon wurde durch Abtretungen der amerikanischen Gesellschaften in das Konsortium aufgenommen. Die Verflechtung der Ölkonzerne im Nahen Osten wird ausführlich von E.T. Penrose in ihrem Buch "The Large International Firm in Developing Countries - The International Petroleum Industry" (London 1968, S. 151ff) beschrieben.

profiten auf maximal 50% beschränkt.[1] Bedingt durch die höhere natürliche Produktivität im Iran stand sich das Konsortium damit besser als in Venezuela, wo dieses Gewinnsplitting zuerst durchgesetzt wurde.

Davon abgesehen stellt z.B. auch Fesharaki, der beste Kenner der iranischen Verhältnisse, keine entscheidenden Unterschiede zwischen dem iranischen Grundvertrag und anderen Konzessionsabkommen in den übrigenÖlländern fest, in denen bis dahin die Nationalisierungsfrage noch nie ernsthaft auf der Tagesordnung gestanden hatte: "... the Consortium Agreement (in Iran) is in substance another concession of the 50-50 profit-sharing type, signed by another Middle East producer. The only difference between the other 50-50 type agreements and the Consortium Agreement is concerning the ownership of the reserve and assets. In the former case, the reserves and assets belonged to the concessionaire, which would return them to the host country after the concession had ended, while in the latter case the oil reserves and assets belonged to Iran, but the concessionaire was allowed to operate them until the end of the concession period. In no case could the host country interfere in the running of the concession. Thus, basically there were no differences in the two kinds of concessions."[2]

Als Exekutivorgane des Konsortiums fungierten in der Rohölförderung und im Raffineriebereich je eine Produktionsgesellschaft niederländischen Rechts, von denen nach einem erst im Jahr 1974

---

1) Auf diesem Royalty in Natura gründete sich das Alleinverkaufsrecht der NIOC auf dem iranischen Markt. (Nirumand,B: Persien ..., a.a.O., S. 80.)

2) Fesharaki, F.: Development ..., a.a.O., S. 50. Ähnlich urteilt Hoeppner, R.-R.: Zur Entwicklung ..., a.a.O., S. 15. Die Konzessionsdauer wurde für 25 Jahre festgelegt, allerdings war eine 15-jährige Verlängerungsmöglichkeit (bis 1993) vorgesehen. Das Zeitlimit entsprach damit ziemlich genau der Konzession von 1933; schon darin zeigte sich die Kontinuität der Verhältnisse.

bekanntgewordenen "participants agreement"[1] sowohl die Produktionshöhe als auch die Bestimmung der Exportquoten für die Handelsgesellschaften der einzelnen Konsortiumsmitglieder auf monopolitischem Niveau vorgenommen wurden. Das iranische Konsortium bildete damit als Nachfolgeunternehmen des ehemaligen Ölkartells, das bis in die 50er Jahre noch reibungslos funktioniert hatte, faktisch die Schaltstelle der Produktionsregulierung im gesamten Nahen und Mittleren Osten.[2]

Die semi-koloniale Unterordnung des Iran als Grundeigentümerstaat gegenüber dem englischen und amerikanischen Ölimperialismus und die Degradierung der NIOC zu einem unbedeutenden Geschäftspartner tritt insbesondere noch in der Regelung der Entschädigungszahlungen an die BP zutage, die der iranischen Nation für eine nur auf dem Papier existierende Nationalisierung abverlangt wurden: Fixiert wurde eine Entschädigungssumme von 25 Mio. Pfd. Sterling für das "nationalisierte" Auslandskapital und für den zwischen 1951 und 1953 "entgangenen Gewinn".[3]

Als "Eigentümer" der Produktionsanlagen war der Iran außerdem noch gezwungen, gewisse Erhaltungs- und Modernisierungsarbeiten vorzunehmen. Allein 1954 mußte das Land schon 67,2 Mio. Dollar für solche Arbeiten an Ölsonden, Pipelines und Raffinerien ausgeben. Dies entsprach mehr als einem Viertel, nämlich 27%,

---

1) In dieser Übereinkunft wurde die iranische Rohölproduktion nach der sog. "Aggregate Programmed Quantity" fixiert, d.h. auf einem Niveau, das sich aus der relativ geringsten Nachfrage eines Konsortialmitgliedes ergab. (Vgl. Fesharaki,F.: Development ..., a.a.O., S. 54f und Sampson, Anthony: Die Sieben Schwestern - Die Ölkonzerne und die Verwandlung der Welt, Hamburg 1976, S. 136ff.) Zwangsläufig führten diese Absprachen zur Drosselung der iranischen Produktion und der iranischen Einnahmen aus dem Ölsektor.

2) Erst 1966 erklärte sich das Konsortium bereit, einen Teil seines Konzessionsgebietes an die NIOC abzugeben, um den Output zu steigern. Im Gegenzug verpflichtete sich die NIOC, ihr Öl nur im Bartergeschäft an Ostblockländer zu verkaufen, wo die Mitglieder des Konsortiums keine Märkte hatten. (Vgl. Reppa, R.B.: Israel ..., a.a.O., S. 82.)

3) Fesharaki, F.: Development ..., a.a.O., S. 53.

der gesamten Staatseinnahmen aus dem Royalty und der Einkommenssteuer.[1] Gemessen an der Position der führenden Ölkonzerne stellte sich der Iran damit nicht viel besser als zu Beginn unseres Jahrhunderts, als ihm die erste Ölkonzession aufgezwungen wurde.

An dieser Tatsache änderte auch nichts die politisch oft überbewertete außerkonsortiale Tätigkeit, welche von der NIOC nach Verabschiedung des "Petroleum Act" von 1957 stärker angestrebt wurde. Da diese Staatsgesellschaft aus politischen, finanziellen und technologischen Gründen nicht zu einer selbständigen Produktions- und Verarbeitungspolitik in der Lage war, blieb ihr nur die Gründung von Gemeinschaftsunternehmen mit ausländischen Partnern.

Fesharaki interpretiert diese Veränderungen fälschlicherweise als Aufbruch zum Nationalismus, als Durchsetzung iranischer Souveränitätsrechte.[2] Im Grunde jedoch entsprangen die diversen Joint Ventures bzw. Service Contracts der NIOC mit ausländischen Ölfirmen, die im übrigen nie einen relevanten Teil an der gesamten Produktion im Iran ausmachten,[3] rein inner-imperialistischen Gegensätzen. Sampson verweist in diesem Zusammenhang darauf, daß in den 50er und 60er Jahren die drei im Krieg besiegten Staaten Italien, Deutschland und Japan im Nahen Osten Fuß zu fassen suchten und daher etwas bessere Konditionen anboten.[4]

Wie wenig sich der Spielraum für die iranische Politik durch diese Mischunternehmen zwischen iranischem Staatskapital und Aus-

---

1) Løvbroek, A.: State Interventionism ..., a.a.O., S. 87.

2) Fesharaki, F.: Development ..., a.a.O., S. 66.

3) In 1972 betrug der Anteil dieser Mischunternehmen gerade 10% der iranischen Produktion. (Hoeppner, R.-R.: Zur Entwicklung ..., a.a.O., S. 21.)

4) Sampson, A.: Die Sieben Schwestern ..., a.a.O., S. 138. Besonders hervor trat die von E. Mattei geführte italienische ENI, die sich bald den Haß der etablierten Ölkonzerne zuzog.

landskapital gegenüber dem Konsortium erweiterte, wird auch darin sichtbar, daß sich sogar einzelne Konsortialmitglieder (Shell, Mobil Oil) an solchen außerkonsortialen Unternehmungen beteiligten.[1)]

Finanziell lagen die Renteneinnahmen (pro Barrel) aus den Mischunternehmen aufgrund höherer Produktionskosten und aufgrund der Befreiung von Royaltyzahlungen durchschnittlich unter dem Niveau der Abgaben pro Barrel, welche vom Konsortium an den Staat abgeführt wurden, obwohl in diesen Mischunternehmen in der Regel ein Profitsplitting von 75:25 zugunsten der NIOC gegenüber dem "Fifty-Fifty" mit dem Konsortium bestand[2)] (vgl. Tab. 4).

Tabelle 4: Einnahmen des Iran aus verschiedenen Verträgen, Cents pro Barrel, 1968 - 1974

Produzent	1968	1969	1970	1971	1972	1973	1974
Konsortium	80	85	83	123	133	164	860-960
SIRIP	22	22	22	25	28	24	n.a.
IPAC	40	33	28	51	75	88	n.a.
IMINCO	-	24	31	39	66	106	n.a.
LAPCO	18	29	52	89	100	144	n.a.

Quelle: Annual Reports of NIOC, 1968 - 1973, zit. nach Fesharaki, F.: Development ..., a.a.O., S. 87.

1) Von den 13 außerkonsortialen Verbindungen der NIOC waren 1973 nur vier in einem Ausmaß fündig geworden, das eine kommerzielle Ausbeutung erlaubte. In diesen vier Gesellschaften (SIRIP, IPAC, LAPCO und IMINCO) übernahm der ausländische Partner zunächst voll das Explorationsrisiko in den jeweils mehrere Tausend Quadratkilometer umfassenden Konzessionsgebieten. Nur bei erfolgreicher Exploration war die NIOC dann verpflichtet, anteilige Kosten zu tragen. (Fesharaki, F.: Development ..., a.a.O., S. 74ff.)

2) Beide Relationen sind insofern nicht vergleichbar, als der Iran in den Mischunternehmen schon aufgrund seiner Kapitalbeteiligung von 50% die Hälfte des Gewinnes beanspruchen konnte, während er mit dem Konsortium nur als Grundeigentümer in Beziehung stand.

Das oft als essentiell deklarierte Interesse an einem internationalen Marketing von Rohöl durch die NIOC konnte durch diese Joint Ventures zu keinem Zeitpunkt erreicht werden. Eher verstärkte sich noch das Monopol des Ölkartells. Außerdem entwickelten sich die Verbindungen des Konsortiums mit der iranischen Wirtschaft und dem Arbeitsmarkt - trotz ihres bescheidenen Umfanges - immer noch intensiver als die der vier Beteiligungsgesellschaften.[1)]

1.2.3. Iran und OPEC

Daß die OPEC während der 60er und 70er Jahre unbeschadet ihrer finanziellen Erfolge im Grunde nie zu einem wirklichen anti-imperialistischen Kampfbündnis werden konnte, sondern im Verein mit der internationalen Ölindustrie nur zu einem ökonomistischen Instrument des "Collective Bargaining" gegenüber den westlichen Industriestaaten degenerierte, ist nicht zuletzt auf die iranische Erdölpolitik bis zur islamischen Revolution zurückzuführen - trotz der gelegentlichen anti-westlichen Ausfälle des Schahs.

Die in den 60er Jahren durch mehrere Zusatzvereinbarungen zum Grundvertrag (1964, 1966, 1967 und 1970)[2)] erzielten bescheidenen Verbesserungen der iranischen Öleinnahmen entsprangen weniger der Standfestigkeit des Schahs und seiner Ölpolitiker als den von anderen OPEC-Staaten wie Algerien, dem Irak oder

---

1) Vgl. Fesharaki, F.: Development ..., a.a.O., S. 89.

2) Siehe Bartsch, W.H.: The Impact of Oil Industry on the Economy of Iran, in: Mikesell, R.F. (Hrsg.): Foreign Investment in the Petroleum and Mineral Industries - Case Studies of Investor-Host Country Relations, Baltimore, London 1971, S. 247. Im wesentlichen ging es in diesen Vereinbarungen nur um eine für den Iran günstigere Anrechnung der Royalties auf die Gewinnsteuer und um den Abbau der Rabatte auf den Listenpreis, die sich steuermindernd auswirkten. Die Listenpreise und Steuersätze selber blieben in den Verhandlungen der 60er Jahre noch ausgespart (vgl. Rouhani, Fuad: A History of OPEC, New York 1971, S. 217ff).

Libyen in Gang gebrachten Forderungen nach höheren Beteiligungen an den Extraprofiten der Ölkonzerne. Eine konkurrenzverschärfende Konzessionsvergabe dieser Länder an die Newcomer auf dem Ölmarkt spielte eine wichtige Rolle bei diesen Verbesserungen.

Im Gegensatz zu den harten Verhandlungen dieser Länder geißelte 1969 z.B. Scheich Tariki, ehemaliger Ölminister Saudi-Arabiens und Mitbegründer der OPEC, die alljährlichen Verhandlungen des Iran mit dem Konsortium in einem offenen Brief an den Schah als "stage play",[1] in dem die finanziellen Bedingungen und Produktionssteigerungen regelmäßig schon vor Beginn der Verhandlungen fixiert wurden. Diese "Kompromisse" wurden damit zur Farce und ließen die Privilegien des Konsortiums unangetastet.

Im selben Schreiben wurde dem Schah vorgeworfen, das internationale Konsortium in seiner Politik der Produktionsausweitung zu bestärken, die zu Lasten der übrigen Golfstaaten ging, anstatt für ein gemeinsames Produktionsprogramm bzw. einen einheitlichen Produktionskontrollmechanismus innerhalb der OPEC (prorationing) zu optieren.[2] Der gewichtigste Vorwurf Tarikis bestand schließlich darin, daß er dem Schah Sabotage an einer "Renationalisierung" der iranischen Ölindustrie im Sinne einer faktischen Übernahme der Betriebsanlagen des Konsortiums durch die NIOC vorhielt.

Typisch für die iranische OPEC-Politik war beispielsweise das Abkommen von Teheran im Februar 1971 zwischen der OPEC und den

---

1) Eine Zusammenfassung von Tarikis interessanter Argumentation findet sich bei Hoeppner ("Zur Entwicklung ...", a.a.O., S. 49).

2) Die Vorstellung einer koordinierten Mengen- und Investitionspolitik innerhalb der OPEC ist auch nach den Partizipations- und Nationalisierungsabkommen der 70er Jahre völlig unzutreffend (vgl. "Petroleum Economist", Juli 1979, S. 296).

Ölkonzernen, in dem zwar der Einkommenssteuersatz auf 55% der Bruttoprofite und der Listenpreis um 0,35 Dollar auf heute bescheidene 2,15 Dollar pro Barrel erhöht wurde, das aber unter Ausschluß Libyens und Algeriens zustande kam, die zur gleichen Zeit mit verschiedenen Firmen über weitergehende Forderungen in Verhandlungen standen und kurz danach ein besseres Abkommen in Tripolis durchsetzten.[1] Vermutlich wollten der Iran und die übrigen konservativen Golfstaaten in Teheran Forderungen nach wesentlich höheren Listenpreisen zuvorkommen. Zumindest fühlte sich der Schah zur "Unterstützung Libyens nur verpflichtet, falls es keine stärkere Erhöhung des Posted Prices fordere, als sie die OPEC-Staaten am Persischen Golf vereinbart hatten."[2]

Die durch das Abkommen von Teheran und die beiden Zusatzabkommen von Genf (Januar 1972 und Juni 1973) erzielten Listenpreiserhöhungen fielen infolge dieser Obstruktionspolitik auch relativ maßvoll aus[3] und führten zu keinerlei Schmälerung der Profite der Ölkonzerne, weil zuvor die Marktpreise für Rohöl infolge der Wandlung des Ölmarktes von einem Käufer- zu einem Verkäufermarkt jeweils deutlich gestiegen waren.

---

1) Diese im März 1971 erzielte Übereinkunft bot für Libyen und Algerien deutlich bessere Konditionen als das Teheraner Abkommen (vgl. Angelier, J.-P.: La Rente ..., a.a.O., S. 128f).

2) So seine Argumentation nach "Erdöl und Kohle", 24. Jg., 3/71, S. 190. Amuzegar, der damalige Ölminister und spätere Ministerpräsident, sprach von "verrückten Forderungen" der Libyer (nach Sampson, A.: Die Sieben Schwestern ..., a.a.O., S. 218) und Jamani bedauerte, die Libyer bei ihrer Konfrontationspolitik nicht im Zaun halten zu können (ebenda, S. 220).

3) Für "Iranian Light"-Rohöl galt 1970 ein Listenpreis von 1,79 und am 1.6.73 von 2,884 Dollar pro Barrel (Hoeppner, R.-R.: Zur Entwicklung ..., a.a.O., S. 34).

Auch der 70-prozentigen Listenpreiserhöhung im Oktober 1973 gingen, wie die neuere Forschung bestätigt hat,[1] entsprechende Verbesserungen der Marktpreise für Rohöl bzw. Ölderivate voraus, d.h. zunächst waren die Ölkonzerne exzessiv begünstigt, bevor die Falken innerhalb der OPEC-Staaten ihren Anteil an diesen Profitsteigerungen beanspruchten und damit die konservativen Ölländer in Zugzwang brachten.

Dieser Nachholeffekt gegenüber den Marktpreisen erklärt die Steigerung des Listenpreises (und damit der Steuereinnahmen) für das arabische Basisöl auf 11,65 Dollar pro Barrel im Januar 1974 - ein Niveau, das sich bis 1978 nur geringfügig erhöhte und von dem sich alle übrigen Listenpreise ableiteten.

An den spekulativ hochgetriebenen Preisen Ende 1973, die infolge der monopolitischen Struktur der Ölinudstrie verfestigt werden konnten und nachträglich Eingang in das Listenpreissystem fanden, war die iranische Ölpolitik praktisch unbeteiligt, obwohl sie danach natürlich stark davon profitierte.[2] Ihre Weigerung, sich dem arabischen Ölboykott anzuschließen, und die iranischen Produktionsausdehnungen zur Deckung von Angebotslücken hatten eher sogar hemmende Wirkungen.[3]

---

1) Tahmasebi, A.: Einige Aspekte ..., a.a.O., S. 148 und Maull, Hanns: Ölmacht - Ursachen, Perspektiven, Grenzen, Frankfurt a.M. 1975, S. 75. Trotz der Listenpreiserhöhungen im Zuge des Oktoberkrieges bestand bis Ende 1973 immer noch eine Differenz von ungefähr 40% zwischen den Markt- und Listenpreisen, die ja nur Steuerbemessungspreise sind. Für Spotmengen wurde Ende 1973 sogar ein Preis von 17,50 Dollar pro Barrel bezahlt. (Carey, J.P.C.: Iran and Control of Its Oil Resources, in: Political Science Quarterly, Bd. 89, 1/74, S. 157.)

2) Der "Government Take" pro Barrel stieg von 0,85 Dollar in 1970 auf 10,12 Dollar in 1975. (Fesharaki, F.: Development ..., a.a.O., S. 126.)

3) Der Anteil des Iran an der Ölproduktion im Nahen Osten stieg zu Lasten der übrigen Produzenten von 20,0% (1960) auf 28,0% (1973) innerhalb der gesamten OPEC von 13,3% (1960) auf 18,9% (1973). (Fesharaki, F.: Development ..., a.a.O., S. 203.)

Der Iran unter dem Schah war sicherlich ein solidarisches und loyales Mitglied der OPEC, wie Fesharaki[1] anmerkt, aber nur deshalb, weil er diese Organisation - zusammen mit Saudi-Arabien - in einem Sinne majorisieren konnte, der dem internationalen Ölimperialismus nicht zuwiderlief.

Auch seine Option für höhere Ölpreise zwischen 1977 und 1979 gegenüber Saudi-Arabien, die zur Preisspaltung führte, sollte über diesen Sachverhalt nicht hinwegtäuschen, denn die iranischen Forderungen blieben immer noch hinter den Vorstellungen der Konfrontationsstaaten Libyen und Algerien zurück, die nicht bzw. nicht im selben Maße unter dem Einfluß des internationalen Konsortiums standen.[2]

Zur Jahreswende 1977 trat zudem die zügelnde Politik des Schahs innerhalb der OPEC schon wieder deutlich hervor, als er dem amerikanischen Präsidenten Carter die Stabilität der Ölpreise garantierte und dafür die Lieferung aller gewünschten amerikanischen Waffensysteme zugesichert bekam.[3]

In seinem direkten Verhältnis zum Konsortium optierte der Iran unter dem Schah ähnlich konservativ wie in der Preis- und Steuerpolitik, die über die OPEC betrieben wurde. Im Londoner Ab-

---

1) Fesharaki, F.: Development ..., a.a.O., S. 124.

2) Im Jahre 1977 optierte der Iran infolge seiner ökonomischen Schwierigkeiten für Preissteigerungen von 10%, Saudi-Arabien mit seinen großen Finanzreserven dagegen nur für 5%. Bald räumte der Iran jedoch großzügige Rabatte auf sein Staatsöl für die internationalen Ölkonzerne ein und unterlief auf diese Weise den von ihm selbst und der OPEC-Mehrheit gefaßten Beschluß (vgl. Ritter, W.: Der Iran ..., a.a.O., S. 121).

3) Im Sylvestertreffen jenes Jahres bekundete Carter dem Schah sein "tiefes Gefühl der Dankbarkeit und der persönlichen Freundschaft". Außerdem sprach er davon, daß der Schah "seine Haltung zu den Menschenrechten teilt". (Zit. nach Küppers, R.G.: Chronologie des Protestes, in "Kritik", Zeitschrift für sozialistische Diskussion, Nr. 20, 7. Jahrgang 1979, S. 62.)

kommen von 1972 garantierte der Schah dem ausländischen Ölkapital weiterhin stabile Arbeitsbedingungen auf der Grundlage des ungleichen Grundvertrages von 1954,[1] obwohl die OPEC-Strategie schon damals eindeutig auf Partizipationen der nationalen Ölgesellschaften an den Produktionskonsortien der internationalen Ölkonzerne hinauslief.

Ende 1972 setzten Saudi-Arabien und Abu Dhabi eine Kapitalbeteiligung von 25% an den Konsortien in ihren Ländern durch, die bis 1981 langsam auf 51% ausgedehnt werden sollte,[2] d.h. sie waren gezwungen, dem libyschen und irakischen Beispiel zu folgen. Nicht zuletzt aus innenpolitischen Gründen sah sich der Schah angesichts dieser Beispiele damals ebenfalls veranlaßt, mindestens eine entsprechende Beteiligung durchzusetzen.[3]

Der außen- und innenpolitische Druck bereitete schließlich den Boden für die juristische Übernahme der iranischen Ölgewinnung durch die NIOC im Juli 1973. Zwar versuchte der Schah schon im Januar 1973, dieser Übernahme durch ein spektakuläres Ultimatum[4] an die Adresse des Konsortiums einen nationalistischen Anstrich zu geben, in Wirklichkeit jedoch stelle diese "Vollnationalisierung" einer angeblich bereits verstaatlichten Industrie ein abgekartetes Spiel dar. Noch vor diesem sogenannten Ultimatum hatten sich nämlich beide Seiten einvernehmlich geeinigt, die Leitung über die Anlagen und die 18 000 Beschäf-

---

1) Das Konsortium verpflichtete sich lediglich zu höheren Investitionen und Produktionssteigerungen.

2) Elsenhans/Werdé-Bräuninger/Wittgrebe: Die Auseinandersetzungen ..., a.a.O., S. 118.

3) Ursprünglich hielt er solche Partizipationen der Ölstaaten an dem auf ihrem Gebiet angelegten Kapital für "unworkable" (Fesharaki, F.: Development ..., a.a.O., S. 57).

4) Als Alternative wurde dem Konsortium die Weiterarbeit unter alten Bedingungen bis 1979 ohne Prolongationsmöglichkeiten oder eine einvernehmliche Auflösung der bestehenden Vertragsverhältnisse angeboten. Die Kartellgesellschaften entschieden sich für die zweite Möglichkeit. (Panahi, B.: Erdöl ..., a.a.O., S. 167.)

tigten auf die NIOC zu übertragen.[1] Im Gegenzug wurde dem Konsortium der Ölbezug für 20 Jahre (bis 1993) praktisch zu den bisherigen günstigen Bedingungen eingeräumt, also bis zu einem Zeitpunkt, an dem auch ein prolongierter Grundvertrag ausgelaufen wäre.

Konkret wurde den Konsortialmitgliedern der Bezug vertraglich garantierter Rohölmengen zu Vorzugspreisen garantiert und "the percentage profit share of the foreign operator, after the deduction of various costs and royalties, (was) essentially preserved."[2] Formal wurde die NIOC zwar verantwortlich für die Förderung und den Transport des Rohöls zu den Ausfuhrterminals, in ihrer Politik der Produktions- und Verkaufskontrolle blieb sie jedoch voll von den internationalen Ölkonzernen abhängig, die den technischen Betrieb jetzt nicht mehr in Eigenverantwortung, sondern auf Kontraktbasis kontrollierten.

Nach dem Militärsektor blieb die Erdölindustrie derjenige Bereich, in dem die meisten Ausländer beschäftigt waren. Wie auf dem Gebiet der Technologie, so blieb auch im internationalen Marketing, über das immerhin rund 80-90% des Öls abgesetzt wurden, das Monopol der Ölkonzerne, die so wichtige "Versorgungssicherheit",[3] praktisch unangetastet. Bis 1978 wurden diese Produktions- und Verfügungsmengen in der internationalen Fachpresse daher realistischerweise auch nie der NIOC, sondern immer dem - angeblich nicht mehr existenten - internationalen Konsortium zugerechnet.[4] Nur so ist zu erklären, warum die

---

1) Elsenhans/Werdé-Bräuninger/Wittgrebe: Die Auseinandersetzungen ..., a.a.O., S. 119.

2) Fesharaki, F.: Development ..., a.a.O., S. 57. Dieser Vorzugspreis entsprach im wesentlichen den Betriebskosten und den früheren Förderabgaben und lag damit um eine Profitspanne, wie sie im Falle des Konzessionsöl auch kalkuliert wurde, unter dem freien Preis. (Elsenhans/Werdé-Bräuninger/Wittgrebe: Die Auseinandersetzungen ..., a.a.O., S. 119.)

3) Hoeppner, R.-R.: Zur Entwicklung ..., a.a.O., S. 39.

4) So z.B. der führende "Petroleum Economist" im Februar 1979 (S. 56).

westliche Presse, welche die Verstaatlichungsmaßnahmen im Irak noch scharf kritisierte, dieses iranische Vorgehen, das in den sogenannten "20-Jahres-Liefervertrag" mündete, sehr wohlwollend kommentierte.[1)]

Als 1975 Überschußmengen auf den Rohölmärkten angeboten wurden und das OPEC-Preisgefüge in Bewegung geraten war, wurden die wichtigsten Punkte selbst dieses bescheidenen Vertrages schnell wieder hinfällig. Das Konsortium stoppte die vertraglich vereinbarten Käufe, unterließ alle weiteren Investitionen und machte seine Zahlungsbereitschaft schließlich von neuen Verhandlungen abhängig. Der starke Trumpf, den die großen amerikanischen Ölkonzerne mit ihrer ungefährdeten saudischen Konzessionsproduktion in den Händen hielten, führte im April 1976 schließlich zur Einigung, einen neuen Vertrag auf der Grundlage von lukrativen "Geschäftsführungshonoraren", also Rabatten, zu schließen, der dem von 1973 ähnelte.[2)]

Unter diesen Restriktionen konnte der Ölsektor während der Schah-Herrschaft nie in eine vorgeblich national orientierte Entwicklungsplanung einbezogen werden, wie z.B. Elsenhans u.a.[3)] in ihrer positiven Einschätzung des Vertragswerkes aus dem Jahre 1973 unzutreffend urteilten. Djazani schrieb dagegen viel exakter, daß "mit der Etablierung des abhängigen Kapitalismus und neo-kolonialer Verhältnisse auch die Ausbeutung des Öls den neuen Formeln angepaßt (und) ... die früheren Zwangsverträge durch die Formel der Produktions- und Verkaufskontrolle ersetzt wurden.[4)]

---

1) Vgl. die "Frankfurter Allgemeine Zeitung" in ihren Ausgaben vom 28.3. und 4.10.1976.

2) Zu den Details dieser Revision siehe Graham, R.: Iran - Die Illusion der Macht, Frankfurt a.M., Berlin, Wien 1979, S. 33f.

3) Elsenhans/Werdé-Bräuninger/Wittgrebe: Die Auseinandersetzungen ..., a.a.O., S. 119f.

4) Djazani, B.: Klassenkämpfe ..., a.a.O., S. 106f.

1.3. Erdöl in der iranischen Wirtschaft

1.3.1. Ebenen der ökonomischen Verflechtung

Die iranische Erdölindustrie weist neben den historischen Beziehungen zwischen internationalem Kapital und Staat, als Eigentümer der Erdölquellen, noch eine weitere wichtige Dimension auf, nämlich ihre Reproduktionszusammenhänge mit der übrigen iranischen Wirtschaft. In diesem Zusammenhang stellt sich die Frage, warum eine "als 'Enklavenwirtschaft' bekanntgewordene Form der Entwicklung"[1] kaum oder erst sehr spät Spuren industrieller Entwicklung hinterlassen hat.

Eine solche Entwicklung zwischen dem dominierenden Ölbereich und der übrigen Wirtschaft stellt sicherlich kein "Naturgesetz" dar, denn zwischen den extraktiven Industrien und der übrigen Wirtschaft eines Landes sind eine ganze Reihe von Verbindungen mit starken industriellen Wachstumsmöglichkeiten denkbar, wie nicht zuletzt die historische Entwicklung der kapitalistischen Metropolen plastisch beweist: Auf der Kohle- und Eisenerzförderung baut eine Stahlindustrie auf, die jahrzehntelang synonym für die industrielle Entwicklung überhaupt war und von der starke Impulse auf wichtige Bereiche (Bauindustrie, Automobilindustrie, Eisenbahn und Schiffbau) ausstrahlten; auf Erdöl gründet sich die moderne Chemie, unser heutiges Transportwesen und die aufgeblähten Militärsektoren.

Im Prinzip entwickeln sich diese Verflechtungen zwischen extraktiven Industrien und der übrigen Wirtschaft eines Landes als wechselseitige Input-Output-Ströme sowohl innerhalb Abteilung I (Tausch von Rohstoffen gegen Maschinen) als auch zwischen Abteilung I und Abteilung II (Konsumtionsmittel).

---

1) Hirschmann, A.O.: Die Strategie ..., a.a.O., S. 103.

Hirschmann[1] unterschied dabei Rückwärtskoppelungseffekte (Inputbeschaffung) und Vorwärtskoppelungseffekte (Outputverwendung), die von einer bestimmten Branche ausgehen können. Bei der Erdölindustrie tritt außerdem besonders deutlich hervor, daß die "Linkages" nicht nur direkter, sondern auch indirekter Art sein können in Gestalt der durch die staatlichen Öleinnahmen (Royalties, Gewinnsteuern) hervorgerufenen internen Nachfrageeffekte, die stofflich ganz anderer Natur als die Nachfragebedürfnisse der Ölindustrie und ihrer Arbeitskräfte sein können.[2]

In der einen oder anderen Form impliziert der Vorwurf des "Enklavencharakters" der Entwicklung, daß die indirekten oder direkten Verknüpfungen eines dominierenden Sektors mit der übrigen Wirtschaft nicht oder nur in schwacher, deformierter Form aufgebaut wurden, d.h. externen Bedürfnissen gehorchten.

Im folgenden wollen wir nun demonstrieren, daß sich diese These voll auf die iranische Wirklichkeit dieses Jahrhunderts übertragen läßt und daß sich der ausländische Ölimperialismus - nach dem Urteil zweier Autoren, die radikaler Bestrebungen gewiß unverdächtig sind - "behaved like all foreign interests exploiting the mineral wealth of poorer and weaker countries."[3]

1.3.2. Stagnation und Dualisierung, 1901 - 1951

Die Bedeutung, welche die iranische Erdölproduktion in der ersten Hälfte unseres Jahrhunderts für die kapitalistische Welt

---

1) Hirschmann, A.O.: Die Strategie ..., a.a.O., S. 94.

2) Amuzegar und Fekrat unterscheiden folgerichtig:
"(1) indirect influences via royalty payments to the Iranian government; and
(2) direct impact through input and output complementarities with other industries in the indigenous sector."
(Amuzegar/Fekrat: Iran - Economic Development under Dualistic Conditions, Chicago, London 1971, S. 15f).

3) Ebenda, S. 17. Beide waren Professoren an amerikanischen Universitäten. Amuzegar war in den letzten Jahren des Schah-Regimes gleichzeitig noch hoher persischer Diplomat in Washington.

errang,[1] fand keinerlei Entsprechung in der staatlichen Grundrente, aus der sich ja indirekte Wirkungen positiver Art auf die übrige Wirtschaft ergeben können: Unter der Monopolherrschaft der AIOC (BP) flossen dem Iran in diesem Zeitraum über die Royalties und andere Abgaben gerade 10% des Erdölexportwertes (1,2 Mrd. Pfd. Sterling) zu.[2] Die restlichen 90% setsetzten sich aus dem Kapitalrückfluß und den hohen Gewinnen der englischen Ölgesellschaft zusammen.

Schon daraus wird deutlich, daß nicht so sehr die Entwicklung der Terms-of-Trade, also das relative Preissystem zwischen Erdöl und den iranischen Importwaren, als vielmehr die Profitverteilung zwischen dem englischen Kapital und dem iranischen Staat als Grundeigentümer, der als solcher im Handel mit Erdöl in der ersten Jahrhunderthälfte überhaupt nicht tätig wurde, eine entscheidende Entwicklungsrestriktion darstellte. Die in der Ölindustrie produzierten bzw. angeeigneten Werte standen nur zum geringeren Teil zur Disposition des iranischen Staates.

Trotz eines Mangels an verläßlichen Daten besteht auch kein Zweifel, daß die Bedeutung der oft als "leading sector" charakterisierten Erdölindustrie zumindest bis 1950 für die gesamten Staatseinnahmen recht bescheiden war. Noch 1949 machten die staatlichen Öleinnahmen gerade 8% am Staatsbudget aus, während die traditionellen Steuern auf Massenkonsumgüter wie Zukker, Tee und Tabak sowie Außenhandels- und Straßenzölle den Staatshaushalt noch zu mehr als zwei Drittel alimentierten. Allerdings leistete die Ölindustrie schon damals einen Anteil von 60-70% am gesamten Devisenhaushalt, von dem - neben der extern orientierten Luxusgüternachfrage - schon einzelne Zweige

1) Das Land wurde langsam zum viertgrößten Rohölproduzenten.

2) Über den ganzen Zeitraum schwankte der iranische Anteil zwischen 7,8 und 17,1%. (Vgl. Amuzegar/Fekrat: Iran ..., a.a.O., S. 16f.) Nach anderen von Amuzegar und Fekrat zitierten Quellen erzielte der Iran bis 1950 sogar nur 9% am gesamten Bruttoprofit der AIOC (ebenda, S. 17).

der iranischen Wirtschaft abhingen.[1)]

Von positiven i n d i r e k t e n Wirkungen der Ölindustrie kann natürlich nur gesprochen werden, wenn die staatlichen Öleinnahmen in irgendeiner Form produktiv verausgabt und investiert werden. Die Wirkung der Staatsausgaben ist gleich Null oder gar entwicklungshemmend, wenn sie nur die Auslandsnachfrage nach Luxuskonsumgütern oder Waffen stimuliert oder intern nur zum Aufbau nicht-reproduktiver Wirtschaftszweige führt (Luxuswaren, Rüstung, spekulative Handelsbereiche etc.), d.h. die Grundstoffindustrie und den Massenkonsumgütersektor ausspart.

Für den hier betrachteten Zeitraum bis 1951 befand sich der von den englischen Interessen abhängige Iran, ähnlich wie die meisten Entwicklungsländer mit Rohstoffenklaven, in eben einem solchen Reproduktionszusammenhang: Bis 1925 dienten die Öleinnahmen direkt zur Finanzierung des unproduktiven Konsums am Hof und der Staatsbürokratie. Danach flossen die Öleinnahmen zwar formell zunächst in einen Staatshaushalt; der despotische Staatsaufbau änderte aber letztlich wenig daran, daß das Interesse der Pahlawi-Dynastie weiterhin primär der Finanzierung und politischen Sicherung der Staatsbürokratie und dem Militärsektor galt.[2)] Der halbasiatisch-halbfeudale Überbau räumte einer industriellen und wirtschaftlichen Entwicklung kaum größeren Spielraum ein. Erst nach 1927 wurden die Ölgelder gelegentlich auch zur Finanzierung mehr oder minder fragwürdiger Entwicklungsprojekte eingesetzt[3)] und erst Ende der 40er Jahre entstand unter

---

1) Amuzegar/Fekrat: Iran ..., a.a.O., S. 21ff. Die in den 30er Jahren in Gang gesetzte schwache Industrialisierung war in gewissem Umfang schon auf die Importe einfacher Maschinen und moderner Baumaterialien angewiesen.

2) Zur historischen Entwicklung des Staatsbudgets und seiner Zusammensetzung vgl. Bharier, J.: Economic Development ..., a.a.O., S. 84ff.

3) Ein Beispiel für ein solches Projekt stellte der Eisenbahnbau dar, der eher den strategischen Interessen Englands diente, als daß er die wichtigsten Zentren miteinander verband. (Vgl. Bartsch, W.H.: The Impact ..., a.a.O., S. 248f.) Der Anteil der Entwicklungsausgaben an den gesamten Staats-

öffentlichem Druck die Forderung nach einer Entwicklungsplanung mit partiellen transformatorischen Effekten.

Ähnlich unbefriedigend wie die über den Staatshaushalt vermittelten indirekten Effekte sind für denselben Zeitraum auch die direkten Wirkungen der Erdölindustrie auf die nationale Wirtschaft zu beurteilen, und zwar sowohl im Bereich der "backward linkages"[1] als auch der "forward linkages".[2]

Die von der AIOC bis 1951 getätigten Investitionen im Iran[3] führten zu keiner relevanten Ausdehnung des Binnenmarktes bei wichtigen Zulieferindustrien. Ihre Aktivitäten zielten vielmehr darauf ab, den Erdölbereich von der übrigen Wirtschaft zu isolieren. Der Iran blieb ein Agrarland mit einer unbedeutenden Leichtindustrie - trotz der guten Verfügbarkeit von Rohmaterialien, billigen Arbeitskräften und anderen objektiv günstigen Bedingungen für eine Kapitalisierung der Wirtschaft.

---

ausgaben sank von 18% (1942) auf 7% (1945), und 1949 erreichte er erst wieder 14,6%. Für dieselben Jahre sank der Anteil der Öleinnahmen am Staatshaushalt von 13 auf 8% (1949). (Løvbroek, A.: State Interventionism ..., a.a.O., S. 281.)

1) Darunter sind die wachstumsstimulierenden Wirkungen zu verstehen, die von einer Branche auf vorgelagerte Branchen und den Arbeitsmarkt ausgehen.

2) Dieser Begriff stellt darauf ab, in welchem Maße sich der Verkauf und damit der Konsum bzw. die Weiterverarbeitung von Rohöl nicht nur auf ausländische Märkte beschränkt, sonder auch innerhalb der rohölproduzierenden Nation zum Aufbau nachgelagerter Bereiche führt. Die dabei auftretenden disproportionalen und krisenhaften Relationen unter kapitalistisch-marktwirtschaftlichem Vorzeichen können keineswegs als Beweis für die These einer Ineffizienz der Industrialisierung in rohstoffabhängigen Wirtschaften dienen, wie die klassische Außenhandelstheorie noch behaupten konnte. Sie erklären nur den "trial-and-error" Charakter kapitalistischer Entwicklung, nicht ihre Unmöglichkeit.

3) Das Bruttoanlagekapital der AIOC betrug 1950 rund 90 Mio. Pfund Sterling und wurde zu über 80% aus reinvestierten Gewinnen aufgebaut. (UN, Economic Development in the Middle East, 1945 to 1954, o.J., S. 70.)

Nicht zuletzt weil der Ressourcenzufluß von der heimischen Industrie in die Ölindustrie völlig unbedeutend war, konnten keine strategischen Industriebranchen entstehen. Schuld an der dadurch ausgelösten Stagnation der traditionellen Handwerks- und Manufakturbereiche sowie ihrem größer werdenden technologischen und finanziellen Abstand gegenüber der Ölindustrie hatte unter anderem das Privileg der zollfreien Einfuhren, das der AIOC immer von der iranischen Regierung eingeräumt wurde. Der englische Ölkonzern importierte praktisch seine gesamten materiellen Vorleistungen, inklusive Lebensmittel, obwohl weite Teile davon auch im Iran angeboten wurden oder hätten produziert werden können.[1]

Es war geradezu von Vorteil für die AIOC, das Wachstum anderer Industrien zu bremsen, weil dadurch die Nachfrage nach Industriearbeitern und damit die Lohnhöhe niedrig gehalten werden konnten. Überhaupt blieb die Arbeitsnachfrage der AIOC immer auf ganz niedrigem Niveau, wenngleich in diesen Bereichen zum ersten Mal natürlich ein modernes und konzentriertes Industrieproletariat entstand. Nach Angaben der ILO waren 1949 rund 50 000 Iraner oder weniger als ein Prozent des Arbeitskraftpotentials von schätzungsweise 7 Mio. bei dem englischen Erdölmonopol beschäftigt, von denen gerade 9% qualifizierte Tätigkeiten verrichteten ("Gehaltsempfänger").[2] In den Schlüsselpositionen des Managements war überhaupt kein Iraner vertreten.[3]

Zwischen 1925 und 1950 wuchs die Erdölproduktion um das Siebenfache, während die Zahl der Erdölarbeiter nur um den Faktor drei zunahm.[4] Die Einführung neuer Maschinen und die Überausbeutung

---

1) Amuzegar/Fekrat: Iran ..., a.a.O., S. 26.

2) ILO: Labor Conditions in the Oil Industry in Iran, Genf 1950, Kapitel 1 und 2. Die Taktik der AIOC war es, iranische Arbeitskraft auf kurz- bis mittelfristiger Basis anzustellen, um die Entwicklung von Arbeiterorganisation zu verhindern (Løvbroek, A.: State ..., a.a.O., S. 75).

3) Amuzegar, Jahangir: Energy Policies of the World: Iran, Newark 1975, S. 32.

4) Vgl. Nazari, H.: Der politische ..., a.a.O., S. 66.

der iranischen Arbeitskräfte machten eine solche hohe Produktionsausdehnung möglich. Parallel dazu dehnte sich fast zwangsläufig die Arbeitslosigkeit in allen ihren Formen aus. Besonders nach dem Zweiten Weltkrieg wuchs der Zustrom von Arbeitskräften in die Ölzentren infolge der Stagnation der Manufakturbetriebe und der zunehmenden Ruinierung der Bauern in der Umgebung der Ölzentren sehr stark an. Abadan z.B. dehnte sich zwischen 1946 und 1950 von 70 000 auf 150 000 Einwohner aus. Infolgedessen konnte die Arbeitszeit für iranische Arbeiter auf durchschnittlich 12 Stunden pro Tag, ohne freie Tage und Urlaub, erweitert werden und der Arbeitslohn sank auf das Existenzminimum.[1)]

Der geringe Umfang der attrahierten Arbeitskräfte und die niedrige Entlohnung verhinderten zwar einerseits die schnelle Ausdehnung des Binnenmarktes in zentralen Konsumgüterbereichen, andererseits aber wurden diese Arbeitskräfte aus dem vorkapitalistisch-agrarischen Subsistenzbereich herausgerissen, in dem sie ihre materiellen Bedürfnisse noch durch Eigenproduktion befriedigen konnten, und verliehen der Warenproduktion um die Ölzentren zweifellos gewisse Impulse, die ihre Andersartigkeit gegenüber den archaischen Produktionsformen immer stärker akzentuierten. Langsam begann der westliche Ölimperialismus durch die Intensivierung der Waren- und Geldwirtschaft die Autarkie der iranischen Agrargesellschaft aufzuheben, wenngleich er zu keinem Zeitpunkt eine breitgefächerte Entwicklung der industriellen Produktivkräfte anstrebte.

---

1) Englische Arbeitskräfte arbeiteten unter den ungünstigen klimatischen Bedingungen des iranischen Südens nicht länger als sechs Stunden am Tag. (Ebenda, S. 68.) Bharier schreibt: "The only real outside effect that the company appeared to have was to act as a magnet for migrants seeking a better standard of living. Such migrants helped to build up the work-force in the early days, but the employment potential of the company was soon reached and the migrants had to move on or remain jobless." (Bharier, J.: Economic Development ..., a.a.O., S. 162.)

Eine solche Hemmung der Produktivkraftentfaltung läßt sich auch im Bereich der Vorwärtsverflechtungen - "the use of the company's output and endproducts in other complementary industries"[1] - feststellen: Bis 1923 mußte das im Iran konsumierte Erdöl vollständig und bis 1929 zu 70% aus der Sowjetunion importiert werden, weil das Öl aus der AIOC-Produktion im Iran zu Monopolpreisen verkauft wurde.[2] Die iranische Ölproduktion floß fast vollständig ins Ausland, ohne vorher im Iran raffiniert oder weiterverarbeitet zu werden bzw. ohne einer Petrochemie ins Leben zu verhelfen.[3]

Insgesamt läßt sich mit Bharier für die erste Hälfte des Jahrhunderts resümieren: "There is no evidence that the efficient, modern workings of A.I.O.C. had any demonstrative effect on the rest of Iranian industry."[4] Infolge der Isolierung der Ölindustrie von der übrigen Wirtschaft, die gleichermaßen den Interessen der Landlords und der im Außenhandel engagierten Komperadoren-Bourgeoisie entsprach, wuchs der Iran langsam zu einem typischen Rentier-Staat heran, in dem der Ölsektor bis auf die bescheidenen Lohnzahlungen im wesentlichen nur indirekt, d.h. über die Staatseinnahmen und -ausgaben mit der übrigen Wirtschaft verknüpft war, nicht dagegen durch inter-industrielle Beziehungen. Die durch seine Gesetzmäßigkeiten erzwungene Öffnung nach außen bewirkte eher sogar das Gegenteil, nämlich Marginalisierung und technologischen Stillstand des kleinbürgerlichen, städtischen Handwerks- und Manufakturbereiches.[5]

---

1) Amuzegar/Fekrat: Iran ..., a.a.O., S. 26.

2) Ebenda, S. 27.

3) Soweit das Rohöl in Raffinerien weiterverarbeitet wurde, geschah auch dies primär exportorientiert und nicht so sehr unter dem Gesichtspunkt der Erweiterung der nationalen Wertschöpfung. Ende der 30er Jahre wurden nur 5% des produzierten Öls im Iran konsumiert (vgl. Bharier, J.: Economic Development ..., a.a.O., S. 161).

4) Ebenda, S. 162.

5) Vgl. Mahdavy, H.: The Patterns and Problems of Economic Development in Rentier States: the case of Iran, in: Cook, M.A. (Hrsg.): Studies in the Economic History of the Middle East, a.a.O., S. 429ff.

1.3.3. Wachstumseffekte unter dem internationalen Konsortium

Diese westlichen Modernisierungsvorstellungen völlig entgegenlaufende Heterogenisierung der iranischen Wirtschaft mit einer hochtechnisierten und kapitalintensiven Erdölproduktion und einer unproduktiven, vorkapitalistischen Struktur in der übrigen Wirtschaft beschränkte sich keineswegs nur auf die "early days" der Ölindustrie, wie Bharier anscheinend meint,[1] sondern bestimmte die iranische Wirtschaftsentwicklung in anderer Form auch noch in den 70er Jahren, als eine abhängige Industrie ins Leben gerufen wurde.

Die bedeutende Ausdehnung der Ölproduktion nach 1955 führte mit Ausnahme der Arbeitskräftenachfrage, die ständig zurückging, noch stärker als früher zum Ausbau dieser wahrhaft "dominant economy": Zwischen 1959 und 1966 stieg der Anteil des Erdölsektors am Bruttosozialprodukt von 17,2 auf 20,6%,[2] nach den Ölpreissteigerungen von 1973/74 erreichte er sogar mehr als 50%[3] - ein Indiz dafür, auf welch niedrigem Niveau die anderen Sektoren immer noch stehen, trotz einer gewissen Entwicklung der verarbeitenden Industrie während der 70er Jahre. Infolge dieses hohen Anteils der Ölindustrie und ihrer überragenden Bedeutung an den Staats- und Deviseneinnahmen[4] hing die Wachstumsentwicklung der gesamten iranischen Wirtschaft in den letzten 25 Jahren noch stärker als früher von den direkten und den indirekten Wirkungen ab, die vom Erdöl ausgingen.

---

1) Bharier, J.: Economic Development ..., a.a.O., S. 162.

2) Bartsch, W.H.: The Impact ..., a.a.O., S. 242 und Panahi, B.: Erdöl ..., a.a.O., S. 21ff.

3) Weltbank: Iran - Country Economic Memorandum, Mai 1976, S. 4.

4) In 1974/75 hingen die Staatseinnahmen zu 84,3% und die Deviseneinnahmen zu 89,4% vom Erdölverkauf ab (vgl. Amuzegar, Jahangir: Iran - An Economic Profile, Washington D.C., 1977, S. 63).

1.3.3.1. Indirekte Wirkungen, Entwicklungsplanung

Nach Abschluß des Grundvertrages dehnten sich die staatlichen Öleinnahmen zwar ständig aus, bis zu Beginn der 70er Jahre war diese Bewegung allerdings im wesentlichen auf das Mengenwachstum und weniger auf Ölpreissteigerungen oder einen verbesserten Verteilungsschlüssel bei den Extraprofiten zurückzuführen. Zwischen 1955 und 1967 stiegen die jährlichen Öleinnahmen des Staates immerhin von 91 auf 712 Mio. Dollar. Den entscheidenden Durchbruch brachten allerdings erst die Ereignisse auf den internationalen Ölmärkten zwischen 1970 und 1973, die dem Iran infolge höherer Listenpreise und Gewinnanteile ab 1974/75 mindestens immer rund 18 Mrd. Dollar im Jahr einbrachten.[1)]

Angesichts dieses Wachstumstrends und der unbefriedigenden Entwicklung der übrigen Wirtschaftsbereiche konnte eine in den 60er und 70er Jahren zunehmende Abhängigkeit des Staats- und Devisenhaushaltes vom Öl nicht weiter überraschen: Während der 60er Jahre lieferte die staatliche Grundrente durchschnittlich rund die Hälfte der Staatseinnahmen. In 1974/75 schnellte diese wesentliche Kennzahl gar auf die bereits erwähnten 84,3% hoch.

Die übrigen Einkommenssteuern, die Konsumsteuern und die Zölle - die wichtigen Einkommensquellen des Staates bis zur Mitte des Jahrhunderts - traten demgegenüber völlig in den Hintergrund, und eine schon längst fällige Verwaltungs- und Finanzreform wurde noch offensichtlicher auf die lange Bank geschoben, weil die Öleinnahmen die Erschließung anderer staatlicher Einnahmequellen, wie z.B. die Gewinnsteuern, nicht notwendig machten.

---

1) Vgl. Fesharaki, F.: Development ..., a.a.O., S. 132.

Im selben Jahr hing der Devisenhaushalt bei einer sehr stark auf ausländische Bezugsquellen ausgerichteten Industrialisierungs- und Militarisierungspolitik zu rund 90% extrem einseitig vom Erdöl ab.[1] Diese Industrialisierung abhängigen Typs während des Ölbooms zwischen 1974 und 1978 verschärfte nur noch mehr die alten monokulturellen und nach außen gerichteten Strukturen des produktiven Apparates und band das Land bis zum Sturz des Schahs noch viel stärker und unelastischer als früher in die kapitalistischen Weltmarktzusammenhänge ein.

Was die Verwendungsseite der Öl- bzw. Staatseinnahmen anbelangt, so fand erst Ende der 40er Jahre[2] eine formelle Aufspaltung in die sogenannten laufenden Ausgaben der Regierung ("Ordinary" oder "Current Budget", im wesentlichen Ausgaben im Militär-, Polizei- und Justizbereich) und in spezielle Entwicklungsinvestitionen ("Development Budget" oder "Fixed Capital Budget") statt.[3]

---

1) Amuzegar, J.: Iran ..., a.a.O., S. 63.

2) Angesichts innerer Unruhen und der damaligen Anziehungskraft der sowjetischen Entwicklung erwies sich ein punktueller Ausbau der Infrastruktur und einiger Industrieprojekte als unumgänglich, ohne damit allerdings die traditionellen Herrschaftsstrukturen in Frage zu stellen. Der erste Entwicklungsplan entstand unter amerikanischer Kontrolle und war seinem Charakter nach nichts weiter als eine Auflistung einiger Projekte im reproduktiven Bereich, nicht dagegen eine makroökonomische Projektion.

3) In der Praxis ließ sich diese Unterscheidung nie streng ziehen, weil nie nach produktiver oder unproduktiver Arbeit als Unterscheidungskriterium differenziert wurde. So z.B. wurden Teile der militärischen Infrastruktur mit ihrem unproduktiven Charakter einfach den Entwicklungsausgaben zugeschlagen. Ein anderes Beispiel stellte der Bau von Straßen, Schulen, Hospitälern etc. dar, die den Entwicklungsinvestitionen zugeschlagen wurden, während Reparatur- und Erhaltungsarbeiten an ihnen aus dem laufenden Etat bezahlt wurden. (Zur Organisation und Struktur des Staatshaushaltes während der Schah-Diktatur vgl. Plan and Budget Organisation; The Budget 2537 (1978/79) - A Summary, Teheran, o.J..)

Gegenüber den unproduktiven und insbesondere militärischen Ausgaben blieben diese Entwicklungsinvestitionen mit ihren - wie wir später sehen werden - segmentierenden und polarisierenden Wirkungen jedoch immer von sekundärer Bedeutung. Amuzegar und Fekrat fassen diese Situation zwar nur bis 1970 zusammen, die Entwicklung während des Ölbooms nach 1973 bestätigt aber im selben Maße ihre allgemeine Trendeinschätzung: "Defense expenditures have grown much more rapidly than GNP and have absorbed a very sizeable portion of current government revenues ... Apart of development expenditures, too (e.g., communications, housing, roads) although not directly defense-oriented, has been influenced by defense considerations. Defense requirements continue to hold, as in most other countries in the area, a key to further successes (!) in the development field."[1)]

Zweifellos nahm mit den wachsenden Öleinnahmen auch die Bedeutung der staatlichen Entwicklungsinvestitionen für die gesamte iranische Wirtschaft zu. Wurden im Jahr 1963 noch 58,8% der Öleinnahmen für das "Development Budget" bereitgestellt, so waren es 1970 schon 79%. Der Rückgang auf 68% im revidierten 5. Entwicklungsplan (1973 bis 1978)[2)] resultierte daraus, daß die gewaltig gewachsenen Ölgelder die Absorbtionsmöglichkeiten eines spekulativen und chaotischen Wirtschaftsaufschwunges überstiegen, der einer gesellschaftlichen Minderheit zu ungeahnten Profiten verhalf.

Mit der von den Ölgeldern abhängigen Entwicklungsplanung nach dem Zweiten Weltkrieg verstärkte sich automatisch der staatliche Interventionismus in der iranischen Wirtschaft und damit auch der Einfluß der Staatsbürokratie als der bestimmenden

---

1) Amuzegar/Fekrat: Iran ..., a.a.O., S. 104f.

2) Zu der prozentualen Ausstattung der einzelnen Entwicklungspläne mit Ölgeldern vgl. Fesharaki, F.: Development ..., a.a.O., S. 135.

Schicht der Komperadoren-Bourgeoisie.[1] Auf der einen Seite stand völlig außer Frage, daß ein ausgeprägter staatskapitalistischer Sektor und staatliche Investitionen im Infrastrukturbereich für eine breitere Kapitalisierung der Wirtschaft Grundvoraussetzung waren. Andererseits griff die Staatsdiktatur analog zu ihrer historischen Tradition, wenngleich mit anderen Mitteln, aber auch über elaborierte juristische und finanzielle Regulationsmechanismen sehr stark direkt in den privaten Sektor ein. Beide Aspekte spiegeln nur den widersprüchlichen Lösungsversuch der iranischen Komperadoren-Bourgeoisie wider, unter diktatorischen Bedingungen mit den Ölgeldern einen schnellen Wachstumsprozeß zu initiieren, ohne dabei auf ein traditionelles, "freies" Marktwirtschaftssystem zurückgreifen zu können.[2]

Bis zur 3. Planperiode (1963 - 1967) war der Staat allerdings infolge dominierender vorkapitalistischer Verhältnisse weder in der Lage, den staatskapitalistischen Sektor in der Wirtschaft substantiell auszudehnen, noch den Akkumulationsprozeß privaten Kapitals effektiv zu regulieren:[3] Der erste Entwicklungsplan fiel mit den Auseinandersetzungen um die Nationalisierung der Erdölindustrie von 1951 zusammen und scheiterte infolge ausbleibender Öldevisen, Auslandskredite und Auslandsinvestitionen, auf die er stark abgestellt war. Der zweite Entwicklungsplan (1955 - 1962) brach sich an der wirtschaftlichen Krise in den frühen 60er Jahren und der ungelösten Agrarfrage, die eine

---

1) Die Rolle der verschiedenen Träger der Entwicklungspolitik während des Schah-Regimes findet sich abgehandelt bei Thumm, Ulrich: Iran - Wirtschaftsstruktur und Entwicklungsplanung, Bremen 1976, S. 138ff.

2) Vgl. Løvbroek, A.: State ..., a.a.O., S. 128ff.

3) Bis zur Weißen Revolution hatten die staatlichen Öleinnahmen nur einen sehr geringen Einfluß auf die Anlagekapitalbildung. Der Kapitalstock wuchs zwischen 1959 und 1963 nur um 2,7%. Erst danach setzte ein gewisser Aufschwung der Kapitalbildung ein, der sich im wesentlichen aus staatlichen Investitionen speiste. (Bartsch, W.H.: The Impact ..., a.a.O., S. 246.)

etwas breitere Entwicklung des industriellen Kapitals unmöglich machte. Erst danach erfolgte - nicht zuletzt mit dem Mittel der Entwicklungspläne - die allmähliche Transformation und Kapitalisierung der iranischen Agrargesellschaft.[1] Direkte Staatshilfen für die private Unternehmerschaft "brought to bear on the expansion and promotion of the almost dormant private sector."[2]

Die mit den Öleinnahmen finanzierte Entwicklungsplanung der 60er und 70er Jahre war im Grunde die Variante eines Themas, nämlich einer am Profitkalkül des in- und ausländischen Kapitals orientierten ökonomischen Wachstumsfixierung ohne jegliche soziale Komponente, so daß selbst eine Institution wie die Weltbank früh gezwungen war, auf die gefährlichen Implikationen eines solchen ungleichgewichtigen Prozesses hinzuweisen.[3]

Spätestens im dritten Entwicklungsplan mit seiner völligen Vernachlässigung der Landwirtschaft und seiner einseitigen Ausrichtung auf einige kapitalintensive und auslandsabhängige Industrieprojekte (Stahl und Petrochemie) trat daher ganz deutlich eine sich bis zur islamischen Revolution steigernde Verschlechterung der Beschäftigungs- und damit Einkommenssituation für die breite Bevölkerung hervor. Als zwischen 1966 und 1968 die ersten größeren industriellen Entwicklungsprojekte in Betrieb genommen werden konnten, wurde diese geringe Absorbtionsfähigkeit des staatskapitalistischen Sektors und der gesamten Industrie zum ersten Mal richtig manifest; die industrielle Beschäftigungszahl ging von 1,88 Mio. auf 1,82 Mio.

---

1) Zu den Entwicklungsplänen im einzelnen siehe Naini, Ahmad: Entwicklungsplanung in Iran, Hamburg 1975, S. 85ff.

2) Amuzegar/Fekrat: Iran ..., a.a.O., S. 38.

3) IBRD/IDA: The Economic Development of Iran, Bd. 1, Report No. 378a-IRN, Juni 1974, S. 26f.

zurück.[1]

Insbesondere ab 1973/74 wuchs das Industrieproletariat zwar wieder, aber immer in viel geringerem Umfang als die von ihm bewegten Kapitalmassen. Neben der allgemeinen Korruption und Fehlplanung dürfte dies der wichtigste Grund sein, warum das industrielle Wachstum nie die Tiefe und den Umfang erreichte, wie die offiziellen Veröffentlichungen Glauben machen wollten.

Der vierte Entwicklungsplan (1968 - 1972) prognostizierte zwar im Stile der westlichen Entwicklungsideologie "continued and sustained growth",[2] in Wirklichkeit aber verschärfte er nur die sozialen, sektoralen und regionalen Disparitäten. An seinem vergeblichen Versuch, eine exportorientierte Industrialisierung ins Leben zu rufen, zeigten sich diese Ungleichmäßigkeiten am sichtbarsten: Die Planbehörden, die für diesen Zeitraum immerhin rund 60% der gesamten iranischen Investitionen zu verwalten hatten,[3] erkannten, daß der Prozeß der Kapitalakkumulation im Iran ohne Expansion nach außen nicht tragfähig sein konnte.

Es war deutlich geworden, daß die allgemeine Massenarmut und Wirtschaftsstagnation außerhalb der größeren Städte eine rein interne Orientierung des Wachstumsprozesses verhinderten. Das eigentliche Problem dieser Expansionsstrategie bestand aller-

---

1) Vgl. Plan and Budget Organization, Statistical Centre of Iran: Statistical Yearbook of Iran 1351, Teheran, Juni 1975, S. 55. Zu den Restriktionen der iranischen Entwicklungsplanung unter dem Schah vgl. Daftary, Farhad: Development Planning in Iran - A Historical Survey, Teheran, vervielfältigt, o.J., und Vakil, Firouz: Development Planning Techniques in Iran, Teheran, vervielfältigt, 1974.

2) Løvbroek, A.: State Interventionism ..., a.a.O., S. 160.

3) Die Anlagekapitalbildung während des 4. Entwicklungsplanes sollte sich auf 810 Mrd. Rial belaufen, davon sollten 478,4 Mrd. im öffentlichen und 331,6 Mrd. im privaten Sektor investiert werden. (Plan Organisation: Fourth National Development Plan 1968 - 1972, Teheran 1968, S. 1.)

dings nicht so sehr im "growth without redistribution" - darin ähneln sich alle kapitalistischen Nationen, ob expandierend oder nicht -, sondern im eigentlichen Implementierungsprozeß: "... large-scale industrial and power projects were featured and it was in these that many of the traditional problems had arisen by the time the plan was two years old. Costs of such projects had begun to escalate and there were some delays in construction work."[1]

Der 5. Entwicklungsplan (März 1973 bis März 1978) sah in seiner ursprünglichen Fassung ein Investitionsvolumen von 32 Mrd. Dollar vor, davon allein 17 Mrd. aus den staatlichen Öleinnahmen. Nach den Ölpreissteigerungen 1973/74 konnten für die entsprechende Periode jedoch schon rund 70 Mrd. Dollar im Entwicklungsetat für die staatliche Kapitalakkumulation antizipiert werden.[2] Der Iran befand sich damit in der vergleichsweise günstigen Situation, seine staatliche Entwicklungsplanung keinen finanziellen Restriktionen unterwerfen zu müssen, das Land konnte im Gegenteil sogar Teile seiner Ölgewinne in internationale Kapitalanlagen (Krupp, PanAm etc.) fließen lassen.

Gegen Ende der Schah-Diktatur zeichnete sich jedoch deutlich ab, daß neben einer verallgemeinerten Korruption verschiedene Engpässe in der Kapitalakkumulation (wie im Bereich spezialisierter Arbeitskräfte, der Infrastruktur, bei der Energie- und Baumaterialienversorgung etc.) die "take-off-Phase" bei den staatskapitalistischen Unternehmen eher noch in weitere Ferne gerückt hatten: Zu keinem Zeitpunkt war dieser Sektor in der Lage, seinen Kapitalbildungsprozeß aus eigenen Quellen zu finanzieren; wie in früheren Zeiten mußte er extern aus den Ölgeldern des staatlichen Entwicklungsfonds alimentiert werden.

---

1) Bharier,J.: Economic Development ..., a.a.O., S. 99.

2) Daten nach: Amuzegar, J.: Iran ..., a.a.O., S. 167.

Bei vielen Projekten, wie z.B. im Kernkraftwerksbau und im Agri-Business, liegt sogar die Vermutung nahe, daß dieser Zufluß von staatlichem Kapital, Krediten, Subventionen - ganz in Rentiersmentalität - den eigentlichen Zweck der geschäftlichen Aktivitäten darstellte und an einer zügigen Produktionsaufnahme gar kein Interesse bestand.[1]

Als 1977/78 die Ölpreise und damit die Staatseinnahmen stagnierten, wurde ein Teil der Entwicklungsprojekte schlagartig in Frage gestellt, und das Ausmaß der chaotischen und überhitzten wirtschaftlichen Entwicklung wurde in vollem Umfang nach außen sichtbar, nachdem die iranische Wirtschaft schon im Jahr 1975 infolge der injizierten Ölgelder völlig außer Kontrolle geraten war.[2]

1.3.3.2. Direkte Wirkungen

Nach 1954 wurde der Staat infolge seiner Öleinnahmen noch mehr als früher zum wichtigsten Faktor in der gesamten iranischen Wirtschaft. Die Abhängigkeit der Wirtschaft vom Ölsektor war damit im wesentlichen vermittelter Natur, d.h. sie wurde über den Staatshaushalt kanalisiert. Demgegenüber blieben die interindustriellen und sonstigen d i r e k t e n Wirkungen zwischen Erdölindustrie und nationaler Wirtschaft, die wir im folgenden untersuchen wollen, von untergeordneter Bedeutung. Von seinen stofflichen Reproduktionszusammenhängen mit der übrigen Wirtschaft erhielt sich der Enklavencharakter der Ölindustrie.

Mögliche nachfrageinduzierte Wachstumseffekte verharrten auf ihrem traditionell niedrigen Niveau. Neben der politisch bedingten Abstinenz des Konsortiums gegenüber potentiellen irani-

---

1) Vgl. Massarrat, M.: Iran - Von der ökonomischen Krise zur sozialen Revolution, a.a.O., S. 39ff.

2) Vgl. Graham, R.: Iran ..., a.a.O., S. 101f.

schen Anbietern[1] spielte die hohe Kapitalintensität der Ölindustrie mit ihrem Trend zur Automation in Extraktion, Raffinierung und in den Ölterminals dabei zweifellos die entscheidende Rolle. Nach einer Studie über die Periode von 1961 bis 1968 blieb im Konsortiumsbereich das Verhältnis zwischen Inlandskäufen und Importen praktisch unverändert ungünstig. Zusätzliche Investitionen führten immer zu einem entsprechenden Importanstieg, vor allem im Bereich zollfrei importierter Kapitalgüter. Zwischen 1962 und 1966 wurden die Käufe des Konsortiums zu 88,3%, die der NIOC sogar zu 90,7% im Ausland getätigt.[2] Spill-over-Effekte der Ölindustrie in vorgelagerte Bereiche waren im allgemeinen nur kurzfristig und von begrenzter Natur. Eine gewisse Ausnahme stellte nur die Pipelinefabrik in Ahwaz dar.

Die extrem hohe Kapitalintensität der gesamten iranischen Ölindustrie verhinderte nicht nur starke, nachfrageinduzierte Verkettungseffekte, sondern sie sorgte im übrigen ständig auch für geringe Beschäftigungswirkungen. Als Trends der 60er und 70er Jahre kann man - bei einer Steigerung der Produktion pro Beschäftigten in der Ölindustrie um den Faktor 14 - folgende Punkte eindeutig festhalten:[3]
Zwischen 1958 und 1972 ging die Anzahl der Arbeitskräfte, die direkt oder indirekt (Kontraktoren) mit der Ölindustrie zu tun hatten, von 62 000 auf 42 000 zurück. Besonders extrem ver-

---

1) Amuzegar schreibt von der "unbridled freedom of the oil Consortium in the past to choose their source of supply (with no 'buy Iranian' commitment) ... in favor of imports." (Amuzegar, J.: Iran ..., a.a.O., S. 66.)

2) Bartsch, W.H.: The Impact ..., a.a.O., S. 256. Zwischen 1961 und 1968 dehnten sich die Auslandskäufe des Konsortiums um das Fünfundzwanzigfache aus (vgl. Fesharaki, F.: Development ..., a.a.O., S. 144).

3) Vgl. Fesharaki, F.: Development ..., a.a.O., S. 144ff und Turner, T.: Iranian Oilworkers in the 1978-79 Revolution, in: Nore/Turner (Hrsg.): Oil and Class Struggle, London 1980, S. 272ff.

lief die Entwicklung im Geschäftsbereich des Konsortiums, das seine Beschäftigtenzahl im selben Zeitraum von 44 000 auf weniger als 18 000 reduzierte. Gemessen am Kapital und an den Gewinnen waren die Beschäftigungswirkungen des ausländischen Ölkapitals damit völlig unbedeutend, was allerdings nicht dazu führte, daß die prosperierenden Ölzentren (Abadan, Ahwaz, Chorramshahr) ihre Attraktivität verloren. Insgesamt beschäftigte die Ölindustrie 1973 nur rund 0,5% der gesamten iranischen Arbeitskräfte (7,6 Mio.) und nur rund 2% der gesamten industriellen Arbeitskräfte im weitesten Sinn (Handwerk, Manufaktur und große Industrie).

Die Verringerung des Beschäftigungsvolumens war in großem Maße die direkte Folge der Freisetzungspolitik des Konsortiums im Zuge der Rationalisierung in den Bereichen Förderung und Raffinierung, d.h. sie erfolgte völlig einseitig zu Lasten einfacher manufaktureller Tätigkeiten. Demgegenüber schwoll zwischen 1968 und 1972 die Zahl der Angestellten in Verwaltung und Produktion von 8 000 auf 13 000 an. Am stärksten betroffen von den Freisetzungen waren damit die ungelernten Arbeitskräfte, deren Situation traditionell immer schon am prekärsten war.

Über die Lohnsituation der Ölarbeiter liegen keine zuverlässigen Daten vor. Man wird allerdings davon ausgehen können, daß unter ihnen in den letzten 20 Jahren eine relativ gutbezahlte "Ölarbeiteraristokratie" infolge ihrer technischen Fertigkeiten entstand, die allerdings in völliger politischer Opposition zum Schah-Regime und der von ihm installierten gelben Gewerkschaften stand, wie die totale Bestreikung der Ölwirtschaft während des Umbruches 1978/79 zeigte.[1]

Nach Berechnungen von Amuzegar und Fekrat[2] lagen die Lohnzahlungen zwischen 1962 und 1967 unter 10% des Wertprodukts in

---

1) Vgl. How we Organized Strike that Paralyzed Shah's Regime, Firsthand Account by Iranian Oil Workers, in: Nore/Turner (Hrsg.): Oil ..., a.a.O., S. 293-301.

2) Amuzegar/Fekrat: Iran ..., a.a.O., S. 66.

der Ölindustrie; bei teilweise erheblichen Schwankungen reichten diese damit kaum aus, um eine prosperierende, lokale Lohngüterindustrie ins Leben zu rufen.[1] In den 70er Jahren wurden die Lohnzahlungen noch mehr zu einer inferioren Größe im Vergleich zu den Umsätzen der Ölindustrie.

Im Bereich der angebotsinduzierten Wirkungen (forward linkages), die von der Ölindustrie ausgingen, verlief die Entwicklung für die iranische Wirtschaft im letzten Jahrzehnt zwar etwas günstiger als bei den Zulieferindustrien und bei der Arbeitsnachfrage, insgesamt aber entsprach die interne Weiterverarbeitung bzw. der innere Markt für Erdölprodukte nie den Dimensionen, welche die Erdölindustrie bei einer national ausgerichteten Politik hätte bieten können. Zudem war die Entwicklung im Raffinerie- und noch stärker im petro-chemischen Bereich nicht direkt auf eine erweiternde Akkumulation des Ölsektors selber zurückzuführen, sondern wurde aus naheliegendem Grund erst durch die staatliche Entwicklungsplanung der 60er und 70er Jahre induziert.

Ohne Zweifel erfolgte die Entwicklung des iranischen Energieverbrauchs in Richtung des Bedeutungsanstiegs von Erdöl. Im Jahr 1972 deckte es rund 70% des internen Energiekonsums; zusammen mit dem Kuppelprodukt Erdgas lag der Anteil der Kohlenwasserstoffe im Energieverbrauch sogar bei 90%.[2] Als Indiz für tiefergehende Kopplungseffekte und umfassende Industrialisierungserfolge sollte man diesen starken Ausdehnungsprozeß allerdings noch nicht werten:
Erstens bedurfte es keiner größeren Anstrengungen, um traditionelle Energiequellen wie Holz, Holzkohle oder Tierdung zu

---

1) Die relative Bedeutungslosigkeit der Lohnkosten infolge der hohen Kapitalintensität und der großen Bedeutung der Grundrente hinderte das Ölkonsortium natürlich nie daran, Entlassungen mit zu hohen Arbeitskosten zu begründen. (Siehe Bartsch, W.H.: The Impact ..., a.a.O., S. 254.)

2) Fesharaki, F.: Development ..., a.a.O., S. 142.

ersetzen; zweitens befand sich der Energieverbrauch - als oft zitierter Indikator für die Höhe der wirtschaftlichen Entwicklung - selbst während der 70er Jahre immer noch weit unter dem Niveau kapitalistischer Industriestaaten[1] und drittens blieb der inländische Verbrauch relativ unbedeutend gegenüber den Exporten von Rohöl und seinen Derivaten.

Nach den Angaben der iranischen Zentralbank (Tab. 5) war der inländische Verbrauch an der gesamten Ölproduktion zwischen 1973 und 1976 in keinem Jahr höher als 8%, d.h. im Durchschnitt flossen über 90% der Produktion ins Ausland, und zwar fast ausschließlich in unbearbeiteter Form. Der Anteil des weiterverarbeiteten Öls (Inlandsverbrauch plus Export von Derivaten) an der gesamten Produktion schwankte auf überaus niedrigem Niveau zwischen 10 und 12,7%.

Langfristig hatte sich diese Situation unter der Herrschaft des Konsortiums sogar erheblich verschlechtert: Wurden 1957 noch 42,8% des gesamten Rohöls im Land raffiniert, so waren es 1964 nur noch 21,6% und 1975 die bereits erwähnten 12,7%.[2] Zwischen 1963 und 1972 betrug die Zuwachsrate in der Rohölproduktion 15%, die der Raffinerieprodukte aber nur 3,8%.[3] Entsprechend ging auch der Anteil des Irans an den Weltraffineriekapazitäten von 4,1% (1950), 2,0% (1960), 1,2% (1970) auf 1,0% (1976) langsam zurück.[4]

---

1) Nach Berechnungen der Weltbank war der Energieverbrauch pro Kopf im Bereich der Industriestaaten in 1975 fast viermal so hoch wie im Iran (vgl. Weltbank: Weltentwicklungsbericht 1978, August 1978, S. 89).

2) Løvbroek, A.: State ..., a.a.O., S. 91.

3) Panahi, B.: Erdöl ..., a.a.O., S. 26.

4) Berechnet nach BP: Das Handbuch vom Erdöl, Hamburg 1978, S. 733. Der Anteil der arabischen OPEC-Länder und des Iran an den Raffineriekapazitäten der kapitalistischen Welt betrug 1976 nur 4%, 1950 dagegen noch 7% (vgl. The Petroleum Publishing Co.: International Petroleum Encyclopedia, 1976, Tulsa 1976, S. 305ff).

Tabelle 5: Produktion, Exporte und Inlandsverbrauch von Erdöl, 1973 bis 1976

Produktion und Verwendung	1973		1974		1975		1976	
	Mio.Barrel	%	Mio.Barrel	%	Mio.Barrel	%	Mio.Barrel	%
Rohölproduktion	2 139,3	100	2 197,8	100	1 952,7	100	2 153,0	100
davon: Konsortium	(1 968,1)	(92,0)	(2 022,9)	(92,0)	(1 779,5)	(91,1)	(1 980,6)	(92,9)
Exporte	2 027,0	94,8	2 061,8	93,8	1 807,6	92,6	1 981,8	92,0
davon: Rohöl	(1 926,6)	(90,1)	(1 959,8)	(89,2)	(1 705,4)	(87,3)	(1 903,6)	(88,4)
Erdölprodukte	(100,4)	(4,7)	(102,0)	(4,6)	(102,2)	(5,3)	(78,2)	(3,6)
Inlandsverbrauch	112,3	5,2	136,0	6,2	145,1	7,4	171,2	8,0

Quelle: Bank Markazi Iran: Bulletin, Third Quarter 1977, Nr. 84, S. 296f, eigene Berechnungen.

Bei den rein extraktiv orientierten Interessen des ausländischen Ölkapitals, das die nationale Weiterverarbeitung weitgehend aussparte, wurde es erst Mitte der 60er Jahre möglich, einzelne Projekte im petrochemischen Bereich hochzuziehen, und zwar im wesentlichen in Form von Joint Ventures zwischen iranischem Staatskapital und privatem Auslandskapital außerhalb des Konsortiumbereiches.[1)]

Da sich diese Investitionen zumindest in den ersten Jahren größtenteils auf den Exportsektor richteten, brachten sie nur schwache Impulse für die einheimische Industrie und Landwirtschaft. Erst als in den siebziger Jahren trotz günstiger Rohstoffversorgung ihre unzureichende internationale Konkurrenzfähigkeit sichtbar wurde und die Ölgelder die interne Nachfrage nach Chemieprodukten ausdehnten, ergab sich für die Petrochemie ein wachsender interner Markt.[2)]

Auch beim Koppelprodukt Erdgas waren die ökonomischen Wirkungen eher indirekter als direkter Natur. Genutzt wurde dieser Rohstoff erst in den 70er Jahren, nachdem er jahrzehntelang völlig abgefackelt wurde. Die Nutzung ab 1971 beruhte auf einem Barter-Abkommen mit der Sowjetunion, das dem Iran die Finanzierung der Erdgaspipeline bis zur sowjetischen Grenze und des Schwerindustriekomplexes in Isfahan durch die UdSSR gegen eine langjährige Erdgas-Lieferverpflichtung an die Sowjetunion sicherte. Gleichzeitig wurden an diese von Süden nach Norden verlaufende Erdgasleitung die wichtigsten Verbraucherzentren des Landes angeschlossen.[3)]

---

1) 1965 wurde die "National Petrochemical Company of Iran" (NPCI) als Tochtergesellschaft der NIOC gegründet. Im 5. Entwicklungsplan wurde die Petrochemie nach der Schwerindustrie zum wichtigsten industriellen Einzelbereich. 1976 hatte die NPCI vier Komplexe in Betrieb, die Düngemittel, PVC und andere petrochemische Grundstoffe herstellen. Durch die Revolution wurde die Inbetriebnahme weiterer Chemiekomplexe hinausgezögert bzw. aufgehoben.

2) Turner/Bedore: Middle East Industrialisation - A Study of Saudi and Iranian Downstream Investments, Farnborough 1979, S. 31ff.

3) Erdgas stellt für die Petrochemie eine wichtige Alternative zum Erdöl dar. Die US-amerikanische Petrochemie gründet z.B. auf eigenen Vorräten an Erdgas (ebenda, S. 5).

2. KAPITALISMUS UND LANDWIRTSCHAFT

Die Entwicklung der iranischen Erdölindustrie und ihr Einfluß auf die gesamte Wirtschaft und Gesellschaft des Landes waren ein entscheidender Faktor für das Ausbleiben bzw. späte und hektische Einsetzen einer industriellen Entwicklung. Den zweiten wichtigen Faktor in diesem unterdrückten und deformierten Prozeß der Produktivkraftentwicklung bildete die Verfassung der Landwirtschaft und zwar unter zwei Aspekten:
Zum einen wurde mit dem Vordringen des Imperialismus vor 100 Jahren privates Eigentum an Grund und Boden gegenüber staatlichem Eigentum zwar zur dominierenden Form; bis ungefähr 1960 kam die ursprüngliche Akkumulation im Iran, wie wir in einem Punkt über die Auflösung der asiatischen Produktionsweise bereits gesehen haben, jedoch nicht über diesen nur den "Faktor" Boden berührenden Transformationsprozeß hinaus. Die bäuerliche Arbeitskraft blieb bis zu diesem Zeitpunkt weitgehend in den engen Zirkel der Subsistenzwirtschaft mit Tributpflicht eingebunden. Eine solche Bindung des allergrößten Teils der gesellschaftlichen Arbeitskraft war aber identisch mit der Hemmung einer etwas breiteren industriellen Entwicklung.[1] Weder die bürgerlich-nationale Teilrevolution von 1907 - 1909, noch die von Reza Schah bis 1940 durchgeführten Reformen in Wirtschaft und Gesellschaft stellten die von Absentismus und Teilbau geprägten Grundeigentumsverhältnisse in Frage.

Zum anderen schuf auch die Vollendung der ursprünglichen Akkumulation in Form der berüchtigten Weißen Revolution - selbst vom kapitalistischen Standpunkt aus gesehen - keine Grundlage für einen tragfähigen industriellen Modernisierungs- und Wachstumsprozeß. Die traditionellen landwirtschaftlichen Produktions- und Ausbeutungsformen wurden zerschlagen, ohne auf den Trümmern

---

1) Im Jahre 1956 lebten noch ungefähr 85% der persischen Bevölkerung direkt oder indirekt von der Landwirtschaft und 73% der gesamten Bevölkerung lebten auf dem Land (Nirumand, B.: Persien ..., a.a.O., S. 99).

der alten Ordnung funktionsfähige neue Betriebsformen und wirtschaftliche Verflechtungen zu etablieren.

Nach einer knappen theoretischen Problematisierung des Verhältnisses zwischen Agrarreform und Industrialisierung wollen wir dieser These, die sich auf eine ganze Reihe von Entwicklungsländern mit "Weißen" oder "Grünen Revolutionen" übertragen läßt,[1] in diesem Teil der Arbeit näher nachgehen.

2.1. Zum Verhältnis von Agrarreform und Industrialisierung

In seinem bedeutenden Werk über die Entwicklung des russischen Kapitalismus entwarf Lenin[2] in einem einleitenden Theorieteil idealtypisch das Bild eines raschen Übergangs vorkapitalistischer Agrargesellschaften in Gesellschaften kapitalistischer Prägung mit ausgeprägten Industriesektoren. Dieser raschen Transformation lag nach Lenin eine ausgeprägte Vertiefung der gesellschaftlichen Arbeitsteilung zugrunde, die - eingeleitet und beschleunigt durch Agrarreformen verschiedenen Typs - zunächst nichts anderes bedeutete als die Trennung der verarbeitenden von der extraktiven Industrie, dann weiterschritt in die Auffächerung der industriellen Produktionszweige und schließlich die Landwirtschaft selber in eine kapitalistisch betriebene Industrie verwandelte. Die progressive Zunahme der Arbeitsteilung wurde zum Hauptmoment im Reifeprozeß des inneren Marktes für den Kapitalismus, indem der Ruin der agrarischen Kleinproduzenten unweigerlich und relativ schnell eintrat, sobald die

---

1) Zur Agrarentwicklung in der Dritten Welt vgl. U.M. Baumgärtner/O.-H. Poppinga: Grundzüge der Agrarstruktur im peripheren Kapitalismus, in: Tibi/ Brandes (Hrsg.): Handbuch 2, a.a.O., S. 207-240 und Elsenhans, Hartmut: Agrarverfassung, Akkumulationsprozeß und Demokratisierung, in: Derselbe (Hrsg.): Agrarreform in der Dritten Welt, Frankfurt a.M., New York 1979, S. 505-652.

2) Lenin, W.I.: Die Entwicklung des Kapitalismus in Rußland, a.a.O., S. 25-58.

kapitalistische Produktion erst einmal Fuß gefaßt hatte.[1)]

Unter theoretischen Gesichtspunkten ist Lenins Darstellung der Durchsetzung kapitalistischer Verhältnisse zweifellos schlüssig, sie unterstellt jedoch implizit eine Schnelligkeit und Problemlosigkeit für diesen Prozeß, insbesondere bei der kapitalistischen Umstrukturierung der Landwirtschaft und der Absorbtion der ländlichen Arbeitskraft durch die Industrie, die vielleicht für die kapitalistischen Industrieländer im ausgehenden 19. Jahrhundert galten, nicht jedoch für die westlich dominierten Entwicklungsländer, und zwar auch nicht für diejenigen, in denen Agrarreformen schon längere Zeit zurückliegen.[2)]

Lenin und auch Marx konnten natürlich noch nicht voraussehen, daß die außengerichtete Entwicklung des Kapitalismus in der Peripherie nicht auf eine schnelle und totale Transformation ihrer traditionellen agrarischen Strukturen angewiesen war. Eine solche Umwandlung beschränkte sich vielmehr, wie z.B. Baran schon früh betont hat, einseitig auf die Zentren des Kapitalismus:
"Erstens brach (dort) die kapitalistische Entwicklung schnell über die Landwirtschaft herein und verursachte sozusagen eine landwirtschaftliche Gegenrevolution, um die landwirtschaftliche Revolution zu annullieren, bei deren Entstehung sie ursprünglich eine entscheidende Rolle gespielt hatte. Indem sie die

---

1) Dieser Ruin muß keineswegs, wie Lenin im Gegensatz zu den Unterkonsumtionstheorien seiner Zeit zu Recht behauptete, den inneren Markt kontrahieren, denn er bedeutet, daß zumindest ein Teil der Produktions- und Lebensmittel, die vorher in Subsistenzwirtschaft hergestellt wurden, jetzt als Waren gehandelt werden.

2) Eine solche Zähigkeit bestätigten nicht zuletzt die Agrarverhältnisse nach der Stolypinschen Landreform, deren Kapitalisierungsgrad Lenin stark überschätzte. Diese Zähflüssigkeit hatte allerdings nichts mit dem sogenannten Realisierungsproblem zu tun, sondern mit der Festigkeit und dem Riesenumfang der alten russischen Agrarverfassung, auf die Engels seinerzeit schon früh hinwies (Brief an N.F. Danielson, in: MEW, Bd. 39, Berlin 1968, S. 38).

Landwirtschaft so auf ein neues Niveau hob, bewirkte sie ihre "Kapitalisierung", d.h. sie führte zu einer neuen Konzentration der Produktion in den Händen kapitalistischer Landwirte; damit wurden aus am Eigenbedarf orientierten Kleinbauern einerseits Landarbeiter und andererseits am Markt orientierte landwirtschaftliche Unternehmer. Zweitens bewirkte sie eine Abwanderung großer Massen von Bauern in die Industrie, teils weil diese von den industriellen Arbeitsbedingungen angelockt wurden, vor allem aber, weil physische Not sie dazu zwang. Auf diese Weise verminderte sich die Bevölkerungsdichte in den bäuerlichen Gebieten und gleichzeitig hob sich das Einkommen derjeniger, die in der Landwirtschaft blieben. Drittens war man dank der sich schnell ausbreitenden Industrie bald in der Lage, den landwirtschaftlichen Erzeugern als Entgelt für das, was sie zu verkaufen hatten, Fabrikwaren anzubieten und auf diese Weise sowohl die Ernährung der anwachsenden städtischen Bevölkerung sicherzustellen, als auch die Landwirtschaft mit Maschinen, Düngemitteln und dergleichen zu versorgen, was wiederum zu einer Steigerung der landwirtschaftlichen Produktivität führte."[1]

Natürlich verlief diese Entwicklung der Zentren ungleichgewichtig, da die industrielle schneller als die agrarische Produktion wuchs und die ländliche Beschäftigungsmenge gegenüber der Industriearbeiterschaft relativ und absolut sehr stark abnahm. Insgesamt gesehen waren das industrielle und agrarische Wachstum aber wechselseitig sehr stark miteinander verzahnt, im Gegensatz zu den heutigen Entwicklungsländern, wo sich die landwirtschaftliche Produktion in einer Art Dauerkrise befindet und die städtischen Märkte kaum ausreichend und regelmäßig beliefern kann.[2]

---

1) Baran, P.A.: Politische Ökonomie des wirtschaftlichen Wachstums, a.a.O., S. 272.

2) Zu dieser Verzahnung und den wechselseitigen stofflichen Abhängigkeiten zwischen Industrie und Landwirtschaft siehe Schmidt, J.-L.: Entwicklungsländer, Frankfurt a.M. 1974, S. 95f.

Grob unterteilt lassen sich bürgerliche Agrarreformen bzw. -entwicklungen als notwendige Voraussetzung für das Wachstum des Kapitalismus in einer Gesellschaft in zwei typischen Grundformen, nämlich in einer "preußischen" und einer "amerikanischen", unterscheiden.[1] Im ersten Fall erfolgt die Agrarreform mit den Großgrundbesitzern an der Spitze, die fronherrliche Wirtschaft geht langsam in die bürgerliche "Junkerwirtschaft" mit mannigfaltigen Übergangsformen über; im zweiten Fall, bei schwachem Feudaleigentum, stehen die kleinen Bauernwirtschaften an der Spitze der ganzen Bewegung. Der Bauer "evolutioniert zum kapitalistischen Farmer"[2] und der Kapitalismus schreitet rasch voran.

War die "preußische" Form der bürgerlichen Agrarentwicklung, die Agrarreform "von oben", schon in Europa ein Hemmnis für die kapitalistische Industrie,[3] obwohl die Industrie letzten Endes doch genügend Impulse entwickeln konnte, die diese Schranke überwanden, so wirkte sie während der 50er und 60er Jahre in vielen Entwicklungsländern nur in ihren negativen Konsequenzen für die bäuerliche Bevölkerung: Sie beschleunigte die Bodenkonzentration, ließ die landwirtschaftliche Produktion stagnieren, setzte Arbeitskräfte frei, ohne ihnen Arbeits- und Einkommensalternativen zu bieten und verhinderte schließlich demokratische und mobilisierende Lebensformen auf dem Land.[4] In vielen Fällen erfolgte

---

1) Diese Unterscheidung geht auf Lenin zurück (Lenin: Das Agrarprogramm der Sozialdemokratie in der ersten russischen Revolution von 1905 bis 1907, LW, Bd. 13, Berlin 1972, S. 236.

2) Ebenda.

3) In Deutschland z.B. blieb der Bourgeoisie nur dieser Weg. Einerseits bestanden enge personelle und finanzielle Verbindungen zwischen ihr und dem ost-elbischen Junkertum, am besten manifestiert in der Ära unter Bismarck; zum anderen war die Bourgeoisie viel zu schwach, um alleine ein schnell wachsendes Industrieproletariat in Schach zu halten. Sie war daher auf die Allianz mit dem Landadel angewiesen.

4) Schon in einer seiner frühesten Schriften stellte Lenin fest, daß die gelegentlich auch von radikalen Vertretern der bürgerlichen Klasse geforderte umfassende Nationalisierung des Bodens als Gegenstück des "preußischen" Weges die "Mehrheit der Bourgeoisie abschreckt, da sie noch einem anderen, in unserer Zeit besonders wichtigen und 'empfindlichen' Monopol allzusehr 'auf den Leib rückt': dem Monopol an den Produktionsmitteln überhaupt." (Lenin, W.I.: Karl Marx, in: Lenin: Gesammelte Werke, Bd. 1, Berlin 1970, S. 46f.)

nur eine Vergrößerung und Vermehrung der ländlichen Notstandsgebiete, weil die Agrarreform nicht mit einem schnellen Aufstieg zum Industriekapitalismus gekoppelt war.

Alternativ dazu kann eine Agrarreform in einem Entwicklungsland nur dann einen großen Schritt vorwärts auf dem Wege des sozialen und wirtschaftlichen Fortschritts bedeuten, wenn sie "unter dem überwältigenden Druck der Bauern zustande kommt - mit anderen Worten, wenn sie den Charakter einer A g r a r r e v o l u t i o n annimmt ... Sie ist notwendig, um die rechtmäßigen Ansprüche der Bauern zu befriedigen und die wichtigsten Voraussetzungen für wirtschaftliches und soziales Wachstum zu erfüllen: nämlich das Freiwerden der schöpferischen Kräfte und Möglichkeiten der bäuerlichen Massen, die sich durch jahrhundertelange Unterdrückung und Knechtschaft nicht entfalten konnten und verkümmerten. Und sie ist ferner notwendig, weil nun durch eine Verteilung von Land an arbeitende Bauern die politischen und psychologischen Bedingungen erfüllt werden können, unter denen es möglich ist, einer rationalen Lösung der Agrarprobleme näherzukommen - und zwar kooperative, technisch hochentwickelte Farmwirtschaften, die von freien und gleichberechtigten Produzenten bewirtschaftet werden."[1)]

Unausgesprochen stellt Baran damit die Frage, ob ein solches kühnes Vorhaben anders als unter sozialistischen Bedingungen, d.h. bei gleichzeitiger Verstaatlichung der städtischen Industrien u n d politischer Entmachtung der abhängigen Bourgeoisie, vor sich gehen kann.

---

1) Baran, P.A.: Politische Ökonomie ..., a.a.O., S. 273f.

2.2. Die Weiße Revolution und ihre sozialen Folgen

2.2.1. Ursachen, Phasen und komplementäre Maßnahmen der Landreform

Die Weiße Revolution im Iran stellt zweifellos ein klassisches Beispiel für eine "von oben" durchgesetzte Agrarreform in der Dritten Welt dar, mit der die Zukunftslosigkeit der alten, vorkapitalistischen Verhältnisse überwunden werden sollte. Analog zu den Zielen, die Schoeller[1] an lateinamerikanischen Agrarreformen herausgearbeitet hat, sollten auch im Iran durch die Reform Akkumulationsmittel für eine Industrialisierung erschlossen werden, die den Bauern als Entschädigungszahlungen für die Landübereignung abgepreßt wurden und die den enteigneten Großgrundbesitzern indirekt wieder zuflossen, wenn sie nur bereit waren, ihren Gang in den kapitalistischen Sektor des Landes anzutreten. Auf eine nie vernünftig durchdachte Art und Weise versprach sich das Regime von der Agrarreform außerdem eine Ausdehnung des bebauten Landes und eine Steigerung der landwirtschaftlichen Produktivität und somit des gesellschaftlichen und agrarischen Mehrprodukts.

Anfang der 60er Jahre war in der Tat immer deutlicher geworden, daß Veränderungen in dieser Richtung aus ökonomischen und politischen Gründen zwingend notwendig wurden. Nach dem Zweiten Weltkrieg war die kapitalistische Weltwirtschaft langsam in eine Phase eingetreten, in der nicht allein nur die Beherrschung der extraktiven Exportenklaven durch multinationale Unternehmen, sondern auch eine partielle Industrialisierung in den mittleren bis großen Entwicklungsländern auf der Tagesordnung stand. Mit dem Wachstum der innerimperialistischen Konkurrenz und den Befreiungsbewegungen in der Dritten Welt suchte vor allen Dingen das amerikanische Finanzkapital nach neuen Expansionsmöglichkeiten,

---

1) Schoeller, W.: Weltmarkt ..., a.a.O., S. 233.

bald gefolgt von europäischen und japanischen Konzernen.

Bis zu diesem Zeitpunkt schloß der Imperialismus noch auf breiter Grundlage Kompromisse mit feudalen Systemen in der Dritten Welt, danach jedoch begannen die ökonomischen und politischen Versuche zur neokolonialistischen Einbeziehung der betreffenden Gesellschaften als organische Bestandteile in das westliche Wirtschaftssystem. Von der Kennedy-Administration wurde die neue Strategie zuerst formuliert und im Iran führte sie zu einer modifizierten Konsolidierung der amerikanischen Iranpolitik.

Die Beseitigung der spezifischen vorkapitalistischen Verhältnisse auf dem Lande wurde zwar wegen der agrarstrukturellen und -ökonomischen Problematik unabwendbar, wie Dreskornfeld[1] unter Hinweis auf die sich beschleunigenden Stagnationstendenzen um die Jahrhundertmitte konstatiert hat (mangelnde Investitionen des absentistischen Großgrundbesitzes, dadurch Unsicherheit der Wasserversorgung, Bodenerosion und -verarmung, mangelhafte Bodenbearbeitung, Düngermangel und Überstockung, flächenextensive Produktion mit absinkenden Hektarerträgen, Zunahme der verdeckten ländlichen Arbeitslosigkeit, Bodenzersplitterung, Besitzunsicherheit etc.); den unmittelbaren Anlaß für die Weiße Revolution bildete jedoch die Krise zu Beginn der 60er Jahre, die der iranischen Komperadoren-Bourgeoisie mit einer gebremsten Expansion der Einnahmen aus den Ölexporten, der Einstellung der amerikanischen Entwicklungshilfe, einer beschleunigten Inflation und einer zusammenbrechenden Spekulation ihre geringen Entfaltungsmöglichkeiten unter dem alten Modell klar vor Augen führte.[2]

Bei gleichzeitig verstärkter politischer Repression kam es daher anfangs der 60er Jahre außerdem zur massiven Bedrohung des Schah-Regimes durch große Massendemonstrationen, die mit brutaler Ge-

---

1) Dreskornfeld, F.: Agrarstrukturwandel ..., a.a.O., S. 78-80.

2) Vgl. Keddie, N.R.: The Iranian Village Before and After Land Reform, in: Bernstein, H. (Hrsg.): Underdevelopment ..., a.a.O., S. 164.

walt niedergeschlagen wurden. Allein während der großen Demonstrationen am 5. Juni 1963, die sich gegen die Verhaftung Khomeinis richteten, ließen mehrere Tausend Menschen ihr Leben.[1]

Aufgrund dieser Spannungen war der Schah, der sich anfänglich noch gegen das von US-Beratern angebotene Programm gestellt hatte, schließlich bereit, die Reformen durchzuführen, um selbst an der Macht zu bleiben.[2] Der Herausforderung von 1963, die hauptsächlich von der städtischen Mittelklasse, insbesondere ihren neu entstandenen Schichten (Studenten, Lehrer, Techniker, Künstler etc.) ausging, suchten der Schah und die herrschende Elite durch eine Bindung der Bauern über die Agrarreform zu begegnen.[3]

---

1) Zur Entwicklung dieser Bewegung vgl. Bill, J.: The Politics of Iran, a.a.O., S. 139 und Lambton, A.K.S.: The Persian Land Reform, Oxford 1969, S. 112f.

2) Zweifellos unterlag das persische System in jenen Jahren starken Spannungen, die bis zu partiellen Auseinandersetzungen zwischen Amerika und der damals herrschenden Fraktion gingen und die erst gelöst werden konnten, nachdem das alte asiatisch-feudale System durch das Modell des abhängigen Kapitalismus abgelöst wurde (vgl. Zonis, Marvin: The Political Elite, a.a.O., S. 69ff und Djazani, B.: Klassenkämpfe ..., a.a.O., S. 64ff). Die amerikanische Politik war ähnlich wie diejenige, die man in Lateinamerika als Gegenreaktion auf die kubanische Revolution angestrebt hatte. Durch die Einwilligung zu den amerikanischen Vorstellungen sicherte sich der Schah die amerikanische Unterstützung und Billigung seines innenpolitischen Kurses. Für die verschiedenen nationalistischen und linken Kräfte, die gegen die Stärkung der Pahlawi-Diktatur Widerstand geleistet hatten, bedeutete dies, daß sie völlig in die Defensive gedrängt wurden. (Vgl. Halliday, F.: Iran ..., a.a.O., S. 34 und 232.)

3) Bill spricht im Zusammenhang mit der Weißen Revolution nüchtern von einer Politik der Systemerhaltung (Bill, J.: The Politics ..., a.a.O., S. 133). "It (die Weiße Revolution, d.Verf.) has taken place within the traditional context of patrimonial rule. His primary goal is not to develop Iran but to preserve and strengthen his own power and that of his family, to assure the survival of the monarchy." (Sinai, R.I.: Problems of Transition to Economic Growth and Modernization in Middle Eastern Societies, in: Stone, R.A. (Hrsg.): OPEC and the Middle East, New York, London 1977, S. 51.)

Die einzelnen Phasen der Reformen während der 60er Jahre zeigten jedoch, daß die Ablösung der überkommenen Agrarverhältnisse, die im übrigen nie durch starke Bauernbewegungen bedroht wurden, für die abhängige Bourgeoisie nicht die gewünschte Verbreiterung der Klassenherrschaft brachten, da die Entwicklung einer kapitalistisch orientierten Bauernklasse ("Kulaken") ausblieb.

Kurz vor der Agrarreform befanden sich nach Planck[1] mehr als 80% von 41 000 iranischen Dörfern, die registriert waren, im Besitz privater Grundherren inklusive der Schah-Familie, des Staates oder religiöser Stiftungen und wurden durch die mehr oder minder hörigen Bauern im Teilwirtschaftssystem bewirtschaftet. Allein 37 feudale Großgrundbesitzerfamilien verfügten über 38% der iranischen Dörfer;[2] einzelne Ländereien erreichten eine Ausdehnung von der Größe Belgiens oder der Schweiz. Die Pahlawi-Dynastie als größte Großgrundbesitzerfamilie hatte zeitweilig mehr als 4 000 Dörfer, zumeist in den fruchtbarsten Gebieten, zusammengerafft.[3]

Infolge dieser extremen und ineffektiven Bodenkonzentration fehlte praktisch eine bäuerliche Mittelschicht. Nur 7% der iranischen Bauern besaßen vor der Landreform mehr als drei Hektar an eigenem Boden, d.h. mindestens 93% aller bäuerlichen Familien mußten sich zur Existenzsicherung als Teilbauern bei den Landlords und

---

1) Planck, U.: Iranische Dörfer ..., a.a.O., S. 21ff.

2) Vgl. "Die Landreform im Iran und ihre Auswirkungen", aus der Reihe: Landwirtschaftliche Untersuchungen der 'Guerrilla-Organisation Fedayin des iranischen Volkes', o.O., o.J., S. 13f. (Im folgenden zitiert als "Die Landreform ...")

3) Durch den vereinzelten Verkauf von Ländereien in den 50er Jahren begann sich die Stellung des Schahs in ökonomischer Sicht schon langsam zu wandeln (vgl. Lambton, A.K.S.: Persian Land Reform, a.a.O., S. 54f). Aus dem obersten Großgrundbesitzer wurde allmählich der mächtigste Kapitalist.

ihren Verwaltern verdingen.[1] Die Bauern waren zum "mißachtetsten Teil der Bevölkerung"[2] herabgesunken. Neben diesen Bauernexistenzen (rd. 1,9 Mio. Familien) gab es vor der Landreform in den Dörfern schon eine breite landlose Bevölkerung, sogenannte Khosch-Neschinan (rd. 1,3 Mio. Familien), deren Ansprüche ans Leben teilweise noch unter denen der Bauern lagen.[3]

Die Transformation dieser stationären Verhältnisse durch die Agrarreform erfolgte in drei Etappen ab 1961 während eines Zeitraumes von ungefähr zehn Jahren. Kennzeichnend für alle Etappen wurde die Fixierung zahlreicher Ausnahmeregelungen, welche die alten Großgrundbesitzer auf schonendste Weise behandelten bzw. ihnen bei der Verstaatlichung ihres Grund und Bodens die Möglichkeit zur Investition in anderen Bereichen eröffneten.

Schon in der 1. Phase (1962-1965), wie auch für die folgenden Etappen, blieben Obst- und Gemüsegärten, Teeplantagen im Norden und teilmechanisierte Landbetriebe[4] von der Verstaatlichung ausgenommen. Ähnlich protegierend wirkte die Bestimmung, daß der Grundbesitz weiterhin aus einem Dorf (sechs dangs) bestehen durfte, das zudem noch aus Teildörfern verschiedener Regionen "zusammengefügt" werden konnte. Auf diesem Weg blieb

---

1) Planck, Ulrich: Der Teilbau im Iran, Zeitschrift für ausländische Landwirtschaft, Frankfurt a.M., 1/1962, S. 57. Zur Miniparzellenwirtschaft der überwiegenden Masse der Bauern kontrastierte die Tatsache, daß infolge des Bodenmonopols der Großgrundbesitzer nur rund ein Drittel des anbaufähigen Bodens bewirtschaftet wurde.

2) Frauendorfer, Sigmund: Agrarwirtschaftliche Beobachtungen im Iran, in: Berichte über Landwirtschaft, Hamburg, Berlin, 33. Jg. 1955, S. 304.

3) "Die Landreform ...", S. 16f. Diese Landlosen setzten sich zusammen aus kleinen Ladenbesitzern, Händlern, Viehzüchtern, Mullahs und natürlich Landarbeitern.

4) Es kam vor, daß die Landlords die Bauern aus dem Dorf vertrieben, um das Land dann als mechanisierte Betriebe vor der Verstaatlichung zu bewahren. Gelegentlich ließ schon der eilige Kauf eines Traktors einen mechanisierten Betrieb entstehen (Dreskornfeld, F.: Agrarstrukturwandel ..., a.a.O., S. 106).

die direkte Kontrolle mehrerer Dörfer weiterhin möglich, ganz abgesehen davon, daß durch Besitzteilung innerhalb der Grundbesitzerfamilien noch vor der Reform immer mehr als ein Dorf im Familienbesitz gehalten werden konnte.

Es ist daher nicht überraschend, daß während der ersten Phase schätzungsweise nur ein Sechstel aller Dörfer, zumeist mit ungünstigen klimatischen und Bodenbedingungen, an die Bauern verteilt wurde[1] und die davon berührten 700-800 000 Bauernfamilien in der großen Mehrheit nur völlig unzureichende Landstücke gegen Schuldverschreibungen zugewiesen bekamen. Der Exodus der Bauern in die Städte wurde über diese Restriktionen früh vorprogrammiert,[2] denn für die bäuerliche Bevölkerung waren und blieben die Verhältnisse auf kleinem Grundbesitz bzw. in dem Dorf, das dem Grundherrn jeweils verblieb, mindestens ebenso drückend wie auf dem bisherigen Großgrundbesitz.[3]

An diesen Verhältnissen, die das Wachstum eines unabhängigen Bauerntums und der landwirtschaftlichen Produktion nicht zuliessen, änderte sich auch in der zweiten und dritten Phase nichts Entscheidendes. Wie in der ersten, so bestand auch in der zweiten Phase die Prädominanz des Eigentums in der Entscheidung über die Veränderungen: In der ersten Phase konnte der Grundeigentümer sein Dorf selbst auswählen; jetzt hatte er die Alternative,

---

1) Vgl. Planck, U.: Iranische Dörfer ..., a.a.O., S. 26.

2) Ein betroffener Bauer bemühte folgenden Vergleich: "Würden wir uns die Größe der Ländereien der Großgrundbesitzer wie die eines 12 qm großen Teppichs vorstellen, so wäre der Anteil der Bauern an diesem Boden so groß wie eine Streichholzschachtel." Und in Anspielung auf überhöhte Bodenpreise meinte ein anderer Bauer: "In der Vergangenheit gab es nächtliche Diebstähle in den Dörfern, heute ereignen sie sich am hellichten Tage durch einen Federstrich." ("Die Landreform ...", S. 71f). Über teilweise dramatische Verschlechterungen der Bauernexistenzen in einzelnen Dörfern berichtet Rafipoor, Faramarz: Das "Extension and Development Corps" im Iran,Saarbrücken 1974, S. 176ff.

3) Vgl. Dreskornfeld, F.: Agrarstrukturwandel ..., a.a.O., S. 99.

darüber zu entscheiden, welchen Weg der Reform er einschreiten wollte. Konkret wurden den Landlords in diesem Stadium fünf Optionen angeboten: Verpachtung auf 30 Jahre oder Verkauf der Ländereien an die Bauern, gemeinsame Bewirtschaftung mit den ehemaligen Teilbauern, Einbringung des Grundbesitzes in sogenannte Landverteilungsverbände und schließlich die Errichtung mechanisierter Gutsbetriebe bei Verwandlung der bisherigen Teilbauern in Tagelöhner.[1)]

Offensichtlich stellte die erste Möglichkeit das günstigste Angebot für die Grundeigentümer dar, denn zwischen 1965 und 1968 wurden 80% der von dem Gesetz betroffenen Teilbauern in die Pachtposition gedrängt, d.h. ihre ökonomische Situation änderte sich gegenüber dem Teilwirtschaftssystem nur insofern, als eine große Anzahl von Bauern vom Land überhaupt freigesetzt wurde und die Geldrente stärker die Produktenrente substituierte.

Die den Bauern vertraglich abgepreßten Fixpachten entsprachen ziemlich genau den bisherigen Tributen an die Grundherren. Essentiell fand in dieser Phase nur eine bescheidene Pachtreform statt; ähnlich wie zu Beginn der Agrarreform beschränkte sich die Verstaatlichung und nachfolgende Übereignung an die Bauern praktisch auf unfruchtbare und wasserarme Gebiete. Nach Abschluß der zweiten Phase war nur etwas mehr als ein Drittel aller Bauern zu Eigentümern ihrer Minifundien geworden; die große Mehrzahl wurde dem reformierten Pachtsystem unterworfen (rd. 40%) bzw. wurde in das System der ländlichen Aktiengesellschaften integriert (5%) oder blieb weiterhin im alten Nassagh-System gebunden (24%).[2)]

Im Resultat wurden die Bauern in der zweiten Phase der Weißen Revolution in zwei soziale Schichten gespalten: in eine, die

1) Planck, U.: Iranische Dörfer ..., a.a.O., S. 27.

2) Angaben nach ebenda, S. 31.

plötzlich zu Eigentümerbauern wurde, und in eine andere, die sich im alten oder neuen Pachtsystem wiederfand und zwar infolge von Kriterien, auf die sie keinerlei Einfluß ausüben konnte. Einen weiteren wichtigen Ansatzpunkt innerdörflicher Spannungen bildete der endgültige Ausschluß der Dorfbewohner, die bisher keinen Zugang zum Boden hatten, vom Bodenerwerb. Die Reform verfestigte ihren Status als dörfliche Unterschicht und vergrößerte den sozialen Abstand zu den anderen dörflichen Gruppen.[1)]

Nur in geringem Umfang führte das Entstehen von Bauernbetrieben mit eigenem Land zur Ausdehnung kapitalistischer bzw. halbkapitalistischer Produktionsverhältnisse, weil die zugeteilten Betriebsgrößen keine entscheidende Produktionsausdehnung zuließen. Auch die Verwandlung eines Teils der Feudalbesitztümer in "junkerliche" Güter brachte keine entscheidenden Impulse für die Entwicklung des inneren Marktes. Die Transformation der ehemaligen mittleren und großen Grundeigentümer zu Agrarkapitalisten, die mit modernen landwirtschaftlichen Methoden wirtschafteten, verlief äußerst zähflüssig und war stark geprägt von den traditionellen Verhaltensweisen.

In einer dritten Phase der Agrarreform (1968) sollten schließlich das kurz zuvor installierte Pachtwesen und die Reste des alten Teilwirtschaftssystems abgeschafft werden, indem die Bauern die Möglichkeit zum Kauf des Bodens, der von ihnen bearbeitet wurde, eingeräumt werden sollte. Nach Ehlers wurden bis 1970 jedoch nur 14% der Pachtbauern zu Eigentümern ihrer Betriebe.[2)]

Selbst wenn es stimmt, daß bis zum Ende des Schah-Regimes - entsprechend der Zielsetzung in der dritten Phase - die überwiegende Mehrzahl der Kleinbauern zu Eigentümern des von ihnen bewirt-

---

1) Dreskornfeld, F.: Agrarstrukturwandel ..., a.a.O., S. 100.

2) Ehlers, E.: Agrarsoziale Wandlungen im kaspischen Nordpersien, in: Berichte des deutschen Geographen-Tages, Erlangen 1971, S. 289.

schafteten Bodens wurde,[1] so änderte sich deshalb nichts an ihrer prekären ökonomischen und sozialen Situation. Anstelle von Pachtzahlungen an die ehemaligen Grundherren hatten sie nun ihre Ratenzahlungen an die staatlichen Institutionen zu leisten, von denen sie ihr Land und bescheidene Kredite erhalten hatten; sie unterlagen der ständigen Gefahr, die Verfügungsgewalt über ihre bescheidenen Anbauflächen durch die hohe Verschuldung bzw. die staatliche Reintegrationspolitik während und nach der Agrarreform völlig zu verlieren.

Mit dem Vordringen des bäuerlichen Kleineigentums anstelle des traditionellen Teilbaus, der kapitalistischen Gutswirtschaften und der Ausdehnung des Waren- und Geldverkehrs wurden die überkommenen Agrarstrukturen durch die Weiße Revolution zweifellos als dominierende Formen beseitigt. Damit dieser Übergang weder die alten Landlords schädigte noch die Bauern von der Knute der Despotie freikamen, wurden neben den eigentlichen Grundeigentums- und Bewirtschaftungsreformen noch eine Reihe komplementärer Maßnahmen durchgeführt.

In bezug auf die Transformation der alten Grundbesitzerklasse bestätigte sich bald die Hoffnung des Schahs, daß die privaten Grundherren "die Landreformpolitik nicht mit ungerechtfertigter Enteignung und doktrinären Philosophien angeblicher oder wirklicher Klassenkämpfe verwechseln würden."[2] Dieser Klasse wurde zum einen die Chance gewährt, einiges von ihrem Land behalten zu können, meist die besten Stücke. Zum anderen sah einer der zwölf Punkte der Weißen Revolution die Schaffung profitab-

---

1) Mehner schreibt, daß 1974 92% des zuvor verstaatlichten Bodens in Eigentum ihrer Bewirtschafter übergingen. Leider kann er uns jedoch nicht den Anteil des von der Agrarreform überhaupt betroffenen Kulturlandes mitteilen (Mehner, H.: Die iranische Agrarwirtschaft - Ihre Struktur und gegenwärtige Produktion, in: Orient, Heft 1, 1978, S. 35).

2) So D.R. Denman, ein Verteidiger der Weißen Revolution (zitiert nach Halliday, F.: Iran ..., a.a.O., S. 128).

ler Investitionsmöglichkeiten für die früheren Landlords durch Aktienverkäufe staatlicher Industrien vor (Zucker-, Textil-, Baumwollfabriken, Lebensmittelbetriebe).[1]

In der Phantasie des Schahs und in Analogie zu Vorstellungen der traditionellen Entwicklungstheorien wurde auf diese Art und Weise "das brachliegende Kapital (der Landlords, d.Verf.) volkswirtschaftlich sinnvoll verwendet."[2] Tatsächlich wurde durch die Transaktion Land gegen Industrieanteile kein Rial zusätzliches Kapital geschaffen; im Gegenteil wurde nur einer industriell völlig unerfahrenen Klasse plötzlich die Verfügung über Produktivkapital in nicht unerheblichem Wert in die Hände gespielt. Damit ging ein Teil der Grundeigentümer in der städtischen Privatbourgeoisie auf. Wieder andere wurden auf die eine oder andere Weise gut bezahlte Staatsangestellte oder verdingten sich als Manager bei staatlichen oder privaten Unternehmen. Sicherlich wurde durch diese Transformation der Grundeigentümer die Entwicklung der Komperadoren-Bourgeoisie wirksam unterstützt, weil sie in diese zur alleinigen Herrschaft gelangten Klasse integriert wurden.

Die intendierte kapitalistische Entwicklung hatte flankierend zu den übrigen Maßnahmen auch eine adäquate Anpassung der massenhaften ländlichen Arbeitskraft an die neuen Erfordernisse zur Voraussetzung. Entsprechend dem martialischen Charakter des ganzen Regimes entstand daher unter der Kontrolle des Geheimdienstes SAVAK[3] eine "Armee des Wissens",[4] eine "Armee der Gesundheit" und eine "Armee des Aufbaus und der Entwicklung"[5]

---

1) Pahlawi, M.R.: Die soziale Revolution Irans, Düsseldorf, Köln 1967, S. 77.

2) Ebenda.

3) Vgl. Kanani, N.: SAVAK ..., a.a.O., S. 21f.

4) Diese Armee setzte sich aus wehrpflichtigen Abiturienten zusammen, die zur Alphabetisierung der Bauern auf das Land geschickt wurden.

5) Vgl. Rafipoor, F.: Das "Extension and Development Corps" ..., a.a.O., und Naini, A.: Entwicklungsplanung ..., a.a.O., S. 166f.

zur Mobilisierung der bäuerlichen Massen. Ihrer ökonomischen Zielvorstellung nach lassen sich diese Bemühungen als Versuche interpretieren, die potentiellen Arbeitskräfte in einem Maße zu qualifizieren, medizinisch zu betreuen oder anzuleiten, daß eine partielle Integration in neuen Beschäftigungsbereichen bzw. der reformierten Landwirtschaft möglich wurde.[1)]

Der geringe Alphabetisierungsgrad der iranischen Bevölkerung (63% Analphabeten im Jahre 1971[2)]), der sich in den 70er Jahren nicht entscheidend verbesserte, läßt jedoch vermuten, daß diese "Armeen" ihr Ziel nicht so sehr in einer Qualifizierung und Erhaltung der ländlichen Arbeitskräfte gesehen haben, sondern in einer Einschwörung der Landbevölkerung auf die Ziele des Schah-Regimes und in der Öffnung gegenüber ausländischen Einflüssen, die sich vor allem in einem schnell wachsenden Radio- und Fernsehnetz sowie in den dörflichen Kulturhäusern stark durchgesetzt hatten.[3)]

An zentraler Stelle bezeichnete es der Schah als "vornehmste Aufgabe" der Weißen Revolution, "die iranische Frau aus den Fesseln alter Ketten zu befreien."[4)] Im wesentlichen verfolgte er, der bei diversen anderen Gelegenheiten eher abfällig über die Fähigkeiten der Frauen urteilte,[5)] dabei nur den doppelten Zweck, einerseits in der Gesellschaft Veränderungen herbeizuführen, die für ihr reibungsloses Funktionieren notwendig waren, und andererseits Emanzipationsbewegungen zuvorzukommen, die vom Staat unab-

---

1) Auf dieser Grundlage sollten dann durch die Errichtung von Berufs- und Hochschulen Spezialisten für den Industriesektor herangebildet werden.

2) Statistisches Bundesamt Wiesbaden, Allgemeine Statistik des Auslandes: Iran, 1976, S. 15.

3) Vgl. "Die Landreform ...", S. 8.

4) Pahlawi, M.R.: Die soziale Revolution ..., a.a.O., S. 112.

5) So meinte er in einem Interview mit Oriana Fallaci: "Sie (die Frauen) haben nichts wirklich Großes hervorgebracht, wirklich nichts." (Zitiert nach Jalil, T.: Arbeiter des Iran - Unterdrückung und Kampf für demokratische Gewerkschaften, Stuttgart 1977, S. 19.)

hängig waren und radikale Forderungen stellten. Das Familienschutzgesetz von 1967 verbot daher auch nur die schlimmsten Mißstände des früheren Systems (z.B. Zeitehen), ohne die Ungleichheit zwischen Männern und Frauen in der Familie und in ökonomisch-gesellschaftlicher Hinsicht aufzuheben.[1)]

2.2.2. Die Auflösung des kleinbäuerlichen Sektors

2.2.2.1. Die verfestigte Bodenkonzentration

Im Gegensatz zu den ursprünglich geäußerten Intentionen änderte sich durch die Landreform nichts an der extrem ungleichen Bodenverteilung. Schon diese Tatsache zeigt, daß die auf die Ausdehnung einfacher und kapitalistischer Warenproduktion abzielenden Änderungen keine wirkliche Lösung im Interesse der Bauernmassen und einer schnellen Entwicklung der Produktivkräfte in der iranischen Landwirtschaft herbeiführten.

Nach Berechnungen von Aresvik (Tab. 6), die sich weitgehend mit Daten anderer Irankenner decken,[2)] verfügten 1972, als die

---

1) So konnte die Frau weiterhin nicht ohne Einwilligung der Eltern heiraten. Der Mann hatte das Recht, den Wohnort der Frau zu bestimmen. Unter bestimmten Bedingungen konnte der Mann eine zweite Frau heiraten. Mütter hatten kein Recht auf ihre Kinder, wenn der Vater sie beanspruchte. Eine Frau durfte das Land ohne Zustimmung des Vaters oder Ehemannes nicht verlassen. Frauen durften nicht als politisches Personal im Außenministerium tätig werden. Im Verlauf der Agrarreform wurde nur an Männer Land verkauft etc. (vgl. ebenda, S. 15-21). Die Analphabetenquote lag bei Frauen etwa 20% höher als bei Männern; das bewirkte, daß die Frauen, die während der 70er Jahre ständig ihren Beschäftigungsanteil ausdehnten, im Durchschnitt die unqualifiziertesten und schlechtbezahltesten Arbeiten auszuüben hatten (zur Frauenproblematik vgl. "Frau und Revolution im Iran", ohne Autor, Hannover 1980).

2) Mehner, H.: Die iranische Agrarwirtschaft ..., a.a.O., S. 47 und Gehrke/Mehner: Iran - Natur, Bevölkerung, Geschichte, Kultur, Staat, Wirtschaft, Tübingen, Basel 1975, S. 376f.

Tabelle 6: Struktur der iranischen Landwirtschaft, 1972

Betriebsgröße	Familien oder Landbetriebe (1000)	%	Ländliche Bevölkerung (1000)	%	Bewirtschaftete Fläche %	Produktionsanteil %	Anteil an der kommerziellen Produktion
Groß (>100ha)	7	-	36	-	12	6	77
Mittel							
- 51-100ha	10	-	52	-	4	36	
- 11- 50ha	394	16	2048	12	46		
Klein							
- 6- 10ha	434	17	2257	13	21	41	19
- 3- 5ha	545	22	2834	16	12		
- 1- 2ha	342	13	1774	10	3		
< 1ha	801	32	4165	23	2		
Subtotal	2533	100	13.170	74	100	83	
- Nomaden	100		600	3	-	17	4
- Ländl.Bevölkerung ohne Landbesitz	790		4.119	23	-		
Total	3.423		17.889	100	100	100	100

Quelle: Aresvik, Oddvar: The Aquicultural Development of Iran, New York 1976, S. 101 u. 103.

Bodenverteilung abgeschlossen war, 84% aller Familien bzw. Landbetriebe im Durchschnitt über weniger als 10 Hektar; 67% waren der Gruppe bis 5 Hektar und 32% der Gruppe mit weniger als einem Hektar zuzuordnen. Als untere Existenzgrenze galt im Durchschnitt eine Betriebsgröße von 7 Hektar.[1)]

Entsprechend dieser Daten lebten rund 85-90% der ländlichen Bevölkerung (Landlose und Kleinbetriebe) unter der Armutsgrenze. Alle Kleinbetriebe bis 5 Hektar hielten einen Anteil von nur 17% an der gesamten bewirtschafteten Fläche, während mittlere bzw. große Landbetriebe (Güter, Agri-Business-Betriebe) 50 bzw. 12% an der bewirtschafteten Fläche verwalteten. Da praktisch ausschließlich Kleinbetriebe unter die Landzuteilung der Agrarreform fielen, kann man folgern, daß kaum mehr als 20% des bebaubaren Bodens durch die Reform an die ehemaligen Teilbauern verteilt wurden.[2)]

Entsprechend ungünstig war 1972 auch der Anteil der Kleinbetriebe an der landwirtschaftlichen Produktion: "While farms under eleven hectares occupy about 40 percent of the land and produce a similar proportion of the agricultural gross output, they provide less than 20 percent of the marketed agricultural produce. This is a consequence of the fact that small farms have low cash sales and many are pourely subsistence operations, with no sur-

---

1) Mehner ist sogar der Meinung, daß immer noch die Hälfte aller Betriebe zwischen 10 und 50 Hektar Betriebsgröße den Charakter von Subsistenzwirtschaften hatte. (Mehner, H.: Die iranische ..., a.a.O., S. 35.) Aresvik errechnete, daß zur Produktion eines erträglichen Pro-Kopf-Einkommens im landwirtschaftlichen Betrieb bei Weizenanbau auf unbewässertem Land 70 Hektar, bei Teilbewässerung 9 Hektar, bei intensiver Bewässerung 5 Hektar und beim Reisanbau 2,5 Hektar zu Beginn der 70er Jahre notwendig waren (Aresvik, Oddvar: The Agricultural Development of Iran, New York 1976, S. 104).

2) Bis auf wenige Ausnahmen gingen aus den Landverteilungsmaßnahmen keine Betriebe mit mehr als 5 Hektar Größe hervor. Von den Betrieben bis 5 Hektar fiel im übrigen jeder Sechste schon vor der Reform unter den Status "Eigentümerbauer" (vgl. Gehrke/Mehner: Iran - Natur ..., a.a.O., S. 376).

plus for sale."[1]

2.2.2.2. Die Proletarisierung der Bauernschaft

Die Durchsetzung kapitalistischer Verhältnisse als gesellschaftlich dominierender Form hängt von Momenten ab, "worin große Menschenmassen plötzlich und gewaltsam von ihren Subsistenzmitteln, losgerissen und als vogelfreie Proletarier auf den Arbeitsmarkt geschleudert werden. Die Expropriation des ländlichen Produzenten, des Bauern, von Grund und Boden bildet die Grundlage des ganzen Prozesses."[2]

Die Usurpation des Staats- und Gemeindelandes durch die Landlords mit Beginn der imperialistischen Beherrschung im vorigen Jahrhundert stellte im Iran zwar schon einen ersten Schritt in diese Richtung dar, aber erst die Weiße Revolution brachte es fertig, große Teile der Bauernschaft bzw. der landlosen Dorfbevölkerung aus ihrer traditionellen, engen Umgebung herauszureißen, um sie ohne jegliche soziale und finanzielle Sicherheit ins Proletariat bzw. Subproletariat zu schleudern.

Die im vorigen Punkt beschriebene Bodenverknappung für die grosse Masse der ländlichen Bevölkerung,[3] d.h. des kleinbäuerlichen

---

1) Aresvik, O.: The Agricultural Development..., a.a.O., S. 100. Dies ist nicht zuletzt auch der Tatsache geschuldet, daß nur ein Viertel des Bodens im traditionellen Sektor und auch nur in unregelmäßigen Abständen bewässert wurde. Außerdem änderte sich durch die Reform nur wenig an den archaischen technischen Anbaumethoden (vgl. IBRD/IDA: The Economic Development of Iran, Bd. 2, Washington D.C., Oktober 1974, S. 7).

2) Marx, K.: Das Kapital, Bd. 1, a.a.O., S. 744.

3) Die Knappheit wurde in den 60er Jahren noch zusätzlich durch das ländliche Bevölkerungswachstum und das islamische Erbrecht verschärft, die zur weiteren Zersplitterung und Parzellierung des Bodens führten. Ehlers spricht von einer katastrophalen Wirkung der islamischen Realteilung auf die Existenz- und Überlebenchancen der meisten Kleinbetriebe (Ehlers, E.: Die iranische Agrarreform - Voraussetzungen, Ziele und Ergebnisse, in: Elsenhans, H. (Hrsg.): Agrarreform ..., a.a.O., S. 451).

Sektors und der landlosen Khosch-Neschinan war in diesem Prozeß zweifellos eine notwendige Voraussetzung; es mußten jedoch noch zusätzliche Mechanismen wirken, um diese Verknappung für die ländliche Bevölkerung in eine Freisetzung großen Umfangs zu transformieren. Dabei wurde nur im seltensten Falle zum direkten Mittel der gewaltsamen Vertreibung der Kleinbauern gegriffen, wie z.B. im Zuge der Errichtung einiger kapitalistischer Großfarmen im Süden des Landes.[1)]

Gegenüber den offenen Gewaltformen im Bereich eines künstlich implantierten Agribusiness, das auf ehemals bäuerlichen Landwirtschaften entstand, bewirkten die partielle Mechanisierung der ehemaligen Feudalgüter mit ihrer Vertreibung der Teilbauern und die Ausdehnung von Gartenländereien und Fruchthainen zum Schutz vor der Landreform sehr viel größere Freisetzungseffekte.[2)]

Das entscheidende Moment in dieser Entwicklung war aber zweifellos die von den Landlords auf den Staat als neuem "Superlandlord" übergegangene Abhängigkeit der Bauern im finanziellen und infrastrukturellen Bereich, bei der betrieblichen und absatzwirtschaftlichen Organisation und bei der Schaffung alternativer Einkommensquellen.

Zunächst ist festzuhalten, daß die Landübergabe an die Bauern keineswegs kostenlos erfolgte, wie man es als essentiell für den - gegensätzlichen - Typ einer demokratischen Agrarreform

---

1) Zu betrügerischen Manipulationen während der Durchführung der Bodenreform vgl. Rafipoor, F.: Das "Extension and Development Corps" ..., a.a.O., S. 204.

2) Im trockenheißen Hochland Zentral- und Südirans kam es zu einem wahren Exodus der Oasenbevölkerung, weil die meisten Grundeigentümer ihre ehemaligen Teilbauern entließen und zur weitgehend mechanisierten Bewirtschaftung durch einige wenige Lohnarbeiter übergingen. (Ehlers, E.: Die Stadt Bam und ihr Oasen-Umland (Zentraliran). Ein Beitrag zu Theorie und Praxis der Beziehungen ländlicher Räume zu ihren kleinstädtischen Zentren im Orient, in: Erdkunde 29, 1975, S. 38-52.)

ansehen muß. Vom Staat wurden die Grundherren in der Regel mit dem Zehnfachen der Jahreserträge entschädigt, die diesen als Herren über das Land, das Wasser und wichtige Betriebsmittel zuvor aus dem bäuerlichen Mehrprodukt zugeflossen waren.[1] Seinerseits verkaufte der Staat das enteignete Land gegen 15 jährliche Tilgungszahlungen an die Bauern, und erst nach Abzahlung dieser Kaufsumme wurde der Bauer Eigentümer des Landes.[2] Bei dreijährigem Zahlungsrückstand und unzureichender Betriebsführung konnte er sogar enteignet werden.[3]

An die Stelle der persönlichen Abgabepflicht des Teilbauern gegenüber dem Feudalherren trat durch die Agrarreform der Anspruch auf die jeweiligen Ratenzahlungen durch eine anonyme staatliche Landwirtschaftsbank.[4] Überhaupt wirkte sich der Mechanismus der Verschuldung zu einer die Bauernexistenzen am stärksten bedrohenden Falle aus: "Seit sie (die Teilbauern, d.Verf.) selbständige Pächter oder Bauern geworden sind, ist ihre Kreditbedarf eher größer als kleiner geworden. Denn sie müssen (1) einen festen Pachtzins zahlen oder die bisherigen Grundeigentümer für die Landabgabe entschädigen, (2) alle Betriebsmittel auf eigene Rechnung kaufen, (3) ihre Betriebe intensivieren und modernisieren und (4) höhere Lebensansprü-

---

1) Diese Entschädigungssummen des Staates an die Landlords sollten in zehn Jahresraten, teilweise in Form von Anteilen an staatlichen Unternehmen, abgetragen werden.

2) Die Bauern hatten damit zwar Nutzungs-, aber keine Eigentumsrechte. Bis zur Zahlung des Bodenpreises und bis zur endgültigen Registrierung der Landstücke "the title to the acquired lands rests with the Government and no right in them can be transferred by the landholder." (IBRD/IDA: The Economic Development ..., a.a.O., Bd. 2, S. 5.)

3) Dreskornfeld, F.: Agrarstrukturwandel ..., a.a.O., S. 98.

4) Verallgemeinernd schrieb schon Marx: "Eines der spezifischen Übel der kleinen Agrikultur, wo sie mit freiem Eigentum am Boden verknüpft ist, entspringt daraus, daß der Bebauer ein Kapital im Ankauf des Bodens auslegt ... Der Bodenspreis bildet hier ein überwiegendes Element der individuellen falschen Produktionskosten oder des Kostpreises des Produkts für den Einzelproduzenten." (Marx, K.: Das Kapital, Bd. 3, a.a.O., S. 816).

che befriedigen. Die weit überwiegende Mehrheit besitzt aber keine eigenen Vermögensreserven oder Rücklagen, die für den laufenden Lebensunterhalt, für die laufenden Betriebsausgaben oder für längerfristige Investitionen eingesetzt werden könnten. Das Kreditproblem ist daher das Kernproblem der Dorfökonomie."[1)]

Nicht selten trieben die Raten- bzw. Pachtzahlungen den Bauern in eine unentrinnbare Schraube der Verschuldung, in eine revolvierende Aufnahme von Darlehen, insbesondere im Nichtbanken-Sektor.[2)] So begann das Wuchertum in den Dörfern stärker denn je zu florieren, aber auch die landwirtschaftlichen Kreditbanken, die den unter Zwang in Genossenschaften zusammengeschlossenen Bauern Darlehen einräumten, forcierten den wirtschaftlichen Ruin der breiten Masse der Bauern.[3)]

---

1) Planck, U.: Iranische Dörfer ..., a.a.O., S. 95. Ohne den geringsten empirischen Beleg attestiert Ehlers bei der Mehrzahl der Landreformbetriebe erhebliche Mehreinnahmen (Ehlers, E.: Die iranische Agrarreform ..., a.a.O., S. 452f).

2) Nach Angaben der Weltbank stammten 1971 rund 70% aller kurzfristigen Kredite in der Landwirtschaft aus dem nichtinstitutionellen Kreditsektor, bei dem die Zinsen erheblich über dem Niveau des Bankensektors lagen, der den Kleinbauern aber oft versperrt blieb, weil sie keine Sicherheiten anzubieten hatten. (IBRD/IDA: The Economic ..., Bd. 1, a.a.O., S. 44, sowie Amini, Siawuch: Der Agrarkredit im Iran, Ergebnisse empirischer Untersuchungen in südiranischen Dörfern, Diss. Hohenheim 1973.)

3) "Die Landreform ...", S. 29. Allein die Kredite der in Teheran ansässigen landwirtschaftlichen Genossenschaftsbank, dem wichtigsten Kreditgeber des kleinbäuerlichen Sektors, stiegen zwischen 1965 und 1976 um das Neunfache. Die ungesunde Tendenz dieser Kreditausdehnung manifestierte sich darin, daß 1976 immer noch 54% der Kredite als kurzfristige "seasonal credits" vergeben wurden, um den einzelnen Genossenschaftsbauern wie in früheren Zeiten bis zur nächsten Ernte über Wasser zu halten. Im erwähnten Zeitraum dehnten sich diese konsumtiven Kredite um das Sechsfache aus. Dementsprechend spielten die investierten Kredite im kleinbäuerlichen Sektor zur Erweiterung der tierischen Produktion, zur Anlage von Dauerkulturen, Bewässerungsanlagen etc. eine untergeordnete Rolle. Die staatliche Agrarkreditpolitik stellte nie die zur Produktionssteigerung in diesem Sektor

Durch die Hintertür drangen damit wieder absentistische Eigentümergruppen, d.h. städtische Kapitalisten (Kaufleute, Beamte, Industrielle, Militärs etc.) im Wege des Aufkaufs von Grund und Boden in die ländlichen Sozialstrukturen ein; zusammen mit dem Teil der ehemaligen Landlords, der eine neue Existenz als Agrarkapitalisten gefunden hatte, sowie der staatlichen Agrarbürokratie wurden sie zur politisch bestimmenden Kraft auf dem Lande.

Nach Beobachtungen Plancks übten "viele jener lokalen Größen, die vor der Bodenreform die feudalistischen Führungspositionen der Agenten, Vögte, Aufseher, Verwalter, Erntewächter, Aufkäufer usw. innehatten, ... in demokratisch verfaßten und staatlich kontrollierten Gremien wiederum leitende Tätigkeiten aus."[1] Dies bot ihnen eine Basis für ihre Tätigkeit als Makler, Händler oder als lokale Geldverleiher.

Innerhalb der sich stärker ausdifferenzierenden Bauernschaft gelang nur einer verschwindend kleinen Schicht von Neubauern und Pächtern der Aufstieg in die relativ wohlhabende ländliche Mittelklasse, von der sich das Regime so sehr eine Stabilisierung des gesamten politischen Systems erhoffe hatte.[2] Der übergroße Teil der ehemaligen Teilbauern fristete dagegen wie zuvor auf Miniparzellen ein Kümmerdasein und befand sich in fliessendem Übergang ins städtische oder ländliche Proletariat, ähnlich wie der arme Teil der traditionellen landlosen Dorfbewohner.[3]

---

notwendigen und günstigen Investitionsmittel zur Verfügung. (Vgl. Mehner, H.: Die iranische Agrarwirtschaft ..., a.a.O., S. 36f.)

1) Planck, U.: Iranische Dörfer ..., a.a.O., S. 120.

2) Ebenda, S. 107ff.

3) Bei aller Entwurzelung gaben diese Arbeitskräfte jedoch nie ihre Bindungen zu ihren Heimatdörfern auf. Einem ähnlichen Auflösungsprozeß wie die früher relativ homogene Klasse der Teilbauern unterlagen übrigens auch die Nomadenstämme (Djazani, B.: Klassenkämpfe ..., a.a.O., S. 150f).

Bedingt durch die in Geld zu entrichtende Grundrente und die Ausdehnung von Lohnarbeitsverhältnissen dehnten sich die Warenbeziehungen und damit das Geldwesen auf dem Lande stark aus. Wirkliche Impulse für den inneren Markt gingen von dieser erweiterten Zirkulation jedoch nicht aus, weil die in den Händen der Agrarbourgeoisie akkumulierten Überschüsse aus dem kleinbürgerlichen Sektor nicht oder nur zögernd investiert wurden und auf einer Kreditpyramide beruhten.

2.2.2.3. Versuche zur Reintegration

Vom Standpunkt der breiten Bauernmassen wird das Scheitern der iranischen Agrarreform unter dem Schah-Regime dadurch charakterisiert, daß die traditionellen Erzeugergemeinschaften (Haratha, Boneh, Bungah etc.) weiterhin regional überlebten, obwohl den "Bauern die Landzuteilung die Möglichkeit eröffnete, individuell zu wirtschaften."[1] Für weite Teile des Landes blieb weiterhin die freiwillige Ein- und Unterordnung der einzelnen Bauern in das dörfliche Anbaukollektiv maßgebend: Bei der Zuteilung der zu bearbeitenden Felder sowie ihrer Nutzung und Bewässerung blieben alle Mitglieder an der Entscheidung beteiligt; Planck bezeichnet diese Gemeinschaften als "echte Selbsthilfeorganisationen, die ihr Dasein allein der Initiative und dem Willen der Landwirte verdanken. Niemand hat sie gefördert. Sie sind weder irgendwo amtlich registriert, noch sind darüber Auskünfte bei iranischen Ämtern und Behörden zu erhalten. Offiziell wird nämlich an der Fiktion des Individualbetriebes festgehalten ...".[2]

---

1) Planck, U.: Iranische Dörfer ..., a.a.O., S. 145.

2) Ebenda, S. 78. Ähnliches notierte auch Ehlers in seinem Aufsatz "Bunvar Shami - Siah Mansoor, Methoden und Probleme der Landreform in Khusistan/Südiran", in: Zeitschrift für ausländische Landwirtschaft, Frankfurt a.M., Jg. 12, Heft 2, S. 183-200.

Es ist jedoch falsch, diese Gemeinschaften zu idealisieren, wie es sehr stark bei Planck anklingt. Sie entsprangen nämlich nicht, wie wir an früherer Stelle schon betont haben, einer progressiven Entwicklung der gesellschaftlichen Produktivkräfte der Arbeit, der gesellschaftlichen Konzentration der Kapitale oder der Anwendung fortgeschrittener Agrartechnologien, sondern schlicht und einfach der durch Natur und Gesellschaftsstruktur produzierten Not und Armut.[1] Es sollte daher nicht verwundern, "daß die wirtschaftliche Seite der Erzeugergemeinschaften schwach entwickelt ist."[2]

Demgegenüber erfolgte der gesetzlich vorgeschriebene Aufbau von Ortsgenossenschaften nicht von unten, sondern wurde von oben dekretiert. Wenn die Bauern Land bekommen wollten, waren sie gezwungen, den marktorientierten und staatlich kontrollierten Genossenschaften beizutreten und ihre traditionellen Organisationsformen zurückzustellen.

Nach Ehlers[3] bestand der größte Teil der frühen Genossenschaften jedoch nur auf dem Papier und trug kaum zur Entwicklung der klein- und mittelbäuerlichen Betriebe und des ländlichen Raumes bei. Planck[4] macht dafür in erster Linie die Herkunft der Genossenschaften aus dem Bankwesen verantwortlich, an der die Weiße Revolution nichts Wesentliches änderte. Der Staat übernahm bei der Kreditvergabe der Ortsgenossenschaften, die keinerlei Tradition und Vorbild in der alten Agrarordnung hatten, eine wichtige Funktion der früheren Grundherren.

Durch ihre finanzielle Abhängigkeit[5] gerieten die Bauern

---

1) Unreflektiert unterstellt Ehlers den Bauern, daß ihnen die ausbleibenden Ertragssteigerungen "weder problematisch noch unbedingt notwendig" erschienen (Ehlers, E.: Die iranische Agrarreform ..., a.a.O., S. 444).

2) Planck, U.: Iranische Dörfer ..., a.a.O., S. 145.

3) Ehlers,E.:Die iranische Landreform ..., a.a.O., S. 442.

4) Planck, U.: Iranische Dörfer ..., a.a.O., S. 96.

5) Kredite wurden teilweise nur an besonders genossenschaftstreue Mitglieder vergeben. Jeder Kredit war jedoch eine zweifelhafte Sache, weil er durch Abzüge bei der Auszah-

schließlich in Unterordnung zur halbstaatlichen "Zentralorganisation des ländlichen Genossenschaftswesens", die vom Landwirtschaftsministerium und der Landwirtschaftsbank beherrscht wurde. Unter diesem Aspekt konnten sich die Genossenschaften nie als bäuerliche Selbstverwaltungs- und Selbstbestimmungsorgane entwickeln, sondern dienten schwergewichtig der Agrarbourgeoisie als Herrschaftsmittel über die Bauern.

Nur äußerst zähflüssig und in geringem Umfange gingen gewisse Funktionen beim Einkauf von Saatgut, Produktionsmitteln etc., in der landwirtschaftlichen Erzeugung[1] und in der Vermarktung der Ernten von den traditionellen dörflichen Zwischenschichten (Händler, Geldverleiher, Verwalter etc.) auf die neugegründeten Genossenschaften über. Die Verkäufe landwirtschaftlicher Produkte durch die Genossenschaften betrugen nach Angaben der Weltbank z.B. im Jahr 1973 weniger als ein Prozent des gesamten Wertes der landwirtschaftlichen Produktion, obwohl ihre Gesamtmitgliederschaft mehr als 2 Millionen Bauern betrug: "The small scale of this acitvity reflects the relatively inefficient services provided, the lack of facilities, the inability to offer attractive prices, and the lack of sufficient credit to break from the hold of private traders."[2]

Unter Bezug auf traditionelle Kooperationsformen provozierten diese strukturellen Mängel parallele, problemorientierte Klein-

---

lung erheblich vertreuert werden konnte. Außerdem überwog die kurzfristige Kreditgewährung und bei Verzug fielen wucherische Zinsen an. Planck nennt Fälle der Verzinsung von 36% pro Jahr. Oftmals wurden die Bauern an den Rückzahlungsterminen in die Arme der privaten Wucherer getrieben. (Planck (Planck, U.: Iranische Dörfer ..., a.a.O., S. 100.)

1) Zum Typ der landwirtschaftlichen Genossenschaft, vgl. Ehlers, E.: Die iranische ..., a.a.O., S. 448.

2) IBRD/IDA: The Economic Development ..., Bd. II, S. 9. Ule meint unter Berufung auf Agrarreformbeamte, daß überhaupt nur ein Drittel der bestehenden Genossenschaften in irgendeiner Form tätig war, zumeist als Kreditvermittler. (Ule, W.: Land Reform in Iran and the Development of Agricultural Shareholders' Companies, in: Treydte/Ule (Hrsg.): Agriculture in the Near East, Bonn 1973, S. 106.)

organisationen, die das ganze staatliche Genossenschaftskonzept während der letzten Jahre der Schah-Herrschaft von innen in Frage stellten.[1] Als Antwort auf diesen Fehlschlag, der parallel zur weiteren Zersplitterung der Betriebsgrößen durch Erbteilungen verlief, ging das Regime zu Beginn der 70er Jahre und im Gefolge des Ölbooms verstärkt zur Förderung größerer Agrarbetriebe, d.h. zur forcierten Proletarisierung der bäuerlichen Bevölkerung über.

2.2.3. Das Vordringen kapitalistischer Betriebsformen

Die staatliche Agrarpolitik begegnete der unzureichenden Kapitalisierung der Landwirtschaft, der Zerstörung alter Produktionsmethoden durch die Parzellierung des Bodens bei funktionsunfähigen Genossenschaften, überhaupt der tiefen landwirtschaftlichen Krise (Stagnation der Produktion, Landflucht) mit drei neuen Produktionstypen:

1. Farmkooperationen, sog. "Landwirtschaftlichen Aktiengesellschaften" (LAG),
2. privaten Gutsbetrieben und
3. großflächigen und kapitalintensiven Agribusiness-Unternehmen.

Nicht nur unproduktive Kleinbauernwirtschaften, sondern auch solche Grundeigentümer, die immer noch die halbfeudale Bewirtschaftung mit Teilbauern praktizierten, sollten durch eine kapitalistische Dynamisierung aus dem Feld geschlagen oder zur Anpassung gezwungen werden.[2]

---

1) Dreskornfeld, F.: Agrarstrukturwandel ..., a.a.O., S. 130.

2) Im 4. Entwicklungsplan wurde eine solche Strategie in Richtung auf ein kapitalistisch-marktwirtschaftliches System ganz explizit gefordert (vgl. Ehlers, E.: Die iranische Agrarreform ..., a.a.O., S. 445).

2.2.3.1. Landwirtschaftliche Aktiengesellschaften

Bei diesem Produktionstyp, den Janzen[1] ausführlich untersucht hat, handelt es sich um den Zusammenschluß von Bauern aus mindestens zwei Dörfern auf Aktienbasis. Unter unwiderruflichem Verzicht auf individuelle Nutzung hatten die Bauern ihre Minibetriebe als Teilhaber in diese LAGs einzubringen, wofür sie dann entsprechende Anteilscheine im Gegenwert ihres eingebrachten Besitzes erhielten.

Diese vom Staat sehr stark geförderten Gesellschaften sollten einerseits die weitere Land- und Betriebszersplitterung verhindern und andererseits die landwirtschaftlichen Überschüsse durch eine zunehmende Mechanisierung und bessere Anbaumethode erhöhen.

Für die betroffene kleinbäuerliche Bevölkerung brachte diese Eigentums- und Betriebsform im Endeffekt jedoch mehr Nachteile als Vorteile, die selbst bei dem geringen Verbreitungsgrad dieser LAGs sehr deutlich innerhalb der gesamten iranischen Agrarwirtschaft zu Tage traten,[2] zumal ihre Produktivitätsfortschritte bescheiden blieben - trotz der Tatsache, daß sie in Gegenden mit relativ gutem Entwicklungspotential gegründet wurden und nicht in den ärmeren Regionen, wo die Bauern am dringendsten Hilfe benötigt hätten.[3]

Nach dem kurzen Genuß der Unabhängigkeit als Eigentümerbauern mußten sich die in den LAGs zusammengefaßten Aktionärsbauern einem zentralen Management mit starkem technokratischen Ein-

1) Janzen, Jörg: Landwirtschaftliche Aktiengesellschaften in Iran, Saarbrücken 1976; vgl. auch Ule, W.: Land Reform ..., a.a.O., S. 97-124.

2) Bis Mitte 1977 waren nur 89 solcher Betriebe mit einer Gesamtfläche von 315 000 Hektar bei durchschnittlich 8 erfaßten Dörfern errichtet (vgl. Mehner, H.: Die iranische Agrarwirtschaft ..., a.a.O., S. 38).

3) Lambton, A.K.S.: Land Reform and Rural Co-operative Societies in Persia, in: Royal Central Asian Journal 56, 1969/II, S. 145.

schlag unterordnen, das vom Staat bestellt und kontrolliert wurde. Sie wurden praktisch zu landwirtschaftlichen Arbeitern, deren Einkommen sich nach der geleisteten Arbeit und dem eingebrachten Eigentumswert richtete.[1] Ihre realer Einfluß auf die Betriebsführung wurde ausgeschaltet, so daß für die ablehnend eingestellten Bauern weder ein Motiv zur Entwicklung von Eigeninitiative noch zur Übertragung der Vorteile von traditionellen Kooperationsformen auf diese am Profit orientierten Betriebsformen bestand.[2] Die Art der Gründung und Leitung von LAGs weckte nur Furcht und Mißtrauen bei der Landbevölkerung, weil sie Angst hatte, in allen Lebensbereichen zu "Dienern des Staates"[3] herabzusinken.

Als stärkste Bedrohung empfanden die Aktionärsbauern an dieser Politik, daß sie unter dem Primat der "Ausdünnung" des Landes stand und traditionelle Beschäftigungsweisen in Frage stellte, ohne andere Perspektiven zu eröffnen.[4] Nur noch 20% der bäuerlichen Anteilsbauern sollten in diesem Bereich, der bis zum Jahre 2000 über den ganzen Iran verallgemeinert werden sollte,

---

1) Das zweite Einkommenselement bildete den Ansatzpunkt für eine stärkere soziale Differenzierung der zu "Aktionären" evolutionierten Bauern (vgl. Dreskornfeld, F.: Agrarstrukturwandel ..., a.a.O., S. 139).

2) Aus diesem Grund ist es auch falsch, wenn Planck den LAGs sozialistische Züge abgewinnen will (Planck, U.: Iranische Dörfer ..., a.a.O., S. 36). Ule spricht realistischer von einer "Kollektivierung unter kapitalistischem Vorzeichen" (Ule, W.: Die landwirtschaftlichen Aktiengesellschaften in Iran, in: Zeitschrift für das gesamte Genossenschaftswesen, Bd. 20, 1970, S. 373).

3) Pourafzal, Hassan: Die iranische landwirtschaftliche Aktiengesellschaft aus der Sicht der beteiligten Bauern, in: Zeitschrift für das gesamte Genossenschaftswesen, Bd. 24, 1974, S. 334.

4) Nach den Vorstellungen des Schahs sollte ein Großteil der Aktionärsbauern bewogen werden, ihre Anteile an den LAGs zu verkaufen und aus der Landwirtschaft auszuscheiden mit der Versprechung, in der Agroindustrie oder in einer erst zu schaffenden ländlichen Industrie Arbeit zu finden (vgl. Planck, U.: Iranische Dörfer ..., a.a.O., S. 152).

beschäftigt bleiben.[1)]

Damit wurde zu Beginn der 70er Jahre zum ersten Mal das eigentliche Ziel der Agrarreform offen sichtbar, nämlich die breite Masse der armen Bauern, die in den 60er Jahren aufgrund ihrer traditionellen Rechte als Teilbauern nicht völlig übergangen werden konnte, von ihrer Scholle freizusetzen und den städtischen und ländlichen Arbeitsmärkten zuzuführen. Nicht zuletzt in dieser Ausschaltung von kleinen Eigentümerbauern meinte das Schah-Regime, ein effektives Mittel zur staatskapitalistischen Kontrolle über die Landwirtschaft in der Hand zu haben.

Dieser Produktionstyp war zwar erfolgreich in der Proletarisierung der Bauern, er blieb aber erfolglos in bezug auf das angestrebte Ziel der Produktionssteigerung. Ule ist sogar der Meinung, daß die hochprotegierten LAGs gegenüber den Individualbetrieben keine Vorteile brachten, weil ihr Input an Vorleistungen sehr hoch war.[2)] Verschärfend wirkte sich unter diesem Aspekt zweifellos die berechtigt ablehnende Haltung der Aktionärsbauern sowie die Betriebsunerfahrenheit und teilweise Korrumpierung des Managements aus, das wenig in den traditionellen landwirtschaftlichen Strukturen verwurzelt war.

2.2.3.2. Private Gutswirtschaften

Der zweite kapitalistische Betriebstyp, der vom Schah-Regime nachhaltig gefördert wurde, waren die privaten Gutswirtschaf-

---

1) Mehner, H.: Die iranische Agrarwirtschaft ..., a.a.O., S. 38. Am stärksten betroffen waren die überschuldeten Kleinaktionäre.

2) Ule, W.: Die landwirtschaftlichen Aktiengesellschaften ..., a.a.O., S. 88. Der staatliche Protektionismus ging so weit, daß den bisherigen bäuerlichen Kultivatoren der staatlich lizensierte und finanziell recht ertragreiche Anbau von Mohn zur Opiumgewinnung untersagt und zum Privileg der LAGs und Genossenschaften erklärt wurde (vgl. Mehner, H.: Die iranische ..., a.a.O., S. 38).

ten,[1] die unter Umgehung der Enteignungsklauseln aus früherem Großgrundbesitz durch die Mechanisierung der Produktion und Umstellung auf Lohnarbeit hervorgegangen sind. Die Bedeutung dieses Bewirtschaftungstyps, in dem die alten persönlichen Abhängigkeitsverhältnisse keineswegs völlig überwunden wurden, läßt sich kaum feststellen. Es ist jedoch gesichert, daß jene Großgrundbesitzer, die Teile ihres Besitzes als Eigentum behalten konnten, die empfangenen Entschädigungssummen teilweise in ihre Restgüter investierten und so zu mehr oder minder reichen Agrarkapitalisten evolutionierten, die im Gegensatz zu früher an Ertragssteigerungen und Kapitalinvestitionen durchaus Interesse fanden.

Da im Grundsatz das Prinzip der Selbstbewirtschaftung galt, waren die ehemalig absentistischen Landlords gezwungen, sich weit mehr als früher um ihren Landbesitz zu kümmern.[2] Im Jahre 1974 wurde im Weltbank-Bericht allerdings eine starke Differenzierung innerhalb des gutswirtschaftlichen Bereiches festgestellt: "The level of technology and productivity on commercial farms cover a wide range, from fully mechanized, technologically advanced units to holdings still operated along traditional

---

1) In der Weltbank-Studie wurden Gutsbetriebe, "commercial farms", als marktwirtschaftlich orientierte Kategorie, die zwischen dem "agri-business" und der "peasant agriculture" stehen, definiert: "Their size may vary from one ha. or less, in cases of very intensive vegetable or poultry production, to more than 2 000 ha. As an average, it is reasonable to assume that most farms of 10 ha or more with some irrigated land fall into this category. Commercial farms include traditional family farms, farms exempted from the land reform, the larger farm enterprises resulting from the land reform, and recent purchases by investors and entrepreneurs." (IBRD/IDA: The Economic ..., a.a.O., Bd. 2, S. 7).

2) Planck, U.: Iranische Dörfer ..., a.a.O., S. 161. Planck spricht bei einigen Beispielen euphorisch von einem ablesbaren "Umschwung", weil "sich in der Saison fast täglich, in arbeitsarmen Zeiten mindestens einmal wöchentlich ein Mitglied der Besitzerfamilie im Dorf aufhält, während früher ein monatlicher Besuch in der Vegetationszeit schon eine Ausnahme war." (Ebenda)

lines."[1]

Als Gruppe wurden diese privaten Gutswirtschaften - Mehner spricht von ca. 11 000 Betrieben anfangs der 70er Jahre[2] - aber nach fortgeschritteneren Methoden als die Kleinbauernwirtschaften geführt. Infolge der teilweise raschen technischen Modernisierung hatten sie bei gleichzeitiger Freisetzung eines Teils der ehemaligen Teilbauern einen überdurchschnittlichen Anteil am Traktoren- und Landmaschinenbestand sowie am Verbrauch von modernen landwirtschaftlichen Betriebsmitteln wie Handelsdünger, Saatgut und Pflanzenschutzmitteln.[3]

In der Nähe der Güter der neu entstandenen Schicht der Dorfbourgeoisie bildete sich bald auch städtischer Landbesitz heraus (Kaufleute, Beamte, Militärs etc.), der durch die Agrarreform eigentlich ausgeschaltet werden sollte. Da keine Residenzpflicht mit dem Landerwerb verknüpft war, kehrten - wie die Entwicklung auf neuerschlossene Ländereien im kaspischen Tiefland bald zeigen sollte - Absentismus, Pächtertum und Teilbau wieder in einige Regionen des Landes zurück.[4]

---

1) IBRD/IDA: The Economic Development ..., a.a.O., Bd. 2, S. 8.

2) Mehner, H.: Die iranische Agrarwirtschaft ..., a.a.O., S. 40.

3) Zum Input an Maschinen, Düngemittel, Saatgut etc. in der iranischen Landwirtschaft nach der Agrarreform vgl. Aresvik, O.: The Agricultural Development ..., a.a.O., S. S. 151-175. Bei Planck findet sich ein interessanter Vergleich über die technologisch-organisatorische Veränderung eines Teilbaudorfes zur privaten Gutswirtschaft, der vielleicht nicht repräsentativ gewesen sein mag, aber immerhin einen wichtigen Wachstumstrend während der letzten Jahre der Schah-Herrschaft aufzeigt (Planck, U.: Iranische Dörfer ..., a.a.O., S. 162ff).

4) Vgl. Refahiyat, H.: Sozialökonomische Bedeutung von agroindustriellen Kombinationsprojekten in Entwicklungsländern am Beispiel eines Zuckerrohrprojektes in Iran, in: Zeitschrift für ausländische Landwirtschaft Nr. 11/1972, S. 138-153.

2.2.3.3. Agribusiness-Unternehmen

Die Agribusiness-Unternehmen zeigten am deutlichsten im Bereich der nach der Agrarreform eingeführten neuen kapitalistischen Betriebsformen einen Charakter, der den deklamierten Zielen der Reform entgegenlief. Anstelle der vielen kleinbäuerlichen Existenzen wurde die Neuordnung großflächiger ländlicher Gebiete im Bereich dieser Unternehmen angestrebt. Diese sehr stark mit staatlichen Finanzzuschüssen bedachten Großbetriebe erreichten teilweise Betriebsflächen bis über 20 000 Hektar.

Die Konzeption des 5. Entwicklungsplanes sah vor, daß bis 1977 etwa 300 000 ha des besten bewässerten Bodens unter diese Betriebsform fallen sollten. In der Mehrzahl der ausgeführten Projekte wurden ausländische Agro- und Lebensmittelkonzerne eingeschaltet, "who provide management but who raise most of the development capital domestically, primarily from the Agricultural Development Bank of Iran (ADBI)."[1]

Unter Ausschluß der lokalen bäuerlichen Produktion sollten die kapitalintensiven agro-industriellen Komplexe sowohl Produktion, als auch Verarbeitung und Vermarktung in einer Hand konzentrieren, besonders natürlich in den Bereichen, in denen schnell hohe Kapitalrückflüsse zu erwarten waren (Milchwirtschaft, Geflügelzucht, Zuckerproduktion).

Abgesehen davon, daß viele dieser Agroindustriebetriebe trotz

---

1) IBRD/IDA: The Economic Development ..., a.a.O., S. 6. In einer unvollständigen Veröffentlichung der Bundesstelle für Außenhandelsinformation werden 115 solcher Komplexe mit ihren oftmals ausländischen Teilhabern angeführt (Köllner, H.J.: Iran - Industriestruktur, BfAi, Köln 1976, S. 159-161). Zu den Vergünstigungen, die diesen Unternehmen im einzelnen gewährt wurden, vgl. Farughy/Reverier: Persien - Aufbruch ins Chaos? Eine Analyse der Entwicklung im Iran von 1953-1979, München 1979, S. 79-82.

erheblicher staatlicher Subventionen[1] infolge ihres Gigantismus und der Korruption der jeweiligen Planer bald ihre Aktivitäten einstellen mußten,[2] zeitigten sie insbesondere dort, wo sie an die Stelle ehemals bäuerlicher Produktion traten, verheerende soziale Folgen. Ehlers[3] nennt im einzelnen folgende Punkte:

- Vernichtung oder Vertreibung zahlreicher bäuerlicher Betriebe
- Zerstörung gewachsener Dörfer und Umsiedlung ihrer Bevölkerung in reizlose Landarbeiterstädte
- Beseitigung und Freisetzung ländlicher Arbeitskräfte ohne Bereitstellung alternativer Beschäftigungsmöglichkeiten[4] und
- Entwurzelung und sozialer Abstieg der von diesen Konsequenzen betroffenen Landbevölkerung.

---

1) Im Jahre 1976/77 flossen rund 85% aller Kredite und Zuschüsse der ADBI in den Bereich der Agro-Industrie und der privaten Gutsbesitzer (Mehner, H.: Die iranische ..., a.a.O., S. 44).

2) Vgl. Middle East Economic Digest: Iran. A MEED Special Report, London 1977; sowie Looney, R.E.: Iran at the End of the Century, Lexington 1977, S. 78ff. Eines der größten Agribusiness-Vorhaben, das Dez-Irrigation-Project, wurde praktisch zu einem totalen Fehlschlag: 1974 befanden sich vier der fünf landwirtschaftlichen Großbetriebe, die dort ab 1968 gegründet wurden, in erheblichen finanziellen Schwierigkeiten (vgl. Mehner, H.: Die iranische Agrarwirtschaft ..., a.a.O., S. 39).

3) Ehlers, E.: Die iranische Agrarreform ..., a.a.O., S. 448. Ähnlich urteilt Refahiyat, H.: Sozialökonomische Bedeutung ..., a.a.O..

4) Nach Berechnungen der ILO beschäftigten diese Agrobusiness-Unternehmen allenfalls 40-50% der ökonomisch aktiven Bevölkerung aus den Gebieten, in denen sie sich breit gemacht hatten (International Labour Office: Employment and Income Policies for Iran, Genf 1973, S. 25).

2.3. Landwirtschaftliche Produktion und Weltmarkt

2.3.1. Die Stagnation der landwirtschaftlichen Produktion

Trotz relativ günstiger Voraussetzungen[1] erwies sich die proklamierte Forcierung der landwirtschaftlichen Produktion genauso als Fehlschlag wie die materielle und soziale Besserstellung der breiten Bauernmassen. Darin ähnelte der Iran den meisten Entwicklungsländern, in denen kapitalistische Agrarreformen durchgeführt wurden und die nur die Hungerkrise verschärften.

Die Krise der iranischen Agrarproduktion nach dem Zweiten Weltkrieg[2] wurde von der Weißen Revolution keineswegs aufgehoben, sondern brach danach erst richtig hervor, und zwar nicht nur in den ersten Jahren nach der Umstellung auf die neuen Verhältnisse, sondern auch während der gesamten 70er Jahre: Betrug der Anteil der Landwirtschaft am Bruttosozialprodukt Ende der 50er Jahre noch 38%, so sank er im iranischen Kalenderjahr 1966/67 auf 23% und nach den Ölpreissteigerungen während der 70er Jahre sogar auf 9,6% (1976/77[3]), obwohl immer noch rund die Hälfte

---

1) Aresvik führte aus: "Agriculturally, Iran is a sleeping giant. Through full use of all water resources for irrigation and development and introduction of well-adapted improved technology for both irrigated and rain-fed agriculture, production can be increased tremendously. (Aresvik, O.: The Agricultural Development ..., a.a.O., S. VIII.)

2) Für die Periode 1926 bis 1960 wies Eghbal in wichtigen Provinzen ein wachsendes Defizit beim Getreidebau, verglichen mit der Bevölkerungsentwicklung, nach - bedingt durch die ineffektive Bodennutzungsordnung. In den 50er Jahren wurde der Iran vom Getreideexporteur zum Getreideimporteur mit einer für eine potentielle Industrialisierung verhängnisvollen Belastung der Zahlungsbilanz (vgl. Eghbal, D.: Agrarreform in Iran, Diss., Nürnberg 1969, S. 105).

3) Mehner, H.: Die iranische Agrarwirtschaft ...., a.a.O., S. 40. Die Wachstumsziele des 4. bzw. 5. Entwicklungsplanes von 4,4% bzw. 7% wurden in keinem Jahr erreicht. 1971 verursachte die nichtgelöste Agrarfrage sogar einen Produktionsrückgang von 4% "and in the following years the situation has not improved much" (Tehran Economist, No. 1216, 15. Okt. 1977, S. 20).

der iranischen Arbeitskräfte an landwirtschaftliche Tätigkeiten gebunden war.

Dabei entsprang der relative Rückgang nicht einem raschen Wachstum im Industriesektor, wie es z.B. im Bereich der Industrieländer der Fall war, sondern war bedingt durch die Stagnation der landwirtschaftlichen Produktion und Produktivität, hauptsächlich wegen des chronischen Kapitalmangels im bäuerlichen Sektor und wegen einer mangelhaften Kapitalbildung im kapitalistischen Landwirtschaftsbereich.[1]

Durch eine Reihe statistischer Indikatoren läßt sich die stagnative Entwicklung der landwirtschaftlichen Produktion, die zwangsläufig zur wachsenden Importabhängigkeit bei landwirtschaftlichen Produkten führte, zweifelsfrei belegen. So z.B. ging die Produktion bei den wichtigsten Anbauprodukten während der ersten vier Jahres des 4. Entwicklungsplanes teilweise recht erheblich zurück, so daß in keinem Fall die Ziele des Entwicklungsplanes erreicht wurden. Im Jahre 1974 lag die Produktion von Weizen und Gerste, den beiden wichtigsten Anbauprodukten, nicht höher als 1968 (Tab. 7).

Im Durchschnitt lagen die Produktionssteigerungen, wenn es solche in der Realität und nicht nur in den Vorstellungen der Planer überhaupt gab, immer unter dem Bevölkerungswachstum und noch stärker unter dem zusammengesetzten Werte, der sich aus dem Ansteigen von Bevölkerung und Durchschnittseinkommen ergab. Nach Halliday, der sich auf amerikanische Quellen stützt, stagnierte die landwirtschaftliche Produktion pro Kopf zwischen 1961 und 1973.[2]

---

1) Die Schwäche privater Investitionen in der Landwirtschaft infolge schlechterer Profitchancen als in anderen Sektoren trieb den Anteil öffentlicher Investitionen von rund 30% in 1963 auf fast 60% in 1973 (Aresvik, O.: The Agricultural Development ..., a.a.O., S. 202).

2) Halliday, F.: Iran ..., a.a.O., S. 122.

Diese Tatsache korrespondiert mit Erhebungen Ehlers, nach denen sich die Flächenproduktivität für die wichtigsten Anbauprodukte über Jahre kaum veränderte (Tab. 8).

Aufgrund der unbefriedigenden Produktionsentwicklung konnte die Landwirtschaft zwar keine dynamisierende Rolle in der Herausbildung des inneren Marktes spielen; es wurde aber - bedingt durch die Verschuldung der armen Bauern, die wachsenden Vorleistungen bei größeren Landbetrieben und die zunehmende Arbeitsteilung auch in der Landwirtschaft - zweifellos ein zunehmender Teil dieser stagnierenden Produktion auf dem Markt verkauft und nicht im Eigenverbrauch konsumiert. Das Wachstum der parasitären Zwischenschichten auf dem Lande ist ein wichtiges Indiz für diese Tendenz zur Warenproduktion ohne befriedigende Kapitalakkumulation.[1)]

Entsprechend der sozialen Struktur der ländlichen Verhältnisse traf die stagnative Entwicklung der Landwirtschaft nicht alle ländlichen Bevölkerungsgruppen im gleichen Maße. Eine erste partielle Durchkapitalisierung des kapitalistischen Sektors (Gutswirtschaften, Agribusiness-Unternehmen) im Zusammenhang mit einer symbiotischen Entwicklung von Bewässerungsanlagen (in Form einiger überdimensionierter Großstaudämme und großbetrieblicher Landwirtschaft), die zum Einsatz landwirtschaftlicher Maschinen, intensiverer Verwendung von Saatgut sowie von Dünge- und Schädlingsbekämpfungsmitteln zwang, verstärkte die sich seit 1968 immer deutlicher öffnende Produktions- und damit Einkommensschere zwischen dem "traditionellen" und "modernen" Sektor, obwohl letzterer immer noch weit hinter den Entwicklungserwartungen zurückblieb.

---

1) Familien mit weniger als 3 ha und Landlose werden von der Weltbank nicht ohne Grund in einer Kategorie zusammengefaßt. Man kann beide Gruppen durchaus dem Landproletariat zurechnen. Bei den Landarbeitern liegt dies auf der Hand, bei den besitzarmen Bauern überwog oft die Tendenz, bei reicheren Bauern als Tagelöhner oder Saisonarbeitern um Arbeit nachzusuchen bzw. die Miniparzelle zu verpachten. Für sie war es unmöglich, ohne Verkauf der eigenen Arbeitskraft zu existieren. (Zur Klassifikation der bäuerlichen Bevölkerung unter teilkapitalistischen Verhältnissen vgl. Lenin, W.I.: Die Entwicklung ..., a.a.O., S. 167ff.)

Tabelle 7: Die landwirtschaftliche Produktion während der ersten vier Jahre des vierten Entwicklungsplanes u. 1976 (in 1000 t)

Fruchtarten	1968/69	1969/70	1970/71	1971/72	Ziel des 4. Planes	1976
Weizen	4700	4200	4000	3800	4700	5400
Gerste	1204	1100	880	800	1135	1050
Reis	1304	1395	1060	1040	1400	1250
Zuckerrüben	3403	3500	3800	4000	4500	5250
Zuckerrohr	453	475	522	578	800	-
Tee (grün)	79	75	80	52	120	-
Oelsamen	10	32	58	45	130	130
Baumwolle	435	480	517	450	600	510

Quelle: Bank Markazi Iran, verschiedene Jahrgänge, zitiert nach Rafipoor, F.: Das "Extension and Development Corps" ..., a.a.O., S. 6 und Mehner, H.: Die iranische ..., a.a.O., S. 47.

Tabelle 8: Hektarerträge wichtiger Anbaupflanzen (dz/ha)

Fruchtarten	Ø 1961-65	Ø 1965-68	1970	1972	1974
Weizen	8.0	8.1	8.0	8.2	8.1
Gerste	7.9	9.4	7.8	6.6	6.7
Reis	29.1	31.3	21.9	31.8	30.8
Zuckerrüben	--	217.9	228.5	280.8	222.8
Baumwolle	--	13.6	15.7	19.5	18.7

Quelle: Ehlers, E.: Die iranische Agrarreform ..., a.a.O., S. 453.

Tabelle 9 zeigt, daß das Pro-Kopf-Einkommen in Betrieben mit mehr als 50 ha Boden (1,2% aller Familien) mehr als 3 mal so groß war wie in mittleren Betrieben (19,2% aller Familien). In Betrieben mit weniger als 3 ha Eigentum (47% aller Familien) betrug das durchschnittliche jährliche Pro-Kopf-Einkommen nur 70 US-Dollar. Dementsprechend beanspruchten Familien mit einem bewirtschafteten Landeigentum von mehr als 10 Hektar (20,4% aller Familien) fast die Hälfte (48%) der gesamten ländlichen Einkommen.

Tabelle 9: Einkommensverteilung auf dem Land, 1972

Gruppe	Durchschnittliches Einkommen pro Familienangehöriger US-Dollar	Anteil an der ländl. Bevölkerung	Relativer Einkommensanteil
Familien mit mehr als 50 ha	1000	1,2	8,2
Familien mit 11-50 ha, Hirten	302	19,2	39,8
Familien mit 3-10 ha	131	32,9	29,6
Familien mit weniger als 3 ha, Landarbeiter	70	46,7	22,4

Quelle: IBRD/IDA: The Economic Development, a.a.O., Bd. 2, S. 20, eigene Berechnungen

Das extreme Stadt-Land-Einkommensgefälle ging damit primär zu Lasten der kleinbäuerlichen Bevölkerung und der Landarbeiter.[1)]

1) Zur unbefriedigenden Einkommenssituation anfangs der 70er Jahre siehe auch Aresvik, O.: The Agricultural Development ..., a.a.O., S. 121f.

Unter diesem Vorzeichen dürfte auch die Vervielfachung der Öleinnahmen ab 1973 kaum größere Auswirkungen auf die Mehrheit der Landbevölkerung gehabt haben. Das bescheidene Wachstum des innerlandwirtschaftlichen Marktes und des Handels zwischen Industrie und Landwirtschaft, das als erhebliche Bremse für das Wachstum der iranischen Industrie wirkte, begünstigte damit zuallererst die kapitalistische bzw. teilkapitalistischen Betriebe und nicht die kleinbäuerliche Bevölkerung bzw. das Landproletariat.

2.3.2. Die forcierte Integration in den Weltmarkt

Nach der Agrarreform war die iranische Landwirtschaft aufgrund ihrer strukturellen Fehlentwicklung nie in der Lage, den gestiegenen Bedarf an Lebensmitteln, besonders bei der iranischen Mittelklasse, auch nur annähernd zu befriedigen.[1] Infolge der Produktivitätskrise blieb praktisch kein anderer Ausweg, als die Lebensmittelimporte beträchtlich zu forcieren und sich noch stärker in ausländische Abhängigkeit zu begeben.

Der Ruin des kleinbäuerlichen Sektors zwang das Land Mitte der 70er Jahre dazu, über 80 elementare Nahrungsmittel einzuführen.[2] Im Jahre 1977 hatte der Iran für Nahrungsmittel eine Importrechnung von 2,6 Mrd. Dollar zu begleichen, und für die 80er Jahre wurde prognostiziert, daß mindestens ein Drittel des iranischen Nahrungsmittelbedarfs importiert werden müßte.[3] Unsere Aufstellung (Tab. 10) zeigt, daß dieser Anteil bei einigen Produkten für 1975 schon erreicht war und für die anderen (Weizen, Gerste) in nicht allzu weiter Ferne lag, nachdem das Land bis zu den 50er Jahren bei landwirtschaftlichen Produkten noch weitgehend autark war.

---

1) Zwischen 1965-75 wuchs die Nachfrage nach Lebensmitteln jährlich um rund 9%, die heimische Produktion stieg aber nie mehr als 3-4% (Aresvik, O.: The Agricultural Development ..., a.a.O., S. 207).

2) Nirumand, B.: Die Lüge von den Fanatikern, in: Konkret 12/78, S. 15.

3) Vgl. Halliday, F.: Iran ..., a.a.O., S. 123.

Tabelle 10: Produktion und Importe wichtiger landwirtschaftlicher Produkte, 1975

Produkt	Eigenproduktion in t	Importe in t	Importe zu Eigenproduktion in %
Weizen	4,9 Mio.	1,5 Mio.	30,6
Gerste	0,8 Mio.	0,2 Mio.	25,0
Reis	0,75 Mio.	0,25 Mio.	33,3
Schaffleisch	277 000	95 000	34,3
Rindfleisch	136 000	10 000	7,3
Geflügel	112 600	20 000	17,8
Eier	143 800	20 000	13,9

Quelle: Zusammengestellt nach: Iran, Wirtschaftliche Entwicklung 1975/76, BfA, Köln S. 5f; eigene Berechnungen

Daß eine solche zunehmende Importabhängigkeit nicht nur wegen der gestiegenen Ölrechnungen, d.h. dem Ölgeldretransfer durchaus im Interesse der kapitalistischen Industrieländer mit ihren notorischen Agrarüberschüssen lag, findet sich kaum verborgen in der schon des öfteren zitierten Studie der Weltbank: "In terms of probable availability of world supplies, this strategy (erhöhter Agrarimporte, d.Verf.) also appears acceptable. It is possible to argue that such a policy would be strategically unacceptable because it would increase Iran's dependence on the world market for its staple food, wheat. If a conscious policy decision is taken on this, however, there is no reason why Iran should not be able to negotiate a long-term wheat contract with a major producer - Australia would seem to be the most suitable - to ensure a regular supply of wheat for the foreseeable future."[1)]

---

1) IBRD/IDA: The Economic Development ..., a.a.O., Bd. 2, S. 53. Von "Australien" wurde gesprochen, gemeint waren aber die amerikanischen Agrarinteressen. Immerhin kamen 1976 ca. 79% der iranischen Weizenimporte aus den USA (Bundesstelle für Außenhandelsinformation: Iran - Wirtschaftliche Entwicklung, 1976/77, Köln 1977, S. 5).

Diesem Rat, noch mehr Lebensmittel zu importieren, folgte die kaiserliche Regierung nur zu bereitwillig, wenn es sein mußte sogar mit hohen Subventionen.[1] Als Ziel wurde die Dämpfung der Konsumentenpreise genannt,[2] und zwar besonders beim Weizen, der das Hauptnahrungsmittel der iranischen Arbeiterklasse darstellt. Eine solche Übertragung des international niedrigeren Preisniveaus - zumindest bei Weizen - sollte aber nicht nur die für die Industrie entscheidende Lohnkostenkomponente vor inflationär bedingten Erhöhungen teilweise abschirmen, sie zielte auch und vor allem auf die Ausschaltung der unproduktiven iranischen Kleinbauern, deren Hauptprodukt der Weizen ist und die gegenüber relativ billigen Importen nicht konkurrenzfähig sind.

Diese Verdrängungspolitik zugunsten der produktiveren Agrarkonzerne aus den Metropolen wurde von der Weltbank, ganz im Gegensatz zu ihrer sogenannten armutsorientierten Entwicklungsideologie, im übrigen nicht nur für Weizenproduzenten, sondern für alle Bereiche mit unterdurchschnittlicher Produktivität, also praktisch für die gesamte Landwirtschaft abzüglich der Gutsbetriebe und der ausländisch dominierten Agribusiness-Unternehmen, präferiert.[3]

Ähnlich wie viele Staaten der Dritten Welt, in denen westlich orientierte Agrarreformen durchgeführt wurden, befand sich der Iran, der seine Reform auf Veranlassung der USA betrieben hatte, bald in einer verstärkten Abhängigkeit zu den kapitalistischen Metropolen. Die Quote der Eigenversorgung ging zurück; Hunger

---

1) Neben einem Preisstopp für landwirtschaftliche Produkte bezeichnen Farughy/Reverier ("Persien ...", a.a.O., S. 84) die Importsubventionen als wichtigen Grund, der zur Verarmung der Bauern führte.

2) IBRD/IDA: The Economic Development ..., a.a.O., Bd. 2, S. 53.

3) Ebenda, S. 50. Im Nahen Osten wurde der Iran zum größten Importeur von Nahrungsmitteln.

und Mangelernährung wurden keineswegs beseitigt, sondern verschärften sich eher für die breite Masse der Bevölkerung. "Die Landwirtschaft der USA indes florierte besser denn je."[1)]

---

1) Farughy/Reverier: Persien ..., a.a.O., S. 62. Nicht nur die landwirtschaftliche Entwicklung des Iran, sondern die der gesamten Dritten Welt muß nach dem Zweiten Weltkrieg trotz oder besser wegen kapitalistischer Agrarreformen als katastrophal bezeichnet werden. Nach Berechnungen von Elsenhans wurde die Dritte Welt nach dem Zweiten Weltkrieg aus einem Nettoexporteur von Nahrungsmitteln zum Nahrungsmittelimporteur mit zunehmender Tendenz. Der Fehlschlag der kapitalistischen Agrarreformen wird schon daran sichtbar, daß die Steigerung der Gesamtproduktion in Entwicklungsländern während der 60er Jahre zu 75% auf eine Ausweitung der Flächen ("innere Kolonisierung") und nur zu 25% auf eine Steigerung der Flächenerträge zurückzuführen ist (Elsenhans, Hartmut: Agrarverfassung, Akkumulationsprozeß und Demokratisierung, in: Derselbe (Hrsg.): Agrarreform in der Dritten Welt, Frankfurt, New York 1979, S. 507).

V. INDUSTRIALISIERUNG UND AUSLANDSINVESTITIONEN

1. DIE ENTWICKLUNG DES INDUSTRIELLEN KAPITALS

Unsere ökonomische Analyse beschränkte sich bisher im wesentlichen auf den extraktiven Bereich der iranischen Wirtschaft, d.h. auf die Erdölindustrie und die Landwirtschaft. Ansatzweise wurde dabei schon sichtbar, daß die sozio-ökonomische Verfassung dieses Bereiches und seine Abhängigkeit gegenüber ausländischen Interessen die Entstehung der Industrie im engeren Sinne, d.h. einer verarbeitenden Industrie bis in die 60er Jahre in keinem bedeutenden Umfang und danach nur in deformierter Form zuließ.

In diesem Teil der Arbeit wollen wir ausführlich auf die Struktur dieses inferioren Subsektors der iranischen Wirtschaft näher eingehen, der während der letzten beiden Jahrzehnte ganz stark unter ausländische Kontrolle geriet.[1] Nach einigen kurzen theoretischen Überlegungen zu den Konsequenzen der Industrialisierung in Entwicklungsländern wollen wir zunächst die historischen Anfänge und Hemmnisse einer Industrialisierung im Iran untersuchen. Den eigentlichen Schwerpunkt stellt jedoch die Analyse der industriellen Akkumulation in den 60er und besonders in den 70er Jahren dar.

1.1. Industrialisierung und Entwicklung

Im Kern impliziert Industrialisierung, deren Notwendigkeit für die Dritte Welt nicht mehr in Abrede gestellt werden kann,[2]

---

1) Vgl. hierzu Punkt V.2.2.: Auslandsinvestitionen im iranischen Industrialisierungsprozeß.

2) Donges/Müller-Ohlsen sehen bei nahezu allen Entwicklungsländern "die wichtigste Triebkraft für wirtschaftlichen und sozialen Fortschritt in der Industrialisierung.Hierdurch sollen die

eine Ausdehnung des sekundären Sektors (verarbeitende Industrie, Transportwesen) gegenüber dem Primärsektor (Bergbau, Landwirtschaft).[1] Entsprechend wird auch eine noch so gründliche und radikale Umstrukturierung im Agrarsektor, der bei vorindustriellen Gesellschaften zwangsläufig dominant ist, nur dann wirksam werden, wenn sie mit der Schaffung und Entwicklung eines industriellen Sektors einhergeht. Wenn ein starker Industriesektor erst einmal installiert ist, dann hängt die agrarische Entwicklung von der industriellen weit mehr ab als die industrielle von der agrarischen.

Unter kapitalistischem Vorzeichen impliziert eine solche definierte industrielle Entwicklung bei Einsatz moderner Technologien eine rasche Ausdehnung der Warenproduktion und -zirkulation in allen Wirtschaftsbereichen und einen signifikanten Zuwachs von Produktionsmitteln im weitesten Sinne, insbesondere natürlich Maschinen.[2]

Rohstofflastigkeit der Wirtschaft überwunden, produktive Arbeitsplätze geschaffen, der Spielraum für steigende Realeinkommen vergrößert, der Diversifizierungsgrad von Produktions- und Beschäftigungsstruktur erhöht und die wirtschaftliche Integration der einzelnen Landesteile verbessert werden." (Donges/Müller-Ohlsen: Außenwirtschaftsstrategien und Industrialisierung in Entwicklungsländern, Tübingen 1978, S. 1). Es ist interessant, daß sich die kapitalistischen Industriestaaten noch 1963 auf der 3. Tagung des Komitees für industrielle Entwicklung der Vereinten Nationen einer Fortschrittsdefinition durch die Entwicklungsländer widersetzten, in der die Industrialisierung im allgemeinen und die Entwicklung eines Maschinenbausektors im besonderen eine zentrale Position einnahmen (vgl. Committee for Industrial Development, Report of the Third Session (13-31 May 1963), Economic and Social Council - Official Record: 36. Session Supplement No. 14, United Nations 1963, S. 23).

1) Ernst, Dieter: Entwicklung durch importsubstituierende Industrialisierung?, in: Das Argument 79, Juli 1973, S. 337.

2) De Bernis entwickelte dafür sein Konzept der "industrializing industries". Dementsprechend "a coherent industrial structure can be defined from an interindustry matrix, when the different sectors are not only connected with the outside world by their contents (machinery, raw materials) and their exports (raw materials, finished products) but are also them-

Historisch nimmt ein solcher Prozeß in Entwicklungsländern mit "free economies", wie Baldwin[1] die rohstofforientierten und -deformierten Peripherieländer euphorisch charakterisiert hat, seinen Ausgangspunkt in drei Produktionsbereichen: nämlich im Bereich essentieller Konsumgüter, einfacher Kapitalgüter (insbesondere Baumaterialien) und natürlich bei den extern-beherrschten Rohstoffenklaven mit all ihren Hindernissen.

Idealtypisch unterstellt nun Baldwin ein schnelles industrielles Wachstum entlang von drei Achsen:[2]

1. horizontal, durch die Ausdehnung bereits bestehender Industrien,
2. vertikal, durch angebots- bzw. nachfrageinduzierte Linkage-Effekte und
3. exogen, durch die Etablierung neuer Industrien, die weder eine Duplizierung alter Fabriken darstellen, noch in irgendeinem engen technischen Zusammenhang mit bereits existierenden Unternehmen stehen. "A country's first steel mill, its first chemical fertilizer plant, its first auto assembly plant is of the latter type."[3]

Praktisch bedeutet dies - und Donges/Müller-Ohlsen haben es in ihrer empirischen Studie für die Zeit ab 1960 für eine Reihe von Entwicklungsländern nachgewiesen[4] -, daß die Produktions- und Investitionsgüterindustrien langsam an Bedeutung zunehmen, vergleicht man die Wertschöpfungsanteile der "traditionellen" mit

---

selves interconnected by their inputs and outputs, which implies the existence of sectors engaged in equipment production and of processing sectors." (De Bernis, G.D.: Industrializing Industries and the Economic Integration of Less-Developed Countries, International Economics and Development, 1972, S. 269).

1) Baldwin, G.B.: Planning ..., a.a.O., S. 100.

2) Ebenda, S. 100f.

3) Ebenda.

4) Vgl. Donges/Müller-Ohlsen: Außenwirtschaftsstrategien ..., a.a.O., S. 30ff.

den "modernen" Industrien, und daß sich damit - bedingt vor allem durch Lohnkostendifferentiale - eine Verlagerung von der importsubstituierenden zur exportorientierten Industrialisierung ergibt.

Entsprechend ihrem liberalen Ansatz gerinnen solche ökonomischen Umschichtungsprozesse in Entwicklungsländern bei Donges/Müller-Ohlsen und vielen anderen Autoren schon zu sicheren Indikatoren von ökonomischer Ausgeglichenheit und größtmöglichem sozialem Fortschritt, wie überhaupt alle Industrialisierungstheorien, die von der Annahme ausgehen, daß eine Ausdehnung der marktwirtschaftlichen Beziehungen als beste Entwicklungsform wünschenswert sei, ein wichtiges Charakteristikum gemeinsam haben: Sie fassen das Industrialisierungsproblem vordergründig nur als technisches, verdinglichtes Problem.[1] Die Frage für wen und durch wen Industrialisierung stattfinden soll, wird nur selten gestellt und wenn, dann sind die Modellannahmen nicht geeignet, adäquate Antworten zu liefern, weil sie implizit immer sozial-harmonische Entwicklungssequenzen unterstellen.

Im Gegensatz zu neo-klassischen Entwicklungsmodellen besteht ein wesentlicher Aspekt polit-ökonomischer Entwicklungstheorien darin, daß sie die Entwicklungsorientierung in vielen Ländern der Dritten Welt auf die Wachstums- und Profitdynamik des internationalen Kapitals bezogen haben. Die gelegentliche Annahme in westlich-orientierten Strategien, wie z.B. im Pearson-Report, oder in den Weltbankvorstellungen, daß die Geschäftspolitik multinationaler Unternehmen nicht die Besserstellung der breiten Bevölkerungsmassen ausschließen muß, erscheint angesichts hochexplosiver politischer Verhältnisse in den meisten Entwicklungsländern derart abgeschmackt, daß man darauf kaum länger verweilen muß.

---

1) Wachstum, Entwicklung und Fortschritt werden z.B. bei Amuzegar/Fekrat synonym behandelt (vgl. Amuzegar/Fekrat: Iran - Economic Development ..., a.a.O., S. 2).

Selbst in "reichen" Ländern führte die Industrialisierung - und das wird im folgenden am iranischen Beispiel der 60er und 70er Jahre zu zeigen sein - im Gegensatz zu Baldwins Vision nur zu geringen Ausbreitungseffekten bei gleichzeitig verfestigter Abhängigkeit von Rohstoff- und Halbfertigwarenexporten. Ein großer Teil der Bevölkerung nahm an dem industriebestimmten Fortschritt nicht teil, d.h. ein Wachstum der Massenkonsumgüterindustrien, die noch am ehesten an traditionelle Industriebereiche anknüpfen, war nur innerhalb bescheidener Grenzen möglich.

In praktisch allen Fällen der Entwicklung gemäß westlich-kapitalistischen Industrialisierungsvorstellungen konservierte sich eine überkommene und starr-hierarchisch aufgebaute Gesellschaftsstruktur mit extremen Einkommens- und Wohlstandsunterschieden, in der die Produktion für den sogenannten gehobenen Bedarf nach westlichen Konsummustern (Demonstrationseffekte) eindeutig im Vordergrund stand. Der Iran ist dafür ein treffendes Beispiel.

1.2. Industrielle Ursprünge und Hemmnisse

Der historische Rückblick zeigt, daß es im Iran bis zur Mitte dieses Jahrhunderts außerhalb der extraktiv ausgerichteten Rohölindustrie nur einfache und technisch primitive Industrieformen gab,[1] wenn man die bis dahin existierende Weiterverarbeitung einheimischer Produkte überhaupt als Industrie bezeichnen kann. Die Hauptmasse weiterverarbeitender Betriebe war eindeutig vom Typ der kleinen städtischen Handwerksbetriebe und des bäuerlichen Kleingewerbes mit teilweise äußerst kunstvollen und jahrhundertealten manuellen Techniken.

Insbesondere das ländliche Kleingewerbe blieb - bedingt durch äußerst widrige und isolierende Naturbedingungen und der Produk-

---

1) Vgl. Bharier, J.: Economic Development ..., a.a.O., S. 170ff; sowie Thumm, U.: Iran - Wirtschaftsstruktur und Entwicklungsplanung, Bremen 1976, S. 15-20.

tion auf der Basis der Naturalrente - ihrem Charakter nach Hausindustrie, in der die Produktion und Verarbeitung agrarischer Rohmaterialien eng verbunden waren. Rein kapitalistische Beziehungen existierten eigentlich nur im Erdölsektor bzw. im Außenhandelsbereich und machten in den übrigen Bereichen bis in die 50er Jahre nur geringe Fortschritte. Bis dahin gelang es privaten Händlern oder Handwerkern unter den mißtrauischen Augen der Staatsaufsicht und ausländischer Interessen[1] nur in den seltensten Fällen, den Übergang zur Manufaktur oder gar großen Industrie herzustellen.

Bharier führt einige historische Quellen an, nach denen es zwar schon Ende des vorigen Jahrhunderts erste Versuche zur Bildung einer "large-scale manufactoring industry" gab - im wesentlichen entlang der ersten und zweiten Industrialisierungsachse von Baldwin (Streichholzfabrikation, Glas, Textilien, Zucker) -, sie scheiterten jedoch alle innerhalb weniger Jahre, weil eine wehrlose Zentralmacht gegenüber ausländischen Wirtschaftsinteressen keine effektive Schutzzollpolitik durchsetzen konnte.[2] So unterblieben nicht nur Aufbau und Entwicklung einer Schwerindustrie (Produktion von Produktionsmitteln), auch die Entfaltung der Konsumgüterindustrie auf bereits vor-

---

1) Thumm bringt das Kunststück fertig, dem Iran eine Geschichte "in Unabhängigkeit" anzudichten. Ganz im Gegensatz zu den historischen Tatsachen hat nach ihm der Iran "den Expansionsdrang der Kolonialmächte im letzten Jahrhundert unangefochten überlebt." (Thumm, U.: Iran ..., a.a.O., S. 15.)

2) Der Einfuhrzoll blieb auf maximal 5% beschränkt. Um die Jahrhundertwende schloß Persien mit England und Rußland sogar Handelsverträge ab, welche Importe begünstigten. Durch ausländischen Druck unterblieb auch der Ausbau der Infrastruktur. Im Jahre 1900 mußte sich der Iran gegenüber Rußland verpflichten, keine Eisenbahn zu bauen, die sicherlich einen Schritt in Richtung auf die Entwicklung des Binnenmarktes und der Industrialisierung bedeutet hätte (vgl. Ravasani, S.: Die abhängige Industrialisierung in den unterentwickelt gehaltenen Ländern am Beispiel Iran, in: IAB - Studien zu Imperialismus, Abhängigkeit, Befreiung, 3/1978, S.7).

gezeichneten Produktionslinien wurde früh gebremst.[1)]

Zwar wurde nach der Etablierung der konstitutionellen Monarchie zu Beginn dieses Jahrhunderts von den fortschrittlichen nationalen Kräften weiterhin versucht, die Industrialisierung des Landes zu propagieren und zu initiieren, schon um das Land von den ausländischen Wirtschaftsinteressen zu befreien; diese Bewegung war aber viel zu schwach, um eine fortschreitende kapitalistische Entwicklung in Gang zu setzen. Mit dem Wachstum der Erdölproduktion wurde das Land nur noch stärker und einseitiger in den Weltmarkt integriert.

So kam es, daß zwischen 1900 und 1925 nur acht Fabriken erfolgreich im verarbeitenden Bereich installiert werden konnten, die für die damaligen Verhältnisse die Bezeichnung modern verdienten und die zusammen maximal 3 500 Industriearbeiter beschäftigten. Gemessen am gesamten Arbeitskraftpotential blieb die "große Industrie" also völlig ohne Bedeutung, zumal ihre Produktion gänzlich auf die begrenzten Lokalen Märkte ausgerichtet war.[2)]

Demgegenüber waren am Vorabend des Ersten Weltkrieges im metallverarbeitenden Handwerk und in der kleingewerblichen Teppichproduktion 20 000 bzw. 70 000 Arbeiter in einer Vielzahl von Betrieben beschäftigt, die meist ohne Einsatz von Maschinen arbeiteten.[3)] Allein in Teheran existierten 1928 rund 5 000 Klein- und Minibetriebe mit etwa 15 000 Arbeitskräften, die nur durch die nationale Besonderheit und Kunstfertigkeit ihrer Pro-

---

1) So z.B. mußte 1898 eine in der Nähe Teherans gelegene Zukkerfabrik nach kurzer Zeit schließen, weil russische Zuckerfabrikanten ihre persischen Absatzmärkte gefährdet sahen und deshalb mit Dumpingpreisen das persische Unternehmen ruinierten.

2) Bharier, J.: Economic Development ..., a.a.O., S. 171. Ihre Produktion beschränkte sich auf die Erzeugung von Baumwollstoffen, die Verarbeitung von Holz und die Gewinnung von Seife.

3) Ravasani, S.: Die abhängige Industrialisierung ..., a.a.O., S. 9.

dukte gegenüber den ausländischen Einfuhren geschützt waren. In den ersten drei Jahrzehnten dieses Jahrhunderts blieb der Anteil der verarbeitenden "Industrie" am BSP daher letztlich "negligible".[1]

Nach der von England betriebenen Machtübernahme durch Reza Schah (1921) beschleunigte sich zwar die Akkumulation im Bereich relativ großer Weiterverarbeitungsbetriebe gegenüber der vorigen Periode, insgesamt jedoch blieb das Entwicklungsniveau in dem Teil des industriellen Sektors, der nicht mehr auf rein handwerklicher Basis operierte, auch unter Reza Schah und während der Nachkriegszeit äußerst bescheiden.

Zwischen 1926 und 1947 wurden in der "large manufactoring industry"[2] nicht mehr als 40 000 Arbeitsplätze neu geschaffen.[3] Vor allem während der 30er Jahre, als sich der wirtschaftliche Druck durch die imperialistischen Staaten infolge der Weltwirtschaftskrise etwas gelockert hatte,[4] entstanden im Bereich der arbeitsintensiven Konsumgüterindustrie (Spinnereien, Webereien, Zuckerfabriken, Mühlen, Teeverarbeitung, Ölderivate) und einfacher Kapitalgüter (Zement, Ziegelsteine) verstärkt neue Fabriken, die zur Expansion der lokalen Märkte beitrugen, ohne daß allerdings zentrale Bereiche der Produktionsmittelindustrie (Schwerindustrie, Maschinenbau) in diese staatlich forcierte Industrieausdehnung miteinbezogen werden konnten.Außerdem blieb die Kapitalausstattung dieser Betriebe äußerst schwach. Schon wegen dieser Restriktionen verbietet

---

1) Bharier, J.: Economic Development ..., a.a.O., S. 172.

2) Darunter faßt Bharier alle Betriebe mit 10 oder mehr Beschäftigten. Nach seinen Berechnungen lag für diesen Bereich im Jahr 1947 immer noch eine an niedrigen Beschäftigtenzahlen orientierte Betriebsgrößenstruktur vor. Rund die Hälfte dieser "large firms" beschäftigte weniger als 50 Arbeitskräfte (Bharier, J.: Economic Development ..., a.a.O., S. 181).

3) Ebenda, S. 172. Insgesamt waren 1947 nicht mehr als 50 000 Beschäftigte in diesem Bereich tätig.

4) Korby, W.: Probleme der industriellen Entwicklung ..., a.a.O., S. 58.

es sich eigentlich, von einer industriellen Modernisierungspolitik oder "Teilindustrie"[1] unter Reza Schah zu sprechen.

Außerdem stand die Steigerung der einheimischen Industrieproduktion und die Erweiterung des Außenhandels weniger unter entwicklungspolitischen Zielsetzungen als unter den strategischen Überlegungen Englands und des Westens, das Land ökonomisch gegenüber der Sowjetunion zu stabilisieren - zumindest bis zum Zweiten Weltkrieg, als der Hitlerfaschismus im Iran politisch vordringen konnte. Diese strategischen Überlegungen ließen von vornherein nur eine partielle Entwicklung zu, weil sie gleichzeitig eine extrem hohe Verwendung der Staatseinnahmen für die Militarisierung des Landes (Waffenkäufe, Modernisierung von Polizei und Armee) zur Folge hatten.[2]

Kennzeichnend für die industrielle Akkumulation in den 20er und 30er Jahren - wie auch für später - war außerdem ihr etatistisch-bürokratischer Charakter, der die Entwicklung eines starken nationalen Bürgertums ausschloß.[3] Der Komperadorenstaat unter Reza Schah kontrollierte nicht nur mehr als die Hälfte der größten Industriebetriebe, in einzelnen Bereichen (Tabakverarbeitung, Zement- und Zuckerproduktion) und im Außenhandel erzwangen die finanziellen Bedürfnisse des despotischen Herrscherhauses sogar das staatliche Monopol.[4]

Wie Korby bemerkt, determinierte die regionale Verteilung des Industriekapitals in den beiden Jahrzehnten unter der Herrschaft

---

1) Ravasani, S.: Die abhängige Industrialisierung ..., a.a.O., S. 10.

2) Ende der 30er Jahre wurden nicht mehr als 20% des Staatshaushalts direkt oder indirekt für die Industrialisierung eingesetzt. (Bharier, J.: Economic Development ..., a.a.O., S. 176.)

3) Nirumand, B.: Persien ..., a.a.O., S. 19. Zu Beginn des Zweiten Weltkrieges waren alle 64 damals existierenden Staatsunternehmen defizitär (Thumm, U.: Iran - Wirtschaftsstruktur ..., a.a.O., S. 17).

4) Der Außenhandel wurde 1935 in ein Staatsmonopol verwandelt, ausgenommen natürlich der quasi exterritoriale Erdölhandel.

Reza Schahs schon die heutige ungleichgewichtige Erschließung des Iran. Gegenüber der Zentralprovinz, der Provinz Isfahan und Ost-Aserbeidschan, in denen sich die junge Industrie konzentrierte, blieben die Gebirgsregionen und der Südosten des Landes zurück.[1]

Mit dem Einmarsch der Alliierten während des Zweiten Weltkrieges wurde die bescheidene Entwicklung im industriellen Bereich für mehrere Jahre abrupt unterbrochen, nicht zuletzt deshalb, weil sich die ausbleibenden Industrieeinfuhren (Maschinen, Ersatzteile) als verhängnisvoll für die Industrieproduktion auswirkten:"Schleichende Inflation infolge überhöhten Zahlungsmittelbedarfs der Besatzungstruppen ohne das Gegengewicht entsprechender Produktions- oder Einfuhrsteigerungen, Zunahme der Verwaltungsbediensteten von etwa 75 000 auf 165 000 mit Belastung der Staatseinnahmen in Höhe von 80-90%, Rückgang landwirtschaftlicher und industrieller Produktion, Warenhortung, Schwarzmarkt, Preissteigerungen - das waren Grundzüge einer Entwicklung, die ... durch spätere Mißernten mit Hungersnöten verschlimmert wurden."[2]

Im Grunde wurde diese mit dem Ausbruch des Zweiten Weltkriegs einsetzende Zäsur der Ansätze zur teilindustriellen Entwicklung erst wieder 1955 abgemildert, nachdem die nationale Bewegung 1953 ihre entscheidende Niederlage erlitten hatte, d.h. nachdem sich der Komperadorenstaat und die ihn tragenden Ölinteressen zu konsolidieren begannen. Von einer tiefgehenden Industrialisierung konnte aber auch für das folgende Jahrzehnt keine Rede sein.

So sah der 2. Entwicklungsplan (ab 1955) infolge des überkommenen Charakters der Staats- und Wirtschaftsverfassung nur ge-

---

1) Korby, W.: Probleme ..., a.a.O., S. 64.

2) Messerschmidt, E.A.: Iran (Persien). Wirtschaftsgrundlagen und Außenhandelsmöglichkeiten, Köln 1953, S. 19.

ringe Investitionen im Industriesektor vor[1] und auch staatliche Anreize finanzieller Art förderten die privaten Investitionen nur in völlig unzureichendem Maß. Die erneute Unterwerfung unter ausländische Interessen nach 1953 sorgte mit den ansteigenden Importen schließlich auch für die weitere Zurückdrängung des kleinbürgerlichen und national-kapitalistischen Sektors, der in der Mossadegh-Ära kurzfristig relativ günstige Entwicklungsbedingungen besessen hatte. Die größeren Industriebetriebe blieben weiterhin auf traditionelle Bereiche (Lebensmittelverarbeitung, Textilien) beschränkt.

Diese schwache industrielle Basis, die landwirtschaftliche Stagnation, die hohen Devisenabflüsse und die gewaltigen unproduktiven Staatsausgaben führten das Land Ende der 50er Jahre schließlich in eine mehrjährige Rezession und politische Krise,[2] die zum direkten Anlaß der Weißen Revolution wurden.[3]

1.3. Widersprüche der industriellen Akkumulation, 1960 - 1978

Die in den 60er und 70er Jahren stärker in Schwung gekommene iranische Industrialisierung wurde von ihren ideologischen

---

1) Sie beschränkten sich auf Rationalisierungsmaßnahmen in Staatsbetrieben und auf einige Neuinvestitionen im Zucker-, Textil- und Baustoffbereich (Korby, W.: Probleme ..., a.a.O., S. 66).

2) Vgl. Bharier,J.: Economic Development ..., a.a.O., S. 94f.

3) Bis Ende der 60er Jahre waren ausländische Investitionen in der verarbeitenden Industrie praktisch ohne Bedeutung. Allerdings hatte sich bis dahin schon eine recht unelastische Abhängigkeit gegenüber dem Ausland im Bereich von Produktionsmitteln durchgesetzt. So wurden in größerem Umfang traditionelle Baumaterialien schon durch importierte Waren (Eisenträger) ersetzt,und die Ausdehnung des Fabrikbaus erforderte ausländische Produktionsmittel und -technologien. Gleichzeitig stiegen mit der Ausdehnung des Fabrikwesens die Maschinenimporte schnell an. Im Jahre

Verteidigern, wie z.B. von Baldwin, Looney oder Amuzegar[1] sehr ausführlich mit den sozial-harmonischen Vorstellungen der Modernisierungs-, Dualismus- und Strategietheorien begründet, in denen Länder mit großen ökonomischen und sozialen Gegensätzen bekanntlich immer nur am Rande, als "special cases", registriert werden, ohne das Gesamtbild zu trüben.

Nun ist gerade der Iran ein solcher "special case", in dem die Industrialisierungspolitik nicht zu den gewünschten bzw. behaupteten Verhältnissen führte,[2] sondern unter zunehmenden Widersprüchen vonstatten ging, die auf die gesamte Wirtschaft und Gesellschaft ausstrahlten.

Im folgenden wollen wir diese These in ihren verschiedenen Dimensionen ausführlich begründen, zumal es nicht zuletzt die verfehlte Industrialisierungspolitik während des Schah-Regimes war, welche die Revolution von 1978/79 ungeheuer beschleunigte.

1946 wurden Maschinen im Wert von 46 Mio. Rial, 1959 dagegen schon für 3,97 Mrd. Rial importiert. Zwischen 1962 und 1966 fand schließlich eine Verdoppelung der entsprechenden Werte statt und 1972 beliefen sich die Maschinenimporte auf 23,7 Mrd. Rial. (Vgl. Løvbroek, A.: State Interventionism ..., a.a.O., S. 99.)

1) Vgl. Baldwin, G.B.: Planning ..., a.a.O.; Looney, R.E.: The Economic Development of Iran - A Recent Survey with Projections to 1981, New York u.a. 1973; derselbe: A Development Strategy for Iran Through the 1980s, New York 1977 und Amuzegar, J.: Iran - An Economic Profile, a.a.O..

3) Amuzegar z.B. lobt seitenlang die angeblich sehr erfolgreiche "welfare policy" und ein "future as planned" unter dem letzten Schah (Amuzegar, J.: Iran ..., a.a.O., S. 237ff).

1.3.1. Staat und Industrieplanung

1.3.1.1. Zum Verhältnis von Staatsinterventionismus und privaten Investitionen

"Iran's economy is not a socialist economy. Our's is a mixed "economy",[1] erklärte 1975 der frühere Premierminister A. Hoveyda in einer Audienz gegenüber Bankiers und westlichen Geschäftsleuten. Es sollte nicht weiter überraschen, daß ein führender Repräsentant des Schah-Regimes sein Land nicht als sozialistisch titulieren wollte, schließlich wurde der Iran als Bollwerk gegen den Kommunismus verstanden und ausgebaut. Es erstaunt aber doch, daß der nach amerikanischen Vorstellungen vorgenommene Ausbau der iranischen Wirtschaft und Industrie nicht mit dem Signum der "reinen" Marktwirtschaft bedacht wurde, so als ob es sich beim staatlichen Interventionismus in den verschiedensten Formen und bei der privaten Kapitalakkumulation um zwei getrennte und nicht bedingte Wege gehandelt hätte.

Gemessen an der iranischen Wirklichkeit während und nach der Weißen Revolution ist eine solche auf der angeblichen Klassenneutralität des Staates aufbauende These der zwei verschiedenen Wege jedoch völlig unhaltbar, wie auch schon zuvor der iranische Staat immer klassengebundene Interessen verfolgt hatte.

Auch der historisch begründete Umstand, daß sich ein privates Bürgertum nie gegen den despotischen Staatsapparat emanzipieren konnte, reicht nicht zur Begründung einer "mixed economy" aus, wie sie Hoveyda wohl verstanden haben wollte. Er erklärt lediglich, warum gerade der Staat zur Instanz werden konnte, die im wohlverstandenen Eigeninteresse bei der wirtschaftlichen

---

1) Zitiert nach: Iran Almanac and Books of Facts, Echo of Iran, Teheran 1976, S. 177.

"Modernisierung" zum wichtigsten Regulator und Stimulator werden konnte und mußte. In seinen Wirkungen auf die Kapitalakkumulation läßt sich der iranische Staat mit der zentralisierenden Rolle vergleichen, die dem privaten Aktienkapital im Europa des 19. Jahrhunderts zugeschrieben werden kann.

Der Schah selber ließ im übrigen nie den geringsten Zweifel aufkommen, welche Rolle sein Staat bei der ursprünglichen Akkumulation in den 60er Jahren und während des Ölbooms zwischen 1973 und 1977 für die industrielle Akkumulation zu spielen hatte, schon um seine eigene Stellung als mächtigster Kapitalist des Landes zu stabilisieren.

Nach ihm hatte die iranische Regierung den "Aufbau von Grundindustrien und (die) Schaffung einer günstigen Atmosphäre für die private Kapitalinvestition durch Schutz- und Förderungsabkommen"[1] zu leisten. Dabei sollte der Staat weitgehend nur als "Geburtshelfer" bzw. als "Lückenbüßer" fungieren:
"Bei der angestrebten maximalen Ausschöpfung der Energiequellen und der Bodenschätze im Dienste des wirtschaftlichen und technischen Wachstums des Landes haben Privatinvestitionen und Privatinitiative führende Rollen übernommen. Das betonte Interesse der Regierung ist darauf gerichtet, daß das Privatkapital insbesondere für die Entwicklung neuer Industriezweige und damit für das wirtschaftliche Wachstum des Landes herangezogen wird.

Sollten jedoch die privaten Mittel hierfür nicht ausreichen oder gar ganz ausbleiben, weil dem Geldgeber vielleicht Zweifel am künftigen Gewinn überkommen, so wird die Regierung selbst zur Gründung erforderlicher Industriezweige schreiten müssen ... Neben der Verwendung von inländischem Privatkapital verfolgen wir eine Politik der Anregung ausländischer Investitionen."[2]

---

1) Pahlawi, M.R.: Die soziale Revolution ..., a.a.O., S. 78.

2) Ebenda, S. 79f.

Sicherlich spielte der mächtige staatskapitalistische Sektor in der iranischen Praxis nie nur die Rolle des Lückenbüßers, zumindest nicht nach der Explosion der Öleinnahmen. Es ist darin jedoch keine Abkehr von der Doktrin einer komplementären Unterstützung privater Investitionen zu sehen, denn zum einen erfolgte die private Bereicherung eben teilweise über den Staatshaushalt und zum anderen folgte aus den enorm gestiegenen Staatseinnahmen und der privaten Investitionsschwäche im Industriesektor ganz zwangsläufig ein Ausbau der staatskapitalistischen Investitionen.[1]

Die staatliche Entwicklungs- und Industrieplanung war immer nur für den staatlichen Sektor bindend, zumindest auf dem Papier, und hatte für den Privatsektor nur indikativen Charakter.[2] Außerdem blieb das alte "asiatische" Element der Unsicherheit in veränderter Form auch nach der Weißen Revolution trotz der längerfristigen Entwicklungsplanung immer vorhanden. Nach einem von Farughy/Reverier zitierten "angesehenen iranischen Wirtschaftsexperten" hatte es entgegen wohltönender Deklamationen "nie eine kontinuierliche Wirtschaftspolitik gegeben. Alle zwei oder drei Jahre wurde alles über den Haufen

---

1) Zur theoretischen Fundierung der Entwicklung eines staatlichen Sektors mit kapitalistischem Charakter vgl. Tjulpanow, S.I.: Politische Ökonomie und ihre Anwendung in den Entwicklungsländern, Berlin 1972, S. 309ff. Nach ihm läßt sich im Falle von Unterentwicklung die protektionistische Funktion des Staates nur auf der Basis des staatlichen Sektors effektiv verwirklichen. "Das staatliche Kapital tritt unmittelbar als Gesamtkapital der gesamten Kapitalistenklasse auf." (S. 310). Ob kollektives kapitalistisches Eigentum an den Produktionsmitteln "immer Verneinung der ungeteilten Herrschaft des privatkapitalistischen Eigentums (bedeutet) und dessen historisch vorübergehenden Charakter" anzeigt (S. 310), muß strittig bleiben, zumal der staatliche Sektor dem Privatkapital erst zur erweiterten Reproduktion verhilft und damit "dem Wesen nach subventioniert." (S. 311). Auf einer solchen These basiert auch die sowjetische Begründung eines "Dritten Weges" in Entwicklungsländern, mit deren Propagierung sie schon seit Jahren versucht, den US-Imperialismus selbst in den reaktionärsten Ländern zu beerben (Indien, Afghanistan, Irak etc.).

2) Vgl. Amuzegar, J.: Iran ..., a.a.O., S. 159.

geworfen. Die Änderungen überstürzten sich ... Auch die staatlichen Stellen sorgten für Verwirrung, weil sie nach Belieben mit den Zahlen jonglierten."[1] Da der iranische Staat infolge seiner Öleinnahmen relativ sehr viel tiefgehender in die Wirtschaft eingreifen konnte, als dies in kapitalistischen Industrieländern der Fall ist, gehört nicht viel Phantasie dazu, sich die ungünstigen Auswirkungen einer solchen unsteten Wirtschaftspolitik auszumalen.

Trotz chaotischer Verhältnisse in der Entwicklungsplanung während des letzten Jahrzehnts des Schah-Regimes lassen sich mit Halliday[2] jedoch vier eindeutig unterscheidbare Tätigkeitsfelder des Staates zur Förderung des industriellen Wachstums festhalten: 1. im Bereich der direkten Industrieinvestitionen, also vor allem beim Aufbau der Schwerindustrie und der Petrochemie, 2. im Bereich der direkten Investitionshilfen (Kredite, Subventionen) für die Entwicklung des privaten Sektors durch den Aufbau einer Reihe von staatlichen und halbstaatlichen Spezialinstitutionen (Industrial Credit Bank, Industrial and Mining Development Bank of Iran, Industrial Guarantee Fund, Development and Investment Bank of Iran etc.); in gewissem Umfang förderte der Staat dadurch die privaten Industriellen und machte sie von sich abhängig, 3. im Bereich steuerlicher und außenwirtschaftlicher Fördermaßnahmen sowie im Ausbau eines Produktionslizenzsystems und 4. im Bereich infrastruktureller Vorinvestitionen (Straßen, Häfen, Dämme, Kraftwerke), die für private Investitionen unattraktiv waren, der industriellen Expansion aber vor- bzw. parallelgeschaltet werden müssen

1) Farughy/Reverier: Persien: Aufbruch ins Chaos? ..., a.a.O., S. 99.

2) Halliday, F.: Iran ..., a.a.O., S. 142f.

1.3.1.2. Staat und private Bereicherung: Die Pahlawi-Foundation

Hallidays Analyse bleibt unbefriedigend, weil er den iranischen Staat der 60er und 70er Jahre relativ begriffslos abgehandelt hat. Sehr viel konkreter äußerten sich zu dieser Frage Ravasani und Djazani,[1] die den iranischen Staat unter dem letzten Schah als Kompradorenstaat (Ravasani) bezeichneten oder noch präziser von einer den Staat beherrschenden Komperadoren-Bürokratie sprachen (Djazani), die sich aus dem Hof und seinen Helfershelfern, führenden Militärs und der Spitze der öffentlichen Administration inklusive der Manager der Staatsbetriebe zusammensetzte und die innerhalb der gesamten Komperadoren-Bourgeoisie den Ton angab.[2]

Im wesentlichen war es diese bürokratisch-militärische Schicht, die das Mehrprodukt aus der Erdölproduktion in ihrem Interesse einsetzte, d.h. veruntreute, verschob, direkt investierte oder anderen Schichten der Großbourgeoisie zuführte. Obwohl letztere in zunehmende Abhängigkeit zu den Kommandostellen des Schah-Regimes gerieten, profitierten sie doch erheblich von den staatlichen Zuschüssen und Direktinvestitionen, die ihnen oft als unrentabel erschienen oder ihre Finanzmittel überstiegen. So z.B. wurden der Hüttenkomplex von Isfahan und die Kupferberg-

---

1) Vgl. Ravasani, S.: Iran ..., a.a.O., S. 22-35 und Djazani, B.: Klassenkämpfe ..., a.a.O., S. 103-106.

2) Die Topmanager in den Staatsunternehmen, wie z.B. in der NIOC, waren direkt dem Schah unterstellt. Ravasani konnte daher über die letzten Jahre des Schah-Regimes folgendermaßen urteilen:
"In Iran gibt es nur eine formelle und zunehmend verschwindende Grenze zwischen dem Staat und dem Königshaus. Das Königshaus ist gleichzeitig Wirtschaftszentrum der Komperadorenklasse und politisches Machtzentrum des Staates. Diese Integration und die Integration der Komperadorenklasse in das ausländische Kapital ist die Basis der Wirtschaftspolitik des Staates in den verschiedenen Sektoren, vom Erdöl bis zur Rüstungspolitik." (Ravasani, S.: Iran ..., a.a.O., S. 130.)

werke von Sartscheschmeh vom Staat finanziert und ermöglichten den Aufbau bzw. die Projektion einer Reihe profitabler privater und gemischter Industrien.

Im Zentrum des verfilzten Apparates von wirtschaftlichen, militärischen und öffentlichen Interessen stand natürlich die Pahlawi-Dynastie, die auf die verschiedenste Weise (Handels-, Monopolgarantien, Produktionslizenzen etc.) weite Wirtschaftskreise von sich abhängig machen konnte. Bei den gewaltigen Öleinnahmen waren Konzessionen des Despoten eine einträgliche Sache für beide Seiten, selbst wenn - wie es in der Regel der Fall war - der Despotie für das Monopol eine Geschäfts- und Gewinnbeteiligung eingeräumt werden mußte.[1)]

Überhaupt stellt man bei näherer Untersuchung fest, daß es kaum einen Unterschied zwischen den Staatseinnahmen und dem Reichtum der herrschenden Dynastie gab. Oder anders ausgedrückt: Die Wirtschafts- und Industrieplanung diente zuallererst der Pahlawi-Foundation, die wie eine Spinne im Netz über weitverzweigte Kanäle die Wirtschaft und Gesellschaft des Landes beherrschte.[2)]

Am deutlichsten wurde die Vermischung zwischen privatem und staatlichem Bereich wohl bei der National Iranian Oil Company, deren Vorsitzender immer persönlich vom Schah eingesetzt wurde. Sie unterstand als wichtigstes Wirtschaftsunternehmen unmittelbar dem Schah; ihr Etat wurde immer direkt vom Hof vorgelegt und ohne Diskussion gebilligt, und zwar in einer Weise, daß

---

1) Nach Meinung Grahams wurden die profitabelsten Arragements bei langfristigen Abkommen mit internationalen Unternehmen erzielt, vor allem dann, wenn der Schah selber als Vermittler auftrat (Graham, R.: Iran ..., a.a.O., S. 180).

2) Zur Beteiligung der Pahlawi-Foundation an iranischen Wirtschaftsunternehmen vgl. Graham, R.: Iran ..., a.a.O., S. 256ff und Ravasani, S.: Die wirtschaftlichen Ursachen des Sturzes der Pahlawi-Dynastie, in: Tilgner,Ulrich (Hrsg.): Umbruch im Iran. Augenzeugenberichte - Analysen - Dokumente, Reinbek 1979, S. 171ff.

sich selbst das US-Außenministerium verblüfft über die Diskrepanz zwischen den NIOC-Einnahmen und der Summe zeigte, die an die Zentralbank weitergereicht wurde und die bei korrekter Abrechnung ungefähr diesen Einnahmen hätte entsprechen müssen, weil es gesetzlich so festgelegt war. In einem einzigen Jahr, 1976, beliefen sich z.B. die NIOC-Einnahmen aus dem Erdölverkauf auf 4,6 Mrd. Dollar, im Zahlungsausgleich mit der Zentralbank wurden dagegen nur 3,14 Mrd. Dollar angegeben, der Rest ging in einen Geheimfonds.[1]

Der Einfluß der Pahlawis auf die iranische Wirtschaft über die nach ihnen benannte Stiftung diente "als sichere und unverdächtige Quelle für 'Pensionen', als Möglichkeit der Kontrolle über die Wirtschaft durch die Vergabe von Zuschüssen und als Geldspender für kaiserliche Unternehmen."[2]

Nach der Regierung selbst war sie die mächtigste Wirtschaftskraft des Landes.[3] So z.B. kontrollierte sie mit finanzieller Unterstützung aus dem Staatshaushalt das größte iranische Verlagskonglomerat, in dem u.a. alle Schulbücher mit rund 50 Mio. Exemplaren pro Jahr gedruckt wurden. Dieser Trust wurde nach streng kommerziellen Regeln verwaltet, wie die übrigen Bank-, Investment- und Versicherungsgesellschaften, Hotels, Touris-

---

1) Vgl. Graham, R.: Iran ..., a.a.O., S. 181. Von einer französischen Zeitschrift wurde 1976 ein schweizerischer Kontoauszug der Pahlawi-Stiftung aus dem Jahre 1962 veröffentlicht, auf dem als höchster Betrag eine Überweisung von 12 Mio. Dollar verzeichnet war - ausgestellt von der NIOC (ebenda).

2) Siehe ebenda, S. 182.

3) Gegründet wurde diese Stiftung 1958 vom Schah, der als oberster Verwalter fungierte und alle Direktoren ernannte. In ihr war das gesamte Vermögen des Schahs im In- und Ausland steuerfrei und ohne den geringsten staatlichen Eingriff zusammengefaßt (Ravasani, S.: Iran ..., a.a.O., S. 112). Ihre groß propagierten "wohltätigen" Aktivitäten ließ sie sich praktisch vollständig aus dem Staatshaushalt finanzieren. Besonders rührig bemühte sie sich um Waisen, die bei entsprechendem Alter als Polizisten, Soldaten oder sonstige Beamte in den Dienst seiner Majestät übernommen wurden (vgl. Graham, R.: Iran ..., a.a.O., S. 184f).

mus- und Freizeitanlagen, Wohnbauten, Auslandsinvestments, Importfirmen, Industriebeteiligungen und landwirtschaftlichen Kapitalanlagen etc., die zur Stiftung gehörten.

Es gab schließlich keinen wirtschaftlichen Bereich, an dem sich nicht ein Mitglied der Schah-Familie, des Hofes oder der Ministerialbürokratie über die Stiftung auf parasitäre Weise zwangsbeteiligt hätte.[1] Nach zurückhaltenden Schätzungen[2] repräsentierte die Stiftung 1961 einen Wert von 135 Mio. Dollar, 1978 dagegen schon von 2,8 bis 3,2 Mrd. Dollar, ohne daß dabei die Wertsteigerungen des Grundbesitzes der Stiftung, die der größte Grundeigentümer des Landes war, während des Ölbooms entsprechende Berücksichtigung fanden.[3]

Man sieht, während sich Reza Schah noch hauptsächlich für Grundbesitz und Grundrenten interessierte, verlagerte der Sohn sein Tätigkeitsfeld schon auf weit breitere Sektoren, ganz entsprechend der mit der Weißen Revolution formulierten Wirtschaftspolitik.[4]

---

1) Farughy/Reverier: Persien ..., a.a.O., S. 120.

2) Graham, R.: Iran ..., a.a.O., S. 183ff.

3) Im November 1980 schätzte Nobari, der Direktor der persischen Zentralbank, das im Ausland befindliche, dokumentierte Schah-Vermögen auf 13 bis 20 Mrd. DM, wobei die Nachforschungen noch längst nicht abgeschlossen waren (vgl. "Der Tagesspiegel", 4.11.1980, S. 8).

3) Zwar blieb die Bodenspekulation nicht mehr der Hauptpfeiler des Vermögens der herrschenden Dynastie, gleichwohl profitierte sie noch kräftig von der während des Ölbooms beschleunigten Preisentwicklung von Immobilien. So z.B. wandte sich die Omran-Bank, eine 100-prozentige Tochtergesellschaft der Stiftung, nach dem Ölboom verstärkt dem Grundstücksmarkt zu und finanzierte 22 000 Luxusappartements im Norden Teherans sowie drei der größten Hochhäuser der Hauptstadt. Von derselben Bank wurde für 100 Mio. Dollar die Insel Kish im Persischen Golf zu einem feudalen Erholungsgebiet, "zu einer Spielwiese für die Superreichen des Landes" ausgebaut (Graham, R.: Iran ..., a.a.O., S. 187). Ähnlich bereicherte sich das kaiserliche Wirtschaftsimperium auch am Preisboom für Baumaterialien, da es einen starken Anteil an der Zementproduktion auf sich vereinigte.

Bei allem Wachstum, das die Pahlawi-Stiftung zustandebrachte, entwickelte diese infolge ihres parasitären Charakters allerdings ein hohes Maß an Ineffizienz. Diese Tatsache störte jedoch nicht weiter: Zum einen wurde sie durch den Staatsetat gestützt und zum anderen konnte sie sich immer in Notfällen auf die NIOC verlassen. Die weitverzweigten Unternehmungen der unmittelbar nach der Revolution aufgelösten Stiftung lassen sogar vermuten, daß sie von ihren Einnahmen allein kaum existieren konnte und in Liquiditätsprobleme geraten wäre, wenn nicht der staatliche Ölkonzern mit seinem Kapital hinter ihr gestanden hätte.[1)]

Trotz ihrer ökonomischen Begünstigungen verzichtete die Privatbourgeoisie nie völlig darauf, eine Begrenzung dieses kaiserlich-staatlichen Sektors zu fordern, besonders zu einem Zeitpunkt, als der Staat wichtige Industrien teilweise schon errichtet hatte und die Rentabilitätsschwelle in Sicht war. Auf eine stärkere Privatisierung zielte z.B. eine im März 1970 verkündete "neue ökonomische Politik"[2)] ab, die 1. das Verbot der Errichtung neuer Betriebe auf ausschließlich staatlicher Basis vorsah, 2. bei Mischunternehmen private Kapitalmehrheiten forderte und 3. die Überführung metallurgischer und petrochemischer Unternehmen in den privatkapitalistischen Sektor anstrebte.

Kurz danach, im April 1970, formulierte Hoveyda als Ziel der Regierung sogar die Überführung der gesamten Industrie in den privaten Bereich.[3)]

Wenn es zu einer solchen Überführung nicht oder nur ansatzweise kam, so nicht deshalb, weil der privatkapitalistische Sektor nicht wollte, sondern weil er nicht konnte. Infolge

---

1) Graham, R.: Iran ..., a.a.O., S. 193.

2) Vgl. Ritter, W.: Der Iran ..., a.a.O., S. 88.

3) Vgl. Kaster, H.L.: Iran heute, Wien, Düsseldorf 1974, S. 204.

seiner relativen Investitionsschwäche, der spezifischen Interessen der Schah-Bürokratie und nicht zuletzt infolge seiner ökonomischen Verflechtung mit der Pahlawi-Dynastie verblieben sowohl die Erdölverarbeitung als auch die Metallurgie und die Erzgruben im staatskapitalistischen Bereich.[1)]

1.3.1.3. Industrieplanung im 5. Entwicklungsplan

Nach den Vorstellungen des Schahs sollte der unterentwickelte Iran durch die Weiße Revolution quasi im Schnellverfahren zur Industrienation ausgebaut werden. Mit der ihm eigenen Bescheidenheit verkündete er im Ölrausch des Jahres 1974 dann gar den Ausbau des Landes zur ökonomischen und militärischen Weltmacht, zur "Großen Zivilisation", gleich hinter den USA, der UdSSR und der europäischen Gemeinschaft: Zehn Jahre gab er 1973 seinem Land Zeit, um zu einer solchen Weltmacht zu werden. Gegen Ende des Ölbooms terminierte er dieses Ziel schließlich auf das Jahr 2 000.

Als Haupthebel zur Erreichung dieses Ziels wurde die Industrieplanung des 5. Entwicklungsplanes in seiner revidierten Form[2)] angesehen, mit der der Staat weite Teile von Wirtschaft und Industrie für eine hemmungslose Kapitalisierung, d.h. Zerstörung der traditionellen Produktionsweisen und -verfahren, versuchte zu öffnen, wie wir am Beispiel der überdimensionierten Agri-

---

1) Vgl. Ritter, W.: Der Iran ..., a.a.O., S. 89.

2) Revidiert wurde dieser Plan (März 1973 - März 1978) Ende des Jahres 1973; dem Parlament wurde er in dieser revidierten Fassung aber erst Ende 1974 vorgelegt. Den entscheidenden Kurswechsel erbrachte die Konferenz von Ramsar (August 1974), auf der der Schah gegenüber Zweiflern die Verdoppelung der Entwicklungsausgaben ohne Rücksicht auf die materiellen und organisatorischen Gegebenheiten seines Landes durchpeitschte, weil er sich davon eine politische und ökonomische Stärkung seiner eigenen Macht versprach (vgl. Graham, R.: Iran ..., a.a.O., S. 91ff).

business-Unternehmen bereits gesehen haben.

Als Voraussetzungen bzw. Ziele der Industrieplanung im 5. Entwicklungsplan, der vor allem den Militärs attraktiv erschien,[1] und der von vornherein die intensive Kooperation mit dem Auslandskapital anstrebte, wurden im einzelnen genannt:[2)]

- eine gleichmäßigere Einkommensverteilung
- die Beschleunigung der landwirtschaftlichen Produktion
- die Entwicklung von erdölverarbeitenden und energieintensiven Industrien und der Ausbau der metallurgischen Industrie
- die Beschleunigung vorgelagerter Zulieferindustrien (small scale industries) und technologischer Kapazitäten des Landes
- die Privatisierung staatlicher Betriebe
- die Forcierung von Direkt- und Finanzinvestitionen im Ausland
- der Ausbau des Schutzzollsystems und
- die Dezentralisierung der staatlichen Entwicklungskompetenzen.

Unstrittig wurde keines dieser mit der praktischen Politik oftmals konfligierenden Ziele (gerechte Einkommensverteilung, Unterstützung der "small scale industries" etc.) erreicht, wie wir im einzelnen in den folgenden Kapiteln noch sehen werden. In diesem kursorischen Überblick über die Entwicklungs- und Industrieplanung läßt sich jedoch schon sagen, daß einer dynamischen kapitalistischen Entwicklung trotz der weggefallenen finanziellen Restriktionen zahlreiche Hindernisse im Bereich der materiellen Produktionsvoraussetzungen, der Industriestruktur, der technologischen Kapazität des Landes und der gesellschaftlichen Arbeitskraftstruktur im Wege standen, ganz zu schweigen von der Korruption eines lähmenden politischen und administrativen Überbaus.

---

1) Ob sich der "Mann auf der Straße" von dem revidierten Zahlenwerk und den angekündigten Sozialinvestitionen blenden ließ, wie Graham meint (Graham, R.: Iran ..., a.a.O., S. 94), ist angesichts der Ereignisse ab 1977 mehr als fraglich.

2) Vgl. Løvbroek, A.: State Interventionism ..., a.a.O., S. 197.

Dabei hätten die nach 1973 ins Land geflossenen Öldevisen bei einer soliden Staats- und Wirtschaftsführung zweifellos ausgereicht, das Land einer sich selbst tragenden Industrialisierung ein gutes Stück näherzubringen. Immerhin sah der revidierte 5. Entwicklungsplan 69,6 Mrd. Dollar an Anlageinvestitionen vor, davon allein 42,5 Mrd. im öffentlichen Bereich.[1] Gegenüber dem ursprünglichen Plan bedeutete dies eine Steigerung um rund 90%.[2]

Schon die Verteilung auf einzelne Bereiche (Tab. 11) macht jedoch ansatzweise verschiedene negative Prinzipien deutlich, von denen die iranische Entwicklungs- und Industrieplanung in den 70er Jahren geprägt wurde. Nur in relativ geringem Umfang waren Investitionen im sozialen Bereich vorgesehen (Erziehungs- und Gesundheitswesen). Zudem wurde die Entwicklung des ländlichen Raums völlig vernachlässigt. Im wirtschaftlichen Bereich (economic affairs) sahen die Projektionen - über die wirkliche materielle Umsetzung existieren ja kaum verläßliche Daten - eine nur völlig unzureichende Berücksichtigung der Landwirtschaft vor. Der Großteil der Investitionen im Bereich der "economic affairs" wurde für die verarbeitende Industrie und den Energiesektor reserviert.

Abgesehen vom Energiebereich sollte der Staat infolge des bereits erreichten Entwicklungsniveaus vorwiegend die weniger profitablen Bereiche (Transport und Verkehr, Verwaltung, Elektrizitäts- und Wasserversorgung) mit Investitionsmitteln alimentieren. Investitionen im Wohnungsbau und in der Industrie im engeren Sinne mit ihren höheren Proftchancen wurden eher dem privaten Kapital überlassen, d.h. die staatlichen Ausgaben orientierten sich an den Bedürfnissen des einheimischen und ausländischen Kapitals. Dies wird u.a. daran sichtbar, daß

1) Ritter, W.: Iran ..., a.a.O., S. 86.

2) Graham, R.: Iran ..., a.a.O., S. 95.

Tabelle 11: Fifth Plan: Fixed Capital Formation: Projected and Actual Disbursement (Billion Rials)

	Projected			Actual
	Public[1] Sector	Private[2] Sector	Total	Public Sector (1973/74–1975/76)
Public Affairs	380.6	—	380.6	162.5
Social Affairs	591.5	694.9	1286.4	228.5
Education	126.8	4.8	131.6	55.3
Culture & Arts	9.1	1.0	10.1	4.7
Health	42.0	3.7	45.7	12.5
Urban Development	73.5	—	73.5	24.9
Rural Development	60.0	—	60.0	14.8
Housing	240.0	685.0	925.0	101.7
Environment	6.1	—	6.1	0.8
Regional Development	10.0	—	10.0	0.5
Social Welfare	9.0	—	9.0	1.9
Physical Education	15.0	0.4	15.4	11.4
Economic Affairs	2146.5	885.4	3031.9	645.4
Agriculture & Natural resources	176.9	132.4	309.3	79.9
Water resources	162.2	4.0	166.2	64.9
Electricity	310.5	—	310.5	56.5
Manufacturing	277.1	503.0	780.1	167.6
Oil	536.0	87.8	623.8	60.3
Gas[3]	120.0	47.5	167.5	18.8
Mining	61.8	4.5	66.3	40.1
Transportation	402.2	90.0	492.2	118.8
Post & Telecommunication	91.3	—	91.3	34.2
Tourism	8.5	16.2	24.7	4.3
Total	3118.6	1580.3	4698.9	1036.4

[1] Includes development credits from the Plan and Budget Organization and investment from public enterprises' own resources.
[2] Includes government credits to the private sector on top of private savings.
[3] Further revisions slightly increase outlays on gas.

Quelle: Plan and Budget Organization, Iran's 5th National Development Plan (1973 - 1978, revised); und Bank Markazi Iran, Annual Reports, zitiert nach Amuzegar, J.: Iran ..., a.a.O., S. 168.

von den 503 Mrd. Rial, die der private Sektor während des 5. Entwicklungsplanes im verarbeitenden Bereich akkumulieren sollte, 100 Mrd. Rial als Transfer aus dem allgemeinen staatlichen

Investitionsfonds günstig kreditiert werden sollten.[1]

Im verarbeitenden Bereich selber konzentrierten sich die staatlichen oder besser: kaiserlich-staatlichen Investitionen auf drei "industrializing industries", nämlich auf die chemische und petrochemische Industrie (NIOC, National Iranian Gas Company, National Petrochemical Comp.), auf die Stahlherstellung und -verarbeitung (National Iranian Steel Comp., National Iranian Steel Industries Corp., Sar Cheshme Copper Mining Comp.) und auf den Maschinenbau und die Rüstungsindustrie in Arak und Täbris.[2] Die Massenkonsumgüterproduktion in den Leichtindustrien wurde in der staatlichen Investitionsplanung, wie auch bei den privaten Investitionen, weitgehend ausgespart.

1.3.2. Globale Indikatoren zur verarbeitenden Industrie

1.3.2.1. Das Wachstum der industriellen Produktion

Bezüglich der kapitalistischen Industrieproduktion während des 4. und 5. Entwicklungsplanes zeichneten die offiziellen Daten ein optimistisches Bild. So soll das reale Wachstum des Produktenwertes (Vorleistungen plus Wertschöpfung) in der verarbeitenden Industrie zwischen 1962 und 1972 nach den häufig zitierten Berechnungen der Weltbank 12,3%[3] betragen haben

---

1) Løvbroek, A.: State Interventionism ..., a.a.O., S. 200f. Wie niedrig das industrielle Niveau im 5. Entwicklungsplan eingeschätzt wurde, zeigt sich daran, daß die 277 Mrd. Rial, die vom Staat in der verarbeitenden Industrie investiert werden sollten, zu mehr als 90% über den Transfer der Ölprofite von außen bereitgestellt werden sollten; nur 25 Mrd. Rial sollten durch die staatlichen Industrieunternehmen intern aus Gewinnen finanziert werden (ebenda, S. 316).

2) Vgl. Ritter, W.: Iran ..., a.a.O., S. 87; sowie Naini, A.: Entwicklungsplanung ..., a.a.O., S. 181ff.

3) IBRD/IDA: The Economic Development ..., a.a.O., Bd. 2, S. 55.

und soll sich bis 1976/77 sogar auf 17,3% beschleunigt haben.[1]

Nicht allein schon wegen der Tatsache, daß die verarbeitende Industrie gegenüber der Ölindustrie nie zum "leading" oder "dominant sector" wurde, sind diese Globaldaten stark zu relativieren: Wie die Kapital- und Produktionsverteilung nach Branchen in Tabelle 12 zeigt, behielt die Industriestruktur auch in den 60er und 70er Jahren ihren frühkapitalistischen Charakter, da technologisch fortgeschrittene Investitionsgüterbereiche nur eine untergeordnete Rolle spielten. Ausgehend von einem niedrigen Niveau realisierte z.B. der Maschinenbau zwischen 1962 und 1972 zwar einen hohen Produktionszuwachs, die traditonellen Zweige der Leichtindustrie blieben aber weiterhin strukturbestimmend. Mit dem Vorherrschen der Konsumgüterbereiche zeigte die gesamtiranische Industrie das typische Strukturmuster von allen Entwicklungsländern.

Der Anteil dieser Bereiche betrug 1972 immer noch fast zwei Drittel des Produktionswertes der gesamten verarbeitenden Industrie; auch bis 1977/78 änderten sich diese Verhältnisse nicht grundlegend, obwohl einzelne Produktionsgüter- und vor allem moderne Gebrauchsgüterindustrien (Autos, Haushaltsgeräte) nach 1972 stärker auf dem Vormarsch waren,[2] letztere insbesondere infolge der hohen Nachfrage nach Luxuskonsumgütern. In der Petrochemie- und Schwerindustrie wurden zwar erhebliche Investitionen vorgenommen, beide Bereiche entwickelten sich infolge ihrer hohen Kapitalintensitäten, ihrer importierten Technologiestandards[3] und ihrer enorm langen Aufbau- und Anlauf-

---

1) Bundesanstalt für Außenhandelsinformation: Iran, wirtschaftliche Entwicklung 1976/77, S. 13.

2) Insbesondere die Jahresberichte der iranischen Zentralbank trugen viel zu dem überaus optimistischen Bild eines industriellen Wachstums bei.

3) Der moderne Teil der iranischen Industrie, d.h. die Großindustrie, arbeitete ohne Ausnahme mit importierten Technologien (vgl. Ravasani, S.: Die wirtschaftlichen Ursachen ..., a.a.O., S. 154).

Tabelle 12: Anlagekapital und Produktionswert in der verarbeitenden Industrie, nach Branchen

Branche	Anlagekapital 1962 Mio. Rial	%	Anlagekapital 1972 Mio. Rial	%	Produktionswert 1962 Mrd. Rial	%	Produktionswert 1972 Mrd. Rial	%
Nahrungs- und Genußmittelindustrien	20 537	49,4	51 765	22,3	31,5	37,1	168,0	33,3
- Lebensmittel	15 597	37,5	41 008	17,7	--	--	--	--
- Getränke	1 016	2,4	4 820	2,1	--	--	--	--
- Tabak	3 924	9,5	5 937	2,5	--	--	--	--
Gebrauchsgüterindustrie	13 554	32,6	52 687	22,7	29,9	35,2	166,6	33,0
- Textil, Teppich	10 759	25,9	25 947	11,2	24,6	28,9	137,7	27,3
- Bekleidung, Schuhe	1 012	2,4	7 492	3,2	--		--	--
- Holz, Möbel	718	1,7	4 261	1,8				
- Papier, Pappe	119	0,3	4 745	2,0	3,4	4,0	24,0	4,8
- Druck, Buchbinder	450	1,1	3 957	1,7				
- Leder	496	1,2	6 285	2,7	1,9	2,3	4,9	9,7
Grundstoffindustrien	5 084	12,2	99 557	42,9	16	18,8	107,7	21,3
- Gummi, Chemie, Öl, Fett	2 210	5,3	35 241	15,2	4,2	4,9	40,0	7,9
- nicht metall. Mineralien	854	2,1	14 676	6,3	5,2	6,1	20,7	4,1
- metall. Grundstoffindustrie	2 020	4,8	49 640	21,4	6,6	7,8	47,0	9,3
Investitionsgüterindustrie	2 413	5,8	28 130	12,1	7,6	8,9	62,6	12,4
- nicht-elektr. Maschinenbau	411	1,0	7 907	3,4	0,1	0,1	6,3	1,2
- elektr. Maschinen	251	0,6	4 140	1,8	0,4	0,5	19,0	3,8
- Transportsektor	1 751	4,2	16 083	6,9	7,1	8,3	37,3	7,4
Zusammen	41 588	100,0	232 139	100,0	85,0	100,0	504,9	100,0

Quelle: Zusammengestellt und berechnet nach Köllner, H.J.: Iran ..., a.a.O., S. 27f.

fristen nicht zu den erhofften Wachstums- und Induktionspolen für die übrige Industrie.

Die strukturelle Schwäche und Rückständigkeit des Kapitalismus in der verarbeitenden Industrie wird noch deutlicher, wenn man vom Produktionswert einzelner Industriebranchen zur Wertschöpfung übergeht, also von den Vorleistungen aus anderen Bereichen abstrahiert und die Verarbeitungstiefe einzelner Industriebranchen bzw. der gesamten Industrie ins Auge faßt (Tab. 13).

Auch unter dem Gesichtspunkt der Wertschöpfung sticht das Übergewicht der traditionellen, kleinindustriellen Branchen gegenüber den modernen Industrien unmittelbar hervor. Davon abgesehen war der Wert der Vorleistungen für den gesamten verarbeitenden Bereich mit 347,1 Mrd. Rial in 1972 mehr als doppelt so hoch wie ihre Wertschöpfung (161,8 Mrd. Rial), die sich auf nur 31,8% des Produktenwertes belief, ein Indiz für den geringen Spezialisierungsgrad der iranischen Industrie, ihre unzureichende Verarbeitungstiefe und ihren Charakter als kostenintensive und unproduktive Kleinproduktion.

Diese Schwäche beruhte auf zwei unterschiedlichen Ursachenkomplexen:

1. Im Bereich der traditionellen Leichtindustrie befand sich die industrielle Weiterverarbeitung einheimischer agrarischer Rohstoffe immer noch auf sehr niedrigem Niveau. In vielen Fällen war der Zusammenhang zwischen Landwirtschaft und ländlichem Nebengewerbe noch nicht zerstört, wodurch die Entwicklung des Marktes für die entsprechenden Industriezweige, d.h. ihre Verarbeitungstiefe und ihr Weiterverarbeitungsgrad gehemmt blieben. Zudem waren der stagnierenden Landwirtschaft nur schwer größere Überschüsse zur industriellen Weiterverarbeitung abzugewinnen.
2. Der geringe Wertschöpfungs- und damit Produktivitätsgrad in den modernen Industrien beruhte dagegen auf ihrem "Montage-

Tabelle 13: Produktionswert und Wertschöpfung, 1972, Mrd. Rial

Branche	Produktions-wert	Wert-schöpfung	Anteil der Wert-schöpfung am Pro-duktionswert
Nahrungsmittel, Getränke, Tabak	168,0	39,5	23,5
Textil, Teppich	137,7	32	23,2
Papier, Druck, Holz, Möbel	24,0	6,8	28,3
Leder u.Häute	4,9	0,9	18,4
Chemie, Gummi, Öl (ohne Rohöl)	40,0	10,0	25,0
Nicht-metall. Mineralien	20,7	13	62,8
Metall.Grund-stoffindustrie	47,0	15	31,9
Nicht-elektri-sche Maschinen	6,3	2	31,7
Elektr.Maschinen	19,0	7	36,8
Autoindustrie	37,3	8	21,4
Diverse Industi-en	4,0	1	25,0
Landgebiete (geschätzt)	-	25,5	-
Total	508,9	161,8	31,8

Quelle: Zusammengestellt und berechnet nach Köllner, H.J.: Iran ..., a.a.O., S. 28f.

charakter", der nur technisch verhältnismäßig einfache Endphasen des Fertigungsprozesses, wie die Montage von Automobilen, Radios, Kühlschränken etc. zuließ, die kaum zu produktivitätssteigernden Masseneffekten führte. Die zu montierenden Teile sowie die notwendigen Produktionsanlagen konnten regelmäßig nur über Importe aus den Metropolen bezogen werden.[1] Die industrielle Schwäche beruhte damit wesentlich auf einer Abhängigkeit von essentiellen Importen für die Weiterverarbeitung.[2]

Diese Entwicklung beschleunigte sich während der 70er Jahre ganz erheblich, weil das Herzstück jeder soliden Industriestruktur, die Metallerzeugung und -verarbeitung, auch in dieser Zeit nie mit den vorgesehenen Kapazitäten und nur mit ständigen Unterbrechungen produzierte, was zu wachsenden Einfuhren in diesem entscheidenden Bereich zwang.[3]

Aufgrund ihrer geringen vertikalen Integration wäre die verarbeitende Industrie im Iran sicherlich bald von der ausländischen Konkurrenz zerrieben worden, wenn sie nicht durch ein restriktives Produktionslizenzsystem, Subventionen und hohe Zollmauern hinreichend geschützt worden wäre.[4] Andererseits bewirkte gerade dieses Protektionssystem, das nicht zuletzt den ausländischen Großinvestoren zugute kam, erst richtig eine exzes-

---

1) Vgl. Bundesstelle für Außenhandelsinformation: Investitionen im Iran, Köln 1974, S. 3.

2) Diese Schwäche implizierte ein Übergewicht der Leichtindustrie gegenüber der Schwerindustrie, deren Niveau geradezu synonym für kapitalistische Entwicklung ist. Nach Berechnungen der Vereinten Nationen war das Verhältnis der Wertschöpfung zwischen der iranischen Leicht- und Schwerindustrie 65,3% zu 34,7% (1968), das der kapitalistischen Industriestaaten dagegen genau umgekehrt, nämlich 34,6% zu 65,4% (1963). (Berechnet nach United Nations: The Growth of World Industry, Vol. 1, General Industrial Statistics 1961 - 1970, New York 1973.)

3) Løvbroek, A.: State Interventionism ..., a.a.O., S. 212.

4) Eine detaillierte Beschreibung des industriellen Protektionssystems findet sich in der Weltbankstudie (IBRD/IDA: The Economic ..., a.a.O., Bd. 2, S. 64ff.), allerdings ohne den Hinweis darauf, wie sich die Pahlawi-Dynastie und andere dominierende Familien auf der Ebene der "Mikroökonomie" an diesem System bereicherten. Die ILO-Studie spricht vom Lizenzsystem als "source of inequality of treatment" (ILO: Employment ..., a.a.O., S. 50).

sive Monopolbildung und bremste den Zwang zu produktivitätssteigernden Investitionen und Innovationen.[1)]

1.3.2.2. Beschäftigungs-, Betriebs- und Kapitalstruktur

Für die iranische Industrialisierung der letzten 15-20 Jahre wurde zum dominierenden Charakteristikum, daß das Industrieproletariat im weitesten Sinne (in den Bereichen Erdöl, Bergbau, ländliche Industrien, Bauwirtschaft, verarbeitende Industrie) zwar stark anwuchs, aber nie die in der Landwirtschaft und im Kleingewerbe freiwerdenden Arbeitskräfte absorbieren und für eine Beschäftigung der Arbeitskräfte sorgen konnte, die mit dem allgemeinen Bevölkerungswachstum hinzukamen.

Bei niedrigem Ausgangsniveau fand zwischen 1956 bis 1971 fast eine Verdoppelung dieser Industriearbeiterschaft statt, nämlich von 0,81 auf 1,58 Mio.. Dies entsprach einer Ausdehnung an der gesamten gesellschaftlichen Arbeitskraft von 13,8 auf 21,8%.[2)] Für 1977 nennt Halliday schon eine Zahl von 2,5 Mio. Industriearbeitern, die in rund 250 000 Betrieben beschäftigt waren, hauptsächlich in den traditionellen Industrien.[3)]

Im Kernbereich, der großen Industrie in den Städten, die nach der iranischen Statistik alle Betriebe mit 10 und mehr Beschäftigten umfaßt, fand allerdings immer nur ein Bruchteil von ihnen Arbeit und Lohn (Tab. 14).

---

1) Zur theoretischen Interpetation des Komplexes von Abhängigkeit, Monopolbildung und Industriewachstum vgl. Merhav, Meir: Technological Dependence, Monopoly, and Growth, Oxford 1969.

2) Vgl. Løvbroek, A.: State Interventionism ..., a.a.O., S. 95.

3) Halliday, Fred: Iran ..., a.a.O., S. 141. Von 1,71 Mio. Arbeitskräften, die 1972 in der verarbeitenden Industrie tätig waren, entfielen allein 0,94 Mio. auf die Textil- und Teppichindustrie und 0,19 Mio. auf den Sektor Nahrungsmittel, Getränke und Tabak (vgl. Köllner, H.J.: Industriestruktur ..., a.a.O., S. 25).

Tabelle 14: Verteilung der Industriearbeiterschaft

Jahr	Zahl der Großindustrie-betriebe	Zahl der Beschäftigten in der Großindustrie	Beschäftigte im Industrie-sektor	Anteil der Großindustrie
1962	3 010	132 000	1 038 000	12,7%
1972	5 850	303 000	1 751 000	17,3%
1976	7 910	430 000	2 300 000	18,7%

Quelle: Ravasani, S.: Die wirtschaftlichen Ursachen ..., a.a.O., S. 160.

Diese Zahlen machen deutlich, daß die verarbeitende Industrie im Jahre 1976 immer noch eher handwerklich-manufakturell als großindustriell strukturiert war: Von den 250 000 Betrieben hatten nur etwa 8 000 Einheiten zehn oder mehr Beschäftigte und vierzig mehr als tausend Beschäftigte eingestellt.[1] Zwangsläufig behinderte der ausgedehnte kleinindustrielle Sektor mit dem geringen Maschineneinsatz und Mechanisierungsgrad die vertikale und horizontale Produktionsverflechtung im verarbeitenden Gewerbe;[2] die Großindustrie bezog daher infolge dieser unausgewogenen Struktur einen Großteil ihrer Rohstoffe, Halbfertigwaren und Maschinen aus dem Ausland.

Die Trennung beider Sektoren war gleichzeitig identisch mit einer wirtschaftspolitisch durchaus gewollten Differenzierung zwischen staatlichen bzw. iranisch-ausländischen Großbetrieben und privaten Kleinunternehmen im traditionellen Bereich, wie

---

1) Ravasani, S.: Die wirtschaftlichen Ursachen ..., a.a.O., S. 160. Gegenüber diesen 40 Firmen (Eisen, Stahl, Petrochemie, Automobilbau) mit ihrem relativ bedeutenden Arbeitskraftvolumen blieb der mittlere Industriesektor (50-100 Beschäftigte) völlig inferior.

2) Korby, W.: Probleme ..., a.a.O., S. 75.

sie folgendermaßen von der ILO charakterisiert wurde: "The policies adopted ... had discriminatory effects on small enterprises, on the utilisation of labour in relation to that of capital, and on wages in relation to profits. The small-scale sector has not benefited from the provision of easy credit. The existence of licensing system is unfavourable to small-scale industry because small entrepreneurs do not have the time, the knowledge and the resources to follow long and complicated procedures, and because operating outside the licensing system has many other drawbacks. Moreover, the licensing system does not encourage the establishment of links between large producers and small workshops to supply their needs. Small firms have suffered from the limitation of their markets due to the low level of incomes in agricultures, and from the fact that they have no real possibility of obtaining government orders."[1]

Parallel zur Auspowerung des kleinindustriellen Sektors durch die Wirtschaftspolitik mit ihrer Favorisierung der Großindustrie ging eine Polarisierung der Arbeiterklasse vonstatten; Halliday spricht von "zwei Arten von Arbeitern",[2] die im wesentlichen durch unterschiedliche Qualifikationsstandards hervorgerufen wurden.

Der größte Teil der Arbeiter behielt weiterhin den sozialen und ökonomischen Status von Analphabeten; nur ein kleiner Teil der Arbeiter im oberen Einkommensbereich profitierte innerhalb mehr oder minder engen Grenzen von der industriellen Entwicklung der 60er und 70er Jahre, ohne deshalb zu Parteigängern des Systems zu werden. Im Gegenteil kämpfte dieser Teil der Arbeiterklasse mit relativ weit entwickeltem Bewußtsein am entschiedensten für politische, soziale und gewerkschaftliche Rechte.

---

1) ILO: Employment ..., a.a.O., S. 50f.

2) Halliday, F.: Iran ..., a.a.O., S. 171.

Als typisches Kennzeichen für die verfehlte Wirtschaftspolitik während des 5. Entwicklungsplanes stellte sich bald der eklatante Mangel an Fachkräften heraus, gegen den das Pahlawi-Regime nach 1973 nur eine gelockerte Immigrationspolitik ins Feld führen konnte.[1)]

In den traditionellen Industrien (Textil, Teppich) mit ihren arbeitsintensiven Produktionsmethoden war die Ausbildung der Arbeitskraft noch vollständig in den Produktionsverlauf integriert. Erst die Einführung komplexer Herstellungstechniken auf Grundlage industrieller Großproduktion erzwang die formelle Trennung zwischen technologischer Ausbildung und Produktionsprozeß. Mit der beschleunigten technologischen Abhängigkeit vom Ausland verstärkte sich noch mehr dieser Zwang zur verstärkten beruflichen Ausbildung, der die kaiserliche Administration genausowenig wie den Anforderungen des gesamten Bildungssektors gewachsen war.

Die Einführung fortgeschrittener Produktionstechniken hatte außerdem noch eine zweite Problemebene. Moderne Fertigungstechnologien können nämlich nicht nur als Ergänzung traditioneller Produktionsmethoden und -technologien gesehen werden, sondern sie müssen primär als ihre Zerstörer eingeschätzt werden. "Capital-intensive productions techniques tend to destroy the labour-intensive techniques by making them less competitive measured from a perspective of pure profit maximization of the single enterprise."[2)]

Obwohl nun eine Schätzung über Kapitalintensitäten, die ja neben dem gesamtgesellschaftlichen Beschäftigungsumfang auch

---

1) Naini, A.: Entwicklungsplanung ..., a.a.O., S. 61f.

2) Vgl. Blaug, Mark: Remarks on Education and the Labour Market, Teheran: Plan and Budget Organization, hektographiert Februar 1976, S. 1f.

den Beschäftigungsgrad determinieren, unter methodischen und empirischen Gesichtspunkten nie ganz unproblematisch ist,[1] läßt sich an Hand dieses Indikators doch ohne Zweifel feststellen, daß sich die iranische Industrie zumindest im Bereich der Nachfrage nach der großen Masse unqualifizierter Arbeiter zunehmend restriktiver entwickelte.

Die Steigerung der Kapitalintensitäten, definiert als (Anlage-) Kapital pro Beschäftigten, zwischen 1962 und 1972 (Tab. 15) sticht unmittelbar ins Auge, und zwar sowohl in den "alten" als auch den mit westlichem Kapital bzw. westlichen Technologien ausgerüsteten Industriezweigen. Im direkten Vergleich war die Kapitalstruktur der letzteren allerdings weit beschäftigungsrestriktiver und damit importintensiver als die der "alten" Zweige. Mit zunehmender Tendenz wurden in den 70er Jahren von einer Arbeitskraft z.B. in der Metallerzeugung, der Automobilindustrie, der Petrochemie etc. sehr viel größere Kapitalmassen in Bewegung gesetzt als in der Textil-, Teppich- oder Nahrungsmittelindustrie.

Für die Zeit danach läßt sich der Indikator "Kapital pro Beschäftigter" in der verarbeitenden Industrie nicht mehr in der Form wie in Tab. 15 ermitteln, weil die Zentralbank ihre Berichterstattung einstellte. Es besteht aber kein Zweifel, daß sich die Tendenz zur r e l a t i v e n Freisetzung von Arbeitskräften im sekundären Wirtschaftsbereich während des 5. Entwicklungsplanes (1973/1978) noch erheblich beschleunigte. So weist z.B. Løvbroek[2] nach, daß im revidierten 5. Entwicklungsplan eine sehr hohe Summe von rund 3,4 Mio. Rial (50 600

---

1) In der Regel wird nicht klar gesagt, was im jeweiligen Zusammenhang unter "Kapital" verstanden wird. Außerdem ist dieser Indikator nicht so angelegt, daß er sich nur dann verändert, wenn wirkliche technologische oder wertmäßige Veränderungen stattgefunden haben, wie es z.B. der Begriff der organischen Zusammensetzung des Kapitals bei Marx intendiert, d.h. er ist in Bewertungsfragen nicht eindeutig.

2) Siehe Løvbroek, A.: State Interventionism ..., a.a.O., S. 209.

Tabelle 15: Zur Dynamik der Kapitalintensitäten in der verarbeitenden Industrie

Branche	Anlagekapital pro Beschäftigten, Rial	
	1962	1972
Nahrungsmittel, Getränke, Tabak	148 800	270 031
Textil, Teppich	15 458	27 617
Papier, Druck, Holz, Möbel	35 750	129 630
Leder, Häute	118 090	309 600
Chemie, Gummi, Öl (ohne Rohöl)	58 157	420 450
Nicht-metallische Mineralien	26 358	203 268
Metallische Grundstoffindustrie	43 817	357 122
Nicht-elektrische Maschinen	87 446	488 080
Elektrische Maschinen	61 219	122 840
Autoindustrie	56 666	214 726
Durchschnitt pro Kopf	39 348	133 860

Quelle: Berechnet nach Köllner, H.J.: Iran - Industriestruktur ..., a.a.O., S. 25ff.

US-Dollar) an Investitionen zur Schaffung eines neuen Arbeitsplatzes in der verarbeitenden Industrie aufgewendet werden mußte. Dies beweist nach ihm nicht nur die hohen Kapitalintensitäten bei Neuanlagen in der verarbeitenden Industrie, sondern auch eine ausgeprägte Zunahme des Durchschnittsniveaus der Kapitalintensität in der gesamten Industrie mit deutlich überdurchschnittlichen Werten in den modernen, großindustriellen Bereichen.

Zusammen mit der Monopolisierung des modernen Sektors erklären die auf der branchenunterschiedlichen Kapitalstruktur beruhenden Produktivitätsunterschiede auch einen stark ausgeprägten Mehrwert und Profttransfer aus dem traditionellen in den modernen Sektor, wie z.B. Massarrat betont hat.[1)]

1.3.2.3. Finanzkapital und Industriefinanzierung

Mit der zunehmenden Kapitalbildung im staatlichen, privaten und gemischten Bereich der iranischen Industrie dehnte sich das nationale und internationale Finanzkapital sehr schnell über alle Industriebereiche aus, wie wir an der aus den staatlichen Ölgeldern alimentierten Omran-Bank ansatzweise schon gesehen haben. Eine solche Bereitstellung von Finanzmitteln zur industriellen Akkumulation hob sich schon deutlich vom traditionellen Geldleihgeschäft des Basars und des alten Bankenapparates ab, die sich noch fast ausschließlich auf die Finanzierung von Handelsgeschäften mit relativ kurzen Leihzeiten konzentriert hatten und kaum in die eigentliche Produktionssphäre eingedrungen waren.[2)]

Infolge dieser traditionellen Bindungen gingen die eigentlichen Impulse bei der Industriefinanzierung nicht von den Geschäftsbanken aus, sondern von speziellen Entwicklungsbanken, die unter internationaler Beteiligung schon mit der Vorstel-

---

1) Vgl. Massarrat, M.: Iran ..., a.a.O., S. 26ff.

2) Vgl. Looney, R.E.: The Economic Development of Iran, a.a.O., S. 38ff und Naini, A.: Entwicklungsplanung ..., a.a.O., S. 187-194. Bis zur Mitte unseres Jahrhunderts wurde das Geld- und Kreditgeschäft hauptsächlich von den Sarrafs betrieben, örtlichen Geldverleihern, die Wechselgeschäfte organisierten und die Geldtransporte finanzierten. Nach der verstärkten Gründung von Geschäftsbanken ab der Jahrhundertmitte traten diese Geschäftsformen zwar zurück, eine ausgeprägte Zweigleisigkeit des Geld- und Kreditgeschäfts konnte aber nie abgebaut werden.

lung gegründet wurden, durch Industriebeteiligungen die kapitalistische Umorientierung des Landes nach der Weißen Revolution zu stabilisieren und auszubauen.

Zur wichtigsten Instanz in dieser Beziehung wuchs zweifellos die im Jahre 1959 gegründete "Industrial and Mining Development Bank of Iran" (IMDBI) heran, neben der die beiden anderen Industrieentwicklungsbanken ("Industrial Credit Bank" und "Development and Investment Bank") nur von geringerer Bedeutung waren.[1] im wesentlichen refinanzierte sie sich aus den staatlichen Ölgeldern und über ausländische Banken. Ihre Kapitalstruktur (Eigen- und Fremdkapital) läßt den Einfluß des internationalen Finanzkapitals, insbesondere der Weltbank als Schaltstelle, deutlich zutage treten (Tab. 16), wie überhaupt im gesamten Bankensektor während der 60er und 70er Jahre eine rasche Internationalisierung des Kapitals vonstatten ging.[2]

Nach der Weltbank-Studie hielt die IMDBI im Bereich der Industriefinanzierung mit einigen beteiligungsähnlichen Krediten eine praktisch monopolitische Position.[3] Zusammen mit der Industrial Credit Bank war sie durchschnittlich mit einem Drittel am Kapitalbedarf von rund 60% aller Investitionen im Bereich der langfristigen Anlagekapitalbildung beteiligt[4] - "to guide and assist local entrepreneurs in selecting sound economic projects."[5]

---

1) Vgl. IBRD/IDA: The Economic ..., a.a.O., Bd. 2, S. 71. Bis 1975/76 hatte die IMDBI Industrieanleihen im Wert von 33,7 Mrd. Rial vergeben, die ICB 12,9 Mrd. und die DIBI 4,3 Mrd. Rial (Ravasani, S.: Die wirtschaftlichen Ursachen ..., a.a.O., S. 154).

2) Vgl. ebenda, S. 151. Zu den Beteiligungsverhältnissen im einzelnen vgl. eine Broschüre der Deutschen Bank ("Iran - Ausgabe 1976", Frankfurt a.M., 1976, S. 45ff).

3) IBRD/IDA: The Economic ..., a.a.O., Bd. 2, S. 72.

4) IMDBI: Fifteenth Annual Report ..., a.a.O., S. 14.

5) IBRD/IDA: The Economic ..., a.a.O., Bd. 2, S. 71.

Tabelle 16: Kapitalstruktur der IMDBI, März 1975

	Mio. Dollar	%
Grundkapital	47,2	5,5
davon 19 Auslandsbanken (u.a. Chase Manhattan, Deutsche Bank, Société Générale, Barclays-, Midland Bank etc.)	7,1	
Reserven	24,9	2,9
Staatliche Kredite	302,9	35,1
Ausländische Anleihen	487,2	56,5
davon: Weltbank	275,0	
Euro-Dollar-Anleihen	142,5	
Gesamtkapital	862,2	100,0

Quelle: Berechnet nach: Industrial and Mining Development Bank of Iran: Fifteenth Annual Report of the Board of Directors to the General Assembly of Shareholders for the Year 1353 (1974/75), S. 5.

Eine solche nur an der Rendite des jeweiligen Unternehmens orientierte Beteiligungspolitik hatte - neben ihrer Kontrollmacht - zwangsläufig mehrere segmentierende Verzerrungen zur Folge: Erstens überwogen unter Vernachlässigung des traditionellen Manufaktur- und Industriebereiches Großkredite an die bereits am weitesten kapitalisierten Teile des privaten Industriesektors,[1)] zweitens partizipierten an diesen relativ zinsgünstigen und eigenkapitalreduzierenden Krediten am stärksten Unternehmen, in denen ausländisches Kapital dominierte[2)] und drittens konzentrierten sich die Kredite auf die Zen-

1) 1975 wurden 82% der gesamten Kreditsumme der Bank als Großkredite vergeben (über 150 Mio. Rial). Infolgedessen betrug der durchschnittliche Einzelkredit rund 227 Mio. Rial (fast eine Mio. DM, vgl. IMDBI: Fifteenth Annual Report ..., a.a.O., S. 47).

2) In einzelnen Bereichen, wie im Maschinenbau, in der Produktion von Ausrüstungsgütern oder in der Transportmittelindustrie, wiesen alle Kreditnehmer der IMDBI Auslandsbeteiligungen am Eigenkapital auf (vgl. IMDBI: Fifteenth Annual Report ..., a.a.O., S. 51ff).

tralprovinz (Teheran), einige andere Großstädte und den Norden des Landes mit seiner teilkapitalisierten Landwirtschaft (Gilan, Mazanderan).[1]

1.3.3. Sektorale, regionale und soziale Disparitäten

1.3.3.1. Zur Dynamik der industriellen Branchenstruktur

Daß die chaotische Entwicklungsplanung unter dem korrupten Schah-Regime nie wirklich in der Lage war, das Land aus seiner industriellen Unterentwicklung und Rückständigkeit zu führen und den kapitalistischen Sektor auf eine "gesunde" Basis zu stellen, zeigt sich vielleicht am deutlichsten am anarchischen Wachstum der industriellen Branchenstruktur mit ihrem auf Luxus- und Renommierbedürfnisse abzielenden Montagecharakter, der den Aufbau reproduktionsfähiger Zusammenhänge innerhalb der Industrie und mit den übrigen Wirtschaftssektoren nahezu ausschloß.

Der Rückblick zeigt, daß die Leichtindustrie entgegen allen entwicklungspolitischen Zielsetzungen des 4. und 5. Entwicklungsplanes weiterhin bestimmend für die iranische Industriestruktur der 70er Jahre blieb. Zu keinem Zeitpunkt konnten bedeutende Erfolge in wichtigen Produktionsmittelsektoren, die für einen binnenmarktorientierten Wachstumsprozeß unumgänglich gewesen wären, erzielt werden. Die dafür notwendigen Rohstoffe (Kohle, Eisen, sonstige Metalle) wurden entweder nur in unbedeutendem Umfange oder schwerpunktmäßig für den Export (Erdöl) produziert. Die Struktur der verarbeitenden Industrie blieb bis zur Mitte der 70er Jahre durch die kleinindustrielle Verarbeitung landwirtschaftlicher und nicht-metallischer Roh-

---

1) Im Jahre 1975 flossen 61% der Gesamtkredite in die Zentralprovinz mit Teheran im Mittelpunkt (IMDBI: Fifteenth Annual Report ..., a.a.O., S. 44).

stoffe geprägt. Erst danach setzte in der Schwerindustrie und und Petrochemie eine bescheidene Produktionsausdehnung ein, die jedoch nie der Nachfrage während der Boomjahre (1974-1977) gerecht werden konnte.

Den größten und traditionsreichsten iranischen Wirtschaftszweig stellt trotz aller Investitionen der letzten Entwicklungspläne weiterhin die Teppich- und Textilindustrie dar.[1] Insbesondere die zweite spielte in den heutigen Industrieländern eine bedeutende Rolle im Kapitalisierungsprozeß, z.B. im England des 18. und 19. Jahrhunderts. Aus einer Reihe von Gründen[2] konnte dieser relativ sehr arbeitsintensive Bereich mit seinen positiven dezentralisierenden Effekten im iranischen Entwicklungsprozeß jedoch nie eine entsprechende Dynamisierung bewirken:[3] Typisch blieb über Jahrzehnte der geringe Spezialisierungsgrad dieses Industriezweiges; Spinnen und Weben waren organisatorisch oft in einem Unternehmen vereint, um einerseits die starke Stellung gegenüber den Baumwollpflanzern beizubehalten, und um andererseits nicht in Abhängigkeit von Abnehmern oder industriellen Zulieferern zu geraten.

---

1) Nach Kortum liegen die Wurzeln der Textilindustrie in einem lange überlieferten Handwerk und einer industriellen Investitionsbereitschaft, insbesondere der Händler aus Isfahan, das bis in die Gegenwart wichtigster Textilproduzent blieb (Kortum, G.: Geographische Grundlagen und Entwicklung der iranischen Textilindustrie, in: Orient 2/1972, S. 73f). Für die Teppichindustrie schätzte Amuzegar, daß 1977 rund 1,5 Mio. Menschen und ihre Familien zumindest teilweise den Lebensunterhalt daraus bestritten (Amuzegar, J.: Iran ..., a.a.O., S. 83).

2) Zur wechselvollen Geschichte der Textilindustrie vgl. Köllner, H.J.: Iran - Industriestruktur ..., a.a.O., S. 134f.

3) Die Textil- und Teppichindustrie neigte immer zur größeren regionalen Streuung und zur Bildung wichtiger Unterzentren außerhalb der Zentralprovinz - Tendenzen, die durchaus positiv zu beurteilen sind, selbst wenn in vielen Fällen damit nur regionale Lohnunterschiede ausgenutzt wurden (vgl. Köllner, H.J.: Iran ..., a.a.O., S. 135, sowie Korby, W.: Probleme ..., a.a.O., S. 77).

Ähnlich hemmend wie der durch eine lokale Gebundenheit erzielte niedrige Grad der Arbeitsteilung wirkte sich in diesem Bereich auch eine chronische Unterkapitalisierung aus, nicht zuletzt infolge der relativ geringen staatlichen Investitionen[1] und des restriktiven Produktionslizenzsystems. Nur einzelne größere Betriebe (Wirk- und Strickwaren) arbeiteten mit mechanisierten Produktionsverfahren.[2]

Neben der Teppich- und Textilindustrie bildete die Nahrungs- und Genußmittelindustrie[3] den zweitgrößten Komplex innerhalb des verarbeitenden Sektors, und weit prononcierter als erstere durchlief diese nach der Weißen Revolution eine Entwicklung, in der sich neben der traditionellen auch manufakturelle Weiterverarbeitungsbetriebe, industrielle Großbetriebe (Konserven-, Zigaretten-, Getränkeindustrie) und schließlich die entwicklungspolitisch fehlgeschlagenen agroindustriellen Komplexe etablierten. Kennzeichnend für diesen Bereich wurde, daß alle handwerklichen, kleinkapitalistischen und großindustriellen Produktionsformen nebeneinander existierten mit einer starken Tendenz, kleine und mittlere Betriebe zu marginalisieren bzw. zu inferioren Satelliten zu degradieren.

Wenn die Großindustrie innerhalb der Nahrungs- und Genußmittelindustrie in den 70er Jahren noch nicht den Großteil der gesamten Produktion liefern konnte, so lag dies vor allem im geringen Spezialisierungsgrad der landwirtschaftlichen Produktion, die eine vollständige Scheidung der Weiterverarbeitung von der Urgewinnung ausschloß bzw. nur eine Vielzahl kleiner ländlicher Betriebe in der Weiterverarbeitung zuließ,

---

1) Vgl. Naini, A.: Entwicklungsplanung ..., a.a.O., S. 178. Korby nannte diese restriktive Investitionspolitik angesichts eines noch nicht gesättigten Inlandsmarktes schlicht "unverständlich" (Korby, W.: Probleme ..., a.a.O., S. 80).

2) Vgl. Amuzegar, J.: Iran ..., a.a.O., S. 82.

3) Vgl. Köllner, H.J.: Iran ..., a.a.O., S. 143ff und Korby, W.: Probleme ..., a.a.O., S. 128f.

die nur geringe Überschüsse erzielten und lediglich begrenzte lokale Märkte beliefern konnten.[1] Lediglich im südkaspischen Agrarraum mit seinen günstigen klimatischen Bedingungen hatten größere Betriebe infolge eines intensiven Reis-, Getreide- und Teeanbaus unter betriebswirtschaftlichen Gesichtspunkten eine Chance.

Infolge der iranischen Verbrauchsgewohnheiten spielte die Zuckerindustrie in der Nahrungs- und Genußmittelindustrie immer eine führende Rolle und in ihr setzten sich bald teilkapitalistische Produktionsmethoden durch.[2] Wegen der landwirtschaftlichen Mißwirtschaft unter dem Schah entsprach die Produktion (Zuckerrüben) jedoch nie den Kapazitätsmöglichkeiten dieses Industriezweiges,[3] der erst im Zuge der Weißen Revolution privatisiert wurde und nur sehr unsichere Beschäftigungsverhältnisse für Wander- und Saisonarbeiter bot.

Mit ähnlich rückschrittlichen technologischen und sozialen Beziehungen wie in der Zuckerindustrie wurde noch in anderen wichtigen, ländlichen Industrien produziert, wie z.B. in der Teeindustrie, der Trockenfruchtproduktion, der Mühlenindustrie und in geringerem Umfang auch in der Tabak- und Zigarettenindustrie. Letztere wanderte immer stärker nach Teheran ab und geriet unter die Kontrolle westlicher Interessen, ähnlich wie praktisch alle nicht-traditionellen Bereiche der

---

1) Keineswegs war die Lebensmittelindustrie in den 70er Jahren schon "graduated from a predominantly rural activity to a modern factory type of production", wie Amuzegar mehr unterstellt als beweist (Amuzegar, J.: Iran ..., a.a.O., S. 83).

2) In der Zuckerindustrie waren 1973 rund 12-13 000 Arbeitskräfte bei einem durchschnittlichen Arbeitskraftbesatz von 400 Personen pro Fabrik beschäftigt (vgl. Korby, W.: Problem ..., a.a.O., S. 82).

3) Vgl. Köllner, H.J.: Iran ..., a.a.O., S. 146.

Leichtindustrie (Glas- und feinkeramische Industrie, Papier- und Holzindustrie, Pharmaindustrie, Molkereiwirtschaft), die staatlicherseits teilweise sehr stark protegiert wurden.[1]

Die Eisen-, Stahl- und Schwermaschinenbauindustrie, die Petrochemie, die Automobil- und Elektroindustrie, die bekanntlich den industriellen Fortschritt eines Landes sehr stark bestimmen, waren im Iran wegen des Industriemonopols und der Rohstoffinteressen der Metropolen lange Zeit überhaupt nicht vertreten. Erst Mitte der 60er Jahre und verstärkt ab dem Ölboom ging das Schah-Regime in Zusammenarbeit mit westlichen und östlichen Interessenten dazu über, diese Bereiche etwas stärker zu fördern.

Die Geschichte der Entwicklung oder besser Nichtentwicklung der iranischen Schwerindustrie ist sicherlich nicht atypisch für die generellen Beziehungen zwischen kolonisierten und kolonisierenden Ländern.[2] Historisch belegbar ist, daß erste Bestrebungen des Iran zum Aufbau einer Schwerindustrie unter Anknüpfung an die Kleineisenindustrie in Mazanderan bis ins vorige Jahrhundert zurückreichen; genauso unumstritten ist es auch, daß diese Versuche von den Engländern und Russen wegen eigener Exportinteressen sehr schnell erfolgreich sabotiert wurden.

So kam es, daß erst Ende der 30er Jahre unter Reza Schah ein Plan für ein Eisen- und Stahlwerk entwickelt wurde: "A small

---

1) Besonders profitabel erwies sich der Markt für die Pharmaindustrie, für die, wie kaum in einer anderen Branche, ihre hohe Abhängigkeit von ausländischen Vorleistungen, Lizenzen, Kapitalbeteiligungen etc. kennzeichnend wurden. Im Jahr 1974 befanden sich 14 von 18 Pharmabetrieben im gemischten Besitz zwischen iranischen Kapitalgebern und den großen internationalen Pharmafirmen, die teilweise nur ihr Know-how oder ihre Markennamen kapitalisierten und damit eine Ausdehnung einheimischer Vorlieferungen ausschlossen (vgl. Köllner, H.J.: Iran ..., a.a.O., S. 57).

2) Im folgenden stützten wir uns auf Baldwins Studie "Planning and Development in Iran" (a.a.O., S. 106ff).

mill was designed and manufactured by a German supplier and paid for in advance. The war prevented the equipment from reaching Iran, which had thus paid for something it never received. When the steel project was taken up again in the mid-1950's Iranian officials returned to Germany."[1]

Unter dem Druck der Weltbank, die einen notwendigen Kredit ablehnte, mußte die Planung eines Eisen- und Stahlprojekts bis Anfang der 60er Jahre jedoch zurückgestellt werden: "Fortunately" - schreibt Baldwin unverblümt - "Iran was in no position to go ahead with a $ 150 million steel mill without international financing, including, in all probability, a loan from the World Bank ... Iran had pledged itself not to undertake the steel project without first securing the Bank's approval."[2] Der Einfluß amerikanischer Wirtschaftsberater konnte kaum deutlicher zutage treten.

Nur infolge dieser Sabotage und Verzögerungstaktik des Westens konnte es der Sowjetunion, die schon Ende der 50er Jahre begann, im Iran Fuß zu fassen, gelingen, im Rahmen eines unter ökonomischen und politischen Gesichtspunkten für die UdSSR äußerst profitablen Geschäftes mit dem Aufbau einer Schwerindustrie zu beginnen.[3]

---

1) Baldwin, G.B.: "Planning ...", a.a.O., S. 106.

2) Ebenda, S. 108. Angesichts eines solchen Herr-im-Haus Standpunkts ist es doch überraschend, daß sich der Weltbankmanager Baldwin über die Reaktionen einiger "innocent nationalists" wunderte.

3) Mit dieser ökonomischen Penetration ab ungefähr 1960 war eine völlige Kehrtwendung der sowjetischen Iran-Politik verbunden (vgl. Müller, Kurt: Der Iran - Ein Brückenkopf in der neuen Strategie der osteuropäischen Länder im CENTO-Pakt-Raum, in: Vierteljahresberichte der Friedrich-Ebert-Stiftung, Nr. 38, Dezember 1969, S. 381). Wurde der Schah von der Sowjetunion vor 1960 noch als barbarischer Unterdrücker seines Volkes charakterisiert, so verteidigte die UdSSR danach seine Pläne zur Agrarreform, zur Ausweitung der vorgeblich nationalen Industrie etc. und seine

In den Mitte der 60er Jahre geschlossenen Verträgen verpflichtete sich die Sowjetunion im wesentlichen zur Errichtung eines Stahlwerkskomplexes bei Isfahan, zum Bau einer Maschinenfabrik bei Arak und zur Beteiligung am Bau einer Erdgasfernleitung zwischen dem iranischen Süden und der sowjetischen Grenze.[1]

---

vermeintliche Politik der nationalen Unabhängigkeit (vgl. Toufan: Sozialimperialismus: Sozialismus in Worten - Imperialismus in Tagen, übersetzte Artikel aus dem Organ "Toufan", o.O., o.J., S. 9ff, sowie Ivanov, M.: Die sowjetische Einschätzung der Wirtschaftsentwicklung des Iran, in: Vierteljahresberichte der Friedrich-Ebert-Stiftung 1968, S. 185ff). Die schönfärberische Politik der Sowjetunion wurde von der exilierten Tudeh-Partei weitgehend übernommen und führte zur totalen Schwächung der iranischen Linken. Mit dieser neuen Iranpolitik der Sowjetunion hatte der Schah erreicht, was er wollte, nämlich daß sein Regime vom Ostblock nicht mehr als Haupthindernis für den sozialen Fortschritt im Iran denunziert wurde (vgl. dazu die bezeichnenden Ausführungen von Radmanesh, einem ehemaligen Führer der Tudeh-Partei, in seinem Aufsatz "Die Entwicklung der iranischen Wirtschaft im Lichte der Lehre des 'Kapitals' von Marx", in: 'Das Kapital' von Karl Marx und seine internationale Wirkung, Sammelband, Berlin (O), 1968, S. 290ff). Ende der 60er Jahre folgte die VR China auf Grundlage der Theorie der "Drei Welten" konsequent dieser konterrevolutionären Politik der Sowjetunion, die selbst vor Waffenlieferungen an das Schah-Regime und der Ausbildung iranischer Offiziere nicht zurückschreckte (vgl. Gehrke/Mehner: Iran ..., a.a.O., S. 162 und "Tagesspiegel", 15.12.1974, S. 3). Im November wurde zwischen dem Iran und der Sowjetunion ein Waffengeschäft in Höhe von 0,4 Mrd. Dollar abgeschlossen, das die Lieferung von 400 Gewehren, 500 Panzerwagen und 12 000 SAM-Raketen zum Gegenstand hatte (Stockholm International Peace Research Institute: The Arms Trade with the Third World 1977, S. 266).

1) Zu den Einzelheiten des Basisabkommens von 1966 vgl. Berner, Wolfgang: Die iranisch-sowjetische Zusammenarbeit im wirtschaftlich-technischen Bereich, in: Berichte des Bundesinstituts für ostwissenschaftliche und internationale Studien, 42/1974, S. 2-10. 1968 folgte ein Anschlußabkommen und 1972 wurde ein weiterer Vertrag über die wirtschaftliche und technische Zusammenarbeit mit 15-jähriger Dauer abgeschlossen, in dem der UdSSR weitreichende Konzessionen eingeräumt wurden (vgl. Toufan, a.a.O., S. 44). Anfang 1978 registrierte Steinbach etwa 100 sowjetisch-iranische

Zur Kompensation der dadurch entstandenen Lieferantenkredite verpflichtete sich der Iran zu Erdgaslieferungen von insgesamt 140 Mrd. m^3, und zwar - wie die Entwicklung bald zeigen sollte - zu Verrechnungspreisen, die dem Weltmarktniveau immer hinterherhinkten.[1)]

Während der Aufbauphase sah sich der Iran mit dem Umstand konfrontiert, daß das Investitionsvolumen des Eisen- und Stahlkomplexes in Isfahan bis 1975 weit überschritten wurde.[2)] Außerdem erwies sich die Projektion, die Rohstahlproduktion zwischen 1975 und 1980 von 0,7 auf 5 Mio. Jahrestonnen auszudehnen, als hoffnungsloses Unterfangen,[3)] weil weniger geeignete Hochofenverfahren (Koksbatterien und Sinteranlagen) zum Einsatz kamen und die Erz- bzw. Kohlequalitäten von Bafq bzw. Kerman nur von minderer Qualität waren. Dies erforderte kostspielige und zeitintensive Umrüstungsprozesse, die eine internationale Konkurrenzfähigkeit völlig ausschlossen.

Trotz der 60 000 Beschäftigten in der iranischen Schwerindustrie Mitte der 70er Jahre war der Isfahaner Hüttenkomplex zu keinem

---

Gemeinschaftsprojekte (Steinbach, U.: Irans regionale und internationale Rolle, in: Orient 2/78, S. 128). Ritter, ein Apologet der sowjetischen Iran-Politik, sieht ihren Nutzen für die breite Bevölkerung offensichtlich darin gewährleistet, daß die Wirtschaftsbeziehungen mit den Ostblockstaaten nicht über den privatkapitalistischen Handel abgewickelt wurden, sondern "über die Bildung gemeinsamer hoher Wirtschaftskommissionen auf Ministerebene" (Ritter, W.: Iran ..., a.a.O., S. 102), so als ob der Schah und seine Minister nicht den korruptesten Teil innerhalb der herrschenden Klasse abgegeben hätten.

1) Ursprünglich wurde ein Preis von 6,65 Dollar für 100 m^3 Erdgas festgelegt, der 1973 auf 9 Dollar erhöhte wurde. Demgegenüber verrechnete die Sowjetunion für ihre freiwerdenden Gasexporte in den Westen Preise von 13,2 Dollar (BRD) bzw. 15,1 Dollar für Lieferung nach Österreich (vgl. Berner, W.: Die iranisch-sowjetische ..., a.a.O., S. 5).

2) Für dieses Projekt und die "Iran Gas Trunk Pipeline" waren ursprünglich 16 Mrd. Rial vorgesehen; ihre Endkosten addierten sich schließlich auf 39 Mrd. Rial (IBRD/IDA: The Economic ..., a.a.O., Bd. 2, S. 84).

3) Berner, W.: Die iranisch-sowjetische ..., a.a.O., S. 3f.

Zeitpunkt in der Lage, eine mit dem Bauboom und der Automobilkonjunktur parallele Entwicklung in der Stahlnachfrage zu befriedigen. Es trat in den 70er Jahren schließlich sogar das Paradoxon ein, daß das Land trotz reicher Rohstoffvorkommen auf allen Produktionsebenen (Eisenschwamm, Rohstahl, Walzstahl, Drahtziehereien, Rohre etc.) von wachsenden Importen abhängig wurde, die sich mit dem Preisverfall bei Stahl in den 70er Jahren noch verstärkten.[1] Es wurde bald klar, daß von der iranischen Schwerindustrie weder in vor- noch nachgelagerten Bereichen wirklich tiefgehende Wachstumsimpulse ausgingen,[2] wie wir sie aus der Geschichte der Industrieländer kennen. Die iranische Schwerindustrie entwickelte sich zum staatskapitalistischen Koloß auf tönernen Beinen.[3]

Die negativen Erfahrungen des Isfahaner Komplexes entgingen nicht einmal der politischen und wirtschaftlichen Führung mit ihrer tradierten Bazar- und Rentiersmentalität. Unter tunlich-

1) Köllner, H.J.: Iran ..., a.a.O., S. 42. Zwischen 1972 und 1974 ging die Walzstahlproduktion der Schariar Gruppe von 0,28 auf 0,15 Mio. Tonnen zurück. 1975 verfügten die arabischen OPEC-Länder und der Iran gerade über 0,1% der Weltrohstahlkapazitäten (vgl. Ochel, Wolfgang: Die Industrialisierung der arabischen OPEC-Länder und des Iran, München, London 1978, S. 151f).

2) Vgl. Korby, W.: Probleme ..., a.a.O., S. 95.

3) Am stärksten restringierend wirkte sich die späte und ungenügende Entwicklung einer Stahlindustrie auf den Maschinenbausektor aus, der in zwei Zentren (Tabriz, Arak) erst 1972/73 zur großindustriell-kapitalistischen Produktion unter Staatsregie übergegangen war - mit den üblichen organisatorischen und produktionstechnischen Problemen und ausländischen Abhängigkeiten. Erst nach 1972 wurden verstärkt maschinenproduzierende Betriebe unter westlicher Kapital- und Technologiebeteiligung gegründet (z.B. Iran Agriparts Comp., Heavy Equipment Production Company), so daß ab 1975 in bescheidenem Umfange einige wichtige Produktionsmittel wie Werkzeugmaschinen, Kompressoren, landwirtschaftliche Maschinen und Motoren erstellt werden konnten. Der reichliche Devisenzufluß und der Einfluß westlicher Maschinenbauer verhinderten jedoch die wirkliche Integration mit der übrigen Industrie, so daß auch der Maschinenbau typischen Montagecharakter annahm (vgl. Köllner, H.J.: Iran ..., a.a.O., S. 74ff).

ster Umgehung der im Isfahaner Stahlkomplex eingesetzten Technologien rückten daher im 5. Entwicklungsplan moderne Direktreduktionsanlagen in den Vordergrund, die erstens kleiner dimensioniert waren und zweitens mit billigem Erdgas an Stelle von Kohle betrieben werden konnten.

Unter Führung ausländischer Konzerne (Finsider, Korf, Thyssen, British Steel etc.) wurden ab 1974 fünf Komplexe in Mashad, Bander Abbas, Bander Bushehr, Ahwaz und Isfahan begonnen, die bis spätestens 1980 ihre Produktion aufnehmen und den industriellen Kapitalisierungsprozeß besser absichern sollten.[1] Dazu ist es jedoch vor allem wegen einer völlig überbeanspruchten Infrastruktur, fehlenden qualifizierten Arbeitskräften, mangelnder Stromversorgung und einer hemmenden staatlichen Bürokratie nicht gekommen. Der politische Umsturz führte noch zu weiteren Implementierungsverzögerungen.[2]

Ähnlich hohe Priorität wie die Schwerindustrie und die Kernenergie genoß in den Industrialisierungsplänen auch die Petrochemie. Sie sollte unter Einsatz des billigen Erdgases unter anderem Kunstdünger, Basisstoffe für Kunststoff etc. sowohl für in- als auch ausländische Märkte produzieren,[3] ursprünglich auf rein staatskapitalistischer Basis, später aber auch auf Grundlage von Joint Ventures mit internationalen Chemiekonzernen.

Bis Mitte der 70er Jahre hatten fünf großindustrielle petrochemische Unternehmen die Produktion aufgenommen, die infolge ihrer extrem hohen Kapitalintensitäten allerdings nur rund 1 500 bis 2 000 Arbeiter beschäftigten. Da die hohen technologischen und administrativen Anforderungen das Schah-Regime überforderten,

---

1) Vgl. im einzelnen Amuzegar, J.: Iran ..., a.a.O., S. 90f.

2) Nach der Revolution zeigte sich die islamische Führung des Landes durchaus an einer Vollendung dieser Komplexe interessiert (Handelsblatt, 18.9.1979, S. 24), ob es dazu in der Zwischenzeit schon gekommen ist, läßt sich jedoch nicht feststellen.

3) Clawson, P.: Capial Accumulation ..., a.a.O., S. 164.

arbeiteten alle "durchweg mit hohen Verlusten";[1] unter den internationalen Konkurrenzbedingungen nahm ein substantieller Teil der Anlageinvestitionen von Anfang an Abschreibungscharakter an, d.h. er wurde über verlorene Zuschüsse aus dem Staatshaushalt finanziert.

Ein ähnliches Schicksal zeichnete sich auch für den seit 1978 im Bau befindlichen riesigen Petrochemiekomplex in Bandar Schahpur (Bandar Khomeini) ab, einem extrem kapitalintensiven '50-50 joint venture' zwischen der NPCI und fünf expandierenden japanischen Unternehmen unter Führung von Mitsui. Das Investitionsvolumen von 1,833 Mrd. Dollar sollte im wesentlichen über Kredite der japanischen "Export Import Bank" und der iranischen Regierung aufgebracht werden.[2] Das Zustandekommen dieses Projektes bedeutete gleichzeitig einen gewaltigen Einbruch des japanischen Expansionsmus auf einem der wichtigsten iranischen Industriesektoren, der vorher nur amerikanischen und allenfalls westeuropäischen Konzernen offengestanden hatte.

Vielleicht noch stärker als die Stahl- und Petrochemieindustrie wurde die Automobilindustrie zu dem Bereich, in dem die verschiedenen Widersprüche der iranischen Wirtschaftsentwicklung der 60er und 70er Jahre geradezu exemplarisch zu Tage traten:[3] Ohne das Straßennetz entsprechend zu erweitern und die Städteplanung entsprechend zu verändern, konnte die Produktion innerhalb weniger Jahre nur deshalb sehr stark ausgedehnt werden, weil in hastig erstellten Montagebetrieben mit extrem geringer

---

1) Korby, W.: Probleme ..., a.a.O., S. 99.

2) Vgl. Amuzegar, J.: Iran ..., a.a.O., S. 68f. Turner und Bedore schätzen die Kosten dieses Projektes gar auf 3,25 Mrd. Dollar ("Middle East Industrialization" - A Study of Saudi and Iranian Downstream Investments", Farnborough 1975, S. 75).

3) Die Ausführungen zur iranischen Automobilindustrie stützen sich im wesentlichen auf Massarrat, M.: Iran ..., a.a.O., S. 27f und Köllner, H.J.: Iran ..., a.a.O., S. 85ff.

Fertigungstiefe[1)] ohne Rückkopplung mit der einheimischen Industrie produziert wurde, deren Produktivitätsniveau keinen Vergleich mit der amerikanischen oder japanischen Automobilindustrie aushielt. Bei extrem hohem Preisniveau, das ganz zwangsläufig zu Überkapazitäten führte, war die iranische Automobilindustrie daher nur überlebensfähig, weil sie durch ein monopolistisches Schutzzoll- und Produktionslizenzsystem gegenüber unerwünschten Importen geschützt wurde. Die Importzölle erreichten für einzelne Autotypen 300% des Importwertes.

Insgesamt existierten im Bereich der PKW-Produktion nur vier Gemeinschaftsunternehmen von ausländischen Automobilkonzernen mit iranischen Großkapitalisten. Ihre rigide Monopolstellung in einzelnen Marktbereichen bewirkte automatisch eine Segmentierung auf die "gehobenen" Einkommensbezieher, d.h. die iranische Automobilindustrie hatte den Charakter einer unproduktiven Luxusindustrie für die reiche Mittelklasse und die Komperadoren-Bourgeoisie. Gegenüber der PKW-Produktion wuchs daher auch die für die breite Bevölkerung bestimmte Autoproduktion (Kleinbusse, Busse) sehr viel langsamer und führte zu den berüchtigt schlechten Verhältnissen im öffentlichen Nahverkehr, die auch durch periodische Importe von Bussen nie gelindert werden konnten.[2)]

Ähnlich negativ für die breite Masse waren die Beschäftigungswirkungen: Obwohl die Automobilindustrie mit Kapitalinvestitionen von 3 Mrd. Dollar (Stand 1976) den größten Anteil an den pri-

---

1) Amuzegar schätzt, daß 1976 ungefähr 50% des Endwertes der 140 000 PKWs, Karawane und Busse, die im Iran produziert wurden, einheimische Wertschöpfung darstellten ("Iran ...", a.a.O., S. 94). M.E. spiegelt diese Zahl die wirklichen Verhältnisse viel zu günstig wider, weil sie verschweigt, daß praktisch alle wesentlichen Teile (Motoren, Getriebe) importiert werden mußten. Zudem wurde der Importinput der Zulieferindustrien nicht berücksichtigt und selbst in den Fällen, wo wirklich von inländischer Wertschöpfung gesprochen werden kann, beruhte die Produktion auf Auslandslizenzen.

2) Zwischen 1968 und 1976 stieg die PKW-Produktion um mehr als das Vierfache, die Busproduktion dagegen nur um die Hälfte (Amuzegar, J.: Iran ..., a.a.O., S. 93).

vaten Investitionen beanspruchte, beschäftigte sie in ihren zehn Endmontagebetrieben doch nur rund 20 000 Arbeiter, also weniger als ein Prozent aller Lohnabhängigen im handwerklichen und industriellen Bereich.[1)]

1.3.3.2. Teheran als Ballungsraum, Industrieparks

Unter regionalen Gesichtspunkten gehorchte die vom Schah-Regime initiierte abhängige Industrialisierung extrem einer dem Kapitalismus eigenen ungleichmäßigen regionalen Entwicklung. An einigen wenigen städtischen Punkten massierte sich das industrielle Kapital, während in die übrigen Gebiete, vor allen Dingen im ländlichen Bereich mit nicht-persischen Nationalitäten, praktisch kaum Kapital floß, ja durch den ungleichen Tausch im Verhältnis zwischen städtischen Industriewaren und landwirtschaftlichen Produkten eher noch abgezogen wurde.[2)]

Sicherlich entsprach dieser Trend einer Entwicklung, die schon unter asiatisch-feudalen Verhältnissen eingesetzt hatte; die eigentliche Ursache der extremen regionalen Disproportionen bildeten aber zweifellos die Industrialisierungsbestrebungen nach der Weißen Revolution, die zur Massierung der iranischen Arbeitskräfte und der nationalen Kaufkraft in den Städten führten.[3)]

In dem staatskapitalistischen Industrialisierungskonzept, das am besten mit "aufgesetzt" zu charakterisieren ist, gab es wenig Raum für den Ausbau der traditionellen handwerklichen und kleinindustriellen Zentren. Das Investitionsschwergewicht lag wegen des wahnwitzigen Großmachtstrebens im Bereich der Monopolunter-

---

1) Amuzegar, J.: Iran ..., a.a.O., S. 93.

2) Vgl. dazu Farughy/Reverier: Persien ..., a.a.O., S. 84f.

3) Wie in vielen anderen Bereichen entsprach die iranische Politik auch in diesem Punkt den Vorstellungen der Weltbank (vgl. IBRD/IDA: The Economic ..., a.a.O., Bd. 2, S. 69).

nehmen der Schwer-, Petrochemie- und Automobilindustrie und nicht auf regional dezentralisierten Industrien, wie der traditionellen Textil- oder Nahrungsmittelindustrie.

Am deutlichsten zeigte sich dieser auf sektorellen Prioritäten begründete regionale Konzentrationstrend natürlich am Großraum Teheran selber, in dem sich Mitte der 70er Jahre - bei einem Anteil an der Gesamtbevölkerung von 12,5% (1976) - fast die Hälfte aller industriellen Großbetriebe massierte (Tab. 17).

Tabelle 17: Regional Distribution of Manufacturing Activity, 1969/70

	Establishments		Value Added		Output	
	Large	Total	Large	Total	Large	Total
All Regions	100	100	100	100	100	100
Central (Teheran)	45.9	35.5	70.0	61.2	70.2	59.8
Esfahan and Yazd	8.0	16.1	7.2	10.2	7.5	10.7
Others	46.1	48.4	22.8	28.6	22.3	29.5

Quelle: IBRD/IDA; The Economic ..., a.a.O., Bd. 2, S. 62.

Im Jahre 1973 waren in Teheran rund 40% aller Industriearbeiter beschäftigt, gegenüber 25% im Jahre 1963.[1] Die Überbesetzung Teherans spitzte sich schließlich dermaßen zu, daß einer hilflosen und korrupten Administration schließlich nichts anderes übrigblieb, als die Ansiedlung neuer Industriebetriebe in einem Um-

1) Korby, W.: Probleme ..., a.a.O., S. 121. Teheran zog 1976 63% aller Studenten, 35% des Bruttosozialproduktes, 17,3% aller "white-collar"-Arbeiter und 67,7% aller Kraftfahrzeuge auf sich (vgl. Løvbroek, A.: State Interventionism ..., a.a.O., S. 241).

kreis von 120 km um Teheran zu verbieten;[1] trotzdem verblieb eine düstere Zukunftsperspektive.[2]

Die Konzentration der meisten Industriebetriebe in der Hauptstadt spiegelte nur den geringen Integrationsgrad der iranischen Wirtschaft wider; nur in geringem Umfang strahlten Impulse auf das ökonomische Hinterland aus. Entweder stammten die zur Montage benötigten Teile gleich aus dem Ausland oder die Sogwirkung der Hauptstadt bewirkte, daß sich etwaige Zulieferer direkt beim großindustriellen Abnehmer ansiedelten und dort für gewisse interindustrielle Verflechtungen sorgten.[3]

Die Konzentration der industriellen Akkumulation auf wenige städtische Wachstumspole und der ökonomische Zwang zur Errichtung exportorientierter Industrien ließen Ende der 60er Jahre schließlich ein von anderen Schwellenländern (Mexiko, Süd-Korea) übernommenes Konzept hoch-subventionierter Industrieparks heranreifen, mit denen nicht zuletzt ausländische Industriekonzerne angelockt werden sollten.[4] In zwei solcher Anlagen (Qazwin, Ahwaz) wurden denn auch kostengünstig Fabrikterrains und -gebäude mit Anschluß an Straßen und Ver- bzw. Entsorgungsanlagen errichtet, deren Kosten der iranische Staat übernahm.

Unter den spezifisch iranischen Verhältnissen konnten diese Anlagen jedoch nie die ihnen zugedachten entlastenden Funktionen übernehmen. Im Elborz-Industriepark von Qazwin waren im Jahre 1975 nach siebenjährigem Bestehen lediglich 3 000 Arbeitskräfte beschäftigt, davon 1 800 in vier größeren Betrieben. Da in diesem Industriepark die Wohnungen für einfache Arbeiter nicht er-

---

1) IBRD/IDA: The Economic ..., a.a.O., Bd. 2, S. 61.

2) Vgl. Tehran Development Council Secretariat: Tehran's Population, Employment and Economic Growth, 1972 - 1992, Technical Report No. 2, Januar 1976.

3) Korby, W.: Probleme ..., a.a.O., S. 121.

4) Die Ausführungen zu diesem Punkt stützen sich auf die Arbeit Korbys (ebenda, S. 172ff).

schwinglich waren, waren sie zu langen Pendelfahrten zwischen Wohnung und Arbeitsstätte gezwungen.

Im Ahwaz-Industriepark im südlichen Iran, der auf Kleinunternehmen zugeschnitten war, konnte infolge einer mangelnden Arbeitskraftrekrutierung, fehlender Maschineninstallationen, finanzieller Engpässe etc. immer nur ein kleiner Teil der Industrieeinheiten belegt werden.[1)]

Im ganzen entsprach die Entwicklung dieser Ansiedlungen "auf der grünen Wiese", die ursprünglich zum Muster einer vorbildlichen Industrieplanung werden sollten, nicht den in sie gesetzten Erwartungen;[2)] zu keinem Zeitpunkt ließen sich internationale Industriekonzerne dazu verleiten, dort eine exportorientierte Montage- oder Komponentenproduktion aufzubauen.

1.3.3.3. Lohn und industrieller Profit

Mitte der 70er Jahre wurde die Anarchie der kapitalistischen Produktion immer deutlicher. In wichtigen Bereichen brach die Produktion infolge sektoreller Disproportionalitäten (Zusammenbruch der Stromversorgung, Verstopfung der Häfen) völlig zusammen bzw. die Produktionserwartungen für die anstehenden Jahre mußten drastisch reduziert werden.[3)]

---

1) Im Mai 1974 vereinigte dieser Industriepark nur 13 Betriebe mit rund 200 Beschäftigten (vgl. Korby, W.: Probleme ..., a.a.O., S. 176).

2) Vgl. UNIDO: Iran, Establishment of an Industrial Estate and Development of Small Scale Industry, Interim Report for the Period 1963 - 1972, Teheran 1973.

3) 1974 wurde z.B. für 1983 eine Stahlproduktion von 14 Mio. Jahrestonnen projiziert. Im Jahre 1976 wurde dieses Ziel jedoch auf 5-6 Mio. zurückgeschraubt (vgl. Clawson, P.: Capital Accumulation ..., a.a.O., S. 162). Gelegentlich wurde dem iranischen Entwicklungsprozeß infolge seiner Ineffizienz, seiner mangelnden Entwicklung der Produktivkräfte, seiner angeblich ausbleibenden Kapitalakkumulation etc. die Charakterisierung "kapitalistisch" abgesprochen (so verschiedene Bei-

Die industrielle Kapitalakkumulation war aber nicht nur durch ihren chaotischen Verlauf, der zu einer erheblichen Verschwendung von produktiven Ressourcen führte, sondern vor allem durch eine ausbleibende materielle Besserstellung der Arbeiterklasse geprägt.

Der ganze industrielle Prozeß enthielt keinerlei Mechanismen zur Hebung des Lebensstandards der werktätigen Bevölkerung. Unter den politischen Bedingungen der staatlichen Repression, die eine wirksame gewerkschaftliche und parteiliche Organisierung der Arbeiter verhinderte,[1] konnte eine solche Tatsache auch nur diejenigen überraschen, die an quasi automatische Verbesserungen der Einkommensverteilung glaubten.[2]

Nun beweist das teilweise enorme Wachstum des inneren Marktes im Iran eher das genaue Gegenteil dieser These: es war nämlich durchaus vereinbar mit einem relativen Rückgang der Einkommen der Industriearbeiter, ja überhaupt der Masse der Bevölkerung. Die Zunahme der gesamten Industrieproduktion beruhte primär nicht auf Steigerungen im Lohngüterbereich, sondern auf Luxusausgaben und beschleunigten Investitionen während des letzten Entwicklungsplanes der Schah-Herrschaft.

---

träge in: Vieille/Banisadr (Hrsg.): Petrole et Violence, Paris 1974). In solchen Beurteilungen wird m.E. jedoch zu sehr auf technologische Effizienzkriterien die Betonung gelegt, ohne die Beschäftigungs- und Klassenverhältnisse nach 1960 zu analysieren, die eindeutig kapitalistisch ausgerichtet waren.

1) Schon 1936 wurden von Reza Schah die Gewerkschaften verboten und Streiks illegalisiert (vgl. Graham, R.: Iran ..., a.a.O., S. 47).

2) In der bürgerlichen Entwicklungstheorie ist die sogenannte "U-These" weit verbreitet, nach der die Kapitalisierung eines Landes zunächst mit einer Verschlechterung der Einkommensverteilung zu bezahlen ist, dann aber ab einem bestimmten Niveau selbstregulierend in eine Angleichung der Einkommensgruppen übergehen soll (vgl. exemplarisch Hesse/Sautter: Entwicklungstheorie und -politik, Bd. 1, Tübingen und Düsseldorf 1977, S. 123ff).

In den meisten offiziellen Statistiken[1] wurde zwar ein Bild genereller und beträchtlicher Lohnsteigerungen gezeichnet; demgegenüber verweist Halliday[2] zu Recht darauf, daß derartige Daten i.d.R. nur die bestbezahlten Industriearbeiter, vielleicht 5-10% aller Industriearbeiter, erfaßten und die sich in den 70er Jahren beschleunigende Inflation unberücksichtigt ließen, also die berühmte "Geldillusion" schürten. Außerdem wurden die offiziellen Daten in kein Verhältnis zur geleisteten Arbeitszeit und -intensität gesetzt, die erst einen Rückschluß auf den Wert der Arbeitskraft und ihrer gesellschaftlich notwendigen Entlohnung zulassen.

Fest steht, daß die gesetzliche Forderung nach Mindestlöhnen während der Schah-Zeit nur eine Farce darstellte.[3] Nach einer von "Le Monde Diplomatique"[4] zitierten Untersuchung aus dem Jahre 1974, die von den iranischen Behörden unter Verschluß gehalten wurde, verdienten von 200 000 befragten Lohnabhängigen in der Industrie rund 73% weniger als den gesetzlichen Mindestlohn. In den traditionellen Branchen der ländlichen Gebiete lagen dabei die Löhne erheblich unter denen der modernen Branchen mit hohen Kapitalintensitäten, wo sich im beschränkten Umfange eine Arbeiteraristokratie herausgebildet hatte.

Jalil[5] ist der Meinung, daß das generelle Lohnniveau der Industriearbeiter spätestens ab 1970 hinter der Steigerung der Lebenshaltungskosten und der Produktivität zurückblieb. Die wenigen Daten, die sich zu diesem Punkt zusammenstellen lassen, bestätigen eine solche These (Tab. 18).

---

1) So z.B. in den Veröffentlichungen der Bundesstelle für Aussenhandelsinformation zum jeweiligen iranischen Wirtschaftsjahr.

2) Halliday, F.: Iran ..., a.a.O., S. 177.

3) Zur Lohngesetzgebung unter dem Schah-Regime vgl. Amuzegar, J.: Iran ..., a.a.O., S. 233f.

4) Le Monde Diplomatique, Mai 1975, S. 22.

5) Jalil, T.: Arbeiter des Iran ..., a.a.O., S. 12.

Tabelle 18: Wertschöpfung, Löhne und Profite in der verarbeitenden Industrie (in Mrd. Rial)

Jahr	Beschäftigte in Tausend	Wert-schöpfung	Löhne u. Gehälter	Profite	Anteil der Profite an der Wert-schöpfung (%)
1969	1 469	104,3	28,1	76,2	73,1
1972	1 715	161,8	35,6	126,2	28,2

Quelle: Köllner, H.J.: Iran - Industriestruktur ..., a.a.O., S. 25.

Nach den Daten dieser Tabelle sank die Lohnquote zwischen 1969 und 1972 immerhin um 5 Punkte, von 27% auf 22%, bei einer entsprechenden Steigerung der Profitquote. Da im selben Zeitraum die Zahl der Beschäftigten und die Inflation recht beträchtlich zugenommen hatten, konnten sich die Reallöhne trotz der gestiegenen aggregierten Lohnsumme kaum verbessert haben.[1)]

Für 1972 errechnet sich nach diesen Zahlen zwar eine globale Ausbeutungsrate von rund 350%, zwischen traditionellen Kleinunternehmen und modernen, kapitalintensiven Industrien lassen sich für diesen Indikator, wie Løvbroek ansatzweise nachgewiesen hat,[2)] jedoch sehr große Differenzen vermuten. "Small-scale industries" realisierten 1971 nach seinen Berechnungen einen Umsatz pro Beschäftigten von nur 142 000 Rial gegenüber 857 000 Rial im Bereich des "large-scale manufacturing". Im Bereich der Wertschöpfung als der eigentlich interessanten Größe waren die Differenzen noch ausgeprägter, nämlich 19 000 zu 338 000 Rial pro Arbeiter, also ungefähr 1 : 20.

---

1) Daran änderte weder das Gewinnbeteiligungs- noch das Arbeiteraktienprogramm etwas Entscheidendes, obwohl beide neben der Pazifizierung ausdrücklich materielle Vorteile versprochen hatten (vgl. Halliday, F.: Iran ..., a.a.O., S. 183 ff).

2) Løvbroek, A.: State Interventionism ..., a.a.O., S. 107ff.

Da die Löhne in beiden Bereichen kaum um den Faktor 20 variiert haben dürften, gilt der nur scheinbare Widerspruch, daß das niedrige Lohnniveau in den traditionellen Bereichen des verarbeitenden Sektors mit einer geringeren Ausbeutungsrate als in der modernen Industrie gekoppelt war, wo höhere Löhne bezahlt wurden.[1)]

Aufgrund der niedrigen Reallöhne und der protektionistischen Maßnahmen fielen die Profitraten in der Industrie während der Schah-Diktatur immer recht beträchtlich aus - trotz eines international vergleichsweise geringen Produktivitätsniveaus.[2)] Für 1971 errechnete Løvbroek durchschnittliche Profitraten auf die jeweils eingesetzten Kapitalmassen, die sicherlich weit über das in den Metropolen realisierbare Maß hinausgingen (Tab. 19).

Natürlich sind diese Zahlen mit großer Vorsicht zu interpretieren. Sie beziehen sich nur auf ein Jahr während eines schnellen Expansionsprozesses. In den folgenden Jahren hatten sich die Relationen zwischen den einzelnen Branchen sicherlich verschoben; angesichts der Spekulation und den Preissteigerungen wird sich das durchschnittliche Gewinniveau in den 70er Jahren jedoch eher noch stärker erhöht haben.[3)] Nicht ohne Grund verwies selbst ein

---

1) Einschränkend muß gesagt werden, daß die in den jeweiligen Bereichen realisierten Wert- und Profitgrößen nicht unbedingt auch dort jeweils produziert wurden. Die günstigere Situation der modernen Industrien resultierte teilweise aus dem durch die überdurchschnittliche Kapitalintensität und den hohen Monopolisierungsgrad bewirkten Mehrwertabzug aus den unterkapitalisierten Wirtschaftssektoren.

2) Nach einer von Wheeler durchgeführten Befragung von Industriemanagern in den Bereichen Textil, Auto, TV und Kühlschränken betrug die Produktivität Anfang der 70er Jahre im Iran bestenfalls 60-70% der korrespondierenden Industrien in Japan und Europa (Wheeler, S.: The Development of Industrial Employment in Iran before 1974-75, Plan and Budget Organization, Teheran 1976).

3) Daran änderte weder das Gewinnbeteiligungs- noch das Arbeiteraktienprogramm etwas Entscheidendes, obwohl beide neben der Pazifizierung ausdrücklich materielle Vorteile versprochen hatten (vgl. Halliday, F.: Iran ..., a.a.O., S. 183ff).

Tabelle 19: Profitraten in einzelnen Industriezweigen in % (1971)

Lebensmittelindustrie	26,7
Textilindustrie	17,2
Holzindustrie	29,0
Papierindustrie	23,5
Chemieindustrie	67,1
Nichtmetallische Mineralien (außer Öl- und Kohle)	15,0
Metallische Grundstoffindustrie	196,0
Maschinenindustrie	24,0
Andere Industrien (Autoindustrie, Elektroindustrie etc.)	55,7
Durchschnitt	52,0

Quelle: Løvbroek, A.: State Interventionism ..., a.a.O., S. 295.

Autor wie Amuzegar[1] auf das ausgeprägte "profiteering" in- und ausländischer Industrieller während des industriellen Booms in den 70er Jahren, nachdem die Schah-Diktatur "die industrielle Arbeiterbewegung an die Kette gelegt hatte"[2] bzw. gelegt zu haben glaubte.

1) Amuzegar, J.: Iran ..., a.a.O., S. 99. Im selben Zusammenhang verwies Amuzegar auf "the neglect of consumers' and workers' interests".

2) Graham, R.: Iran ..., a.a.O., S. 47.

2. AUSLANDSINVESTITIONEN IM IRANISCHEN INDUSTRIALISIERUNGSPROZESS

Die Durchsetzung des Kapitalismus im Iran während der 60er Jahre war primär nicht das Resultat einer internen Entwicklung, wie sie für die Länder der Dritten Welt im allgemeinen von den meisten konventionellen Entwicklungstheorien konzipiert wird. Deshalb auch erscheinen Diskussionen des "balanced versus unbalanced growth", der "forward and backward linkages" eines dynamischen Sektors, mit denen sich die traditionellen Wachstumstheorien intensiv beschäftigen, so überaus unfruchtbar: Sie sind sinnlos, solange sie nicht im Kontext einer weltweiten Expansion des Kapitalismus geführt werden, die den unterentwickelten Ländern ihre Wachstumsbedingungen aufzwingt.

Ganz eindeutig wurden die kapitalistischen Beziehungen im Iran - wie wir an der gesondert behandelten Erdölindustrie bereits gesehen haben - ursprünglich extern induziert, und von der ersten Penetrationswelle durch englisches Kapital bis zum jüngsten Ausbau hochtechnisierter Bereiche standen die Beziehungen mit dem internationalen Kapital immer im Zentrum der iranischen Gesellschaft.

Ähnlich wie in den heute fortgeschritteneren "Schwellenländern" (Brasilien, Mexiko, Südkorea), konzentrierten sich im Iran die profitorientierten ausländischen Interessen[1] zunächst nur auf die iranischen Rohstoffe (Erdöl, in geringerem Maße auch landwirtschaftliche Rohprodukte) und auf die Vergabe von günstigen Anleihen; ein solches Investitionsverhalten schloß das Entstehen einer autonomen kapitalistischen Entwicklung aus.

---

1) In aller Deutlichkeit bezeichnete das "US-Department of Commerce" in einer klassischen Studie das Streben nach Profit und die damit zusammenhängende Furcht, die jeweilige Konkurrenzposition gegenüber ausländischen oder einheimischen Konkurrenten zu verlieren, als fundamentale Triebkräfte für Auslandsinvestitionen ("The Multinational Corporation, Studies on US Foreign Investment", Bd. 1, Washington o.J., S. 14).

Ab der Mitte dieses Jahrhunderts floß dann aber auch verstärkt Kapital ins Land, um auf hochprotektionierten Märkten Industriewaren für den internen Bedarf zu produzieren und um mittels Investitionen im Infrastrukturbereich (Weltbank-Kredite) den Boden für eine verallgemeinerte kapitalistische Produktion unter dem Vorzeichen finanzieller, technologischer und organisatorischer Abhängigkeit zu bereiten. Im Zusammenhang mit der historischen Entwicklung der Direktinvestitionen im Iran bestätigt die Dynamik des Industrialisierungsmusters während der letzten 20 Jahre sehr sichtbar eine solche Abhängigkeits- und Dominanzthese.

2.1. Die historische Entwicklung ausländischer Investitionen

2.1.1. Die Förderung ausländischer Investitionen

Bis zum ersten Weltkrieg bot eigentlich nur die Ölindustrie attraktive Bedingungen für größere ausländische Investitionen, obwohl der potentielle Wert der Ende des vorigen Jahrhunderts erzwungenen Konzessionen in anderen Sektoren durchaus nicht verkannt wurde.[1] So verhalfen z.B. um die Jahrhundertwende schon relativ geringe Investitionen im Bankensektor (Imperial Bank of Persia, Russian Loan and Discount Bank) den englischen und russischen Interessenten zu einer Monopolstellung, mit der eine wirksame Kontrolle des privaten und öffentlichen Finanzsektors ausgeübt werden konnte.

Auslandsinvestitionen in der verarbeitenden Industrie blieben dagegen aus. Einige Versuche ausländischer Unternehmen, moderne Industrieanlagen zu installieren, scheiterten an der Konkurrenz

---

1) Zur historischen Entwicklung ausländischer Investitionen im Iran vgl. Daftary, F./Borghey, M.: Multinational Enterprises and Employment in Iran, ILO, Genf 1976, S. 14f. Zur Entwicklung außerhalb des Ölsektors vgl. Nowshirvani, Y./Bildner, R.: Direct Foreign Investment in the Non-Oil Sectors of the Iranian Economy, in: Iranian Studies 6 (1973).

der billigeren Warenimporte. Auch unter der Herrschaft Reza Schahs und der alliierten Besatzung während des Zweiten Weltkrieges änderte sich nur wenig an der einseitigen Ausrichtung der ausländischen Interessen auf den Ölsektor.

Erst während der Mossadegh-Ära (1951 - 1953) wurde der Verbund zwischen ausländischen Rohstoffinteressen und der einheimischen Großgrundbesitzerklasse bzw. Exportoligarchie, der keine bedeutenden Investitionen in der verarbeitenden Industrie zuließ, zum ersten Mal radikal in Frage gestellt.

Die Konsolidierung der imperialistischen Interessen nach dem Putsch von 1953 und die Weiße Revolution Anfang der 60er Jahre leiteten insofern eine neue Phase ein, als der in ihrer Folge neu ausgerichtete "Komperadorenstaat"[1] versuchte, das Land in einem vorher nicht gekannten Ausmaß für ausländisches Kapital in allen seinen Varianten (öffentliche und private Auslandsanleihen, Portfolioinvestitionen, Direktinvestitionen etc.) und in allen Wirtschaftssektoren attraktiv zu machen.

Zur wichtigsten gesetzlichen Grundlage gestaltete sich dabei das 1955 durch Auslandsinteressen diktierte "Law concerning the Attraction and Protection of Foreign Investments in Iran".[2] Durch dieses Gesetz wurden die ausländischen Investoren vor Verstaatlichungen geschützt, und außerdem wurden ihnen alle Rechte, Vergünstigungen und Erleichterungen wie den nationalen Investoren eingeräumt.[3]

---

1) Vgl. Ravasani, S.: Iran ..., a.a.O., S. 139.

2) Es findet sich abgedruckt bei Daftary/Borghey: Multinational Enterprises ..., a.a.O., S. 124ff.

3) So wurden u.a. eine fünf- bis zwanzigjährige Steuerbefreiung, weitgehender Erlaß von Importzöllen, günstige Staatskredite etc. eingeräumt (vgl. Naini, A.: Entwicklungsplanung ..., a.a.O., S. 187 und Saghafi-Nejad, T.: Development Consequences of Transfer of Technology by the Multinational Firm: Insight and Evidence, Persepolis (Schiraz), 1974, S. 24f).

Natürlich lief eine solche formelle Gleichstellung de facto auf die Begünstigung der ökonomisch potenteren Auslandsinvestoren hinaus, die sich auf vielfältige Weise (leichter Kreditzugang, attraktivere Arbeitsplätze, Dumpingpraktiken etc.) ohne grössere Mühe Wettbewerbsvorteile gegenüber den kleineren nationalen Anbietern verschaffen konnten.[1] Dazu kam ab den 60er Jahren eine sich verstärkende Zusammenarbeit der iranischen Großbourgeoisie mit ausländischen Konzernen im industriellen Bereich.

Unter diesen Bedingungen herrschten auf dem Gebiet des Kapital- und Profittransfers äußerst liberale Bestimmungen. So wurde die Möglichkeit zum Retransfer des investierten Kapitals gesetzlich garantiert, und den ausländischen Eigentümern wurde das Recht eingeräumt, ihre Gewinne in den gleichen Devisen auszuführen, in denen auch die Kapitaleinfuhr erfolgt war.[2] Als unmittelbare Quelle dieser Wertabflüsse kam bei ausländischen Kapitalanlagen natürlich nur der Erdölsektor in Betracht, da alle anderen Wirtschaftsbereiche nur relativ unbedeutende Exporte zustande brachten.

Im Jahre 1957 wurde sogar ein Gesetz verabschiedet, das die besonders engen Beziehungen des Schahs mit dem US-Imperialismus dadurch zum Ausdruck brachte, daß es private amerikanische Investitionen bevorzugt behandelte.[3]

Bis Ende der 60er Jahre richtete sich das iranische Interesse noch schwergewichtig auf die finanziellen Aspekte der Aktivitäten ausländischer Konzerne; dem Technologietransfer und der Exporttätigkeit ausländischer Unternehmen wurde dagegen

---

1) Vgl. Naini, A.: Entwicklungsplanung ..., a.a.O., S. 202f.

2) Ravasani, S.: Iran ..., a.a.O., S. 139.

3) Vgl. Adli, Abolfazl: Außenhandel und Außenwirtschaftspolitik des Iran, Berlin 1960, S. 106.

noch keine größere Bedeutung zugemessen. Diese Politik änderte sich in den 70er Jahren - nicht zuletzt zum Nutzen der multinationalen Konzerne -, als die Ölpreissteigerungen die Devisenknappheit beendeten. Neben einer gewissen staatlichen Planung der Standorte und Fertigungsarten fanden diese geänderten Verhältnisse vor allem in der Handhabung der Lizenz- und Beteiligungspolitik[1] ihren Niederschlag, ohne jedoch die liberale Grundhaltung bei Auslandsinvestitionen in Frage zu stellen.

Bei der Fixierung der Kapitalbeteiligungsverhältnisse gab es zwar keine strikten gesetzlichen Bestimmungen, die für ein industrielles Unternehmen eine iranische Kapitalmehrheit vorgeschrieben hätten. In der Praxis der 70er Jahre wurden jedoch nur Vorhaben mit iranischer Mehrheitsbeteiligung genehmigt.[2] "However exceptions were made for the firms established earlier, or those with unusual product lines. In addition, foreign firms with exceptionally favorable export prospects have received special treatment in terms of their equity ownership, ... those in pharmaceuticals, agriculture and petrochemicals are most notable. In addition, the market conditions for certain industries has also been another criterion for raising the relative share of foreign firms."[3]

Halliday[4] scheint diese Fixierung auf ausländische Beteiligungen unter 50%[5] noch als Faktor zu interpretieren, der dem

---

1) Von der Zentralbank und dem iranischen Wirtschaftsministerium wurden bei Lizenzverträgen nur relativ niedrige Gebühren und eine maximal zehnjährige Vertragsdauer zugelassen. Teilweise mußten auch gewisse Exportrechte an das lizenznehmende iranische Unternehmen abgetreten werden (vgl. Kaiserlich Iranische Botschaft: Iran und seine Investitionsmöglichkeiten, Köln 1972, S. 18f).

2) Vgl. dazu ein Interview aus dem Jahre 1975 mit dem damaligen Wirtschafts- und Finanzminister Ansari in: Deutsch-Iranische Handelskammer, Länderbericht 1975/76, S. 77ff.

3) Daftary/Borghey: Multinational ..., a.a.O., S. 18 und 21.

4) Halliday, F.: Iran ..., a.a.O., S. 146.

5) Zu den Beteiligungsquoten in einzelnen Sektoren vgl. die Angaben von Ansari (Deutsch-Iranische Handelskammer, Länderbericht ..., a.a.O., S. 77f).

Kalkül der Auslandsfirmen widersprach. Meines Erachtens waren es jedoch gerade Gemeinschaftsunternehmen, die dem ausländischen Kapital das Vordringen in der iranischen Wirtschaft enorm erleichterten.[1] Die iranische Großbourgeoisie spielte in diesen kooperativen Beherrschungsformen insofern nämlich eine wichtige Rolle für ausländische Unternehmen, als durch sie leichter an Produktionslizenzen und sonstige monopolistische Vergünstigungen heranzukommen war; sie fungierte in einer Art Juniorpartner als Geldgeber bzw. als Kreditvermittler des Auslandskapitals.

Von den herrschenden Kreisen im Iran unter dem Schah wurde diese Unterordnungspolitik als Mittel zum Schutz der nationalen Interessen und als dienlich für den wirtschaftlichen Fortschritt ausgegeben. In Wirklichkeit mußte das Auslandskapital für das Ziel der Produktionskontrolle bei Mischunternehmen viel weniger Kapital als in früheren Zeiten aufwenden, in denen noch starr auf deutlichen Mehrheitsbeteiligungen beharrt wurde. Tatsächlich begannen die Auslandsunternehmen meist mit wenig oder überhaupt keinem Kapital und erhöhten ihren Anteil an Ort und Stelle über die Banken aufgrund ihrer hohen Kreditwürdigkeit bzw. über einbehaltene Profite.[2]

Zum Hauptbeitrag multinationaler Unternehmen im Iran wurden daher immer stärker ihr technologisches "Paket" aus Plänen, Patenten, technologischem Know-how, ihre Vermittlung hochbezahlter Spezialisten, Warenzeichen und ihre wohlabgewogene Geschäftstüchtigkeit. Die Finanzmittel dagegen stammten aus dem Iran, nämlich aus iranischen Beteiligungen, Monopolpreisen und staat-

---

1) Ganz ausdrücklich bezeichnet z.B. die Deutsche Gesellschaft für wirtschaftliche Zusammenarbeit (DEG) die "Partnerschaft zwischen dem deutschen Investor und einem lokalen Unternehmen als Grundlage für ein erfolgreiches Engagement in der Dritten Welt" (DEG: Investitionen in Entwicklungsländern, Köln o.J., S. 6).

2) Schon sehr früh machte Benedick auf diese Verhältnisse in der iranischen Industriefinanzierung aufmerksam (Benedick, R.: Industrial Finance in Iran, Boston 1964).

lichen Geldern.[1] Mittels des technologischen Monopols erzielten die ausländischen Unternehmen immer größere Profite als ihre iranischen Partner, und ihre Profitakkumulation erlaubte eine noch stärkere Kontrolle über das jeweilige Unternehmen, über einzelne Sektoren und schließlich über die gesamte Wirtschaft, immer verbunden mit der Forderung nach einem noch besseren Investitionsklima.

Auf Unternehmensebene beruhte der Entnationalisierungsprozeß darauf, daß die Minderheitsbeteiligung "in der Regel durch günstige Managementverträge und die Aufspaltung der iranischen Seite in mehrere, nicht homogene Partner wettgemacht wurde"[2]. Die Dominanz auf makroökonomischer Ebene wurde damit zur logischen Folge dieser einzelunternehmerischen Öffnung gegenüber den westlichen Industrieländern.

2.1.2. Umfang und Zusammensetzung

Infolge des niedrigen Entwicklungsniveaus hielt sich das Auslandskapital bis zur Weißen Revolution trotz aller Vergünstigungen und einer massiven Unterdrückung der arbeitenden Bevölkerung weitgehend mit direkten Investitionen außerhalb des Ölsektors zurück. Erst danach und insbesondere während des Ölbooms nach 1973 dehnten sich die Kapitalanlagen im Iran sehr stark aus.

Bis zum Jahre 1964 hatten nur 32 größere Auslandsfirmen Investitionen vorgenommen; Anfang der 70er Jahre hatten dagegen schon 200 und Mitte der 70er Jahre über 300 Auslandsfirmen im Iran Fuß gefaßt.[3] Auf dem Gipfel des Ölbooms waren praktisch alle

---

1) Vgl. Saghafi-Nejad, T.: Development Consequences ..., a.a.O., S. 15ff.

2) Bundesstelle für Außenhandelsinformation: Investitionen in Iran, Köln 1974, S. 17.

3) Vgl. Halliday, F.: Iran ..., a.a.O., S. 145 und Ravasani, S.: Die abhängige Industrialisierung ..., a.a.O., S. 17.

internationalen Industriekonzerne über eigene Produktionsstätten oder Verkaufskontore im Irangeschäft vertreten.

Am Zufluß privaten Auslandskapitals (Tab. 20) wird die sich beschleunigende Entwicklung der 60er Jahre und die rasche Akzeleration nach 1973 recht deutlich, obwohl die offiziellen Daten nie vollständig waren und eher der berühmten Spitze des Eisbergs glichen.[1] Nach iranischen Quellen, die von Ravasani[2] angeführt werden, gab es ausländisch dominierte Aktiengesellschaften, die ihr Anfangskapital nach zehnjährigem Bestehen verzehnfacht hatten. Es ist zu vermuten, daß die Innen- und Kreditfinanzierung während der 70er Jahre von weitaus größerer Bedeutung für die Akkumulation der Auslandskonzerne als der direkte Kapitalzufluß von der jeweiligen Muttergesellschaft war.[3]

Das von westlichen Interessenvertretern häufig vorgebrachte Argument, daß die multinationalen Konzerne in Entwicklungsländern ihr Kapital vorzugsweise aus den Mutterländern heranschafften, gilt für den Iran genauso wenig wie für die meisten Länder der Dritten Welt.

Untersucht man außerdem noch den Profittransfer aus dem Iran, so stellt man fest, daß die ausländischen Unternehmen nicht nur keinen Beitrag zur Beseitigung der "Kapitalknappheit", diesem Fetisch der westlich orientierten Entwicklungstheorien, geliefert haben, sondern dafür geradezu verantwortlich zu machen sind, selbst wenn dieses Problem in den letzten zehn Jahren mit dem Ansteigen der Ölpreise etwas in den Hintergrund gerückt war. Ein exzessiver Profittransfer und gestiegene Öleinnahmen sind zwei

---

1) Über die Größe des gesamten Auslandskapitals zur Mitte der 70er Jahre schwanken die Schätzungen zwischen 1 und 7 Mrd. Dollar (vgl. Løvbroek, A.: State Interventionism ..., a.a.O., S. 232).

2) Ravasani, S.: Die abhängige Industrialisierung ..., a.a.O., S. 16.

3) So die Schlußfolgerungen, die Daftary/Borghey in ihrer empirischen Studie von 1975 zogen ("Multinational Enterprises ...", a.a.O., S. 116).

Tabelle 20: Zufluß von privatem ausländischen Kapital, ohne Erdölsektor, Mio. Rial

Jahr	Betrag
1956-63	1 060
1963/64	257
1964/65	280
1965/66	808
1966/67	958
1967/68	668
1968/69	1 583
1969/70	3 264
1970/71	2 318
1971/72	1 472
1972/73	1 336
1973/74	4 044
1974/75	4 500
1975/76	3 976
1976/77	6 537
1956-1976/77	33 061

Quelle: Naini, A.: Entwicklungsplanung ..., a.a.O., S. 206 und Bank Markazi Iran: Annual Report and Balance Sheet 2535, S. 145.

verschiedene Dinge, die nicht miteinander aufgerechnet werden können.

Einige Überlegungen dazu belegen recht plastisch eine solchermaßen formulierte These der Kapitalverknappung. Nach Berechnungen Nainis und Saghafi-Nejads veränderte sich das Verhältnis von Kapital- und Profitabflüssen zu Kapitalzuflüssen laufend negativ für den Iran (Tab. 21).

Tabelle 21: Zu- und Abfluß von privatem ausländischen Kapital zwischen 1969 und 1973, ohne Erdöl, Mio. Rial

Jahr	Zufluß	Abfluß	Abfluß zu Zufluß (%)
1969/70	3 264	719	22,0
1970/71	2 318	567	24,5
1971/72	1 472	664	45,1
1972/73	1 336	1 100	82,3

Quelle: Naini, A.: Entwicklungsplanung ..., a.a.O., S. 206 und Saghafi-Nejad, T.: Development Consequences ..., a.a.O., S. 39.

Innerhalb von vier Jahren verschlechterte sich der entsprechende Quotient von 22,0 auf 82,3%. Dabei vermitteln diese Daten aus zwei Gründen noch ein äußerst unrealistisches Bild. Erstens berücksichtigten sie nur den offenen Profittransfer, nicht dagegen die durch überhöhte konzerninterne Transferpreise, durch Kommissionszahlungen bei Importgeschäften und durch Kapitalflucht im klassischen Sinn bewirkten Wertabflüsse.[1] Zweitens fand in diesen Daten der quasi exterritoriale Erdölsektor unter der Herrschaft des Ölkonsortiums keine Berücksichtigung.

Wenn man ihn in die Profitabflüsse miteinbezieht, dann wird die Gigantonomie der Ausbeutung des Landes durch imperialistische Interessen erst richtig deutlich. Sicher unfreiwillig hat die Weltbank zu diesem Punkt aufschlußreiches Datenmaterial zusammengetragen, aus dem man eindeutige Schlüsse ziehen kann (Tab. 22):

---

1) Nach einer empirischen Untersuchung lagen die iranischen Importpreise durchschnittlich um 40% über dem entsprechenden Weltmarktniveau (vgl. Askari/Cummings/Richter: Efficiency of LDC Trading Patterns: The Case of Iran, in: American Economic Review, 69/1979, S. 192). Besonders die Rüstungskonzerne kultivierten die Kunst der "doppelten Preise" für ein und dieselbe Ware: nämlich einen für den Iran und die arabischen Ölländer und einen anderen, niedrigeren für die übrigen Kunden (vgl. Graham, R.: Iran ..., a.a.O., S. 100). Halliday beziffert die Kapitalflucht allein für 1975 auf zwei Mrd. Dollar (Halliday, F.: Iran ..., a.a.O., S. 156).

Tabelle 22: Profite, Investitionen und Profittransfer der ausländischen Ölkonzerne, Mrd. Rial

Jahr	Gewinne	Investitionen aus Gewinnen	Profittransfer in Mrd. Rial	Profittransfer in Mio. US-Dollar
1967	41,2	4,8	36,4	480,5
1968	47,4	5,5	41,9	553,1
1969	56,4	7,5	48,9	645,5
1970	69,1	4,4	64,7	854,1
1971	96,6	8,5	88,1	1 163,0
1972	114,9	8,6	106,3	1 403,3

Quelle: IBRD/IDA: The Economic ..., a.a.O., Bd. 2, S. 94 und 102, eigene Berechnungen, 1 Dollar = 75,75 Rial

Gegenüber diesem Sektor erwiesen sich die Abflüsse aus allen anderen Sektoren und die jeweiligen (Netto-)Zuflüsse beinahe als verschwindende Größen. Da infolge der "Reife" des Erdölsektors während des Zeitraumes von 1967 bis 1972 keine Kapitalzuflüsse von den europäischen und amerikanischen Muttergesellschaften erfolgten, kann man für die gesamte iranische Wirtschaft davon ausgehen, daß z.B. im Jahre 1969 Wertzuflüsse von 3,3 Mrd. Rial rund 37 Mrd. Rial Abflüsse gegenüberstanden. 1972 lautete das entsprechende Verhältnis sogar 1,3 Mrd. zu 107 Mrd. Rial.[1)]

Wegen der besonderen Beziehungen zwischen den USA und dem Schah-

1) Diese Abflüsse sind allerdings nicht mit einer Dekapitalisierung gleichzusetzen. Zum einen lagen die bescheidenen Bruttoinvestitionen der Ölkonzerne über den periodengleichen Abschreibungen, und zum anderen realisierte der iranische Staat in der Periode von 1967 bis 1972 schon mehr als 50% der Bruttoprofite im Ölsektor (vgl. die Daten der Weltbankstudie: IBRD/IDA, The Economic Development ..., a.a.O., Bd. 3, S. 94). Nach den "International Financial Statistics" (Washington D.C.) betrug der offene Profittransfer ausländischer Konzerne aus dem Iran in den Jahren 1970, 1971, 1972 und 1973 gleich 855, 1314, 1587 und 2142 Mio. Dollar (zit. nach Czaya, E.: Internationale Konzerne und Entwicklungsländer, IPW Forschungshefte 4/1975, S. 126).

Regime standen die US-Direktinvestitionen lange unangefochten an erster Stelle. Zwischen 1956 und dem Beginn der 70er Jahre wurden rund 50% der gesamten Investitionen in Industrie und Bergbau (ohne Erdöl) von Unternehmen aus den USA getätigt.[1] Danach jedoch wirkte sich die globale ungleichmäßige Entwicklung der kapitalistischen Industrieländer und ihre wachsende Konkurrenz um die günstigsten Kapitalanlagen in der Dritten Welt stärker zuungunsten der nordamerikanischen Monopole aus (vgl. Tab. 23).

Insbesondere die japanische Expansion führte zu einer starken Veränderung der Relationen. Zwischen 1973 und 1977 stammten schon mehr als 45% aller ausländischen Investitionen aus Japan, die ganz stark durch die in der Petrochemie installierten kapitalintensiven Anlagen während des 5. Entwicklungsplanes hervorgerufen wurden.

Die sektorellen Gewichte bei ausländischen Direktinvestitionen schwankten während der 70er Jahre zwar von Jahr zu Jahr; im gesamten Jahrzehnt von 1968 bis 1978 zeichnete sich im industriellen Bereich jedoch eine eindeutige Konzentration auf Wachstumsbranchen ab, wie die Petrochemie, die Metallurgie, die Gummi- und Pharmaproduktion sowie die Autoindustrie.[2] Regelmäßig erwiesen sich dabei Joint Ventures mit dem iranischen Staat oder der iranischen Privatbourgeoisie als äußerst vorteilhaft für die ausländischen Investoren.

---

1) Naini, A.: Entwicklungsplanung ..., a.a.O., S. 207.

2) Bank Markazi Iran: Annual Report and Balance Sheet, 2535, S. 145 und Ravasani, S.: Die abhängige Industrialisierung ..., a.a.O., S. 17f.

Privates ausländisches Kapital importiert durch das Zentrum für Anwerbung und Schutz ausländischen Kapitalen..

Tabelle 23: Foreign Private Investment in Iran Through the Center for the Attraction and Protection of Foreign Investments by Country of Origin, Million Rials

Country of Origin	1971/72	1972/73	1973/74	1974/75	1975/76	1976/77	1977/78
USA	502	349	1 090	797	589	1 324	1 197
West-Germany	295	131	662	130	238	1 730	238
U.K.	268	29	25	52	135	148	302
France	127	102	23	61	629	214	566
Japan	55	221	1 659	2 867	1 707	2 728	2 524
Other	225	504	585	593	678	393	1 521
Total	1 472	1 336	4 044	4 500	3 976	6 537	6 348

Quelle: Amuzegar, J.: Iran ..., a.a.O., S. 155 und BfAi: Iran - Wirtschaftliche Entwicklung 1977/78, S. 35.

2.2. Multinationale Konzerne in der verarbeitenden Industrie

2.2.1. Generelle und sektorelle Stellung

An Hand globaler und recht einseitiger Statistiken über Kapitalzuflüsse versucht Amuzegar,[1] den Eindruck zu erwecken, daß ausländische Konzerne während der 70er Jahre im iranischen Industriesektor nur eine untergeordnete Rolle spielten. In der Tat waren die Kapitalzuflüsse in den Iran auch vergleichsweise bescheiden, wenn man sie mit dem gesamten Investitionsvolumen des 5. Entwicklungsplanes ins Verhältnis setzt. Nur ist dieser Indikator wenig aussagekräftig; in Wirklichkeit lagen die Dinge genau umgekehrt.

Erstens war es den ausländischen Industriekonzernen infolge ihrer ökonomischen Potenz, ihres technologischen Know-hows und ihrer bevorzugten Behandlung in der Kreditpolitik der gemischten Banken immer möglich, ein Vielfaches ihrer eigenen Kapitalien zu mobilisieren und zu kontrollieren. So ging z.B. der gesamte Ölkomplex im Jahre 1973 zwar formell in iranisches Staatseigentum über, was die ausländischen Direktinvestitionen auf einen Schlag natürlich sehr stark verringerte. Auch die größte Automobilfirma (Iran National), die nach Lizenzen von Chrysler produzierte, befand sich kapitalmäßig in iranischem Privatbesitz. Es ist jedoch klar, daß in beiden Fällen ausländisches Kapital wegen der verschiedenartigen Abhängigkeiten die Fäden fest in der Hand behielt. Ähnlich lagen die Verhältnisse in den meisten Industrieunternehmen mit ausländischen Minderheitenbeteiligungen. Zudem waren die iranischen Statistiken schon deshalb fehlerhaft und manipuliert, weil gemischte Unternehmen in vielen Fällen einfach zu den einheimischen Unternehmen gezählt wurden, so daß solche Angaben bei oberflächlicher Betrachtung zu dem Irrtum verleiten konnten, "den gesamten Privatsektor einfach als iranisch-einheimisch zu betrachten und ihn mit einer Domäne

---

1) Vgl. Amuzegar, J.: Iran ..., a.a.O., S. 155.

der Nationalbourgeoisie zu identifizieren."[1]

Zweitens sagen die Transferwerte über die wirkliche Stellung ausländischer Industriekonzerne nur wenig aus, weil in ihnen die reinvestierten Gewinne, deren Bedeutung mit dem Reifegrad eines Unternehmens gegenüber der Außenfinanzierung partiell zunimmt, naturgemäß unberücksichtigt bleiben. Angesichts von durchschnittlichen Profitraten zwischen 30 und 40% ist anzunehmen, daß die Mittelzuflüsse der Muttergesellschaften keine wesentliche Rolle in der Investitionspolitik ihrer iranischen Ableger spielten.

Nach der empirischen Studie von Daftary und Borghey finanzierten sich 14 von 23 iranischen Tochtergesellschaften ausländischer Industriekonzerne ausschließlich aus eigenen Mitteln und über den lokalen Kapitalmarkt; die übrigen neun Unternehmen praktizierten neben dieser Methode noch die partielle Finanzierung über die Muttergesellschaft. Oder anders ausgedrückt: Keine einzige Gesellschaft finanzierte ihren Investitionsanteil ausschließlich aus Mitteln der Muttergesellschaft, auch nicht im Gründungsstadium.[2]

Schließlich wird die dominierende Stellung ausländischer Unternehmen in der iranischen Industrie im letzten Jahrzehnt vor der Revolution trotz mangelhafter Statistiken völlig unzweifelhaft, wenn man ihren Einfluß in einzelnen Branchen etwas näher untersucht:[3]
Der Schwerindustriekomplex wurde, wie wir in einem früheren Kapitel bereits gesehen haben, völlig unter ausländischer Kon-

1) Ravasani, S.: Die abhängige Industrialisierung ..., a.a.O., S. 18f.

2) Daftary/Borghey: Multinational Enterprises ..., a.a.O., S. 116.

3) Die folgenden Angaben beziehen sich im wesentlichen auf zwei Veröffentlichungen (Ravasani, S.: Die wirtschaftlichen Ursachen ..., a.a.O., S. 135f und Köllner, H.J.: Iran - Industriestruktur ..., a.a.O., S. 39ff).

trolle errichtet. Mittels sowjetischer Kredite und Anlagenlieferungen entstand der Aryamehr-Komplex bei Isfahan, und auch nachdem die Produktion aufgenommen wurde, blieb die Abhängigkeit von sowjetischen Lieferungen und Know-how erhalten. Die übrigen Stahlwerke wurden zwar mit staatlich-iranischem Kapital aufgebaut, die Konzeption und Ausrüstungslieferungen dieser fünf Direktreduktionsanlagen, die ab 1974 errichtet wurden, besorgten jedoch westliche Stahlkonzerne und Anlagenbauer unter alleiniger Federführung.

Dieselben Verhältnisse galten für die Petrochemie, in der ursprünglich nur rein staatskapitalistische Betriebe errichtet werden sollten, in der sich aber bald gemischte Unternehmen durchsetzten. So kam es, daß allein die Düngemittelfabrik in Schiraz vollständiges Eigentum der National Petrochemical Company (NPCI) blieb. Die übrigen Unternehmen (Schahpur Chemical Co., Abadan Petrochemical Complex, Charg Chemicals Co., Ahwaz-Komplex), die Mitte der 70er Jahre mit der Produktion begannen, waren gemischte Unternehmen der NPCI mit Allied Chemicals of America, BF Goodrich, Amoco International und der Cabot Corporation desgleichen die Iran-Nippon Petrochemical Comp..

Der gigantische Komplex, der ab 1975/76 in Bandar Khomeini (Bandar Schahpur) hochgezogen wurde, war ein Gemeinschaftsprojekt zwischen der NPCI und fünf japanischen Unternehmen unter Führung von Mitsui. Bei drei anderen Unternehmen, die sich beim Sturz des Schahs in Konstruktion befanden, waren die amerikanische Dupont Corp. und die British Industrial Plastics am Kapital beteiligt.[1)]

Die schnell wachsende Autoreifenproduktion beherrschten im Jahre 1975 praktisch zwei amerikanisch-iranische Gemeinschaftsun-

---

1) Vgl. Amuzegar, J.: Iran ..., a.a.O., S. 68f.

ternehmen in Teheran, die B.F. Goodrich Co. und die General Tyre and Rubber Co.. In beiden Unternehmen sowie in zwei kleineren Unternehmen mit Beteiligung der italienischen Pirelli und der Bridgestone Tyre/Marubeni (Japan) hielten die IMDBI und mehrere iranische Unternehmer Kapitalanteile.

Ähnlich wie die Reifenproduktion wurde auch die lukrative Pharmaindustrie von ausländischen Industriekonzernen beherrscht. Unter den 18 großen Betrieben befanden sich Mitte der 70er Jahre nur vier rein iranische Unternehmen, die übrigen 14 Gesellschaften waren Gemeinschaftsgründungen iranischer Geldgeber mit den größten Chemie- und Pharmakonzernen der Welt (Bayer, Hoechst, Schering, Merck, Pfizer etc.). Darüberhinaus waren andere Firmen (Boehringer, Chemie-Grünenthal) über Lizenzproduktionen oder Importdependenzen am iranischen Markt vertreten.

Die Produktion für elektrische Haushaltsgeräte, deren Montagecharakter schon sehr früh durch restriktive Einfuhrverbote geschützt wurde, wurde sowohl über Lizenzabkommen als auch über Kapitalbeteiligungen von einigen wenigen ausländischen Elektrokonzernen wie AEG, Westinghouse, General Electric, Hoover, Siemens usw. beherrscht. Ein typisches Beispiel für die Verschmelzung zwischen ausländischem Monopolkapital, iranischer Komperadoren-Bürokratie und privatem Großkapital stellte für diesen Bereich die "Pars Toshiba Industrial Comp." in Rasht dar, der größte Hersteller von elektrischen Haushaltsgeräten im Iran während der 70er Jahre. An ihrem Gründungskapital von 190 Mio. Rial, das später auf 430 Mio. Rial erhöht wurde, partizipierten der Technologielieferant "Tokyo Shibaura Electric Co.", die IMDBI und mehrere iranische Investoren; letztere übten auf die Geschäftspolitik aber keinen bestimmenden Einfluß aus.[1)]

---

1) Vgl. Köllner, H.J.: Iran ..., a.a.O., S. 103f.

Neben der Erdölindustrie zeigte sich vielleicht am deutlichsten in der Entwicklung der Automobilindustrie der dominierende Einfluß des Auslandskapitals in der iranischen Wirtschaft.[1] Pionierfunktion in diesem Bereich übte die Jeep Company aus; nach Produktionslizenzen der Kaiser-Jeep Corp. of USA (später American Motors Corp.) erstellte sie ab 1959 Geländewagen im Montagesystem. Wenig später, im Jahre 1962, begannen die Iran Sayka und die Morattab Comp. die Montageproduktion von PKWs: die erste nach einer FIAT-Lizenz, die zweite unter Beteiligung der Rover Company of England. Nach Lizenzen der Daimler-Benz AG hatte kurz vorher die Khavar Truck Manufactoring Comp. die Produktion von Lastkraftwagen aufgenommen; die Iran National Manufactoring Comp. folgte im lizensierten Montagebetrieb bald mit Omnibussen derselben Marke.[2] Daneben wurden noch Volvo, Mack Trucks und British Leyland auf dem LKW-Markt tätig.

Im PKW-Bereich wurde während der 70er Jahre die Produktion von vier Gemeinschaftsunternehmen[3] kontrolliert, die in fünf verschiedenen Wagenklassen jeweils ein profitables Monopol hielten:[4]
General Motors und American Motors produzierten gemeinsam einen Jeep-Kombi und zwei Variationen eines Sechszylinderwagens (Chevrolet, Buick). Ein anglo-iranisches Unternehmen montierte den Landrover. Iran National hatte das Monopol im Bereich der Mittelklassewagen, indem es ein Modell aus der Chryslerserie

---

1) Vgl. Saghafi-Nejad, T.: Development Consequences ..., a.a.O., S. 29ff.

2) 1974 waren 90% aller Buszulassungen auf die Daimler-Benz-Modelle der Iran National ausgestellt (vgl. Ravasani, S.: Die abhängige Industrialisierung ..., a.a.O., S. 24).

3) Die Auslandsbeteiligungen lassen sich im einzelnen nicht feststellen. Infolge der Abhängigkeit von den Produktionslizenzen und den Importlieferungen (Motoren, Getriebe, Ersatzteile etc.) ist eine völlige Abhängigkeit jedoch evident.

4) Vgl. Massarrat, M.: Iran ..., a.a.O., S. 26f.

Sunbeam nachbaute,[1] und Citroen schließlich verfügte mit der Produktionslizenz für den "2-CV" über das Monopol der untersten Wagenklasse.

Da viele Zulieferfirmen infolge der technischen Komplexität der Automobilherstellung nur reine Ableger dieser Firmen waren, konnte sich außer in der Reifenproduktion keine starke und unabhängige Satellitenindustrie mit hoher iranischer Wertschöpfung herauskristallisieren.[2]

Der dominierende ausländische Einfluß in der iranischen Automobilindustrie zeitigte daher von Anfang an negative Formen, ähnlich wie in allen Entwicklungsländern: "Production volumes are typically a fraction of world standards, owing to the limited size of local markets and lack of ability to compete with the giant multinational firms outside protected domestic markets. Furthermore, the prevailing systems of protection and import substitution coupled with inherent technological, managerial, and labor bottlenecks, have resulted in high cost of production and often poor quality of output compared with those prevailing in the more advanced countries."[3]

2.2.2. Technologiewahl, Beschäftigungseffekte und Verflechtungswirkungen

Neben einer Linderung des Kapitalmangels wird ausländischen Investoren in Entwicklungsländern meist zugute gehalten, daß sie durch die Übertragung ihres technischen und betriebswirtschaft-

---

1) Dieses Modell (Peykan) machte 1976 rund 60% der gesamten iranischen PKW-Produktion aus (Köllner, H.J.: Iran ..., a.a.O., S. 87).

2) Saghafi-Nejad, T.: Development Consequences ..., a.a.O., S. 36f.

3) Ebenda, S. 28.

lichen Know-hows zur umfassenden Modernisierung und Produktivitätssteigerung im jeweiligen Land erheblich beitragen, Arbeitsmarktprobleme nicht nur nicht schaffen, sondern sogar abbauen helfen und positive Verflechtungseffekte mit der übrigen Wirtschaft und dem Ausland herbeiführen.[1] Im folgenden wollen wir nun aufzeigen, daß eine solche Modernisierungsthese für ein Land wie dem Iran unter der Schah-Herrschaft weit an der Wirklichkeit vorbeizielte.

Wie Daftary/Borghey in ihrer Studie[2] nachweisen, wurden die multinationalen Industriekonzerne im Iran hauptsächlich nur in sehr kapitalintensiver Form tätig. Bezüglich ihrer im Produktionsprozeß inkorporierten Technologie führte ihre für iranische Verhältnisse extrem ungünstige Relation zwischen Kapital und Arbeit zur starren Abhängigkeit gegenüber der jeweiligen Muttergesellschaft und zu geringen Wertschöpfungsquoten.[3]

Praktisch keine der ausländisch dominierten Firmen realisierte irgendwelche Forschungs- und Entwicklungsanstrengungen, die auf die iranischen Verhältnisse zugeschnitten gewesen wären. Im Gegenteil: Da die Investitionen mit ihren steigenden Kapitalintensitäten zunehmend technologieintensiver wurden, öffnete sich eine immer breitere Lücke zwischen der transferierten und der einheimischen Technologie mit der zwangsläufigen Konsequenz einer Marginalisierung und Ruinierung des kleinkapitalistischen, nationalen Industriesektors. Da diese beschäftigungsrestriktiven Kapitalintensitäten zudem die "Kontakte" der Arbeiter mit der importierenden Technologie begrenzten, schieden diese als Katalysatoren für die Diffusion und Institutionalisierung von Technologie weitgehend aus.[4] Der Inselcharakter ausländischer Be-

---

1) Vgl. Kebschull, Dietrich: Entwicklungspolitik - Eine Einführung, Düsseldorf 1971, S. 154.

2) Daftary/Borghey: Multinational Enterprises ..., a.a.O., S. 43ff.

3) "... the techniques are not adapted, to any significant extent, to variations in local conditions." (Ebenda, S.45)

4) Saghafi-Nejad, T.: Development ..., a.a.O., S. 42.

triebe im Industriebereich verfestigte sich.

Obwohl die ausländischen Unternehmen immer zu den größten ihrer Branche zählten, hatten sie doch nur einen unbedeutenden Einfluß bei der Schaffung von Arbeitsplätzen im verarbeitenden Sektor. Bei den von Daftary/Borghey analysierten Unternehmen dehnte sich die Anzahl an Arbeitskräften teilweise über längere Zeiträume nicht oder nur geringfügig aus, obwohl die Produktion in fast allen Firmen sehr stark ausgedehnt werden konnte.[1)]

Ein ähnlich kritisches Urteil läßt sich über die berufliche Qualifizierung von iranischen Arbeitskräften durch ausländische Filialunternehmen im Iran ziehen: "... the actual contribution of these enterprises to qualitative improvements of the Iranian managers and labor force has been relatively insignificant."[2)]

In diesem Zusammenhang verdient schließlich noch eine Schlußfolgerung in der schon des öfteren angeführten ILO-Studie Beachtung,[3)] daß zwar Techniker und einige qualifizierte Arbeiter in den iranischen Tochtergesellschaften multinationaler Industriekonzerne mehr verdienten als entsprechende Arbeitskräfte in nationalen Betrieben derselben Branche, daß aber für die breite Masse der unqualifizierten Arbeiter keine Lohnunterschiede zwischen beiden Bereichen auszumachen waren.

Ein wichtiges Indiz für die geringen Verflechtungswirkungen ausländischer Investitionen während der Schah-Diktatur findet sich in der zunehmenden Abhängigkeit der industriellen Warenproduktion des Landes von importierten Vorleistungen. So nahm der Wert der importierten Zwischenprodukte und Kapitalgüter von 1960 bis

---

1) Daftary/Borghey: Multinational Enterprises ..., a.a.O., S. 43 und 64. Nach dieser Studie wurden 1972 nur 2-3% der Arbeitskräfte im gesamten verarbeitenden Bereich von ausländischen Unternehmen beschäftigt.

2) Ebenda, S. 47.

3) ILO: Employment ..., a.a.O., S. 69.

bis 1975 um das Zwanzigfache zu.[1]

Dieser Anstieg, der das industrielle Wachstum weit überflügelte, verweist auf eine völlig fehlende organische Verflechtung der verschiedenen Industriezweige und eine nur rudimentäre Bedeutung der Produktionsmittelsektoren.

In den offiziellen Statistiken wurde zwar nie zwischen Importen der ausländischen Unternehmen und des einheimisch-nationalen Sektors unterschieden, ohne Zweifel ist die Importbedeutung in der ersten Gruppe entscheidend für das Gesamtbild gewesen. Dazu paßt ins Bild, daß durch ausländische Industrieunternehmen kaum relevante Exporte erfolgten.[2]

Resümierend heißt es schließlich angesichts der unbestreitbaren Fakten in der ILO-Studie: "Iran's past experience with foreign private capital shows that not only the multinational firm has normally had a significant degree of monopolistic or oligopolistic control over the local market economy but that in view of the limited linkage effects and the rigidity of production technologies the firm's contributions in terms of creating external economies and diffusing technical knowledge have also been rather insignificant."[3]

---

1) Vgl. Ravasani, S.: Die abhängige Industrialisierung ..., a.a.O., S. 20.

2) Der Anteil lokaler Anbieter an den gesamten Rohstoffkäufen ausländisch dominierter Unternehmen betrug z.B. im Textilbereich nur 10%, in der Gummiproduktion 25-30%, in der Chemieindustrie 20%, im Pharmabereich 10-20% und bei der Autoproduktion 15-30% (vgl. Daftary/Borghey: Multinational Enterprises ..., a.a.O., S. 75).

3) Ebenda, S. 77.

VI. RESULTATE DER ABHÄNGIGEN ENTWICKLUNG

1. METHODISCHE VORBEMERKUNG

Unsere bisherige Analyse hatte im wesentlichen die sozio-ökonomische Geschichte des Irans bis zur Weißen Revolution, die Dynamik einzelner wichtiger Wirtschaftssektoren sowie die übergeordneten ökonomischen Interessen der imperialistischen Staaten in der Ausbeutung der iranischen Reichtumsquellen zum Gegenstand. In diesem Kapitel wollen wir nun die wichtigsten gesamtökonomischen Umschichtungen (Punkt VI.2.) während der letzten Jahre des Schah-Regimes untersuchen, um zusätzlich zur historischen bzw. sektorellen Sicht auch aus der makroökonomischen Perspektive die Beschränktheit und Fehlgerichtetheit der proklamierten Entwicklung hin zur "Großen Zivilisation" zu begründen.

Dabei soll es uns allerdings nicht einzig um die mit dem Begriff der abhängigen Entwicklung titulierten makroökonomischen Umschichtungen gehen, sondern um ihre sozialen Konsequenzen (VI.3.), die in den meisten fachökonomischen Untersuchungen über die Schah-Herrschaft während der 60er und 70er Jahre leider viel zu kurz gekommen sind. Konkret stellt sich die Frage, wie für den Iran - um die Diktion der Neoklassik zu verwenden - durch eine bestimmte "Allokation der Produktionsfaktoren" gewisse "Produktionsergebnisse", "internationale ökonomische Interdependenzen", "Arbeitsmarktlagen", "Faktorentgelte" etc. entstehen konnten, die trotz gegenteiliger Versicherungen[1] nichts mit den neo-klassischen Gleichgewichtsprämissen zu tun hatten, sondern im Gegenteil nur eine schnelle Zuspitzung der ökonomischen, sozialen und politischen Gegensätze zur Folge hatten.

---

1) Von harmonisierenden Grundvorstellungen sind z.B. die Arbeiten von Amuzegar ("Iran - An Economic Profile", a.a.O.) und Thumm ("Iran - Wirtschaftsstruktur und Entwicklungsplanung", a.a.O.) geprägt.

2. ÖKONOMISCHE RESULTATE

2.1. Die Dynamik des Wirtschaftswachstums

Zuverlässige Berechnungen über wichtige ökonomische Größen wie Bruttosozialprodukt, Nationaleinkommen oder Kapitalbildung gibt es für den Iran erst seit ungefähr 15-20 Jahren, als mit dem Vordringen kapitalistischer Kalkulationsmethoden in der Wirtschaft und der Entwicklungsplanung einigermaßen aussagekräftige statistische Erhebungen zu einer objektiven Notwendigkeit wurden.

Abgesehen von ihrer einseitig quantitativen Orientierung dürfen derartige Indikatoren aber aus einer Reihe von methodischen Gründen nicht überbetont werden: Bekanntlich fließt z.B. in den Begriff des Bruttosozialprodukts das Unvermögen der herrschenden Wachstumsvorstellungen mit ein, verschiedene Kapitalformen, klassenmäßig bedingte Einkommensdisparitäten und die Unterschiede zwischen produktiver und unproduktiver Arbeit exakt zu fassen.[1] Außerdem wird diejenige Produktion im populären BSP-Konzept weitgehend negiert, die nicht für den Markt erfolgt (Subsistenzwirtschaft, Hausarbeiten). Insbesondere dieser Teil der Produktion ist aber für ein Land wie den Iran, in dem in weiten ländlichen Teilen immer noch Subsistenzwirtschaft herrscht, nicht zu unterschätzen.[2] Wenn also z.B. das BSP oder andere makroökonomische Indikatoren als Bezugs- und Meßziffern gewählt werden, so müssen diese Vorbehalte gegen ihre absolute Aussagefähigkeit stets im Auge behalten werden.

---

1) Als "Leistungen" des Staates enthält das BSP "nicht nur ökonomische, sondern auch die aus der Herrschaftsfunktion folgenden von Polizei und Militär ... Es enthält die Bestandteile der materiellen Nettoproduktion, dazu einige, aber nicht alle übertragbaren Wertbestandteile und große Umverteilungsposten." (Ökonomisches Lexikon, Bd. 1, Berlin 1970, S. 407).

2) Vgl. Kuznets Diskussion über die Frage nicht-monetarisierter Leistungen und über das Bewertungsproblem (Kuznets, S.: Economic Growth of Nations, Cambridge, Mass. 1971, S.2-10).

Mitte der 60er Jahre trat die gesamte iranische Wirtschaft zweifellos in eine beschleunigte Phase wirtschaftlichen Wachstums ein. Unter kapitalistischem Vorzeichen durchlief sie gewissermaßen ihre Gründerjahre. Zwischen 1965 und 1972 verzeichnete das BSP ein Realwachstum von 11,5%; die Steigerung des Pro-Kopf-Einkommens belief sich auf 7,2%, eine im internationalen Vergleich beachtliche Größe.[1] Ab 1973/74 erfuhr dieses kapitalistische Wachstum noch zusätzliche Impulse, wie das um die jährliche Fixkapitalabnutzung verminderte BSP, d.h. das Volkseinkommen deutlich belegt (Tab. 24).

Tabelle 24: Entwicklung des iranischen Volkseinkommens in Preisen von 1974/75

Jahr	Mrd. Rial	Wachstum in %
1973/74	2 088,7	--
1974/75	2 946,6	42,7
1975/76	2 982,3	1,2
1976/77	3 488,5	17,0

Quelle: Bank Markazi Iran: Annual Report and Balance Sheet, 2534, S. 48 und 2535, S. 100.

Es ist anzunehmen, daß in diesen Zahlen die Inflation sehr stark unterschätzt wurde und die partielle Transformation der ländlichen Subsistenzwirtschaft zu einer gewissen Aufblähung der monetären BSP-Größe ohne entsprechendes Realwachstum geführt hat.

Leider lassen sich beide Faktoren auf der Grundlage des vorhandenen Datenmaterials nicht exakt abschätzen. Sie bleiben letztlich aber doch zweitrangig, weil nicht in ihnen, sondern in dem gewaltigen Wachstum der staatlichen Grundrente in der Ölproduktion

1) Vgl. Askari/Majin: Recent Economic Growth in Iran, in: Middle Eastern Studies, 12/1976, S. 100.

die Ursache für die exorbitanten Wachstumsraten zu sehen ist. Dies bedeutet gleichzeitig, daß diese Steigerungen nicht mit einer entsprechenden physischen Steigerung der Produktion des Landes gleichzusetzen sind. Der Iran zog lediglich aus einer Verschiebung der internationalen, relativen Preise ab 1973 starken finanziellen Nutzen, ohne deshalb im mindesten schon seine materielle Produktionsstruktur erheblich verbessert zu haben.

Die günstige internationale Konstellation für Erdöl war gleichermaßen identisch mit einer gewaltigen Ausdehnung der Devisen- und Staatseinnahmen. Ihre Vervielfachung lief unter den Bedingungen des parasitären und abhängigen Schah-Regimes bei einer fehlenden entsprechenden Ausdehnung der Massenkaufkraft aber auf ein Wirtschaftsmodell hinaus, dessen Struktur durch die direkte, persönliche Bereicherung aus dem Staatshaushalt, durch hohe unproduktive Ausgaben für die Militarisierung des Landes, durch eine staatlich forcierte Teilindustrialisierung in kapitalintensiven Bereichen und durch die Anlage bedeutender Teile des Petrodollars auf den internationalen Kapitalmärkten geprägt wurde.

Zu keinem Zeitpunkt, auch nicht zwischen den Jahren 1973 und 1976, führte dieses Wirtschaftsmodell zur Überwindung der deformierten und rückständigen Sektorenstruktur (vgl. Tab. 25), wie sie im Laufe dieses Jahrhunderts durch den Ölimperialismus geschaffen wurde. Mehr als je zuvor spielte der Ölsektor die treibende Rolle in der iranischen Wirtschaft. 1969/70 belief sich sein Anteil am Volkseinkommen auf 14,3%, 1975/76 dagegen auf 36,8%.

Demgegenüber blieben die Landwirtschaft mit ihrer führenden beschäftigungspolitischen Funktion und die verarbeitende Industrie mit ihren potentiell innovatorischen Möglichkeiten von untergeordneter Bedeutung. Die Einkommensschere zwischen

Stadt und Land drückte den Anteil der Landwirtschaft am Volkseinkommen kontinuierlich von rund 30% (1961/62) auf rund 10% (1975/76) herab, obwohl immer noch mehr als die Hälfte aller Iraner auf dem Land arbeiteten und lebten.

Etwas günstiger verlief zwar die Entwicklung des industriellen Sektors, nach den Ölpreissteigerungen ab dem Jahre 1973 fiel sein Anteil jedoch wieder unter die 20%-Marke,[1] ab der erst

Tabelle 25: Struktur des iranischen BSP, in Mrd. Dollar, laufende Preise

Sektor	1961/62		1969/70		1975/76	
	Betrag	%	Betrag	%	Betrag	%
Landwirtschaft	1,2	30,7	2,0	22,2	4,9	9,4
Öl	0,5	11,2	1,3	14,3	19,3	36,8
Industrie u. Bergbau	0,7	17,6	2,0	22,5	10,1	19,3
Dienstleistungen	1,6	40,5	3,6	41,0	18,1	34,5
Total-BSP	4,0	100,0	8,9	100,0	52,4	100,0

Quelle: Pesaran/Farsad: Growth, Income Distribution and Social Change in Iran, Aspen Institute of Humanistic Studies, hektographiert 1977, S. 4.

von einer bescheidenen Industrialisierung gesprochen werden kann. Auch in den 60er Jahren war keine signifikante strukturelle Veränderung eingetreten, und bis 1978 befand sich das Land bestenfalls in einer Frühphase der Industrialisierung.

---

1) Nach Zentralbankangaben waren es 1976/77 18,2% am BSP (Bank Markazi Iran: Annual Report and Balance Sheet, 2535 S. 100). Bei einem Anteil von weniger als 20% ist ein Land nach Weltbankansicht nicht-industrialisiert.

Die ungesunde Wirtschaftsentwicklung trat auch deutlich in der Aufblähung des Dienstleistungssektors hervor, der bis auf wenige Ausnahmen (Transportindustrie) unproduktiven Charakter hat, weil er nur aus umverteilten Wertteilen lebt, die in der materiellen Produktion geschöpft werden. Sein Anteil am BSP betrug 1975/76 immerhin fast soviel wie der des Ölsektors, nämlich 34,5%. Diese Hypertrophie entsprang der historischen Stellung des Staates auf Grundlage seiner administrativen und repressiven Funktionen und konnte nur einer ökonomisch kurzsichtigen Staatsbürokratie bzw. Despotie als Beweis der eigenen ökonomischen Potenz dienen.[1] In Wirklichkeit war diese Aufgeblähtheit des tertiären Sektors Ausdruck einer fehlenden breiten industriellen Basis, die erst in der Lage gewesen wäre, das spekulative Anlageverhalten der iranischen Privatbourgeoisie auf "gesündere" Bahnen zu lenken.

Nun könnte man einwenden, daß die sektoralen Relationen im wesentlichen nur wegen der prononcierten Bedeutung des Ölsektors extrem ungleichgewichtig erschienen und noch nicht gegen die allgemeine wirtschaftliche Entwicklung sprechen müssen. Ein solches Argument, das in der Wirtschaftspresse zugunsten der iranischen Wirtschaftsentwicklung der 70er Jahre häufig vorgebracht wurde, übersieht jedoch geflissentlich, daß man auch dann zu einer ungünstigen Einschätzung gelangt, wenn man den Ölsektor am BSP unberücksichtigt läßt, d.h. "herausrechnet".

Eine solche Berechnung des "Non-Oil-BSP" (Tab. 26) ergibt auf den ersten Blick durchaus beachtliche globale Steigerungsraten. Die sektorale Analyse zeigt jedoch, daß der industrielle Bereich seinen Anteil nur unerheblich steigern konnte,[2] ohne auch nur

1) Von ihren deutschen Verteidigern bekam die iranische Bürokratie denn auch unkritisch bestätigt, daß sie "eine sehr aktive Rolle im wirtschaftlichen und sozialen Entwicklungsprozeß spielte" (Thumm, U.: Iran ..., a.a.O., S. 21).

2) Der hohe absolute Zuwachs der Industrieproduktion während der 70er Jahre beruhte zum einen auf ihrem niedrigen Aus-

annähernd den relativen Rückgang der landwirtschaftlichen Produktion zu kompensieren.

Tabelle 26: Bruttosozialprodukt, ohne Erdöl, laufende Preise, Mrd. Dollar

Sektor	1969/70		1975/76	
	Betrag	Anteil in %	Betrag	Anteil in %
Landwirtschaft	2,0	26,3	4,9	14,8
Industrie und Bergbau	2,0	26,3	10,1	30,2
Dienstleistungen	3,6	47,4	18,1	55,0
Non-Oil BSP	7,6	100,0	33,1	100,0

Quelle: Berechnet nach Pesaran/Farsad: Growth ..., a.a.O., S. 4.

Da zwischen der Entwicklung der Industrie und der Landwirtschaft ein Zusammenhang besteht,[1] mußte der Iran für seine bescheidene industrielle Entwicklung einen hohen Preis bezahlen, nämlich ein krebsartiges Wachstum des tertiären Sektors (Handel, Banken, öffentliche Verwaltung) und eine stagnierende, wenn nicht gar regressive landwirtschaftliche Entwicklung, wie wir in einem früheren Punkt schon ausführlich nachgewiesen haben.

gangsniveau und zum anderen auf dem Umstand, daß in ihr neben der verarbeitenden Industrie und der Energiewirtschaft auch die Leistungen der Bauwirtschaft erfaßt wurden. Da deren Anteil an der Industrieproduktion zwischen 1971 und 1976 von 22 auf 40% anstieg, während der Anteil der verarbeitenden Industrie von 69 auf 55% zurückfiel, bleibt nur der Schluß, daß die industrielle Entwicklung zu einem guten Teil von der allgemeinen Bodenspekulation mit ihren boomhaften Auswirkungen für die Bauwirtschaft genährt wurde (Daten berechnet nach Amuzegar, J.: Iran ..., a.a.O., S. 27).

1) Zur theoretischen Begründung vgl. Lenins Überlegungen zu sektorellen Veränderungen im Industrialisierungsverlauf ("Die Entwicklung des Kapitalismus ...", a.a.O., S. 25-30).

2.2. Die außenwirtschaftlichen Folgen

Die sektorellen Deformationen und eine Teilentwicklung des industriellen Kapitals hinterließen während der letzten zehn Jahre der Schah-Herrschaft im außenwirtschaftlichen Bereich, der für den Iran mit seiner eng auf das Erdöl zentrierten Wirtschaft immer von allergrößter Wichtigkeit war, ihre deutlichen Spuren.

Das Muster der iranischen Exportstruktur entsprach während der Zeit nach der Weißen Revolution im Grunde weiterhin exakt den Verhältnissen, wie sie während der ersten Hälfte des 20. Jahrhunderts durch den Ölimperialismus hervorgebracht wurden. Weder der extreme Handelsliberalismus bis Ende der 60er Jahre, wie er für die Entwicklungsländer von der klassischen Außenhandelstheorie[1] auf Grundlage der Theorie der komperativen Kostenvorteile immer verlangt wurde, noch die darauf folgende teil-protektionistische Industrialisierungspolitik mit ihrer staatlichen Exportförderung[2] vermochten an dieser Tatsache etwas zu ändern, obwohl die Endlichkeit der Rohölreserven und der für eine hochproduktive und spezialisierte Massenproduktion zu kleine Binnenmarkt des Iran geradezu eine Abkehr von der Fixierung auf eine einzige Exportware von Bedeutung dringend erforderten.

Zwischen 1962 und 1972 wuchsen die Erdölexporte durchschnittlich um 13,3% und erreichten im Jahre 1972 einen Wert von 3,3 Mrd. Dollar, während alle übrigen Exporte, die in den persischen Statistiken immer gesondert ausgewiesen wurden, um nicht ihre geringe Bedeutung im direkten Vergleich mit den Ölausfuhren offenzulegen, sich auf nur 450 Mio. Dollar beliefen.[3] Rund 60% dieser

---

1) Vgl. exemplarisch Chenery, H.B.: Komperativer Vorteil und Entwicklungspolitik, in: Fritsch, B. (Hrsg.): Entwicklungsländer, Neue wissenschaftliche Bibliothek, Bd. 24, Köln, Berlin 1968, S. 318-351.

2) Zur Begründung dieses Konzepts, das heute in westlichen Entwicklungsmodellen präferiert wird, vgl. Donges/Müller-Ohlsen: Außenwirtschaftsstrategien ..., a.a.O., S. 43ff.

3) Vgl. Thumm, U.: Iran ..., a.a.O., S. 101.

"Non-Oil-Exporte" setzten sich zu diesem Zeitpunkt immer noch aus Erzeugnissen[1)] handwerklich-traditioneller Betriebe mit enger landwirtschaftlicher Einbindung zusammen.

Die Forderung nach einer beschleunigten kapitalistischen Industrialisierung wurde angesichts dieser Situation zwangsläufig zur Forderung nach einer Ausdehnung und Umschichtung der Exporte zugunsten von Industriewaren. Gleichzeitig mit der Reorganisation des "Export Promotion Center" (1969) wurde daher eine Reihe von staatlichen Begünstigungen eingeführt, die für exportorientierte Unternehmen Begünstigungen von der Zollbefreiung für notwendige Importe von Maschinen und Rohstoffen, Steuererlassen, zinsgünstigen Krediten bis zu Umstellungshilfen vorsahen.[2)] Nach Amuzegar bestand das Ziel dieser Politik darin, "to expand the market for Iran's traditional and nontraditional exports in an effort to augment the country's non-oil foreign exchange earnings and to broaden the market for the products of new industries."[3)]

Heute wissen wir, daß diese Bemühungen zu keinerlei Verbesserungen in der Außenhandelssituation des Iran führten. Ohne Verantwortungsgefühl für die iranische Nation verließ sich die herrschende Klasse bei ihrem Feldzug gegen die traditionelle landwirtschaftliche Produktion, bei ihrer massiven militärischen Aufrüstung und bei ihren extrem importabhängigen Industrialisierungsprojekten fast ausschließlich auf die im Ölgeschäft relativ leicht erzielbaren Exportdevisen.

---

1) Insbesondere natürlich Teppiche, aber auch Baumwolle, Leder, Trockenfrüchte etc..

2) Eine ausführliche Darstellung der Exportförderungsmaßnahmen findet sich in Kashani, Kamran: Promotion of Manufactured Exports from Iran - A Study on the Effectiveness of Public Policies, Diss., o.O., 1974, S. 23ff.

3) Amuzegar, J.: Iran ..., a.a.O., S. 210 sowie Vakil, F.: Iran's Basic Macroeconomic Problems: A 20-Year Horizon, in: Jacqz, J.W. (Hrsg.): Iran - Past, Present and Future, New York 1976, S. 90f.

Der traditionell schon bescheidene Anteil der Non-Oil-Exporte nahm während der 70er Jahre sogar permanent ab, bis er 1975/76 nur noch knapp 3% der iranischen Exporte ausmachte.[1)] In diesem Zusammenhang ist hervorzuheben, daß diese relative Abnahme nicht nur auf die Ölpreissteigerungen, sondern auch auf eine absolute Abnahme des Wertes dieser Exportgruppe zurückzuführen war: In 1973/74 beliefen sich die Non-Oil-Exporte noch auf 634,7 Mio. Dollar,[2)] 1975/76 dagegen nur noch auf 592,2 Mio. Dollar.

Mit dieser Entwicklung wurde die abhängige Industrialisierung, kaum daß sie begonnen hatte, zunehmend problematischer, weil die Erdölexporte ab dem Jahre 1977 bei stagnierenden Preisen deutlich zurückgingen. Für das Ende des 6. Entwicklungsplanes, der 1979 beginnen sollte, wurde 1977 die Importrechnung auf 29 Mrd. Dollar pro Jahr prognostiziert, von denen der Erdölsektor 20 Mrd. Dollar beitragen sollte. Um die restliche Summe aus den laufenden Ausfuhren finanzieren zu können, hätte die übrige Wirtschaft ihre Ausfuhren innerhalb weniger Jahre folglich von 0,6 auf 9 Mrd. Dollar jährlich ausdehnen müssen,[3)] was unter den damaligen Bedingungen natürlich unvorstellbar gewesen wäre.

Im wesentlichen standen einer tiefgehenden Exportausdehnung, die der Industrialisierung erst nachhaltige Impulse hätte verleihen können, zwei Restriktionen im Wege, die aus den monopolistischen und protektionierten iranischen Marktstrukturen entsprangen. Zum einen waren die Profite "high enough to discourage

---

1) Nach Angaben der BfAi beliefen sich die Ölexporte im selben Jahr auf 1269 Mrd. Rial, die sonstigen Exporte dagegen nur auf 38 Mrd. Rial (BfAi: Iran - Wirtschaftliche Entwicklung, 1975/76, S. 51).

2) Die eigentlichen Industriewarenimporte beliefen sich dabei nur auf 40 Mio. Dollar; zum Großteil resultierten sie aus politisch motivierten Barter-Abkommen mit Ostblockländern oder einigen Entwicklungsländern (vgl. Ravasani, S.: Iran ..., a.a.O., S. 165).

3) Vgl. Løvbroek, A.: State Interventionism ..., a.a.O., S. 226.

producers from making the necessary efforts ... to penetrate competitive markets abroad";[1] zum anderen verhinderte das niedrige Produktivitätsniveau der iranischen Industrie, daß die industriellen Überkapazitäten, die in einigen modernen Zweigen (Reifenindustrie, Teile der chemischen Industrie) vorhanden waren und auf die die staatliche Exportförderungspolitik ursprünglich abgezielt hatte, für Exportzwecke genutzt werden konnten.[2] Unter der Schah-Diktatur bestand nie eine Chance zum "Japan" des Nahen Ostens aufzusteigen, weil sich eine dafür notwendige Überwindung der extrem rohölorientierten Exportstruktur zu keinem Zeitpunkt abzeichnete.[3]

Ähnlich unbefriedigend wie die Strategie einer exportorientierten Industrialisierung erwies sich auch die Politik der Importsubstitution, wie sie schon während der 60er Jahre angestrebt wurde. Im Jahrzehnt vor den Ölpreissteigerungen (1962 - 1972) lag das durchschnittliche jährliche Importwachstum wertmäßig immer deutlich über dem allgemeinen Wirtschaftswachstum, nämlich bei 16,6%,[4] und danach wurden die iranischen Märkte für Investitions- und Konsumgüter trotz protektionistischer Maßnahmen noch stärker mit ausländischen Waren überschwemmt. Innerhalb von nur fünf Jahren (1971/72 bis 1975/76) stiegen die iranischen Importe von 158 Mrd. auf 801 Mrd. Rial (Tab. 27); die Importe militärischer Art, die in den offiziellen Handelsstatistiken nicht mitberücksichtigt wurden, waren noch nicht ein-

---

1) IBRD/IDA: The Economic Development ..., a.a.O., Bd. 1, S. 79.

2) Wie wenig ein solches Ziel der Nutzung von freien Kapazitäten für den Export mit den iranischen Realitäten zu tun hatte, wird darin deutlich, daß verantwortliche Manager kaum genaue Kenntnisse über die Exportziele oder deren Existenz hatten (vgl. Kashani, K.: Promotion ..., a.a.O., S. 26f).

3) Dieses nüchterne Urteil wurde schon früh in einer dem Schah-Regime durchaus wohlgesonnenen Studie des Hudson-Instituts gezogen (Hudson Europe: Iran - Oil, Money and the Ambitions of a Nation, Paris 1975).

4) Thumm, U.: Iran ..., a.a.O., S. 102.

mal miteingerechnet.[1]

Tabelle 27: Entwicklung der iranischen Importe

Jahr	Wert, Mrd. Rial	Wachstum in %
1971/72	157,7	23,0
1972/73	193,7	22,8
1973/74	253,2	31,1
1974/75	448,2	77,0
1975/76	800,8	78,7
1976/77	995,4	24,3

Quelle: BfAi: Iran - Wirtschaftliche Entwicklung, verschiedene Jahresberichte

Die stoffliche Struktur der iranischen Importe in den letzten Jahren der Schah-Herrschaft (Tab. 28) zeigt deutlich, daß bei allen Untergruppen gewaltige Wachstumssteigerungen zu verzeichnen waren. Im Bereich der Zwischenprodukte führte der langfristig ausgerichtete Montagecharakter der Industrie zu einer Ausdehnung der Importe von 2,2 Mrd. (1973/74) auf 6,2 Mrd. Dollar (1975/76). Im Bereich der Kapitalgüter wurden noch größere Steigerungsraten erzielt (von 0,9 Mrd. auf 3,4 Mrd. Dollar). Dieselbe Tendenz herrschte bei den Konsumgütereinfuhren, die infolge der landwirtschaftlichen Dauerkrise und des ausgedehnten Luxuskonsums innerhalb von zwei Jahren um mehr als das Dreifache zunahmen.

1) Die Militärimporte lassen sich nur indirekt schätzen. 1975/76 wurden in der Zahlungsbilanz Warenimporte in Höhe von 15,9 Mrd. Dollar ausgewiesen, während in der allgemeinen Handelsbilanz, die im wesentlichen nur zivile Einfuhren erfaßte, ein Importvolumen von 11,7 Mrd. Dollar angegeben war (berechnet nach BfAI: Iran - Wirtschaftliche Entwicklung 1975/76, S. 49 und 53). Die Differenz dürfte dem Waffenimport entsprochen haben.

Tabelle 28: Struktur der iranischen Importe, Mio. Dollar

Bereich	1962	1973/74	1974/75	1975/76	1975/76 Anteil %	1975/76 Wachstumsrate %
Zwischenprodukte	313,2	2 273,7	4 266,4	6 212,3	53,1	45,6
davon: Industrie u. Bergbau	234,9	1 912,0	3 324,5	4 336,6	37,1	30,4
Kapitalgüter	114,9	906,0	1 330,9	3 488,2	29,8	162,1
davon: Industrie u. Bergbau	81,0	560,3	770,4	1 759,7	15,0	128,4
Konsumgüter	119,5	557,4	1 016,4	1 995,1	17,1	96,3
Insgesamt	547,6	3 737,1	6 613,7	11 695,6	100,0	76,8

Quelle: Thumm, U.: Iran ..., a.a.O., S. 102 und BfAi: Iran - Wirtschaftliche Entwicklung 1975/76, Zahlenteil, S. 49

Angesichts dieser Wachstumstrends war keineswegs die Erfüllung der optimistischen These Panahis[1] abzusehen, nach der die Importe von Zwischen- und Kapitalgütern zu Exportsteigerungen und zu größeren Produktionsleistungen im Bereich der essentiellen Konsumgüter hätten führen müssen.[2] Viel realistischer wurden die Verhältnisse in einer im Jahre 1977 veröffentlichten Prognose gesehen:

1) Panahi, B.: Erdöl ..., a.a.O., S. 90.

2) Die ausbleibenden Produktionserfolge waren nicht zuletzt auch auf den nicht-adäquaten Charakter vieler Produktionsmittelimporte zurückzuführen: "Quite a few of the items and services imported are of very poor quality while being priced out of all proportion to their value to our economy. One finds our markets full of machinery and goods which are either redundant, unusable, or lacking in spare parts and the necessary services which go with it. This disconcerting imbalance is more markedly noticed in barter deals." (Tehran Economist, 29.1.1977, S. 4).

"The relative poor performance of its agricultural sector will require Iran to import large quantities of foodstuffs from the U.S., Canada and Australia ... Iran's industrial imports are largely expected to be machinery for import substitution, including assembly plants and their semi-processed material inputs. It will also need to import raw materials - such as coal, iron ore, bauxite, and copper - for its growing heavy industry ... Despite the expected expansion of basis industries, Iran's requirement for industrial products will be largely supplied by imports over the next 10 years."[1)]

Westdeutsche Industrieunternehmen waren bei diesem Milliardenhandel von Beginn an unter den Hauptprofiteuren. Der Iran verharrte im deutsch-iranischen Außenhandel in der klassischen Rolle des Rohstofflieferanten, während er gleichzeitig als einer der wichtigsten Absatzmärkte für westdeutsche Industriewaren heranwuchs.[2)] Gegen Ende der Schah-Herrschaft reifte in westdeutschen Wirtschaftskreisen sogar die Vorstellung eines militärisch-ökonomischen Dreiecks zwischen der Bundesrepublik, dem aufstrebenden Brasilien und dem so stabil erscheinenden Iran. Die BRD sollte bei Mischunternehmen in Brasilien für den Blaupausenexport, der Iran für Erdöl sowie Kapital und Brasilien für die notwendigen Arbeitskräfte sorgen, so wenigstens sah es der damalige liberale Wirtschaftsminister Friedrichs.[3)]

Diese Visionen hatten lange Zeit ihre berechtigte Basis, steigerten sich doch die bundesdeutschen Ausfuhren in den Iran zwischen 1965 und 1977 von bescheidenen 157 Mio. auf rund 3,5 Mrd.

---

1) Abolfathi u.a.: The OPEC Market to 1985, Farnborough 1977, S. 129f.

2) Rund 30% der westdeutschen Iranausfuhren waren Maschinen, weitere 30% entfielen auf elektronische Erzeugnisse und Kraftfahrzeuge und rund 10% auf Eisen- und Stahlwaren (vgl. Froneberg, U.: Die Wirtschaftsbeziehungen BRD-Iran, in: Kritik, Nr. 20, 1979, S. 54).

3) Vgl. U. Albrechts Nachwort in F. Halliday: Iran ..., a.a.O., S. 280.

Dollar[1] und sorgten damit für eine bequeme Kompensation der gestiegenen Erdölrechnung aus dem Iran, der langsam zum wichtigsten Öllieferanten für die Bundesrepublik aufgestiegen war.[2]

Zwei Warenkomplexe auf der westdeutschen Ausfuhrseite waren in den gegenseitigen Beziehungen von besonderer Delikatesse: zum einen die regional destabilisierenden Rüstungsgüter und zum anderen ein für iranische Verhältnisse aberwitziger Transfer von Kernkraftwerken.[3]

Im Februar 1979 (Sturz des Schahs) beliefen sich die iranischen Waffenbestellungen in Westdeutschland auf mindestens eine Mrd. DM. Die bundesdeutsche Regierung deklarierte den Iran einfach zum Nicht-Spannungsgebiet und ließ damit den deutschen Waffenexporteuren alle Möglichkeiten offen.[4] Zwei der vier Kernkraftwerke, die zu diesem Zeitpunkt schon relativ weit im Bau fortgeschritten waren, wurden von der Kraftwerksunion installiert, weniger um die Entwicklungsbedürfnisse des Iran zu befriedigen, als vielmehr die eigenen Überkapazitäten infolge fehlender Aufträge in Deutschland und in sonstigen Abnehmerländern abzubauen.

Diese Anlagen stellen heute Entwicklungsruinen, totes Kapital in Milliardenhöhe dar, was angesichts des Reichtums an iranischen Energieträgern (Erdöl, Erdgas) wahrscheinlich immer noch billiger als eine kostspielige Fertigstellung und laufende Unterhal-

---

1) Thumm, U.: Iran ..., a.a.O., S. 3 und Froneberg, U.: Die Wirtschaftsbeziehungen ..., a.a.O., S. 54.

2) Vgl. Wirtschaftswoche, 24.11.1978.

3) Vgl. Albrecht in Halliday, F.: Iran ..., a.a.O., S. 280ff.

4) Noch Ende 1978, als die Repression gegen das iranische Volk ihren Höhepunkt erreicht hatte, lieferte eine 100 prozentige Tochtergesellschaft der bundeseigenen DIAG noch schnell 300 Schlagstöcke mit Elektroschockwirkung und 15 000 Handschellen. Gleichzeitig wurde eine Ausfallbürgschaft bei der bundeseigenen Hermes-Versicherung für die Lieferung von Schnellfeuergewehren genehmigt (Frankfurter Rundschau, 21.12.1978 und Tagesspiegel, 22.12.1978). Anfang 1979 stand der Bund über die Hermes-Bürgschaften mit acht Milliarden Mark im Obligo gegenüber westdeutschen Iranlieferanten (Handelsblatt 23./24.2.1979, S. 6).

tung kommt, von potentiellen Sicherheitsrisiken und der Überdimensioniertheit dieser Kraftwerke für iranische Verhältnisse einmal ganz abgesehen.[1]

Erst Ende 1978 dämmerte der deutschen Wirtschaft, daß mit dem Ende der so heftig umworbenen "Fortschrittsdiktatur" die "goldenen Zeiten für den deutschen Export in den Iran"[2] vorbei waren, und zwar mit unerledigten Aufträgen von 15-20 Mrd. DM, die zu jener Zeit in Abwicklung waren. Allein schon der Maschinenbau hatte Ausfälle in Höhe von 3-5 Mrd. DM zu befürchten. Vor einem ähnlichen Milliardenproblem stand die Elektroindustrie und in anderen Bereichen existierten lukrativ erscheinende Absichtserklärungen in Milliardenhöhe, so bei der deutschen Atomindustrie (rd. 20 Mrd. DM) und der Rüstungswirtschaft.[3]

Mit den gestiegenen Öleinnahmen nach 1973 konnte sich der Iran nicht nur den Luxus teuerster Waffensysteme und großenteils unnützer Warenimporte im zivilen Bereich leisten; mit seiner bettelarmen Bevölkerung ging er auch noch zu beachtlichen Kapitalexporten auf den internationalen Finanzmärkten über,[4] anstatt den einzig richtigen Weg zu gehen, nämlich den ausgedehnten und verarmten kleinbäuerlichen Sektor tiefgreifend zu kapitalisieren und die Massengüterproduktion anzukurbeln.

So z.B. kaufte sich der Iran im Jahre 1974 für 100 Mio. Dollar beim Krupp-Konzern ein, gab der notleidenden Panam-Airways im Januar 1975 einen Kredit von 245 Mio. Dollar mit einer Option auf 13-15% des Aktienkapitals dieser Fluggesellschaft, finanzierte Intercontinental Hotels mit 55 Mio. Dollar und handelte sich

---

1) Vgl. Massaraat, M.: Iran ..., a.a.O., S. 42.
2) Handelsblatt, 3.1.1979, S. 1.
3) Ebenda.
4) Vgl. Fesharaki, F.: Development ..., a.a.O., S. 182.

für 75 Mio. Dollar eine 25%-Beteiligung bei der deutschen Babcock und Wilcox AG ein.[1] Im Erdölbereich kamen eine Reihe von Joint Ventures mit der BP (Nordsee), mit Unternehmen in Indien und Süd-Afrika, mit west-europäischen Raffinerien und mit der amerikanischen Ashland Oil Comp., deren Aktienkapital zur Hälfte an den Iran überging, zustande.

Das im Vergleich zu den Mutterländern dieser Gesellschaften arme Iran unter dem Schah verhielt sich bei diesen Anlagen allerdings äußerst großzügig. "Financial considerations are not always the determining factor in such purchases... Iran has made it clear that in no case would she wish to control or influence the management."[2]

1) Zu diesen staatlichen Kapitaltransaktionen kommt seit 1975 noch die private Kapitalflucht mit durchschnittlich 100 Mio. Dollar pro Monat (Graham, R.: Iran ..., a.a.O., S. 235).

2) Fesharaki, F.: Development ..., a.a.O., S. 182. Von ähnlichem Wohlwollen gegenüber der industriellen Welt war auch der 1,2 Mrd. Dollarkredit für die britische Regierung geprägt. Es ist außerdem interessant, wie der Iran nach 1974 in einigen Entwicklungsländern über bilaterale Abkommen Fuß zu fassen suchte. So floß nach Ägypten iranisches Staatskapital in Höhe von einer Mrd. Dollar, nach Indien strömten 900 Mio. Dollar, nach Pakistan 643 Mio. und nach Syrien 150 Mio. Dollar. Bis Mitte der 80er Jahre sollten rund 30 Mrd. Dollar in die Anrainerstaaten am Persischen Golf und Indischen Ozean, der "Zone des Friedens und der Zusammenarbeit" zur Schaffung eines "weiten Komplementärmarktes" fließen (vgl. Amirie, Abbas: Iran als Regionalmacht - Persischer Golf und Indischer Ozean als Wirkungsfeld einer unabhängigen Außenpolitik, in: Europa Archiv, Zeitschrift für internationale Politik, Nr. 2/1978, S. 50).

3. DEMOGRAPHISCHE UND SOZIALE VERÄNDERUNGEN

3.1. Bevölkerungswachstum, Migration und Beschäftigungsstruktur

Der Iran ist ein typisches Beispiel dafür, wie sich das Problem des zunehmenden "Überzähligmachens" der Bevölkerung mit der Zerstörung vorkapitalistischer Verhältnisse und einer Teilindustrialisierung keineswegs löst, wie z.B. Schmidt[1] als Vertreter der sowjetmarxistischen Entwicklungstheorie postuliert, sondern sich im Gegenteil mit dem Aufbau einer abhängigen und kapitalintensiven Industrie ungeheuer verschärft.

Obwohl der Iran, rein quantitativ gesehen, in der Tat eine sehr starke Bevölkerungsausdehnung durchmachte,[2] hat es wenig Sinn, in diesem Zusammenhang von einer absoluten, quasi naturgesetzlichen Überbevölkerung zu sprechen, wie uns die neo-malthusianischen Schreckensvisionen über die Länder der Dritten Welt weismachen möchten. Bezogen auf seine Größe war und ist der Vielvölkerstaat Iran[3] dünn besiedelt. Die Ursache für das Zerbrechen eines Gleichgewichts zwischen Produktion, Konsumtion und Bevölkerungsgröße war daher auch nicht demographischer, sondern sozio-ökonomischer Natur.

Wie unter lateinamerikanischen Verhältnissen, so war es auch im Iran das sozio-politische System, das die Menschen ausspeite:

---

1) Schmidt, J.L.: Die Entwicklungsländer, Frankfurt a.M. 1974, S. 127f.

2) Zwischen 1906 und 1956 stieg die Gesamtbevölkerung nur relativ langsam von 10,3 auf 19 Mio. an, ab 1956 dagegen sehr schnell auf fast 34 Mio. in 1976 (Behrawan, A.H.: Iran ..., a.a.O., S. 111 und Amuzegar, J.: Iran ..., a.a.O., S. 14).

3) Konkrete Aussagen über die Sozial- und Familienstruktur der iranischen Gesellschaft sind wegen dieser ethnischen Heterogenität nur sehr schwer zu treffen. Neben zwei Dritteln Persern leben zahlreiche andere Volksgruppen und Stämme, so die Azarbeidschanis im Nordwesten, die Kurden im Westen, die Turkmenen im Nordosten, die Belutschen im Osten und eine starke arabische Minorität im Süden. Im Landesinnern leben z.B. der Bakhtiari- und Ghaschghai-Stamm (vgl. Behrawan, A.H.: Iran ..., a.a.O., S. 111).

ohne Arbeit auf dem Lande, wo weiterhin der Großgrundbesitz mit seinen ausgedehnten öden Flächen herrschte, ohne Arbeit in den Städten, wo das kapitalistische Fabriksystem und die ausländischen Interessen ihren Tribut verlangten und dies bei durchschnittlichen Wochenarbeitszeiten von 51 Stunden.[1)] Die Jagd nach Mehrarbeit, Profit, brachte sowohl eine Überausbeutung der beschäftigten Arbeitskräfte als auch die gleichzeitige Nicht- bzw. Unterbeschäftigung vieler Arbeitskräfte hervor.

Die sozialen Verhältnisse waren auch schon deshalb als Ursache der Übervölkerung (Armut, Arbeitslosigkeit und Marginalisierung) evident und nicht das absolute Bevölkerungswachstum, weil das reale Wachstum des Volkseinkommens immer das Bevölkerungswachstum überschritt.[2)]

Infolge des stationären Charakters der traditionellen iranischen Gesellschaft fehlte bis in die 50er Jahre fast jegliche räumliche Mobilität der Bevölkerung; sowohl in städtischen als auch in ländlichen Siedlungsräumen vollzog sich das Bevölkerungswachstum im selben Rhythmus. Relativ konstant hielt sich der Anteil der ländlichen Bevölkerung an der Gesamtbevölkerung unter der Herrschaft Reza Schahs bei 70-80%. Soweit durch Betriebsteilungen und die Ausdehnung des Kulturlandes das ländliche Bevölkerungswachstum nicht absorbiert werden konnte, führte es nur zur Ausdehnung der unterbäuerlichen, landlosen Schicht der Landbevölkerung, nicht dagegen zu einem Anschwellen der Stadtbevölkerung.

Größere Impulse in Richtung auf eine rural-urbane Mobilität zur Landflucht, brachte erst die Kronlandreform in den 50er Jahren,[3)]

---

1) Vgl. Amuzegar, J.: Iran ..., a.a.O., S. 16.

2) Für eine hohe Zahl an billigen Arbeitskräften sorgte nicht zuletzt die günstige Altersstruktur der iranischen Bevölkerung: In 1971 waren 47% der Bevölkerung unter 15 Jahren und 37% zwischen 15 und 40 Jahre (vgl. Statistisches Bundesamt: Allgemeine Statistik des Auslandes, Länderberichte: Iran, Wiesbaden 1975).

3) Vgl. Dreskornfeld, F.: Agrarstrukturwandel ..., a.a.O., S. 73.

während deren Verlauf sich die Problematik des Bevölkerungswachstums langsam von den abhängigen Dörfern in die Städte verlagerte und zwangsläufig gesteigerte Anforderungen an die Agrarproduktion stellte.

Die bestimmenden Eingriffe, welche die latente ländliche Übervölkerung deutlich zu Tage treten ließen, wurden jedoch erst durch die Weiße Revolution und wahrscheinlich noch stärker durch die Ölbonanza der Jahre 1974-77 hervorgebracht, forciert von einer Regierung, die ihre "Modernisierungsbemühungen" von vornherein auf einige wenige, kapitalistische Zentren in den Städten konzentrierte. Im Jahre 1960 lebte gerade ein Drittel der Iraner in städtischen Gebieten; 1976 dagegen schon 47% mit weiter steigender Tendenz.[1] Innerhalb von 20 Jahren (1956-1976) war die Stadtbevölkerung von 6 auf 16 Millionen angeschwollen; der Schwerpunkt der gesellschaftlichen Widersprüche hatte sich vom Land auf die Stadt verlagert.

Es ist inkorrekt, Industrialisierung an sich dafür verantwortlich zu machen, daß die Beschäftigungsprobleme in vielen Entwicklungsländern nicht geringer wurden, wie z.B. Griffin und Enos[2] meinen. Wenn - wie im Iran - die Beschäftigung im verarbeitenden Sektor nicht im selben Maß gestiegen war, wie die gesellschaftliche Arbeitskraft, so leitete sich dieser Umstand einzig und allein aus dem kapitalistischen und abhängigen Charakter dieser Entwicklung her. Der Iran war einer der vielen "special cases", wo nicht die Technik, sondern ihre kapitalistische Anwendung zur Freisetzung von Arbeitskräften aus den unterentwickelten produktiven Sektoren führte.

Die Defekte in der sektorellen Beschäftigungsstruktur, wie sie sich in den 70er Jahren herauskristallisierten, sprechen über

---

1) Vgl. Massarat, M.: Iran ..., a.a.O., S. 17.

2) Griffin/Enos: Policies for Industrialization, in: Bernstein, H.: Underdevelopment and Development ..., a.a.O., S. 221f.

die Absorbtionskraft der iranischen Wirtschaft eine deutliche Sprache.[1] So erfuhr der industrielle Sektor von 1970 bis 1976 zwar eine recht starke Ausdehnung der beschäftigten Arbeitskräfte (Tab. 29), ihre Zahl blieb jedoch weit hinter dem Wachstum der Produktion und der investierten Kapitalmassen zurück, wie überhaupt bemerkenswert ist, daß Größe und Zunahme der Beschäftigungsmenge während der 70er Jahre in keiner Relation zu den gewaltig gestiegenen und partiell akkumulierten Öleinnahmen standen.

Tabelle 29: Verteilung der Arbeitskräfte nach Wirtschaftssektoren

	1970/71		1973/74		1974/75		1975/76	
Sektor	Mio.	%	Mio.	%	Mio.	%	Mio.	%
Landwirtschaft	3,72	43,6	3,49	37,3	3,47	35,7	3,44	34,3
Industrie	2,37	27,8	2,95	31,6	3,22	33,1	3,46	34,4
Dienstleistungen	2,39	28,0	2,87	30,6	2,95	30,3	3,05	30,4
Erdöl	0,05	0,6	0,05	0,5	0,09	0,9	0,09	0,9
Total	8,53	100,0	9,36	100,0	9,73	100,0	10,04	100,0

Quelle: Amuzegar, J.: Iran ..., a.a.O., S. 18.

Vor allen Dingen der moderne großindustrielle Bereich operierte ähnlich wie der Ölsektor ausgesprochen beschäftigungsrestriktiv, obwohl gerade dieser am attraktivsten auf viele Arbeitskräfte wirkte. Niemals konnte der industrielle Sektor auch nur annähernd die in der ruinierten Landwirtschaft und niederkonkurrierten Kleinproduktion freigesetzten Arbeitskräfte aufnehmen. Für viele Perser blieb daher nur der Dienstleistungssektor als Sammelbecken

1) Vgl. dazu die deutliche Studie der ILO ("Employment and Income Policies for Iran", a.a.O.).

-"to earn an income in shops, or as traders, taxidrivers, hawkers, streetvendors and so forth."[1)]

3.2. Arbeitslosigkeit und Marginalisierung

Die "Freisetzung" von Arbeitskräften, d.h. die Bildung einer Reservearmee von Arbeitslosen, ist eine der Grundbedingungen der Entwicklung des Kapitalismus. Sie ist kein Beweis dafür, "daß er nicht möglich sei, ein Irrweg sei, keine Basis habe usw."[2)], wie zu Lenins Zeiten die russischen Volkstümler und in den letzten beiden Jahrzehnten weite Teile der lateinamerikanischen Dependenztheoretiker urteilten.[3)]

Zum Funktionieren braucht der unterentwickelte, abhängige Kapitalismus mehr noch als der Industriekapitalismus ein großes Heer von Arbeitslosen, weil er infolge seines niedrigen Produktivitätsniveaus auf extrem billige Arbeitskräfte angewiesen ist. Außerdem setzt schon sein sprunghaftes Entstehen und Wachstum voraus, daß das Angebot immer weit über der Durchschnittsnachfrage nach Arbeitern liegen muß, wofür i.d.R. der permanente Zufluß vom Land und die schnelle Erweiterung der maschinellen Produktion sorgen.

Wie vielen anderen Entwicklungsländern wurde auch dem Iran durch seine Orientierung an westlichen Entwicklungsvorstellungen in ganz ausgeprägter Weise eine solche irrationale Funktionalität in der Nutzung seiner Arbeitskraft aufgedrängt. Obwohl es das Fehlen umfassender statistischer Daten schwer macht, die Arbeitslosigkeit und ihre Formen für die 60er und 70er Jahre exakt abzuschätzen, ist es nicht zu bezweifeln, daß ihr Umfang gleich-

---

1) IBRD/IDA: The Economic Development ..., a.a.O., Bd. 1, S. 19.

2) Lenin, W.I.: Die Entwicklung ..., a.a.O., S. 603.

3) Vgl. exemplarisch die Ausführungen und Schlußfolgerungen von Evers/Wogau zur Marginalisierung (Evers/Wogau: Lateinamerikanische Theorien ..., a.a.O., S. 431f).

zeitig mit dem Anwachsen der Lohnarbeit gewaltig zugenommen haben muß.

Nach vorsichtigen Schätzungen des internationalen Arbeitsamtes (ILO) stieg z.B. die Gesamtzahl der Beschäftigten zwischen 1956 und 1966 um 20%, während sich das Arbeitskräftepotential gleichzeitig um fast 30% ausdehnte und tendentiell noch schneller wachsen sollte.[1] Amuzegar[2] spricht für das Jahr 1966 von einer Arbeitslosenquote von 9,5%; zusätzlich konstatierte die ILO - bei einem Arbeitskräftepotential von 7-8 Millionen - eine latente, ländliche Arbeitslosigkeit von ungefähr einer Million,[3] die durch die Öffnung der Abzugskanäle nach 1970 voll sichtbar wurde, ins Fließen geriet und sich zur städtischen Arbeitslosigkeit und Unterbeschäftigung verfestigte.

Für 1976, als die iranische Wirtschaft auf dem Höhepunkt des Ölbooms stand, schätzte Jalil die Arbeitslosenzahl auf 1-2 Millionen, also auf 10-20%. Gleichzeitig fehlte eine größere Anzahl qualifizierter Arbeitskräfte; es gab nicht selten Fälle, in denen beschäftigte Arbeitskräfte wegen des ökonomischen und politischen Drucks unter extrem ungünstigen äußeren Bedingungen bis zu 18 Stunden täglich arbeiten mußten.[4] In einzelnen Branchen, wie z.B. der Teppich- und Textilindustrie, war Kinderarbeit an der Tagesordnung.[5] Dieses freie Wirken des Gesetzes von Ange-

---

1) ILO: Employment ..., a.a.O., S. 28.

2) Amuzegar, J.: Iran ..., a.a.O., S. 18.

3) ILO: Employment ..., a.a.O., S. 27.

4) Jalil, T.: Arbeiter des Iran ..., a.a.O., S. 12f. Jalil zitiert Stellenanzeigen, in denen Arbeit für "Tag und Nacht" angeboten wurde. Welche Anforderungen das Kapital stellte, geht aus folgendem Stellenangebot hervor: "Ein Mann aus der Provinz, der seinen Militärdienst geleistet hat und ein Zeugnis über eine 6-jährige Volksschulausbildung besitzt, nicht vorbestraft, einen zuverlässigen Bürgen und ein einwandfreies Gesundheitszeugnis hat, wird von Sonnenaufgang bis acht Uhr abends angestellt."

5) Von 30 000 Teppichwebern in Mashad und Umgebung waren 1968 rund 20 000 Kinder im Alter von 6 bis 10 Jahren (ebenda, S. 17).

bot und Nachfrage, sprich: die Verhinderung der effektiven gewerkschaftlichen Organisierung, hatte für die mittlere und Komperadoren-Bourgeoisie zweifellos viele einträgliche Seiten und wurde durch exzessiven Luxuskonsum auch ungehemmt zur Schau gestellt.

Wie ineffektiv und verschwenderisch das iranische Wirtschaftsmodell während der Schah-Herrschaft organisiert war, zeigt sich nicht nur, wenn man die offene Arbeitslosigkeit einerseits und die Überarbeitung andererseits ins Auge faßt. Auch die Hypertrophie des tertiären Sektors mit einem Drittel aller Beschäftigten und das starke Wachstum großer subproletarischer Schichten in den Blechkanistersiedlungen der Städte legen darüber ein beredtes Zeugnis ab. Allein in den Städten gab es über eine Million Kleinstunternehmer und -händler,[1] die mit ihren Einmannbetrieben überwiegend ein kümmerliches und höchst unsicheres Dasein führten, d.h. die ähnlich wie große Teile der regelmäßig beschäftigten Lohnarbeiter der ökonomischen Marginalisierung unterlagen. Dieser Prozeß sorgte für genügend Nachschub für das Heer der Berufsschmuggler, Prostituierten,Diebe, Bettler und Vagabunden, das sich oft genug für die reaktionären Ziele der Monarchie einspannen ließ.[2]

Rechnet man die offene Arbeitslosigkeit, die versteckte Arbeitslosigkeit in der Landwirtschaft und im privaten tertiären Sektor sowie die im Militär- und öffentlichen Verwaltungsapparat unproduktiv beschäftigten Menschen zusammen, so kommt man m.E. auf über die Hälfte aller iranischen Arbeitskräfte, die vom iranischen Wirtschaftsmodell der 70er Jahre nicht oder nur partiell und ineffektiv integriert wurden.

---

1) Massarrat, M.: Iran ..., a.a.O., S. 20.

2) Diese pauperisierte Schicht spielte z.B. während des Putsches vom August 1953 eine wichtige Rolle in den Plänen der Reaktion (Nirumand, B.: Persien ..., a.a.O., S. 68). Nach empirischen Erhebungen, die Djazani ("Klassenkämpfe ...", a.a.O., S. 161) anführt, existierten Ende der 60er Jahre rund 50-60 000 Prostituierte, 50 000 Schmuggler (hauptsächlich im Bereich von Rauschgift) und 50 000 Personen, die von Erpressungen und Tributen lebten.

3.3. Die Verschärfung der Einkommensunterschiede

Die ökonomische Grundlage der abhängigen Entwicklung während der 70er Jahre bildete - neben einer im Interesse der Komperadoren funktionalisierten Grundrente im Ölsektor - die verschärfte Ausbeutung der werktätigen Bevölkerung durch verschiedene Mechanismen. Ihren empirischen Niederschlag fanden diese Verhältnisse in extrem ungleichen Einkommensunterschieden.

Ähnlich wie in jeder Klassengesellschaft beanspruchte die herrschende Klasse für konsumtive und investive Zwecke einen Anteil an der laufenden Produktion, der in keinem Verhältnis zu ihrer zahlenmäßigen Größe stand. Sie handelte damit ganz im Sinne moderner westlicher Entwicklungsstrategien, die sich Wachstum nur unter der Voraussetzung niedriger Löhne und des Konsumverzichts der werktätigen Bevölkerung vorstellen können.[1)]

Vor der Weißen Revolution bildeten die Landlords und die Komperadoren-Bourgeoisie, rund 2% der iranischen Bevölkerung, die Hauptdisponenten und -konsumenten am volkswirtschaftlichen Surplus, der relativ bedeutend gewesen sein muß, weil sich die Lage der Bauern, Handwerker und Arbeiter in der ersten Jahrhunderthälfte permanent verschlechterte und die Öleinnahmen ständig wuchsen.

Nach der Weißen Revolution verschwand der feudale Großgrundsitz bis auf einige Überreste; im nationalen Rahmen wurden die

---

1) Die Empfehlung der Weltbank für Entwicklungsländer, "hohe Sparraten aufrechtzuerhalten" (Weltentwicklungsbericht 1968, S. 31) läuft in der Praxis auf eine solche Beschränkung hinaus, weil die Kunst des "Sparens" sich immer nur mit der Klasse der Unternehmer verknüpft. Daß ein hoher Surplus in Ländern der Dritten Welt jedoch noch keine Garantie für Investitionen, Wachstum, Industrialisierung und soziale Verbesserungen darstellt, hat Baran im Gegensatz dazu schon früh herausgearbeitet. Er betonte zu Recht, daß es nicht so sehr auf Masse und Rate des Sparens, als vielmehr auf die Verwendung des Surplus ankommt (Baran, P.: Politische Ökonomie ..., a.a.O., S. 265-313).

Landlords politisch und ökonomisch bedeutungslos. Ähnlich, wenngleich weniger prononciert, erging es der traditionell schwachen Nationalbourgeoisie mit ihrer Fixierung auf den Binnenmarkt. Mit der Forcierung der abhängigen Industrialisierung ging die Verfügung über das Nationaleinkommen zunehmend in die Hände der iranischen Großbourgeoisie, der Überreste der Nationalbourgeoisie und einiger wohlhabender Kreise der "neuen" Mittelklasse (Ärzte, Juristen, Lehrer etc.) über.

Djazani[1] bezifferte den Anteil dieser "konsumierenden Minderheit" von kaum mehr als 3% der Gesamtbevölkerung für die späten 60er Jahre auf rund 50% des konsumtiv verausgabten Volkseinkommens (direkte Konsumausgaben oder staatlich finanzierte Leistungen wie Krankenhäuser, Kommunikationseinrichtungen, Bildungswesen etc.).

In den 70er Jahren hatte sich an diesen Verhältnissen nichts Grundlegendes geändert, nach Meinung von Pesaran und Farsad sowie vielen Kennern der iranischen Verhältnisse trat sogar noch eine weitere Verschlechterung ein.[2] Meiner Meinung nach lassen sich die Verhältnisse in der Einkommensverteilung tabellarisch folgendermaßen zusammenfassen (Tab. 30).

1) Djazani, B.: Klassenkämpfe ..., a.a.O., S. 120f.

2) Pesaran/Farsad: Growth ..., a.a.O., S. 5ff, sowie Mehran, F.: Income Distribution in Iran: The Statistics of Inequality, ILO, Genf 1975.

Tabelle 30: Schätzung zur Einkommenspolarisierung während der 70er Jahre, in %

Gesellschaftliche Stellung	Anteil an der Konsumquote	Kapitalbildung und Horten	Anteil am Volkseinkommen
"Obere" 3-5% aller Haushalte	30	30-40	60-70
Restliche 95-97% aller Haushalte	30	0-10	30-40
Konsumquote	60	--	--
Investitionen und Horten	--	30-40	--
Volkseinkommen	--	--	100

Quelle: Weltbank: Weltentwicklungsbericht, a.a.O., S. 97, eigene Schätzungen

Zu dieser Tabelle läßt sich anmerken: Nach 1973 bewegte sich die Konsumquote zwischen 55 und 65%[1] des Volkseinkommens. Die Hälfte des Sparvolumens von rund 40% entfiel auf den Staat; 10% des Volkseinkommens, also rund ein Viertel des gesellschaftlichen Surplus flossen ins Ausland ab (Petrodollaranlagen, private Kapitalflucht).[2] Da die staatliche Kapitalbildung - bzw. Devisenakkumulation den Bedürfnissen der oberen Einkommensbezieher unterlag, erscheint es gerechtfertigt, die gesamte Kapitalbildung (inklusive Horten) diesen 3-5% aller Haushalte zuzurechnen, d.h. rund 60-70% des jährlichen Volkseinkommens wurde von ihnen in der einen oder anderen Form beansprucht.

1) World Bank: Iran - Country Economic Memorandum, May 1976, S. 6.

2) Weltbank: Weltentwicklungsbericht ..., a.a.O., S. 97.

Aufgrund dieser Tatsache lebte ein großer Teil der Bevölkerung unter der absoluten Armutsgrenze, wie wir am Beispiel der Industriearbeiter, die zu einem Großteil unter dem Mindestlohn abgefunden wurden, bereits gesehen haben. Die arme Bevölkerung, d.h. drei Viertel aller Familien, beanspruchte kaum mehr als 20% des iranischen Nationaleinkommens.[1]

Nach einer von Oshima[2] im Jahre 1973 erstellten Studie waren die Einkommensunterschiede im Iran ungleich extremer als in westlichen Industrieländern oder den meisten Ländern Asiens oder Lateinamerikas. Zwischen 1967 und 1972 verschlechterte sich der Gini-Koeffizient[3] für Konsumausgaben in städtischen Gebieten nicht unerheblich von 0,39 auf 0,48.Im gleichen Zeitraum fiel der Einkommensanteil der unteren 20% aller Familien von 8,1 auf 4,8%, während der Anteil der reichen 5% aller Familien von 20,9 auf 26,1% angestiegen war - mit einer Tendenz zur weiteren Polarisierung in städtischen Regionen und zu a b s o l u t e n Einkommenseinbußen bei den unteren Gruppen.[4]

Der autoritäre Staat schuf und verfestigte jene Einkommensdistribution, die für eine kapitalistische Teilindustrialisierung notwendig war. Dies bedeutete zum einen Niedriglöhne und zum anderen hohe Kapital- oder Renteinkommen, welche die private Inlandsnachfrage nach Konsumgütern, die Kapitalflucht und in abgeschwächtem Umfang auch private Investitionen garantierten.

---

1) Vgl. Djazani, B.: Klassenkämpfe ..., a.a.O., S. 122.

2) Oshima, O.: Income Distribution - Employment and Income Policies for Iran, ILO, Genf 1973, S. 60. Ähnlich negativ wie Oshima urteilen praktisch alle unvoreingenommenen Berichterstatter über die Einkommensverteilung der 70er Jahre (z.B.: Pesaran/Mehran: Dealing with Grouped Income Distribution Data - Iran, ILO, Genf 1975).

3) Der Gini-Koeffizient gibt an, wie sehr eine gegebene Einkommens- bzw. Konsumverteilung bei gleichgroßen Haushaltsgruppen, die nach Einkommenshöhe geordnet sind, von der Gleichverteilung abweicht.

4) Vgl. Plan und Budget Organization: Income Distribution, Projections for Iran, hektographiert, Teheran 1974, S. 7ff.

Der wichtigste ökonomische Hebel in diesem gigantischen Verelendungsprozeß war eine sich stetig beschleunigende Inflation, hinter der die Geldlöhne hoffnungslos zurückblieben. Bis zu Beginn der 70er Jahre waren Preissteigerungen und Inflation eher noch zeitlich und sektoral begrenzter Natur.[1] Erst eine durch die gewaltig gestiegenen Öleinnahmen ab 1973 genährte Politik des "Big-Push", des "Profiteering", erodierte die nationale Währung und - was vielleicht noch bedeutender war - bewirkte infolge der disproportionalen Entwicklung und Engpässe enorme Verzerrungen im relativen Preissystem, durch die sich monopolisierte Branchen und Spekulanten verschiedenster Couleur ansehnliche Extraprofite zu Lasten der traditionellen Klein- und Mittelbetriebe und der werktätigen Bevölkerung aneignen konnten.

Selbst nach den viel zu vorsichtigen Schätzungen der iranischen Zentralbank[2] nahm z.B. der Konsumpreisindex zwischen 1973 und 1977 von 78% auf 128% zu und der Mietindex stieg von 71% auf 163%, also um mehr als das Doppelte. Ein Jahr später[3] hatten die exzessiven Profiterwartungen der Bourgeoisie schließlich sogar zu Verbraucherpreissteigerungen von 40% geführt. In weiten Teilen des Landes erreichten die Wohnungsmieten die doppelte Höhe wie zwei Jahre zuvor.[4]

Entgegen allen empirischen Tatsachen sprach die iranische Zentralbank im Erklärungszusammenhang dieser Preiserhöhungen pflichtgemäß von einer Lohn-Preis-Spirale,[5] so als ob der Hase den

---

1) Looney, R.E.: The Economic Development ..., a.a.O., S. 43.

2) Vgl. Bank Markazi Iran: Annual Report and Balance Sheet, 2535, S. 130.

3) Vgl. Botschaft der Bundesrepublik Deutschland in Teheran: Preisentwicklung und Indexwerte in Iran, 2536, hektographiert, März 1977 - März 1978.

4) Analog zu den Immobilienpreisen entwickelten sich die Preise für Baumaterialien. Auf dem Schwarzmarkt wurden für Zement Zuschläge von 500% über dem "Normalpreis" gezahlt (vgl. Ritter, W.: Der Iran ..., a.a.O., S. 138).

5) Vgl. Bank Markazi Iran: Annual ..., a.a.O., S. 2535, S. 43.

Fuchs jagen würde. Schon näher kam sie der Wahrheit mit ihrer These eines extremen Liquiditätsüberhangs gegenüber den bescheidenen, produktiven Möglichkeiten der eigenen Wirtschaft. In der Tat korrelierten die allgemeinen Preissteigerungen nur mit geringer Zeitversetzung mit der Ausdehnung der Zahlungsbilanzüberschüsse, den unproduktiven Staatsausgaben und der allgemeinen Kreditschöpfung, die erst die Voraussetzungen für die allgemeinen Preisaufblähungen schufen.

So kam es, daß zwischen 1973 und 1976 die Geldmenge um 41% jährlich steigen konnte, während das Warenangebot nach offiziellen Angaben um 24% akzelerierte.[1] Im selben Zeitraum stiegen die Ausleihungen des Bankenapparates an den Privatsektor um 42% pro Jahr und im Fiskaljahr 1974/75 explodierten die öffentlichen Ausgaben mit einer Rate von 130% gegenüber dem Vorjahr.[2] Zusätzlich führte die anarchische Gesamtentwicklung zu Engpässen in wichtigen Wirtschaftssektoren (Landwirtschaft, Transportwesen, Bausektor, Stromerzeugung) mit preissteigernden Knappheitserscheinungen, insbesondere gegen Ende der Schah-Herrschaft.

An der zu einem Gutteil künstlich herbeigeführten Preistreiberei (Warenverknappung) profitierte praktisch nur der monopolisierte Teil der iranischen Wirtschaft, d.h. die Großindustrie und Großunternehmen in allen Wirtschaftsbereichen - "maximal 500 Eigentümer mit mehr als 100 Beschäftigten."[3]

Von diesen Kreisen erhielt auch eine systematisch betriebene Bodenspekulation ihre entscheidenden Impulse: Alles brachliegende Kapital wurde auf diesen Sektor angesetzt, wo sich manchmal über

---

1) Vgl. Amuzegar, J.: Iran ..., a.a.O., S. 233.

2) Ebenda, S. 208.

3) Massarrat, M.: Iran ..., a.a.O., S. 26.

Nacht die Vermögen verdoppelten,[1] zumal die Verstädterung der iranischen Gesellschaft ein wachsendes Bedürfnis nach Wohnungen schuf.[2]

Angesichts der Erschöpfung der Massenkaufkraft, die aus einer solchen effektiven Plünderungspolitik resultierte, zeichnete sich daher immer deutlicher die tiefe gesellschaftliche Krise ab,[3] der die Regierung Amuzegar (April 1977 - August 1978) noch zusätzlich eine verschärfte Einkommenspolitik, d.h. ein "freiwilliges" Einfrieren der Löhne im privaten und öffentlichen Bereich sowie einen öffentlichen Einstellungsstopp aufoktroyierte.[4]

---

1) Die groß angelegte Bodenspekulation von einer Handvoll Großkapitalisten und Großgrundeigentümer, darunter Mitglieder des Schah-Clans, konnte nur mittels der Manipulation der Kommunalverwaltungen und künstlich in Bewegung gesetzter Kauf- und Verkaufsaktionen Erfolg bringen (ebenda).

2) Bei einem Durchschnittslohn von 5-6000 Rial pro Monat betrug 1975 die Miete für die schäbigste Unterkunft in Teheran 3700 Rial. Ungefähr zur selben Zeit leistete sich die damalige Kaiserin das Vergnügen, bei einem Rückflug aus Paris in einem zweiten Flugzeug drei Tonnen rosa Marmor für ein neues Schwimmbecken mitzutransportieren (vgl. Jalil, T.: Arbeiter des Iran, a.a.O., S. 9).

3) Vakil, ein hoher Regierungsbeamter, meinte in banger Vorahnung nicht ohne berechtigten Grund "that inflation has redistributive effects that, if severe enough, can act to break the social fabric" (Vakil, F.: Iran's Basic Macroeconomic Problems ..., a.a.O., S. 89).

4) Ritter, W.: Der Iran ..., a.a.O., S. 142.

VII. REVOLUTION UND ISLAMISCHE REPUBLIK

1. DER WEG IN DIE REVOLUTION

Die ökonomische Misere, wie wir sie an den zentralen Stellen dieser Arbeit herausgearbeitet haben, war zweifellos ein entscheidender, aber nicht der einzige Grund, der das iranische Volk zur Revolution trieb. Gleichermaßen bedeutend für die Revolution waren aber auch die mit dieser Misere gekoppelten sozialen Transformationsprozesse sowie die Unterdrückung der Freiheit und die dauernden Angriffe auf die Menschenrechte der iranischen Bevölkerung.[1] Nach meinem persönlichen Eindruck gab es im Iran praktisch keine Familie, in der nicht mindestens ein Mitglied durch die Unterdrückungsmaßnahmen der Geheimpolizei (SAVAK) bzw. anderer staatlich-monarchistischer Institutionen in irgendeiner Form Schaden erlitten hatte. Zu Hauptcharakteristika der persischen Gesellschaft der 60er und 70er Jahre entwickelten sich Verelendung, Marginalisierung und politische Unterdrückung der breiten Volksmassen.

In diesem Punkt unseres abschließenden Kapitels wollen wir nun den unvermeidlichen Gang in die Ereignisse der letzten Jahre unter drei Aspekten kurz darstellen: Zunächst sollen die wichtigsten Ergebnisse der Transformation der Klassenverhältnisse in den 70er Jahren untersucht werden, insbesondere unter dem Aspekt der Herausbildung einer erweiterten Komperadoren-Bourgeoisie. Danach gehen wir auf die Vorgeschichte und den Verlauf des Zyklus von staatlicher Repression und Volkswiderstand der Jahre 1977 bis 1979 in den Grundzügen ein, um schließlich zu einer Einschätzung des Charakters der Revolution von 1979 zu gelangen.

---

1) Vgl. zu diesem Komplex die engagierte Stellungnahme von Luise Rinser: Khomeini und der islamische Gottesstaat - Eine große Idee, ein großer Irrtum?, Percha 1979, S. 63ff.

1.1. Die Dynamik der Klassenverhältnisse vor der Revolution

Die bescheidene Industrialisierung des Iran in den 70er Jahren etablierte ein abhängig-kapitalistisches Produktionssystem, in dem die Komperadoren-Bourgeoisie zur umfassenden Herrschaft gelangte. Sie diente als wichtigste Stütze des Regimes und fungierte als Mittler zwischen dem ausländischen Kapital und dem einheimischen Markt. Sie war, wie Djazani und andere Autoren herausgearbeitet haben,[1] verantwortlich für das ungehemmte Eindringen ausländischer Investoren. Sie forcierte die Zerschlagung der traditionellen agrarischen Verhältnisse; sie beschleunigte das Wachstum des unproduktiv-parasitären Konsums im privaten und öffentlichen Bereich während des Ölbooms und sie unterstützte aus ökonomischen Gründen den Ausbau der Staatsdiktatur, die sich gegen die Interessen der arbeitenden Bevölkerung und der Klein- und Nationalbourgeoisie richtete.

Historisch fungierten die großen Handelskapitalisten als "Mutter" (Djazani) aller anderen Schichten der Komperadoren-Bourgeoisie. "Die drei relativ modernen Schichten der Bourgeoisie (Industrie-, Finanz- und Agrarbourgeoisie) sind ihre Sprößlinge."[2] Historisch gilt diese Aussage deshalb, weil die Händler, die sich mit dem Vordringen des Ölimperialismus im Außenhandelssektor etablierten, noch am ehesten größere Geldkapitalien akkumulieren konnten. Die Entwicklung des abhängigen Kapitalismus setzte neben der Ölrente diese Kapitalien als notwendige Bedingung voraus.[3]

---

1) Djazani, B.: Klassenkämpfe ..., a.a.O., S. 93ff, Ravasani, S.: Iran ..., a.a.O., S. 27 - 36 und 109 - 129 und Behrawan, A.H.: Iran ..., a.a.O., S. 88ff.

2) Djazani, B.: Klassenkämpfe ..., a.a.O., S. 94.

3) "Das zinstragende Kapital, oder wie wir es in seiner altertümlichen Form bezeichnen können, das Wucherkapital, gehört mit seinem Zwillingsbruder, dem kaufmännischen Kapital, zu den antediluvianischen Formen des Kapitals, die der kapitalistischen Produktionsweise lange vorhergehen ..." (Marx, K.: Das Kapital, Bd. 3, a.a.O., S. 607).

Unter diesem Gesichtspunkt ist es nicht überraschend, daß viele der "neuen Unternehmer" im Iran der 60er und 70er Jahre aus Handelskreisen und aus den Basaren hervorgingen. Zunächst wechselten sie von traditionellen Formen des Handels zum Großhandel oder wurden Agenten ausländischer Firmen. Infolge der Dominanz der Komperadoren-Bürokratie (Hof, hohe Beamte, Militär) wurde für diese Händler mit industriell-unternehmerischen Ambitionen allerdings erforderlich, "daß sie Einfluß am kaiserlichen Hof hatten und auf politische Untersützung hinweisen konnten. Nach den Gepflogenheiten des Geschäftsgebarens in der westlichen Hemisphäre können nur wenige von ihnen als 'Selfmademan' bezeichnet werden. Und auch sie wurden schnell in das staatlich kontrollierte Gefüge eingebunden. Einige von ihnen, die aus eigener Kraft den Aufstieg geschafft hatten, wurden dadurch in den Machtbereich des Kaisers hineingezogen und seinem direkten Einfluß unterstellt, weil sie den Auftrag erhielten, ganz besondere industrielle Unternehmen aufzubauen."[1)]

A. Khayami, einer der größten iranischen Kapitalisten, ist ein Beispiel für einen solchen Selfmademan: 1918 in Mashad geboren, verdiente er zunächst mit traditionellen Basargeschäften seinen Lebensunterhalt. Während des Zweiten Weltkriegs wechselte er ins Importgeschäft über und nach dem Krieg avancierte er innerhalb von vier Jahren zum Hauptvertreter von Daimler-Benz in seiner Heimatprovinz. Schließlich siedelte er nach Teheran über und gründete 1962 die Automobilfirma Iran National, die zunächst nur Kleinbusse und Lastwagen montierte, im "Auftrag des Schahs"[2)], dann aber auch Personenwagen baute und zum größten Unternehmen auf diesem Gebiet heranwuchs. Schließlich diversifizierte Khayami sein Kapital, wieder auf Vorschlag des Schahs, im Bereich des groß angelegten Einzelhandels, baute für den eigenen Nachschub mehrere Fabriken zur Herstellung von Kleidern und Möbeln und schaltete sich in die Produktion von landwirtschaftlichen Geräten ein.

---

1) Graham, R.: Iran ..., a.a.O., S. 48f.

2) Ebenda, S. 49f.

Ähnlich verliefen die Karrieren in großen Teilen der industriellen Großbourgeoisie,[1] so z.B. bei Habib Sabet, der zunächst als Fahrradverkäufer und Taxifahrer anfing, sich dann mit einem gebrauchten Armeelastwagen in das erste Überlandtransportunternehmen des Iran einschaltete und mit staatlicher Protektion schließlich die Vertretungen von Volkswagen und Pepsi Cola erhielt bzw. Zweigniederlassungen von General Tire and Rubber sowie Squibb (Pharmafirma) errichten ließ. Die Melli Industrial Group, ein Industriekonglomerat der Familie Iravani mit dem höchsten Bekanntheitsgrad im Iran, entsprang ebenfalls dem Basar und vereinigte kurz vor der Revolution so unterschiedliche Aktivitäten, wie die Schuh- und Lebensmittelproduktion sowie internationale Transporte. Gleichermaßen wie bei den Khayamis, Sabets oder Iravanis nahmen die industriellen Aktivitäten der Ladjevardis (Behshahr Industrial Group, einstiger Spitzenreiter unter den privat geführten Industrieunternehmen) ihren Anfang im Basar. Es schien "aus irgendeinem Grund Vorbedingung zu sein, daß man Erfahrungen im traditionellen Handel gewonnen hatte. Jedenfalls besaßen die meisten der neuen Unternehmen diesen Verlauf."[2]

Parallel mit dieser Schicht industrieller Großkapitalisten entwickelte sich langsam eine Finanzbourgeoisie großkapitalistischen Zuschnitts. Sie begann, sich mit der Gründung von Handelsbanken im ersten Jahrzehnt nach dem Putsch von 1953 zu formieren. Eine größere Gründungswelle von Versicherungsgesellschaften fiel ebenfalls in diese Zeit. Charakteristisch für sie war ihre Herkunft aus dem Geldgeschäft der Basare und ihre enge Zusammenarbeit mit ausländischen Banken.[3] In den 60er und 70er Jahren verstärkte diese Schicht der Komperadoren-Bourgeoisie enorm ihre Zusammenarbeit mit den staatlichen Finanzinstitutionen und den Entwicklungsbanken, die - wie wir an früherer Stelle aufgezeigt haben - eine Schlüsselfunktion in der Industriefinanzierung der 70er Jahre

---

1) Graham, R.: Iran ..., a.a.O., S. 50f.

2) Ebenda, S. 51 und Bill, J.: The Politics of Iran ..., a.a.O., S. 10f.

3) Djazani, B.: Klassenkämpfe ..., a.a.O., S. 99.

spielten. Mit dem Ölboom zwischen 1974 und 1977 gelang es dieser Schicht von Großbankiers und -finanziers in ihrer Funktion als Kreditvermittler, noch größeren Einfluß auf die produktiven Wirtschaftssektoren zu gewinnen.

Teilweise stießen zu dieser Schicht auch die Großgrundbesitzer, die sich im Zuge der Agrarreform und der Städteausdehnung auf spekulative Weise bereichern konnten. Einigen von den reichsten Familien, wie z.B. den Farmanfarmayans oder den Vosokhs, sagt man nach, daß sie schon unter Reza Schah unfruchtbares Land im Umfeld Teherans (und sonstiger Städte) beanspruchten, das ihnen nicht gehörte und das dann mit dem Wachstum der Hauptstadt während der 60er und 70er Jahre immer wertvoller wurde.

Überhaupt wirkte sich die Agrarreform durchaus segensreich für die Landlords aus, weil sie ihnen Bargeld verschaffte und ihre Aufmerksamkeit auf den Grundstückssektor innerhalb der Städte lenkte, wo exorbitante Preissteigerungen eher die Regel als die Ausnahme waren.[1)]

Die eigentliche Agrarbourgeoisie bildete die zuletzt entstandene Schicht innerhalb der abhängigen Bourgeoisie. Ihre Herausbildung setzte zwar schon im ersten Jahrzehnt nach dem Putsch von 1953 ein, ihr beschleunigtes Wachstum kam jedoch erst zustande, als während der verschiedenen Etappen der Bodenreform die Zahl der mechanisierten oder halb-mechanisierten Landwirtschaftsbetriebe relativ stark anstieg. Zum Musterbeispiel im großagrarischen Bereich (Agribusiness-Unternehmen) wurde ein amerikanisch-iranisches Konglomerat von N. Naraghi, das auf den Feldern um den Dez-Staudamm aktiv wurde. Mit 20 Mio. Dollar Grundkapital beherrschte dieses landwirtschaftlich-industrielle Konglomerat große fruchtbare Gebiete, die zuvor mit Hunderten von Millionen Dollar bewässert und von ihren ursprünglichen Bebauern "befreit" wurden. Zweitausend Bauernfamilien wurden dadurch auf ei-

---

1) Djazani, B.: Klassenkämpfe ..., a.a.O., S. 99.

nen Schlag zu landlosen Arbeitern bei dieser Gesellschaft.[1)]

Als fünfte und entscheidende Schicht innerhalb der abhängigen Bourgeoisie ist noch die Staatsbürokratie während der Schah-Herrschaft zu nennen, die nicht nur deshalb als eine Schicht der Bourgeoisie anzusehen ist, weil sie deren Interessen vertrat. Ihr wichtigstes bürgerliches Merkmal bestand vielmehr in der Tatsache, daß das staatliche Kapital bzw. die staatlichen Institutionen (inklusive der Hof) Instrumente waren, mit deren Hilfe sowohl die natürlichen Quellen des Landes als auch große Teile der Arbeitskräfte d i r e k t exploitiert wurden. Infolgedessen rückte die Pahlawi-Dynastie im Zuge der Durchsetzung kapitalistischer Verhältnisse sowohl in politischer als auch ökonomischer Hinsicht zwangsläufig an die Spitze der iranischen Komperadoren-Bourgeoisie und suchte die Macht sowohl durch die Zusammenarbeit mit ausländischen Unternehmen als auch durch Kapitalverflechtungen mit anderen herrschenden Familien abzusichern.[2)]

Die Herausbildung der abhängigen Bourgeoisie im Zusammenhang mit dem Wachstum des Kapitalismus war natürlich identisch mit einer beträchtlichen Zunahme der Arbeiterklasse, wenngleich nicht entsprechend den produktiven Mögichkeiten des Iran.[3)] Da während der letzten 20 Jahre die Bedeutung des landwirtschaftlichen Bereiches permanent zurückging, wurde die Mehrheit der erwerbstätigen Bevölkerung langsam zu Lohnarbeitern in der einen oder anderen Form. Die bedeutsame Rolle der nicht klar eingrenzbaren Arbeiterklasse als politische Kraft wird u.a. daran sichtbar, daß das Schah-Regime allergrößten Wert darauf legte, sie zu beschwichtigen, wenn die Unterdrückung eigenständiger politischer

---

1) Djazani, B.: Klassenkämpfe ..., a.a.O., S. 100.

2) Zur Struktur und Verflechtung der iranischen Komperadoren-Bourgeoisie vgl. Behrawan, A.H.: Iran ..., a.a.O., S. 107-110.

3) Die folgenden Ausführungen stützen sich auf Djazani, B.: Klassenkämpfe ..., a.a.O., S. 145, Behrang: Iran - Le maillon faible, Paris 1979, S. 183-202 und Halliday, F.: Iran ..., a.a.O., S. 163ff.

Institutionen nicht weiterhalf.[1] Die Zunahme von Streiks in der iranischen Industrie seit 1973 zeigte den zunehmenden Arbeiterwiderstand immer deutlicher an,[2] ohne daß die Arbeiter deshalb schon als Klasse "für sich" gehandelt hätten.

Neben der verstärkten Repression ab 1953 spielten ökonomische Faktoren eine wichtige Funktion in der ausbleibenden Konstituierung der Arbeiterklasse als Klasse mit Führungsanspruch: Infolge der schmalen großindustriellen Basis blieb sie in einen modernen und traditionellen Teil gespalten. Nur eine kleine Minderheit der iranischen Arbeiterklasse war und ist im großindustriellen Sektor beschäftigt; die große Mehrzahl fristete ihr Dasein als einfache bzw. handwerkliche Arbeitskräfte im kleinindustriellen Bereich mit seinen heterogenen Strukturen. Nur geringe Impulse zur eigenständigen ideologischen gewerkschaftlichen und politischen Organisierung gingen von der schnell wachsenden Landarbeiterschicht aus. Außerdem existierten jenseits der Unterschiede, welche die vielschichtige Industriestruktur sektorell und in vertikaler Hinsicht (zwischen gelernten und ungelernten Arbeitern, Männern und Frauen, gut und schlecht bezahlten Arbeitskräften) hervorbrachte, noch buntscheckig regionale, sprachliche und ethnische Hindernisse, die alle auf die Bewußtseinsformen in der Arbeiterklasse einwirkten.[3]

Noch sehr viel weniger als bei den Arbeitern waren während des Transformationsprozesses der 60er und 70er Jahre eigentlich die Interessen der armen und landlosen Bauern umrissen. Obwohl sie

---

1) Vgl. Halliday, F.: Iran ..., a.a.O., S. 163.

2) Zu den Streiks im einzelnen vgl. die seitenlange Auflistung in Behrang: Iran ..., a.a.O., S. 270-293.

3) Angesichts der zahllosen spontanen Streiks der 70er Jahre spricht Massarrat von einem "Reifegrad, der eine Wende im geschichtlichen Konstitutionsprozeß der iranischen Arbeiterklasse markiert" (Massarrat, M.: Iran ..., a.a.O., S. 20). Ob ein solcher Wendepunkt wirklich erreicht wurde, erscheint wegen der prekären Situation der Arbeiterräte n a c h der Revolution doch mehr als fraglich.

zahlenmäßig bis in die Gegenwart die größte Klasse blieben und unter der Weißen Revolution am meisten zu leiden hatten, stellten sie auf der politischen Ebene dennoch nie eine relevante gesellschaftliche Kraft dar.[1)]

1.2. Repression und Widerstand, zum Charakter der Revolution

Die 25 Jahre der Schah-Herrschaft nach dem Putsch von 1953 waren Jahre schlimmster Repression. Es waren aber auch immer Jahre des Widerstands und der Hoffnung auf eine gerechtere Gesellschaft.

Der Iran konnte zu keinem Zeitpunkt bis zur Explosion von 1977 bis 1979 als befriedet gelten. Der Aufstand vom Juni 1963 ("Khordad-Aufstand") z.B. hatte den Charakter einer Volkserhebung, an der sich Tausende von Menschen beteiligten. Initiiert von der "Iranischen National-Front" und der fortschrittlichen Geistlichkeit kam es zunächst in Teheran und dann auch in anderen grösseren Städten Irans zu Massenaufständen und Kundgebungen gegen das Regime, in deren Folge Tausende von Menschen erschossen oder verhaftet wurden, weil sie die Weiße Revolution des Schahs und die Gewährung von weitreichenden Sonderrechten an amerikanische Experten und Militärs und deren Familien nicht akzeptieren wollten.[2)]

Diese brutale Repression prägte sich im Bewußtsein vieler junger Perser sehr nachhaltig ein. Es war der Beweis erbracht worden, daß ihre legitimen Forderungen und Rechte gegen die Diktatur nur mit Gewalt durchzusetzen waren. In der Folgezeit bildete sich daher eine Reihe von islamischen und marxistisch-leninistischen Gruppen heraus, die den bewaffneten Kampf auf ihre Fahnen

---

1) Vgl. Tahmasebi, A.: Möglichkeiten und Schranken der Revolution im Iran, in: "Kritik" Nr. 20, a.a.O., S. 9.

2) Vgl. Schröder, G.: Schah und Schia, Gießen 1979, S. 51.

geschrieben hatten;[1] Ende der 60er Jahre wurden zwei größere Guerrillaorganisationen, die "Volks-Modjahedin" und die "Volks-Fedajin", aufgebaut.

Eröffnet wurde der Guerrillakampf durch die "Volks-Fedajin"[2] im Februar 1971 mit einem Angriff auf die Gendarmeriestation von Siahkal in den Bergen nördlich von Teheran, der zwar streng militärisch gesehen einen Fehlschlag darstellte, weil 15 Guerrilleros getötet oder gefangengenommen wurden, der aber das Ende einer mehr als siebenjährigen Passivität gegenüber dem Staatsapparat symbolisierte und im studentischen Milieu einen gewissen Widerhall fand.

Es gelang beiden Organisationen in der Folgezeit nicht, das System empfindlich zu stören - ihre Aktivitäten beschränkten sich auf geheime Operationen wie Bombenexplosionen, Banküberfälle, Angriffe auf Polizeistationen und auf politische Morde - es gelang ihnen aber, in den fünf Jahren zwischen dem Angriff auf Siahkal und dem Sommer 1976, als ihre Verfolgung am stärksten war, zu überleben und mehrere Dutzend Angriffe gegen das Regime zu führen. Ende 1976 stellte sich dann ein gewisser Wandel in ihrer Praxis ein und zwar insofern, als sie militärische Aktionen jetzt nicht mehr für wichtiger als direktere politische Initiativen hielten, die jetzt eher möglich wurden, "weil der Schah zu dieser Zeit - in dem Glauben, die Opposition eliminiert zu haben - minimale Protestmöglichkeiten zuzulassen begann."[3]

Relativ unabhängig vom bewaffneten Widerstand kam die tiefe Un-

---

1) Im Rahmen dieser Arbeit können wir diesem Formierungsprozeß nicht nachgehen. Unbestritten ist, daß er erstens deshalb notwendig wurde, weil die Tudeh-Partei schwere Fehler begangen hatte und daher Neuorganisationen hervorbrachte und daß er zweitens von den linken Intellektuellen getragen wurde (vgl. Behrang: Iran ..., a.a.O., S. 295-299).

2) Zur Strategie der Volksfedajin vgl. Djazani, B.: Armed Struggle in Iran. The Road to Mobilization of the Masses, Iran Committee, London 1973.

3) Vgl. Halliday, F.: Iran ..., a.a.O., S. 228.

zufriedenheit weiter Volksschichten im ökonomischen, politischen, religiösen und kulturellen Bereich schließlich im Jahre 1978 stärker denn je zum Ausdruck und setzte den entscheidenden Wandlungsprozeß in Bewegung. Die immer brutaleren Methoden der Gewaltanwendung und rücksichtslosen Ausbeutung trieben breite Bevölkerungsteile gegen das Schah-Regime auf die Barrikaden.

Ursprünglich gingen den offenen Auseinandersetzungen ab Ende 1977 Forderungen und Petitionen bekannter Persönlichkeiten aus der Iranischen National-Front, der Iranischen Juristen-Vereinigung, des Schriftstellerverbandes und ähnlichen Organisationen voraus, in denen allgemein auf die zunehmende Sorge der Bevölkerung über die sozio-ökonomische Situation hingewiesen wurde. Im Juni 1977 forderten z.B. 44 bekannte Schriftsteller die Zulassung eines Schriftsteller-Verbandes, die Aufhebung der Zensur und die Meinungsfreiheit. Kurz danach richteten drei der bekanntesten Führer der Nationalen Front einen offenen Brief an den Schah, in dem sie die Abschaffung der Diktatur verlangten und auf die strikte Anwendung der Verfassungsprinzipien pochten, und im November 1977 konstituierte sich während zahlreicher Streiks und Demonstrationen das "Iranische Komitee zur Verteidigung der Freiheit und der Menschenrechte".[1)]

Diese vorrevolutionäre Phase, die bis Ende 1977 reichte, war noch durch Protestaktionen verschiedenster Art gekennzeichnet, die von der intellektuellen Schicht organisiert wurden. Die Unausweichlichkeit der Revolution brachten jedoch erst die Ereignisse ab Anfang 1978, als eine Trauerfeier zu Ehren eines unter mysteriösen Umständen ums Leben gekommenen Sohnes von Khomeini in Qom von der Polizei gewaltsam gesprengt wurde und zahllose Tote und Verwundete hinterließ. Von diesem Zeitpunkt eskalierte die Gewalt im Zyklus der für die Schiiten vorgeschriebenen Trauerperiode von 40 Tagen.

---

1) Vgl. Küpper, R.-G.: Chronologie des Aufstandes, in: "Kritik", Nr. 20, a.a.O., S. 60.

Die Motive bei den Massenbewegungen waren eindeutig sozio-ökonomischen und nicht religiösen Ursprungs. Wenn es der schiitischen Geistlichkeit dennoch gelang, die Bewegung zu organisieren und zu kanalisieren - was am Anfang keineswegs eine ausgemachte Sache war - so hatte dies folgende Gründe: Erstens wurde die politische Opposition unter dem Schah bis zur Wirkungslosigkeit geknebelt, zweitens blieben die religiösen Stätten während dieser Zeit weitestgehend unangetastet, drittens hatte die traditionelle Mittelklasse (Bazaris, Handwerker etc.) mit ihren engen Verbindungen zur Moschee zwar ökonomisch an Bedeutung verloren, stellte aber immer noch eine der größten Klassen dar und viertens konnte das religiöse Lager mit Khomeini eine Integrationsfigur vorweisen, die über lange Kampferfahrungen verfügte und dem pro-imperialistischen Regime im Gegensatz zu vielen anderen religiösen Führern und Vertretern der bürgerlichen Opposition unnachgiebig gegenüberstand. Die Religion war zwar nicht in der Lage gewesen, die soziale Bewegung auszulösen, sie wurde von ihr aber vorangetrieben. "Die islamische Religion konnte nur den ideologischen Überbau dieser Bewegung bilden, indem ihre Wortführer genau jene Bedürfnisse nach Freiheit und Autonomie als das Ziel des Schiismus proklamierten."[1)]

In der zweiten Hälfte des Jahres 1978 überstürzten sich schließlich die politischen Ereignisse. Der Kinobrand in Abadan (August 1978), bei dem mehrere hundert unschuldige Frauen und Kinder auf furchtbare Weise ums Leben kamen und der dem religiösen Lager von der Regierung - entgegen dem wirklichen Sachverhalt - zur Last gelegt wurde, reizte den Volkszorn nur noch mehr, ähnlich wie kurz zuvor schon die Ausrufung des Kriegsrechtes in Isfahan für böses Blut gesorgt hatte.[2)]

---

1) B. Nirumand in einem Vorwart zu Stein, Annemarie (Hrsg.): Iran - Neue Diktatur oder Frühling der Freiheit, Hamburg 1979, S. 5.

2) Im ganzen Iran wurde die mit hoher Wahrscheinlichkeit von der SAVAK verübte Brandstiftung mit dem Reichstagsbrand von 1933 verglichen. Ähnlich wie das Nazi-Regime benutzte das Schah-Regime den Brand, um eine neue staatliche Terror-

Noch im gleichen Monat wurde zur Besänftigung der wachsenden Volkswut das Kabinett Amuzegar von Scharif-Emami abgelöst. Diese neue, vorgeblich liberale Regierung proklamierte zwar die Bekämpfung der Korruption, die Vorbereitung freier Wahlen, die Demokratisierung des öffentlichen Lebens, die Abschaffung der Pressezensur und die Befreiung der politischen Häftlinge als ihre Ziele, die Opposition ließ sich jedoch nicht mehr beschwichtigen. Die Streiks, die über ihre wirtschaftlichen Inhalte und Folgen hinaus zunehmend politische Bedeutung gewannen, und die Massendemonstrationen dauerten unvermindert an. Zu durchsichtig war das Manöver der Regierungsneubildung zur Rettung der Monarchie.[1]

Als sich die Demonstrationen, an denen oft Hunderttausende von Persern beteiligt waren, immer weiter ausdehnten, griff die Regierung Scharif-Emami zum Mittel der totalen Repression. Aber selbst das Massaker auf dem Jaleh-Platz in Süd-Teheran (8. September 1978)[2] und die Ausdehnung des Kriegsrechtes auf alle größeren Städte des Landes erwiesen sich angesichts der Festigkeit und Geschlossenheit der gesamten iranischen Bevölkerung (außer den Günstlingen des Regimes) als wirkungslos gegenüber der Opposition.[3]

---

welle zu starten und die minimalen Rechte der Menschen noch weiter einzuschränken (vgl. Farughy/Reverier: Persien ..., a.a.O., S. 9).

1) Scharif-Emami, der aus einer religiösen Familie kam und dem gute Beziehungen zum islamischen Klerus nachgesagt wurden, war ein enger Vertrauter des Schahs und ehemaliger Präsident des Senats und der Pahlawi-Stiftung (Farughy/Reverier: Persien ..., a.a.O., S. 9).

2) Ein Augenzeuge berichtete über dieses schlimmste Massaker während des Volksaufstandes: "Der Angriff der Staatsgewalt kommt aus der Luft, und er kommt unerwartet. Hubschrauber der Armee, die über dem Platz vor der Moschee kreisen, stürzen plötzlich im Tiefflug auf die Menge herab, die Bordkanonen feuern. Und auf der Straße schießen die Polizisten scharf." (Stern, Nr. 38, 14. September 1978).

3) Zu den wichtigsten Parolen wurde die Forderung nach der Schaffung einer "Islamischen Republik", nach der "Rückkehr von Khomeini" und nach Freiheit und Demokratie. Völlig offen wurde zum Sturz des Schahs aufgerufen. Das "Mordebad Schah - Tod dem Schah" wurde zum einigenden Kampfesruf, mit dem Millionen Perser durch die Straßen zogen.

Nach weiteren schweren Zusammenstößen zwischen der Staatsmacht und den Demonstranten mußte der Schah unter dem Druck des Militärs die Regierung Scharif-Emami am 5. November 1978 entlassen und mußte eine Militärregierung unter Führung des Stabschefs, General Azhari installieren. Das Regime hatte seine Maske fallenlassen, um die Geschicke des Landes unmittelbar der Armee anzuvertrauen.

Den nächsten Höhepunkt der Krise bildete der 10./11. Dezember, das Datum, an dem sowohl der Tod des Imam Hussein betrauert wurde, als auch der 15-jährigen Exilierung Khomeinis gedacht wurde. Trotz geltenden Kriegsrechtes mußten die Behörden die Demonstrationen an diesem Tag, die natürlich nur vordergründig den historischen Ereignissen galten, stattfinden lassen. Allein in Teheran demonstrierten 2-3 Mio. Menschen an diesem Tag gegen den Schah und sein Militärregime, das unter dem Druck der Straße auch nur bis Ende 1978 Bestand haben konnte.

Am 1. Januar 1979 wurde S. Bakhtiar, ein Führer der konservativen Iran-Partei, die zur nationalen Front gehörte, vom Schah in einem letzten verzweifelten Versuch der Machterhaltung zum neuen Ministerpräsidenten ernannt, um den Massenaufstand und den Generalstreik durch Zugeständnisse zu brechen. Ohne Möglichkeit, die Ereignisse zu beeinflussen und ohne ernstlichen Willen, den kaiserlichen Herrschaftsapparat aufzulösen, wurde Bakhtiar, der den Schah noch veranlassen konnte, das Land fluchtartig zu verlassen, rasch zur Marionette des Militärs und der Amerikaner.[1)] Ebenso schnell wurde Bakhtiar von der Bevölkerung abgestoßen; sie sah in ihm nur den Lakaien ohne Macht und vertrieb seine Regierung schon nach einem Monat.

Ende Januar/Anfang Februar überschlugen sich die Ereignisse. Khomeini kehrte am 1. Februar aus seinem Pariser Exil zurück und

---

1) Unmittelbar nach Bekanntwerden der Kollaboration mit dem Schah wurde Bakhtiar lebenslänglich aus der Nationalen Front ausgeschlossen (Behrawan, A.H.: Iran ..., a.a.O., S. 142f).

wurde von Millionen begeistert empfangen. Fünf Tage später beauftragte er M. Bazargan mit der Bildung einer Gegenregierung. Für einige Tage bildete sich damit die Situation einer Doppelherrschaft, in der keine Seite die andere offen attackieren wollte. Diese Zeitspanne war jedoch kurz; schon am 9. Februar kam es zur Explosion, als die "Unsterblichen" der kaiserlichen Garde versuchten, eine Rebellion von Kadetten in der Dash-Tappeh-Luftwaffenbasis niederzuschlagen.[1)]

Der Angriff wurde zum Signal für den allgemeinen Aufstand in Teheran und für seinen erfolgreichen Ausgang war entscheidend, daß die Rebellion innerhalb der Armee von Tausenden von Zivilisten und Kämpfern der Guerrilla-Organisationen aktiv unterstützt wurden.[2)] Nach zwei Tagen war der militärische Apparat paralysiert und die Regierung Bakhtiar hatte ausgespielt. Der "Frühling der Freiheit" schien sich unaufhaltsam durchzusetzen.

Fragt man sich nach dem Charakter der Revolution, so muß man feststellen, daß die Forderung nach Abschaffung der Despotie ganz unterschiedliche Klassen und Schichten unter der Fahne des Propheten zusammengebracht hatte. Spohn charakterisiert die iranische Revolution daher treffend als "Volksrevolution aller ausgebeuteten, unterdrückten und entwurzelten Klassen und Schichten gegen die vorkapitalistischen Gesellschafts- und Herrschaftsverhältnisse in ihrer Kombination mit einer über den Weltmarkt und den Staat vermittelten Industrialisierung"[3)].

---

1) Vgl. Halliday, F.: Iran ..., a.a.O., S. 8.

2) Die religiöse Führung ließ übrigens am Tag des bewaffneten Aufstandes, als bereits Tausende zu den Militärlagern strömten, Lautsprecherwagen durch Teheran fahren und forderte die Bevölkerung im Namen Khomeinis auf, Ruhe zu bewahren und nach Hause zu gehen. Nach dem Putsch versuchten dieselben Kreise, die Zerschlagung der alten Militärstrukturen und den Aufbau einer Volksarmee zu verhindern, was ihnen auch gelang (Interview von B. Nirumand mit den "Volksfedayin", in: Stein, A.: Iran ..., a.a.O., S. 285f.

3) Spohn, Wilfried: Afghanistan und Iran im Brennpunkt imperialistischer Konflikte - Thesen zur Bestimmung einer sozialistischen Position -, in: "Kritik", Nr. 24, S. 50; ähnlich argumentieren Halliday (Iran ..., a.a.O., S. 13f) und Tahmasebi (Möglichkeiten ... , a.a.O., S. 7f).

Die Heterogenität der Klassenkräfte, die während der Revolution hinter Khomeini standen, sorgte unmittelbar nach dem Sieg sofort für erhebliche Spannungen, die für die letzten beiden Jahre prägend wurden, auch wenn sie durch Konflikte mit fremden Staaten (Geiselaffäre, Krieg mit dem Irak) partiell externalisiert wurden: Von Anfang an lag ein guter und ständig wachsender Teil der realen Macht bei den von der religiösen Führung gegründeten geheimen "Islamischen Revolutionskomitees", ihren lokalen Ablegern und dem islamisch dominierten Parlament, das einen solchen Namen eigentlich nicht verdient, weil bei seiner "Wahl" bestimmte Gruppen, Organisationen, Nationalitäten etc. behindert oder nicht zugelassen wurden. Die Durchsetzung der islamischen Verfassung als Ausdruck der dominierenden kleinbürgerlich-klerikalen Tendenzen bewirkte schließlich sogar die legale Abschaffung der demokratischen Freiheiten,[1)] gegenüber der auch die beiden mehr demokratisch-nationalistischen Regierungen Bazargan und Banisadr nichts ausrichten konnten oder wollten, weil sich ihre Klassenbasis partiell mit derjenigen des religiösen Lagers deckte und deckt (grosse Teile des Subproletariats, Kleinhändler und -produzenten, national gesinnte Unternehmer, Teile der Komperadoren-Bourgeoisie).

Die Tatsache, daß die iranische Revolution von keiner Organisation, sondern von den Massen spontan "gemacht" wurde, hatte sicherlich in den ersten Tagen und Monaten nach der Revolution positive Folgen. Wegen des rigiden Islamisierungswillens der religiösen Führung hatte dieses Fehlen einer demokratischen Massenorganisation aber auch den schwerwiegenden Nachteil, daß die Möglichkeiten zur Demokratisierung und Fortsetzung der revolutionären Bewegung nicht wahrgenommen werden konnten. Die langsame Zurückdrängung der Linken und bürgerlichen Demokraten aus Entscheidungspositionen der Basiskomitees in Fabriken, Kasernen, im Presse- und Fernsehwesen etc., die Diskriminierung der Frauen und die autoritär-militärischen "Lösungsversuche" der Nationalitätenprobleme in Kurdistan, Turkmenistan, Aserbaidjan, Khusistan etc. sind unwiderlegbare Tatsachen einer solchen verhinderten demokratischen Öffnung.

---

1) Vgl. Behrawan, A.H.: Iran ..., a.a.O., S. 161.

2. ÖKONOMISCHE UND POLITISCHE ZIELE DER ISLAMISCHEN REPUBLIK

2.1. Ökonomische Maßnahmen

Die iranische Revolution verdient weder nach ihrem Klassencharakter noch nach ihrer Ideologie und ihren Errungenschaften die Bezeichnung sozialistisch. Es stellt sich sogar die Frage, ob man sie überhaupt als soziale Revolution in dem Sinne bezeichnen kann, daß die arme Bevölkerung, von der sie getragen wurde, die erwarteten ökonomischen und sozialen Vorteile aus ihr ziehen konnte.[1)]

Soweit abzusehen ist, wurde bisher zu keinem Zeitpunkt ernstlich ein radikaler Wandel bezüglich des Eigentums an den Produktionsmitteln und des gesellschaftlichen Reichtums von den religiösen Führern thematisiert. Schon relativ schnell wurde von Khomeini und seinen Regierungen die Forderung nach Arbeiterkontrolle als anti-islamisch abgelehnt, weil sich der Islam nicht gegen das Privateigentum an Produktionsmitteln wendet.

In einem neuen Arbeitsgesetz wurden für Streik, Aufruf zum Streik oder Unterstützung von Streiks zwei bis fünfzehn Jahre Gefängnis angedroht, was einen Vertreter des Teheraner Arbeitshauses, einer Selbsthilfeorganisation der städtischen Arbeiter, zu folgendem Kommentar veranlaßte: "Wir (die Arbeiter, d.Verf.) lehnen diese Paragraphen schärfstens ab. Die Arbeiter werden ein solches Gesetz, mit solchen Paragraphen nicht akzeptieren. Dies ist ein kapitalistischer Staat. Die Kapitalisten machen die Gesetze für ihre Zwecke und nicht für die Arbeiter ... Er (Khomeini, d.Verf.) ist zum Spielzeug der Kapitalisten geworden, er läßt sich für ihre Zwecke ausnutzen ... Die Revolution war eine Revolution der Arbeiter, aber sie haben sie für die Kapitalisten gemacht."[2)]

---

1) Vgl. Halliday, F.: Iran ..., a.a.O., S. 10.

2) Vgl. ein Interview in: Stein, A. (Hrsg.): Iran ..., a.a.O., S. 231f.

Wahrscheinlich sorgt der soziale Ursprung vieler Vertreter der beiden bisherigen Regierungen unter Khomeini, der nicht sehr verschieden ist vom Ursprung der Regierungsvertreter der Pahlawi-Regierungen, dafür, daß wirtschaftliche Überlegungen, sprich: die Frage der Form des Eigentums, der Arbeiterkontrolle, effektiver öffentlicher Programme zur Linderung der Arbeitslosigkeit und Wohnungsnot "zurückgedrängt"[1] wurden: "Wenn Fabrikanten weggelaufen sind, haben Arbeiterkomitees die Fabriken übernommen. Aber der Staat hat kein Vertrauen in die Komitees und sieht die Fabriken lieber in Privatbesitz. Deshalb ist die Arbeitslosigkeit auch so groß. Außerdem haben die Säuberungen, die wir verlangten, nicht stattgefunden. Das Schah-Regime war ein Kapitalisten-Regime, und die Kapitalisten sind immer noch an der Macht".[2]

Formell wurden die Industrie, das Kreditwesen und der Außenhandel nach der Revolution zwar unter dominierenden staatlichen Einfluß gebracht, dazu bedurfte es aber keiner größeren Anstrengungen, weil zentrale Industrie- und Handelsbereiche auch schon während der Pahlawi-Dynastie staatlich kontrolliert wurden. Im übrigen erfolgten diese staatlichen Eingriffe zum größten Teil aus rein pragmatischen Überlegungen: "Die Verquickung der früheren Inhaber politischer Macht mit der Wirtschaft ließ nach deren Flucht ins Ausland und dem Abzug sehr beträchtlicher Geldmittel ein Vakuum im Bankwesen und in weiten Bereichen der Industrie entstehen, das durch die Abwanderung sehr vieler 'westlich' erzogener und ausgebildeter Manager und Techniker noch verstärkt wurde. Hinzu kamen weitere enorme Verluste der Unternehmen in den Monaten nach der Revolution, die infolge der Anhebung von Mindestlöhnen und mehr noch durch absolute Entlassungs- und Kurzarbeitsverbote trotz brachliegender Produktion entstanden."[3] Ohne Nationalisierungsmaßnahmen wäre der Zusammen-

---

1) Vgl. Offizielle Deutsch-Iranische Industrie- und Handelskammer: Iran - Wirtschaft 1979/80, Teheran März 1980, S. 2.

2) Stein, A. (Hrsg.): Iran ..., a.a.O., S. 232.

3) Offizielle Deutsch-Iranische Industrie- und Handelskammer Teheran: Iran ..., a.a.O., S. 3.

bruch des Bank- und Versicherungswesens unumgänglich gewesen. Eher unbeabsichtigt bewirkte diese Nationalisierung auch eine indirekte staatliche Übernahme weiter Teile der hoch fremdfinanzierten Industrie.

Ähnlich wie viele andere Regelungen der islamischen Verfassung läßt auch eine bisher nur in Ansätzen sichtbare Neuordnung des Außenhandels viel Auslegungsspielraum. Keineswegs wird der Staat gezwungen, diesen für die iranische Wirtschaft äußerst wichtigen Bereich vollständig an staatliche Unternehmen zu vergeben. Eher geht die islamische Verfassung von einer indirekten staatlichen Kontrolle aus und weist dem Staat nur in sensitiven Bereichen direkte Befugnisse im Außenhandel zu (staatliche Handelszentren). Insgesamt muß man festhalten, daß "kommunistische Vorstellungen der Wirtschaftsordnung ... von den führenden religiösen Kreisen entschieden als unislamisch zurückgewiesen"[1] werden.

In der Wirtschaftspolitik der beiden bisherigen Regierungen (Bazargan und Banisadr) wurde daher auch keineswegs die enge Zusammenarbeit mit westlichen Unternehmen ausgeschlossen.[2] Es war der Westen und nicht der Iran, der im Zusammenhang mit der Geiselaffäre den Wirtschaftskrieg bzw. -boykott mit der Sperrung der iranischen Auslandsguthaben vom Zaune brach und den Transfer von Waren und Kapital in den Iran unmöglich machte bzw. erschwerte.

In den technokratischen Vorstellungen der beiden bisherigen nachrevolutionären Regierungen wurde ursprünglich davon ausgegangen, daß die iranische Wirtschaft zumindest im Investitionsgüterbereich nicht ohne ausländische Technologie auskommen könnte. Allerdings sollten westliche Firmen lediglich als Technologielie-

---

1) Offizielle Deutsch-Iranische Industrie- und Handelskammer Teheran: Iran ..., a.a.O., S. 3.

2) Deutsche Investitionen wurden z.B. nur in Bereichen nationalisiert, die auch die inländischen Unternehmen (Banken, Versicherungen) betrafen (ebenda, S. 4).

feranten, nicht aber als Partner im unternehmerischen Bereich zugelassen werden. Entsprechend einer von Banisadr geforderten Beseitigung der abhängigen Industrie erschienen Direktinvestitionen aus iranischer Sicht unerwünscht und aus westlicher Perspektive uninteressant,[1] ohne daß sich deshalb aber die strikt nationalistische ideologische Ausrichtung auf den ökonomischen Bereich übertragen hätte. Trotz allen politischen Animositäten zwischen der islamischen Regierung und westlichen Regierungskreisen warnte z.B. die deutsch-iranische Industrie- und Handelskammer eindringlich davor, "dem Irangeschäft die Zukunft abzusprechen, selbst wenn die Talsohle noch nicht erreicht sein sollte."[2]

Ein wichtiges ökonomisches Ziel der bisherigen national-revolutionären Regierungen stellte - zumindest auf dem Papier - die bessere Verzahnung der Ölindustrie mit der übrigen Industrie des Landes dar. Im Oktober 1979 forderte der Ayatollah Shirazi in einem offenen Brief an den Ölminister erstens eine Verringerung der Ölproduktion, die seinerzeit 3,5 - 4 Mio. Barrel pro Tag betrug - entsprechend dem nationalen Energieverbrauch -, zweitens den Ausbau der petrochemischen Industrie zur Reduzierung der Rohölexporte, drittens eine Aufkündigung der ungünstigen Erdöl- und Erdgasverträge, u.a. auch mit der Sowjetunion, viertens die Ersetzung ausländischer Techniker durch iranische Experten und fünftens den verstärkten Einsatz von Erdgas, um die Ölreserven zu schonen.[3]

Zumindest das erste und wichtigste Ziel wurde in der Zwischenzeit erreicht, aber anders als in der angestrebten Form: Infolge des ausländischen Wirtschaftsboykotts und des Kriegs mit dem Irak ging nämlich die Produktion von Erdöl und allen nachgela-

---

1) Vgl. Nienhans, Volker: Suche nach dem islamischen Ideal, in: Wirtschaftswoche Nr. 47, 19.11.1979, S. 22f.

2) Vgl. Offizielle Deutsch-Iranische Industrie- und Handelskammer: Iran ..., a.a.O., S. 2.

3) Vgl. Ebenda, S. 13.

gerten Bereichen nicht nur auf das Maß des nationalen Konsums, sondern praktisch auf einen völlig unzureichenden Umfang zurück, so daß notwendige Konsum- und Investitionsgüterimporte nur noch aus zuvor angesammelten und frei verfügbaren Devisenguthaben bestritten werden konnten und können.[1]

Gleichermaßen darnieder liegt gegenwärtig (November 1980) infolge einer verfehlten "islamischen" Wirtschaftspolitik auch die verarbeitende Industrie. Unter den islamischen Führern wurde die Bedürfnislosigkeit zur Tugend erklärt, denn es sei - wie Khomeini formulierte - "unsinnig zu glauben. daß die Menschen um bessere ökonomische Verhältnisse gekämpft hätten ... Der Kampf ums Dasein sei nur für Tiere bezeichnend."[2]

Da die politische Führung infolge der ungeklärten und fließenden machtpolitischen Verhältnisse keine durchführbaren Pläne zur Entwicklung der Wirtschaft und Abschaffung der sozialen Misere vorweisen konnte,[3] obwohl sie ständig vom Kampf der Armen gegen die Reichen sprach, blieb eine wirkliche Verbesserung der ökonomischen Lage der armen Bevölkerung in Stadt und Land aus. Mehrere

---

1) Nur die Ölfelder von Gatsch-Saran, durch die ersten hohen Bergketten vor den Irakern geschützt, blieben intakt und konnten mehr schlecht als recht den Minimumbedarf der Streitkräfte und des zivilen Transports decken. Seit Beginn des Krieges half übrigens die Sowjetunion mit Notlieferungen von Treibstoff für Düsenflugzeuge. Im November 1980 wurden die iranischen Finanzreserven auf europäischen Banken auf 16-18 Mrd. Mark (inklusive Gold) geschätzt. Mit diesen Summen konnten lebenswichtige Importe für acht bis zehn Monate finanziert werden (vgl. Süddeutsche Zeitung, 20.11.1980, S.4).

2) Sinngemäß zitiert von Nirumand, in: Stein, A. (Hrsg.): Iran ..., a.a.O., S. 7.

3) Offizielle Deutsch-Iranische Industrie- und Handelskammer: Iran ..., a.a.O., S. 6. Tahmasebi beschreibt den Konflikt folgendermaßen: "Sobald er (Khomeini, d.Verf.) konstruktive politische Schritte unternimmt, wird er zwangsläufig entweder den Besitzenden oder den Nichtbesitzenden auf die Füsse treten müssen. Wirft er sein politisches Gewicht zugunsten der bürgerlichen Anhänger in die Waagschale, so wird er früher oder später nicht nur mit den enttäuschten Massen in Kon-

Millionen Slumbewohner blieben weiterhin ohne Arbeit.[1] Infolge der Frustration der Arbeiter, der Nachschubschwierigkeiten und der Absetzbewegung von Fachkräften ins Ausland mußten viele Fabriken ihre Produktion einstellen; im Sozialbereich trat praktisch keine Verbesserung ein,[2] zumal die öffentlichen Einnahmen weit hinter den offiziellen Schätzungen zurückblieben.

2.2. Diktatur oder Demokratie?

Soweit es zum gegenwärtigen Zeitpunkt überhaupt möglich ist, wollen wir in diesem abschließenden Punkt unserer Arbeit noch die Frage ansprechen, in welchem Maße die auf der Revolution von 1978/79 aufbauende islamische Republik zur Demokratisierung der iranischen Wirtschaft und Gesellschaft geführt hat.

Es ist natürlich unbestreitbar, daß der Islam als Ideologie in der Opposition eine führende Rolle gespielt hat, sowohl infolge eines ideologisch-politischen Vakuums als auch einer dominierenden Organisationsrolle der Mullahs und ihrer Parteigänger. Nach jahrzehntelanger Unterdrückung und materieller Armut schien der Islam den breiten Massen für die Zukunft eine attraktive Perspektive zu eröffnen, zumindest fiel er infolge der Unwissenheit großer Teile der Bevölkerung und der hohen Analphabetenquote in der jahrhundertelang patriarchalisch-repressiv geprägten Gesellschaft auf fruchtbaren Boden.

---

flikt geraten, sondern höchstwahrscheinlich auch mit einem großen Teil seiner klerikalen Basis, die nicht nur anti-imperialistische sondern auch anti-kapitalistische Tendenzen zeigt." (Tahmasebi, A.: Möglichkeiten ..., a.a.O., S. 8).

1) Nach vorsichtigen Schätzungen belief sich die Arbeitslosenquote 1979 auf 25%, also auf rund 2,5 Mio. Menschen (Wirtschaftswoche, Nr. 28, 11.7.1980).

2) Nach Angaben der iranischen Regierung flohen allein 10 000 Ärzte ins Ausland (Nirumand in: Stein, A. (Hrsg.): Iran ..., a.a.O., S. 7). Zu den Erscheinungsformen der Wirtschaftskrise 1979/80 vgl. Wirtschaftswoche Nr. 28, 11.7.1980, S. 32-38 und Süddeutsche Zeitung vom 15.10.1980, S. 4.

Diese Voraussetzungen reichen m.E. jedoch längst nicht aus, in einem sinnvollen Zusammenhang von einer "Islamischen Revolution" zu sprechen. Nach Halliday diente der Islam als ideologische Maske, um den klassenübergreifenden Charakter der Opposition zu ermöglichen. Er diente vor allem zur Legitimation der dominierenden Rolle des traditionellen Kleinbürgertums innerhalb der Revolutionsbewegung, dessen Macht sich im wesentlichen nur über seinen Einfluß auf die Mullahs ausdrücken konnte, weil es unter dem Schah-Regime von Macht und Reichtum abgeschnitten wurde.[1] "Der Begriff 'Islamische Revolution' sagt nichts darüber aus, was sich im Iran wirklich verändert hat; er dient vielmehr dazu, diese Frage zu verdrängen und insbesondere die Grenzen dessen zu verschleiern, was bis jetzt erreicht worden ist. Damit dient er aber auch dazu, alle weitergehenden Veränderungen als unberechtigt hinzustellen, die von den unterdrückten Gruppierungen - also von den Arbeitern, aber auch von den nichtpersischen Nationalitäten und nicht zuletzt von den Frauen - auch weiterhin gefordert werden."[2]

Auch in einem weit direkteren Sinne ist es falsch, von einer "Islamischen Revolution" zu sprechen. Im Gegensatz zu Khomeinis Legitimationsbehauptungen[3] hatten nämlich nicht nur religiöse Moslems für den Sturz der Diktatur des Schahs gekämpft, sondern auch und vor allem die Linke sowie viele nicht-religiöse Demokraten, die unter dem Schah-Regime in hohem Maße Verhaftete, Gefolterte und Ermordete zu beklagen hatten. Nicht zuletzt infolge ihrer Vorarbeiten konnte sich der islamische Charakter der Bewegung und vor allem die Führung Khomeinis auch erst in einem re-

---

1) Halliday, F.: Iran ..., a.a.O., S. 10f. Wie unbefriedigend die soziale Entwicklung verlief, zeigt sich daran, daß im November 1980 erste kleine Demonstrationen gegen den Ausschließlichkeitsanspruch in den Basaren von Teheran und Qom aufkeimte: "Ein gefährliches Symptom, denn die Bazaris waren die Seele des Widerstandes gegen den Schah und die Bankiers von Khomeinis Revolution" (vgl. Süddeutsche Zeitung, 20.11.1980, S. 4).

2) Halliday, F.: Iran ..., S. 11.

3) Vgl. Khomeinis Interview mit O.Fallaci, in: Stern, Nr. 41, 4. Oktober 1979 und "Der Spiegel", Nr. 15, 9.4.1979.

lativ späten Stadium herausbilden. Primär waren es die freiberufliche Mittelklasse und die Studenten, welche die Bewegung schon im Jahre 1977 angekurbelt hatten; demgegenüber traten die Mullahs erst im Janur 1978 auf der Straße in Erscheinung. Zu diesem Zeitpunkt formulierte sich der im Grunde traditionslose Ruf nach einer "Islamischen Republik".[1]

Im Gegensatz zur Offenheit und Spontaneität der Massenbewegung bestand eine der ersten Handlungen der theokratischen Führung darin, sich vor der demokratischen Öffentlichkeit zu verschliessen und Macht hinter verschlossenen Türen auszuüben. Die Mitglieder des Revolutionsrates blieben der Öffentlichkeit unbekannt und die revolutionären Tribunale fanden im Eilverfahren oft unter Ausschluß der Öffentlichkeit statt. Von den Akten des Geheimdienstes SAVAK wurde bisher kaum etwas veröffentlicht. Die linken Guerrillabewegungen, ohne die der Umsturz in seiner entscheidenden Phase (9.-11. Februar 1979) kaum erfolgreich verlaufen wäre, wurden von den neuen Herrschern nicht selten als Volksfeinde und als Agenten des Westens und Ostens denunziert. Bald galten auch die streikenden Arbeiter, die letztlich den Schah in die Knie gezwungen hatten, wieder als Konterrevolutionäre. In Kurdistan arbeitete die Zentralregierung offen mit den Großgrundbesitzern zusammen, um die Aufständischen in ihren Autonomiebestrebungen niederzuhalten.[2]

Ein wichtiger Gradmesser für den Demokratisierungsgrad eines Landes stellt immer die Behandlung der öffentlichen Medien durch die Führung dar. In diesem Punkt erlebte der Iran nach der Revolution eine "Säuberungswelle" unerwarteten Ausmaßes, die bald das ganze Land erfaßte. Nach der Machtübernahme wurden Presse, Funk und Fernsehen ziemlich ungehemmt auf islamischen Kurs gebracht, d.h. sie wurden im Sinne der Theokratie zensiert.

---

1) Vgl. Halliday, F.: Iran ..., a.a.O., S. 13.

2) Vgl. Nirumand,in: Stein, A. (Hrsg.): Iran ..., a.a.O., S. 6, sowie die Interviews zur Nationalitätenfrage (ebenda).

Sämtliche nicht-islamische Journalisten und Mitarbeiter in Funk und Fernsehen wurden von heute auf morgen ausgesperrt, selbst wenn ihre demokratische und anti-diktatorische Gesinnung völlig außer Frage stand.[1] Drucklizenzen sollten nach einem neuen Pressegesetz nur dann erteilt werden, wenn die Antragsteller zuvor ihre "politische Ehrfurcht" und "moralische Eignung" nachweisen konnten.[2]

Parallel zur Abschaffung der Pressefreiheit verlief die verschärfte Repression demokratischer Organisationen und Parteien. Parteibüros, Studentenversammlungen und Arbeitslosenkomitees wurden rücksichtslos angegriffen; nach und nach verfügte die Regierung Verbote gegen alle nicht-islamischen Organisationen und Parteien. Die religiöse Diktatur ging schließlich soweit, daß den Frauen das Recht auf Arbeit vor allem im öffentlichen Bereich abgesprochen und ihnen wieder der Schleier verordnet wurde. Dagegen gab es tagelange Frauendemonstrationen, die mehrfach von fanatisierten Schiiten angegriffen wurden.[3] Diese Frauendemonstrationen hatten erheblichen Erfolg, weil die allgemeinen Bekleidungsvorschriften, die ein Politikum ersten Ranges darstellten, wieder fallengelassen werden mußten bzw. nur in Teilbereichen durchgesetzt werden konnten.

---

1) Keyhan, vom 9.5.1979, nach Behrawan, A.H.: Iran ..., a.a.O., S. 151. Die auflagenstärksten Zeitungen Keyhan, Ettelaat und Ajandegan wurden gezwungen, eine "gesunde islamische Richtung" einzuschlagen. Nach Konflikten zwischen Arbeitern und Redaktion wurde Keyhan schließlich von einem Anhänger Khomeinis weit unter Preis übernommen (Der Spiegel, Nr. 34 vom 20.8.1979).

2) Ebenda. Ajandegan, eine fortschrittlich-liberale Zeitung, die von Nicht-Religiösen herausgegeben wurde, hinderte die Regierung mehrmals mit vorgeschobenen Argumenten am Erscheinen; Redakteure wurden verprügelt, Verkaufsstände wurden in Brand gesetzt. Schließlich wurden wichtige Mitarbeiter dieser Zeitung trotz erheblicher öffentlicher Proteste wegen angeblich konterrevolutionärer Verbrechen verhaftet, und der Verlag, von dem noch andere Zeitungen gedruckt wurden, mußte geschlossen werden (vgl. Behrawan, A.H.: Iran ..., a.a.O., S. 151).

3) Vgl. Frankfurter Rundschau, 12. März 1979, und "Frau und Revolution im Iran", a.a.O., S. 22f.

Mit der Durchsetzung der islamischen Verfassung wurden die erkämpften demokratischen Freiheiten schließlich legal abgeschafft. Zu Beginn der Machtübernahme durch Khomeini war noch von einer "Verfassungsgebenden Versammlung" die Rede gewesen, deren Mitglieder in demokratischer Atmosphäre aus freien Wahlen, bei Meinungs- und Organisationsfreiheit, hervorgehen sollten. Am Tage des Referendums (31. März 1979), bei dem es nur die Wahlmöglichkeit zwischen der Beibehaltung der Monarchie und einem Votum für die islamische Republik gab, sahen die Verhältnisse ganz anders aus: "Da es keine Wahlkabinen gab, war eine geheime Abstimmung nicht gewährleistet. Jeder Wähler war gezwungen, in aller Öffentlichkeit vor den wachen Augen der anwesenden Mullahs und bewaffneten 'Pasdarane Enghelabe Eslam' - Wächter der islamischen Revolution, die die Wahllokale schützten - mit dem roten Abstimmungszettel ihre Gegnerschaft zum Islam, Imam Khomeini und selbst zu Gott zum Ausdruck zu bringen oder mit dem grünen Zettel das Einverständnis kundzutun. Es bedarf keiner weiteren Begründung, weshalb die Religiösen die Abstimmung haushoch gewannen."[1]

Gegenwärtig (November 1980) ist mehr denn je offen, in welcher Richtung sich der sozialrevolutionäre Prozeß im Iran weiterentwickeln wird, weil sich die Stärke der einzelnen gesellschaftlichen Klassen, ihre ideologischen Vorstellungen und Ziele einfach nicht abschätzen lassen. Denkbar sind mehrere Herrschaftsvarianten mit jeweils unterschiedlichen Implikationen.[2] Geht man von einer geringen Dynamik der sozial-revolutionären Tendenzen aus, wie es gegenwärtig der Fall zu sein scheint, so ist vorstellbar, daß sich die einst herrschende Klasse politisch reorganisieren kann und unter dem Deckmantel eines islamischen Populismus ihre Vorstellungen von Herrschaft, sprich eine islamisch orientierte Diktatur verwirklicht, die in ihrem Entwicklungsmodell eine mehr oder minder enge Zusammenarbeit mit dem Westen, wenngleich in anderen Formen als früher, offenläßt und der Klein- und National-

---

1) Behrawan, A.H.: Iran ..., a.a.O., S. 162.

2) Vgl. Spohn, W.: Afghanistan ..., a.a.O., S. 52.

bourgeoisie gewisse Zugeständnisse einräumt, um deren politisches Potential an sich zu binden.

Denkbar ist aber auch eine Herrschaftsform, die auf demokratischer Grundlage die verschütteten Errungenschaften der Revolution weiterentwickelt und eine echte Volksdemokratie errichtet.[1] Die nahe Zukunft wird zeigen, in welche dieser beiden Richtungen sich der fließende Prozeß im Iran endgültig bewegen wird.

---

1) Natürlich schließt ein solches Vorhaben die direkte Konfrontation mit den westlichen Industriestaaten ein. Es ist aber keineswegs gesagt, daß der Iran im Fall eines solchen antiimperialistischen Entwicklungsmodells Rückendeckung bei der Sowjetunion suchen muß, wie Spohn annimmt (Spohn, W.: Afghanistan ..., a.a.O., S. 52). Eher scheint mir eine solche, heute hypothetische Entwicklung nach links nur dann möglich, wenn ihre Vorkämpfer auf Unabhängigkeit gegenüber der Sowjetunion achten.

LITERATURVERZEICHNIS

1. BÜCHER UND AUFSÄTZE

Abolfathi, F., u.a.: The Opec Market to 1985. Farnborough 1977

Ádám, György: Neue Tendenzen in der internationalen Ökonomie - Industrieverlagerung und weltweite Produktion, in: Kreye, Otto (Hrsg.): Multinationale Konzerne - Entwicklungstendenzen im kapitalistischen System, München 1974

Adelman, M.A.: The World Petroleum Market, Baltimore und London 1972

Derselbe: The World Oil Outlook, in: Clawson, Marion (Hrsg.): Natural Resources and International Development, Baltimore 1964

Adli, Abolfazl: Außenhandel und Außenwirtschaftspolitik des Iran, Berlin 1960

Ahlers, u.a.: Die vorkapitalistischen Produktionsweisen, Erlangen 1973

Alavi, Bozorg: Geschichte und Entwicklung der modernen iranischen Literatur, Berlin (O) 1964

Albrecht, U., u.a.: Rüstung und Unterentwicklung, Reinbek bei Hamburg 1976

Altvater, Elmar: Multinationale Konzerne und Arbeiterklasse, in: Tudyka, K. (Hrsg.): Multinationale Konzerne und Gewerkschaftsstrategie, Hamburg 1974

Derselbe: Ölkrise oder die Krise des Kapitalismus? in: Probleme des Klassenkampfes, Nr. 11/12, 1974

Amin, Samir: Die ungleiche Entwicklung, Hamburg 1975

Amini, Siawuch: Der Agrarkredit im Iran - Ergebnisse empirischer Untersuchungen in südiranischen Dörfern, Diss., Hohenheim 1973

Amirie, Abbas: Iran als Regionalmacht - Persischer Golf und Indischer Ozean als Wirkungsfeld einer unabhängigen Außenpolitik, in: Europa Archiv, Zeitschrift für internationale Politik, Nr. 2/1978

Amuzegar, Jahangir: Energy Policies of the World - Iran, Newark 1975

Derselbe: Iran - An Economic Profile, Washington D.C. 1977

Amuzegar/Fekrat: Iran - Economic Development under Dualistic Conditions, Chicago, London 1971

Angelier, J.-P.: La Rente Pétrolière - Elements pour une Interprétation Théorique de la Structure des Prix de Produits de l'Industrie Pétrolière Internationale, Paris 1976

Aresvik, Oddvar: The Agricultural Development of Iran, New York 1976

Ashraf, Ahmad: Historical Obstacles to the Development of a Bourgeoisie in Iran, in: Cook, M.A. (Hrsg.): Studies in the Economic History of the Middle East, London u.a. 1970

Ashraf, A./ Hekmat, H.: Traditional Bourgeoisie and the Development Processes of Nineteenth Century Iran, Conference on the Near East in the Nineteenth Century, unveröffentlichtes Manuskript, Princeton 1974

Askari/Cummings/Richter: Efficiency of LDC Trading Patterns: The Case of Iran, in: American Economic Review, 69/1979

Askari/Majin: Recent Economic Growth in Iran, in: Middle Eastern Studies, 12/1976

Bahro, Rudolf: Die Alternative - Zur Kritik des real existierenden Sozialismus, Frankfurt a.M., Köln 1979

Baldwin, G.B.: Planning and Development in Iran, Baltimore 1967

Bank Markazi Iran: Annual Reports and Balance Sheet, verschiedene Jahrgänge

Derselbe: Bulletin, verschiedene Ausgaben

Baran, P.A.: Politische Ökonomie des wirtschaftlichen Wachstums, Neuwied, Berlin 1971

Bartsch, W.H.: The Impact of Oil Industry in the Petroleum and Mineral Industries - Case Studies of Investor-Host Country Relations, Baltimore, London 1971

Baumgärtner, U.M./ Poppinga, O.H.: Grundzüge der Agrarstruktur im peripheren Kapitalismus, in: Tibi/Brandes (Hrsg.): Handbuch 2 - Unterentwicklung, Frankfurt a.M., Köln 1975

Becker, C.H.: Islamstudien, Leipzig 1924

Behrang: Iran - Le maillon faible, Paris 1979

Behrawan, A.H.: Iran. Die programmierte Katastrophe - Anatomie eines Konflikts, Frankfurt a.M. 1980

Behrendt, R.F.: Die Zukunft der Entwicklungsländer als Problem des Spätmarxismus, in: Bohnet, M. (Hrsg.): Das Nord-Süd-Problem - Konflikte zwischen Industrie- und Entwicklungsländern, München 1971

Benedick, R.: Industrial Finance in Iran, Boston 1964

Berner, Wolfgang: Die iranisch-sowjetische Zusammenarbeit im wirtschaftlich-technischen Bereich, in: Berichte des Bundesinstituts für ostwissenschaftliche und internationale Studien, 42/1974

Bharier, Julian: Economic Development in Iran, 1900 - 1970, London u.a. 1971

Bill, James: The Politics of Iran, Columbus/Ohio, 1972

Blair, J.M.: The Control of Oil, New York 1976

Blaug, Mark: Remarks on Education and the Labour Market, Teheran: Plan and Budget Organization, hektographiert, Februar 1976

BMZ (Hrsg.): Die entwicklungspolitische Konzeption der BRD und die Internationale Strategie für die Zweite Entwicklungsdekade, Bonn 1973

Bobek, H.: Iran - Probleme eines unterentwickelten Landes alter Kultur, Frankfurt a.M. u.a. 1967

Boeke, J.H.: Economics and Economic Policy of Dual Societies, New York 1953

Bohnet, Michael: Die Entwicklungstheorien - Ein Überblick, in: Derselbe (Hrsg.): Das Nord-Süd-Problem - Konflikte zwischen Industrie- und Entwicklungsländern, München 1971

Botschaft der Bundesrepublik Deutschland in Teheran: Preisentwicklung und Indexwerte in Iran, 2536, hektographiert, März 1977 - März 1978

BP: Das Handbuch vom Erdöl, Hamburg 1978

Bundesstelle für Außenhandelsinformation: Investitionen in Iran, Köln 1974

Derselbe: Iran - Wirtschaftliche Entwicklung, verschiedene Jahresberichte

Busch, Klaus: Die multinationalen Konzerne. Zur Analyse der Weltmarktbewegung des Kapitals, Frankfurt a.M. 1974

Cardoso, F.H.: Brasilien - Die Widersprüche der assoziierten Entwicklung, in: Sonntag, H.R. (Hrsg.): Lateinamerika - Faschismus oder Revolution, Berlin 1974

Carey, J.P.C.: Iran and Control of Its Oil Resources, in: Political Science Quarterly, Bd. 89, 1/74

Chahoud, Tatjana: Der Entwicklungsbericht der Weltbank, in: Das Argument, Nr. 114/1979

Chenery, H.B.: Komperativer Vorteil und Entwicklungspolitik, in: Fritsch, B. (Hrsg.): Entwicklungsländer, Neue Wissenschaftliche Bibliothek, Bd. 24, Köln, Berlin 1968

Chenery, H.B. u.a.: Redistribution with Growth - Policies to Improve Income Distribution in Developing Countries in the Context of Economic Growth, London 1974

Chesneaux, J.: Le mode de production asiatique, quelques perspectives de recherche, in: La Pensée, Nr. 114/1964

Chichique, Bruno: La Crisis Petrolera, Caracas 1974

Chudnovsky, Daniel: Empresas Multinacionales y Ganancias Monopolicas, Buenos Aires 1974

Clawson, Patrick: Capital Accumulation in Iran, in: Nore/Turner (Hrsg.): Oil and Class Struggle, London 1980

Commitee for Industrial Development: Report of the Third Session (13 - 31 May 1963), Economic and Social Council - Official Record: 36. Session Supplement No. 14, United Nations 1963

Comisión Ideológica de Ruptura: El Imperialismo Petrolero y la Révolución Venezolana, Bd. 1: Capital y Propiedad Territorial, Caracas 1975

Complaints of Persian Merchants, 1906, in: Issawi, C. (Hrsg.): The Economic History of Iran, 1800 - 1918, Chicago, London 1971

Córdova, Armando: Strukturelle Heterogenität und wirtschaftliches Wachstum, Frankfurt a.M. 1973

Cottrell, A.J./ Dougherty, J.E.: Iran's Quest for Security: US-Arms Transfers and the Nuclear Option, Cambridge (Mass.) 1977

Czaya, E.: Internationale Konzerne und Entwicklungsländer, IPW, Forschungshefte 4/1975

Daftary, Farhad: Development Planning in Iran - A Historical Survey, Teheran, vervielfältigt, o.J.

Daftary/Borghey: Multinational Enterprises and Employment in Iran, ILO, Genf 1976

Danesh, M.: Für die Armee hat der Iran schon zu viel bezahlt, in: Frankfurter Rundschau, 8.12.1978

De Bernis, G.D.: Industrializing Countries, International Economics and Development, 1972

Deutsche Bank: Iran - Ausgabe 1976, Frankfurt a.M. o.J.

Deutsche Gesellschaft für wirtschaftliche Zusammenarbeit (DEG): Investitionen in Entwicklungsländern, Köln o.J.

Deutsch-Iranische Handelskammer: Länderbericht 1975/76, Hamburg

Diakonov, I.M.: Tarikhe-e-Mad - Persisch - Die Geschichte von Medien, Teheran 1966

Die Kommunistische Bewegung Irans, Verlag 20. Mai, München 1973

Djazani, Bijan: Armed Struggle in Iran. The Road to Mobilization of the Masses, Iran Commitee, London 1973

Derselbe: Klassenkämpfe in Iran, o.O., o.J.

Donges, J.B./Müller-Ohlsen, L.: Außenwirtschaftsstrategien und Industrialisierung in Entwicklungsländern, Tübingen 1978

Dos Santos, Theotonio: Dependencia Económica y Cambio Revolucionario en América Latina, Caracas 1973

Dreskornfeld, Friedrich: Agrarstrukturwandel und Agrarreform in Iran, Saarbrücken 1976

Dulex, C.A.: Preisgestaltung in der US-Petroleumindustrie - Wirtschaftliche Auswirkungen der Gesetze und der regulatorischen Maßnahmen, Zürich 1977

Eden, Anthony: Memoirs, 3. Band, London 1960

Eghbal, D.: Agrarreform in Iran, Diss., Nürnberg 1969

Ehlers, E.: Agrarsoziale Wandlungen im kaspischen Nordpersien, in: Berichte des deutschen Geographen-Tages, Erlangen 1971

Derselbe: Bunvar Shami - Siah Mansoor, Methoden und Probleme der Landreform in Khusistan/Südiran, in: Zeitschrift für ausländische Landwirtschaft, Frankfurt a.M., Jg. 12, H. 2

Derselbe: Die iranische Agrarreform - Voraussetzungen, Ziele und Ergebnisse, in: Elsenhans, H. (Hrsg.): Agrarreform in der Dritten Welt, Frankfurt, New York 1979

Derselbe: Die Stadt Bam und ihr Oasenumland (Zentraliran) - Ein Beitrag zur Theorie und Praxis der Beziehungen ländlicher Räume zu ihren kleinstädtischen Zentren im Orient, in: Erdkunde 29, 1975

Elsenhans, Hartmut: Agrarverfassung, Akkumulationsprozeß und Demokratisierung, in: Derselbe (Hrsg.): Agrarreform in der Dritten Welt, Frankfurt/New York 1979

Derselbe: Entwicklungstendenzen der Welterdölindustrie, in: Derselbe (Hrsg.): Erdöl für Europa, Hamburg 1974

Elsenhans/Werdé-Bräuninger/Wittgrebe: Die Auseinandersetzungen zwischen den Förderländern und den Ölkonzernen, in: Elsenhans, H. (Hrsg.): Erdöl für Europa, Hamburg 1974

Elwell-Sutton, L.P.: Persian Oil - A Study in Power Politics, London 1955

Engels, Friedrich: Brief an Marx am 6. Juni 1853, in: Marx-Engels-Werke (MEW) Bd. 28, Berlin (O) 1968

Derselbe: Brief an N.F. Danielson, in: MEW Bd. 39, Berlin (O) 1968

Derselbe: Der Ursprung der Familie, des Privateigentums und des Staates, Berlin (O) 1971

Derselbe: Herrn Eugen Dührings Umwälzung der Wissenschaft, "Anti-Dühring", Berlin (O) 1971

Ernst, Dieter: Entwicklung durch importsubstituierende Industrialisierung?, in: Das Argument, Nr. 79, 1973

Eßer, Klaus: Lateinamerika - Industrialisierungsstrategien und Entwicklung, Frankfurt a.M. 1979

Evers, T.T./Wogau, P.: "Dependencia" - Lateinamerikanische Beiträge zur Theorie der Unterentwicklung, in: Das Argument, Nr. 79, 1973

Farughy/Reverier: Persien - Aufbruch ins Chaos? Eine Analyse der Entwicklung im Iran von 1953 - 1979, München 1979

Federal Trade Commission: The International Petroleum Cartel, Washington D.C. 1972

Fesharaki, Fereidun: Development of the Iranian Oil Industry, New York u.a. 1976

Frauendorfer, Sigmund: Agrarwirtschaftliche Beobachtungen im Iran, in: Berichte über Landwirtschaft, Hamburg, Berlin, 33. Jg. 1955

Frank, H.J.: Crude Oil Prices in the Middle East - A Study in Oligopolistic Price Behavior, New York u.a. 1966

Frank, A.G.: The Development of Underdevelopment, Monthly Review, Bd. 18, Nr. 4

Derselbe: Kapitalismus und Unterentwicklung in Lateinamerika, Frankfurt a.M., 1968

Derselbe: Lumpenburgesía - Lumpendesarrollo, Buenos Aires 1971

Derselbe: Sociology of Development and Underdevelopment of Sociology, in: Cockroft, J.D. u.a. (Hrsg.): Dependence and Underdevelopment, New York 1972

Frau und Revolution im Iran, o.A., Hannover 1980

Fröbel, Folker u.a. (Hrsg.): Die Armut des Volkes - Verelendung in den unterentwickelten Ländern, Auszüge aus Dokumenten der Vereinten Nationen, Reinbek b. Hamburg 1974

Fröbel/Heinrichs/Kreye: Die neue internationale Arbeitsteilung, Reinbek b. Hamburg 1977

Froneberg, U.: Die Wirtschaftsbeziehungen BRD - Iran, in: Kritik, Nr. 20, 1979

Galtung, Johan u.a.: Measuring World Development, Oslo, o.J., Chair in Conflict and Peace Research, mimeo, Paper No. 11

Gehrke/Mehner: Iran - Natur, Bevölkerung, Geschichte, Kultur, Staat, Wirtschaft, Tübingen, Basel 1975

Graham, Robert: Iran - Die Illusion der Macht, Frankfurt a.M. 1979

Griffin, Enos: Policies for Industrialization, in: Bernstein, H. (Hrsg.): Underdevelopment and Development - The Third World Today, Harmondsworth 1973

Grothe, H.: Zur Natur und Wirtschaft von Vorderasien, in: Angewandte Geographie, III. Serie, H. 11, Bd. 1: Persien, Frankfurt a.M. 1911

Halliday, Fred: Iran - Analyse einer Gesellschaft im Entwicklungskrieg, Berlin 1979

Hauck, Gerhard: Das Elend der bürgerlichen Entwicklungstheorie, in: Tibi, B./Brandes, V. (Hrsg.): Handbuch 2 - Unterentwicklung, Frankfurt a.M., Köln 1975

Hesse/Sautter: Entwicklungstheorie und -politik, Bd. 1, Tübingen und Düsseldorf 1977

Hilferding, Rudolf: Das Finanzkapital, Frankfurt a.M. 1973

Hirschmann, A.O.: Die Strategie der wirtschaftlichen Entwicklung, Stuttgart 1967

Hobsbawm, Eric (Hrsg.): Precapitalist Economic Formations, London 1964

Hoeppner, R.-R.: Zur Entwicklung der Erdölwirtschaft Irans von 1954 - 1973, Hamburg 1973

How We Organized Strike that Paralyzed Shah's Regime, Firsthand Account by Iranian Oil Workers, in: Nore/Turner (Hrsg.): Oil and Class Struggle, London 1980

Hudson Europe: Iran - Oil, Money and the Ambitions of a Nation, Paris 1975

Huntington, E.: Mainsprings of Civilization, New York 1945

Hurtienne, Thomas: Zur Ideologiekritik der lateinamerikanischen Theorien der Unterentwicklung und Abhängigkeit, in: Probleme des Klassenkampfes, Nr. 14/15, 1974

IBRD/IDA: The Economic Development of Iran, 3 Bde, Report No. 378 a - IRN, Juni 1974

ILO: Beschäftigung, Wachstum und Grundbedürfnisse - Ein weltweites Problem, Genf 1976

Derselbe: Employment and Income Policies for Iran, Genf 1973

Derselbe: World Employment Program, Genf 1969

Industrial and Mining Development Bank of Iran: Fifteenth Annual Report of the Board of Directors to the General Assembly of Shareholders for the Year 1353 (1974/75), Teheran o.J.

Iran Almanac and Books of Facts, Echo of Iran, Teheran 1976

Iran Report, o.O., Oktober 1978

Ivanov, M.: Die sowjetische Einschätzung der Wirtschaftsentwicklung des Iran, in: Vierteljahresberichte der Friedrich-Ebert-Stiftung, 1968

Jalil, T.: Arbeiter des Iran - Unterdrückung und Kampf für demokratische Gewerkschaften, Stuttgart 1977

Janzen, Jörg: Landwirtschaftliche Aktiengesellschaften in Iran, Saarbrücken 1976

Jonas/Minte: Petrodollar - Chance für die kooperative Weltwirtschaft, Bonn - Bad Godesberg 1975

Kaiserlich Iranische Botschaft: Iran und seine Investitionsmöglichkeiten, Köln 1972

Kanani, Nasser: SAVAK - Der iranische Geheimdienst, Münster 1979

Kashani, Kamran: Promotion of Manufactured Exports from Iran - A Study on the Effectiveness of Public Policies, Diss., o.O., 1974

Kaster, H.L.: Iran heute, Wien, Düsseldorf 1974

Kay, Geoffrey: Development and Underdevelopment, London 1975

Kebschull, Dietrich: Entwicklungspolitik - Eine Einführung, Düsseldorf 1971

Keddie, N.R.: Historical Obstacles to Agrarian Change in Iran, in: Issawi, Charles (Hrsg.): The Economic History of Iran, 1800 - 1918, Chicago, London 1971

Derselbe: Religion and Rebellion in Iran, London 1966

Derselbe: The Iranian Village Before and After Land Reform, in: Bernstein, H. (Hrsg.): Underdevelopment and Development - The Third World Today, Harmondsworth 1973

Keiser, Günter: Die Energiekrise und die Strategien der Energiesicherung, München 1979

Köllner, H.J.: Iran - Industriestruktur, BfAi, Köln 1976

Kokxhoorn, Nicoline: Oil and Politics - The Domestic Roots of US-Expansion in the Middle East, Diss., Berlin 1976

Korby, Wilfried: Probleme der industriellen Entwicklung und Konzentration in Iran, Wiesbaden 1977

Khalatbari, Parviz: Die Agrarfrage im Iran, in: Deutsche Aussenpolitik 2/1962

Derselbe: Ökonomische Unterentwicklung, Mechanismen, Probleme, Ausweg, Frankfurt a.M. 1972

Kiani, M.: Ansätze und Möglichkeiten der Geld- und Fiskalpolitik als Finanzierungselemente einer gesamtwirtschaftlichen Entwicklungspolitik, dargestellt am Beispiel Persiens, Berlin 1971

Küppers, R.G.: Chronologie des Protestes, in: Kritik, Nr. Nr. 20/1979

Kuznets, S.: Economic Growth of Nations, Cambridge (Mass.) 1971

Lambton, A.K.S.: Landlord and Peasant in Persia, London u.a. 1953

Derselbe: Land Reform and Rural Co-operative Societies in Persia, in: Royal Central Asian Journal 56, 1969/II

Derselbe: Rural Development and Land Reform in Iran, in: Issawi, Charles (Hrsg.): The Economic History of Iran, 1800 - 1918, Chicago, London 1971

Derselbe: Persian Land Reform, 1962 - 1966, Oxford 1969

Landwirtschaftliche Untersuchungen der Guerilla-Organisation Fedayin des iranischen Volkes: Die Landreform im Iran und ihre Auswirkungen, o.O., o.J.

Leggewie, Claus: Asiatische Produktionsweise und Unterentwicklung, in: Tibi, B./Brandes, V. (Hrsg.): Handbuch 2 - Unterentwicklung, Frankfurt a.M., Köln 1975

Leibenstein, H.: Economic Backwardness and Economic Growth, New York 1957

Lenczowski, George: Russia and the West in Iran, 1918 - 1948, New York 1949

Lenin, W.I.: Das Agrarprogramm der Sozialdemokratie in der ersten russischen Revolution von 1905 bis 1907, Lenin-Werke Bd. 13, Berlin 1972

Derselbe: Der Imperialismus als höchstes Stadium des Kapitalismus, Berlin (O) 1970

Derselbe: Die Entwicklung des Kapitalismus in Rußland, Lenin-Werke Bd. 3, Berlin (O) 1975

Derselbe: Karl Marx, in: Lenin: Gesammelte Werke, Bd. 1, Berlin (O) 1970

Løvbroek, Asbjørn: State Interventionism, Industrial Growth and Planning in Iran, Diss., Oslo 1977

Looney, R.E.: A Development Strategy for Iran Through the 1980s, New York 1977

Derselbe: Iran at the End of the Century, Lexington 1977

Derselbe: The Economic Development of Iran - A Recent Survey with Projections to 1981, New York u.a. 1973

Luxemburg, Rosa: Die Akkumulation des Kapitals, Berlin 1923

Mahdavy, H.: The Patterns and Problems of Economic Development in Rentier States, in: Cook, M.A. (Hrsg.): Studies in the Economic History of the Middle East, London u.a. 1970

Mandel, Ernest: Der Spätkapitalismus, Frankfurt a.M. 1972

Derselbe: Entstehung und Entwicklung der ökonomischen Lehre von Karl Marx, Frankfurt a.M. 1968

Marini, R.M.: Die Dialektik der Abhängigkeit, in: Senghaas, D. (Hrsg.): Peripherer Kapitalismus - Analysen über Abhängigkeit und Unterentwicklung, Frankfurt a.M. 1974

Martinelli, Alberto: Dualismus und Abhängigkeit - Zur Kritik herrschender Theorien, in: Senghaas, D. (Hrsg.): Imperialismus und strukturelle Gewalt, Frankfurt a.M. 1972

Marx, Karl: Brief an Engels am 2. Juni 1853, in: Marx-Engels-Werke (MEW) Bd. 28, Berlin (O) 1968

Derselbe: Das Kapital, Bd. 1 und Bd. 3, Berlin (O) 1969

Derselbe: Die britische Herrschaft in Indien, in: MEW Bd. 9, Berlin (O) 1972

Derselbe: Die künftigen Ergebnisse der britischen Herrschaft in Indien, in: MEW Bd. 9, Berlin (O) 1972

Derselbe: Entwürfe einer Antwort auf den Brief von V.I. Sassulitsch, in: MEW Bd. 19, Berlin (O) 1973

Derselbe: Grundrisse der Kritik der politischen Ökonomie, Frankfurt a.M., Wien o.J.

Derselbe: Zur Kritik der Politischen Ökonomie, in: MEW Bd. 13, Berlin (O) 1971

Massarrat, M.: Energiekrise oder die Krise des Kapitalismus, in: Probleme des Klassenkampfes, Nr. 11/12, 1974

Derselbe: Gesellschaftliche Stagnation und die asiatische Produktionsweise - Dargestellt am Beispiel der iranischen Gesellschaft, eine Kritik der Grundformationstheorie, in: Geographische Hochschulmanuskripte, Mai 1977, Heft 4

Derselbe: Hauptentwicklungsstadien der kapitalistischen Weltwirtschaft, Achenbach 1976

Derselbe: Iran - Von der ökonomischen Krise zur sozialen Revolution, in: Sozialistischer Internationalismus, Februar 1979

Matzdorf, Manfred: Wissenschaft, Technologie und die Überwindung von Unterentwicklung, Saarbrücken, Fort Lauderdale 1979

Maull, Hanns: Ölmacht - Ursachen, Perspektiven, Grenzen, Frankfurt a.M. 1975

Mehner, H.: Die iranische Agrarwirtschaft - Ihre Struktur und gegenwärtige Produktion, in: Orient,Heft 1

Mehran, F.: Income Distribution in Iran - The Statistics of Inequality, ILO, Genf 1975

Meier, Heinz-Dieter: Der Konkurrenzkampf auf dem Weltmarkt, Frankfurt a.M. 1977

Merhav, M.: Technological Dependence, Monopoly, and Growth, Oxford, London 1969

Messerschmidt, E.A.: Iran (Persien) - Wirtschaftsgrundlagen und Außenhandelsmöglichkeiten, Köln 1953

Middle East Economic Digest: Iran - A MEED Special Report, London 1977

Mikdashi, Zuhayr: A Financial Analysis of Middle East Oil Concessions, 1901 - 1965, New York 1966

Derselbe: The OPEC Process, in: Daedalus Journal of the American Academy of Arts and Sciences, Herbst 1975

Millspaugh, A.C.: Americans in Persia, Washington D.C. 1946

Mojdehi, Hassan: Arthur Millspaugh's Two Missions to Iran and their Impact on American-Iranian Relations, Diss., Muncie 1975

Müller, Kurt: Der Iran - Ein Brückenkopf in der neuen Strategie der osteuropäischen Länder im CENTO-Pakt-Raum, in: Vierteljahresberichte der Friedrich-Ebert-Stiftung Nr. 38, Dezember 1969

Myrdal, Gunnar: Ökonomische Theorie und unterentwickelte Regionen, Frankfurt a.M. 1974

Naini, Ahmad: Entwicklungsplanung in Iran, Hamburg 1975

Neusüss, Christel: Imperialismus und Weltmarktbewegung des Kapitals, Erlangen 1972

Nazari, Hassan: Der ökonomische und politische Kampf um das iranische Erdöl, Köln 1971

Nienhans, Volker: Suche nach dem islamischen Ideal, in: Wirtschaftswoche, Nr. 47/1979

Nirumand, Bahman: Die Lüge von den Fanatikern, in: Konkret, Nr. 12/1978

Derselbe: Persien - Modell eines Entwicklungslandes, Reinbek b. Hamburg 1967

Nowshirvani, Y./Bildner, R.: Direct Foreign Investment in the Non-Oil Sectors of the Iranian Economy, Iranian Studies, Nr. 6/1973

Nurkse, Ragnar: Problems of Capital Formation in Underdeveloped Countries, Oxford 1953

Ochel, Wolfgang: Die Industrialisierung der arabischen OPEC-Länder und des Iran, München, London 1978

Ökonomisches Lexikon, Bd. 1, Berlin 1970

Offizielle Deutsch-Iranische Industrie- und Handelskammer: Iran - Wirtschaft 1979/80, Teheran März 1980

Oshima, O.: Income Distribution - Employment and Income Policies for Iran, ILO, Genf 1973

Pahlawi, M.R.: Die soziale Revolution Irans, Düsseldorf 1967

Panahi, Bahram: Erdöl - Gegenwart und Zukunft des Iran, Köln, Wien 1975

Pearson, L.B.: Partners in Development, Report of the Commission on International Development, London 1969

Penrose, E.T.: The Large International Firm in Development Countries - The International Petroleum Industry, London 1968

Pesaran/Farsad: Growth, Income Distribution and Social Change in Iran, mimeo, Aspen Institute, 1977

Pesaran/Mehran: Dealing with Grouped Income Distribution Data - Iran, ILO, Genf 1975

Pigoleskaja u.a.: Tarikh-e-Iran - Persisch - Die Geschichte Irans vom Altertum bis zum Ende des 18. Jahrhunderts, Teheran 1970

Plan Organization: Fourth National Development Plan, 1968-72, Teheran 1968

Plan and Budget Organization: Income Distribution, Projections for Iran, hektographiert, Teheran 1974

Plan and Budget Organization, Statistical Centre of Iran: Statistical Yearbook of Iran 1351, Teheran Juni 1975

Plan and Budget Organization: The Budget 2537 (1978/79) - A Summary, Teheran o.J.

Planck, Ulrich: Berufs- und Erwerbsstruktur im Iran als Ausdruck eines typischen frühindustriellen Wirtschaftssystems, in: Zeitschrift für ausländische Landwirtschaft, Nr. 2/1963

Derselbe: Der Teilbau im Iran, Zeitschrift für ausländische Landwirtschaft, Nr. 1/1962

Derselbe: Iranische Dörfer nach der Bodenreform - Sozialorganisation und Sozialökonomik, Opladen 1974

Pourafzal, Hassan: Die iranische landwirtschaftliche Aktiengesellschaft aus der Sicht der beteiligten Bauern, in: Zeitschrift für das gesamte Genossenschaftswesen, Bd. 24/1974

Rabehl, B. u.a.: Halbheiten in der Überwindung des Leninismus - Zur Leninkritik des Projektes Klassenanalyse, in: Probleme des Klassenkampfes, Nr. 11/12, 1974

Radmanesh, Reza: Die Entwicklung der iranischen Wirtschaft im Lichte der Lehre des 'Kapitals' von Marx, in: 'Das Kapital' von Karl Marx und seine internationale Bedeutung, Sammelband, Berlin (O) 1968

Rafipoor, Faramarz: Das "Extension and Development Corps" im Iran, Saarbrücken 1974

Ramazani, R.K.: The Foreign Policy of Iran, 1500 - 1941, Charlottesville 1966

Ravasani, Schahpour: Die abhängige Industrialisierung in den unterentwickelt gehaltenen Ländern am Beispiel Iran, in: IAB - Studien zu Imperialismus, Abhängigkeit, Befreiung, Nr. 3/1978

Derselbe: Die wirtschaftlichen Ursachen des Sturzes der Pahlawi-Dynastie, in: Tilgner, Ulrich (Hrsg.): Umbruch im Iran. Augenzeugenberichte - Analysen - Dokumente, Reinbek b. Hamburg 1979

Derselbe: Iran - Entwicklung der Gesellschaft, der Wirtschaft und des Staates, Stuttgart 1978

Derselbe: Sowjetrepublik Gilan - Die sozialistische Bewegung im Iran seit Ende des 19. Jahrhunderts bis 1922, Berlin o.J.

Refahiyat, H.: Sozialökonomische Bedeutung von agroindustriellen Kombinationsprojekten in Entwicklungsländern am Beispiel eines Zuckerrohrprojektes in Iran, in: Zeitschrift für ausländische Landwirtschaft, Nr. 11/1972

Reppa, R.B.: Israel and Iran, New York, London 1974

Rinser, Luise: Khomeini und der islamische Gottesstaat - Eine große Idee, ein großer Irrtum?, Percha 1979

Ritter, Wolfgang: Der Iran unter der Diktatur des Schah-Regimes, Frankfurt a.M. 1979

Rogers, Everett: Diffusion of Innovations, New York 1962

Rose, Klaus (Hrsg.): Die Theorie der internationalen Wirtschaftsbeziehungen, Köln, Berlin 1965

Rosenstein-Rodan, P.N.: Notes on the Theory of the "Big Push", M.I.T., CIS, März 1957

Rostow, W.W.: Stadien wirtschaftlichen Wachstums - Eine Alternative zur marxistischen Entwicklungstheorie, Göttingen 1960

Rouhani, Fuad: A History of OPEC, New York 1971

Saedlou, H.: Der Einfluß der Bewässerung auf die Volkswirtschaft und Landwirtschaft im Iran, Diss., Bonn 1960

Saghafi-Nejad, T.: Development Consequences of Transfer of Technology by the Multinational Firm - Insight and Evidence, Persepolis (Schiraz) 1974

Salin, Edgar: Unterentwickelte Länder - Begriff und Wirklichkeit, in: Fritsch, Bruno (Hrsg.): Entwicklungsländer, Köln, Berlin 1968

Sampson, Anthony: Die Sieben Schwestern - Die Ölkonzerne und die Verwandlung der Welt, Hamburg 1976

Sautter, Hermann: Integration in internationale Güter- und Faktorströme - Ein Instrument zur Überwindung oder Verstärkung der Unterentwicklung?, in: Urff, Winfried (Hrsg.): Integration der Entwicklungsländer in eine instabile Weltwirtschaft - Probleme, Chancen und Gefahren, Berlin 1966

Schirazi, A.A.-K.: Genesis der sozio-ökonomischen Unterentwicklung des Iran, Diss., Berlin 1977

Schmidt, J.L.: Die Entwicklungsländer, Frankfurt a.M. 1974

Schneider/Schmitt/Pluge: Die Energiekrise in den USA - Ursachen und Auswege, München, Wien 1974

Schöller, Wolfgang: Weltmarkt und Reproduktion des Kapitals, Frankfurt a.M., Köln 1976

Schröder, G.: Schah und Schia, Gießen 1979

Senghaas, Dieter: Weltwirtschaftsordnung und Entwicklungspolitik - Plädoyer für Dissoziation, Frankfurt a.M. 1977

Sevrugian, Emanuel: Die gewerbliche Wirtschaft Persiens gegen Ende der Kadjarenherrschaft, Diss., Heidelberg 1967

Shamleh, Omar: Politik der OPEC, Bochum 1979

Sinai, R.I.: Problems of Transition to Economic Growth and Modernization in Middle Eastern Societies, in: Stone, R.A. (Hrsg.): OPEC and the Middle East, New York, London 1977

Singer, H.W.: The Distribution of Gains between Investing and Borrowing Countries, in: American Economic Review, Bd. 40/1950

Sofri, Gianni: Über asiatische Produktionsweise, Frankfurt a.M. 1969

Spohn, Wilfried: Afghanistan und Iran im Brennpunkt imperialistischer Konflikte - Thesen zur Bestimmung einer sozialistischen Position, in: Kritik, Nr. 24/1980

Stalin, J.: Über dialektischen und historischen Materialismus, in: Geschichte der KPdSU (B) - Kurzer Lehrgang, Berlin (O) 1946

Statistisches Bundesamt Wiesbaden, Allgemeine Statistik des Auslandes: Iran 1976

Stavenhagen, Rodolfo: Sieben falsche Thesen über Lateinamerika, in: Frank, A.G. u.a.: Kritik des bürgerlichen Anti-Imperialismus, Berlin 1969

Stein, Annemarie (Hrsg.): Iran - Neue Diktatur oder Frühling der Freiheit, Hamburg 1979

Steinbach, Udo: Irans regionale und internationale Rolle, in: Orient Nr. 2/1978

Derselbe: Irans Rolle im arabischen Nahen Osten und Indischen Ozean, Orient Nr. 2/1976

Stockholm International Peace Research Institute (SIPRI): The Arms Trade with the Third World 1977, Stockholm o.J.

Suret-Canale, J.: Schwarzafrika, Geographie, Bevölkerung, Geschichte West- und Zentralafrikas, 2 Bde, Berlin 1966/69

Szentes, Tamás: Zur politischen Ökonomie der Entwicklungsländer, Köln, Frankfurt a.M. 1974

Tahmasebi, Ahmad: Einige Aspekte der Wirkungsweise des Preismechanismus auf dem Erdölmarkt, unveröffentl. Diss., Berlin 1979

Derselbe: Möglichkeiten und Schranken der Revolution im Iran, in: Kritik, Nr. 20/1979

Tanzer, Michael: The Political Economy of International Oil and the Underdeveloped Countries, Boston 1969

Tehran Development Council Secretariat: Tehran's Population, Employment and Economic Growth, 1972 - 1992, Technical Report No. 2, Januar 1976

The Petroleum Publishing Co.: International Petroleum Encyclopedia, 1976, Tulsa 1976

Thumm, Ulrich: Iran - Wirtschaftsstruktur und Entwicklungsplanung, Bremen 1976

Tjulpanow, S.I.: Politische Ökonomie und ihre Anwendung in den Entwicklungsländern, Berlin 1972

Tökei, F.: Zur Frage der asiatischen Produktionsweise, Neuwied, Berlin 1969

Tugendhat, Cristopher: Erdöl - Treibstoff der Weltwirtschaft, Sprengstoff der Weltpolitik, Hamburg 1972

Turner, T.: Iranian Oilworkers in the 1978-79 Revolution, in: Nore/Turner (Hrsg.): Oil and Class Struggle, London 1980

Turner/Bedore: Middle East Industrialization - A Study of Saudi and Iranian Downstream Investments, Farnborough 1979

Ule, W.: Die landwirtschaftlichen Aktiengesellschaften in Iran, in: Zeitschrift für das gesamte Genossenschaftswesen, Bd. 20/1970

Derselbe: Land Reform in Iran and the Development of Agricultural Shareholders' Companies, in: Treydte/Ule (Hrsg.): Agriculture in the Near East, Bonn 1973

UN: Economic Development in the Middle East, 1945 to 1954, o.J.

UN: The Growth of World Industry, Vol. 1, General Industrial Statistics 1961 - 1970, New York 1973

UNIDO: Iran, Establishment of an Industrial Estate and Development of Small Scale Industry, Intern Report for the Period 1963 - 1972, Teheran 1973

United States Arms Sales to the Persian Gulf, Washington D.C. 1975

US-Department of Commerce: The Multinational Corporation - Studies on US-Foreign Investment, Bd. 1, Washington D.C. o.J.

Vaitsos, C.V.: Bargaining and the Distribution of Returns in the Purchase of Technology by Developing Countries, in: Bernstein Henry (Hrsg.): Underdevelopment and Development - The Third World Today, Harmondsworth 1973

Derselbe: Einkommensverteilung und transnationale Unternehmen, in: Kreye, O. (Hrsg.): Multinationale Konzerne - Entwicklungstendenzen im kapitalistischen System, München 1974

Vakil, Firouz: Development Planning Techniques in Iran, Teheran, vervielfältigt, 1974

Derselbe: Iran's Basic Macroeconomic Problems - A 20-Year Horizon, in: Jacqz, J.W. (Hrsg.): Iran - Past, Present and Future, New York 1976

Varga, Eugen: Über die asiatische Produktionsweise, in: Jahrbuch für Wirtschaftsgeschichte, Bd. 4/1967 K

Vatankhah, Mostafa: Historischer Materialismus und Revolution in nichtindustrialisierten Ländern an den Beispielen Rußland und China, Berlin 1973

Vieille/Banisadr (Hrsg.): Petrole et Violence, Paris 1974

Vogel, Ulrich: Zur Theorie der chinesischen Revolution - Die asiatische Produktionsweise und ihre Zersetzung durch den Imperialismus, Frankfurt a.M. 1974

Weissman, S. (Hrsg.): Das trojanische Pferd - Die Auslandshilfe der USA, Berlin 1975

Wheeler, S.: The Development of Industrial Employment in Iran before 1974-75, Plan and Budget Organization, Teheran 1976

Wittfogel, K.A.: Wirtschaft und Gesellschaft Chinas, Leipzig 1931

World Bank: Iran - Country Economic Memorandum, May 1976

Derselbe: Weltentwicklungsbericht 1978, Washington D.C. 1978

Zischka, Anton: Europas bedrohte Hauptschlagader, Bern 1976

Zonis, Marvin: The Political Elite of Iran, Princeton 1971

2. ZEITUNGEN UND ZEITSCHRIFTEN

Frankfurter Allgemeine Zeitung, Frankfurt
Frankfurter Rundschau, Frankfurt
Handelsblatt, Düsseldorf
Petroleum Economist, London
Spiegel, Hamburg
Süddeutsche Zeitung, München
Tagesspiegel, Berlin
Tehran Economist, Teheran
Stern, Hamburg
Wirtschaftswoche, Düsseldorf
World Oil, New York

L e b e n s l a u f

Roland D ö b e l e, geb. am 29.7.1949 in Stuttgart

1968	Abitur in Stuttgart
1968-1974	Studium der Volkswirtschaftslehre an der TU Stuttgart und an der FU Berlin
1974	Abschluß sls Diplom-Volkswirt
1974-1975	Forschungsassistent an der FU Berlin
1975-1976	Stipendiat des Deutschen Akademischen Austauschdienstes in Venezuela
1977	Studium der Wirtschaftsinformatik
1978-1980	Stipendiat der Stiftung Volkswagenwerk

Asien / e.L. / Iran

EL / Konjunktur, ...

Sozialwissenschaftliche Studien zu internationalen Problemen / Social Science Studies on International Problems (ISSN 0584-603 X)

Herausgegeben von / Edited by
Prof. Dr. Diether Breitenbach

---

1 **Breitenbach & Danckwortt**	Probleme der Ausbildung und Anpassung von Praktikanten aus Entwicklungsländern. 1966. 95 S. DM 3,–. ISBN 3-88156-000-9.
2 **Vente**	Entwicklungsländer, Entwicklungshilfe, Ausbildungshilfe. 1966. 214 S. DM 5,–. ISBN 3-88156-001-7.
3 **Gechter**	Die Fortbildung deutscher Landwirte in den USA. 1966. 237 S. DM 5,–. ISBN 3-88156-002-5.
4 **Sproho**	Arbeits- und Lebensverhältnisse von Praktikanten aus Entwicklungsländern. 1967. 196 S. DM 5,–. ISBN 3-88156-003-3.
5 **Freitag**	Florestan Fernandes. Brasilien aus der Sicht eines brasilianischen Sozialwissenschaftlers. 1969. 81 S. DM 15,–. ISBN 3-88156-005-X.
6 **Albrecht**	Innovationsprozesse in der Landwirtschaft. Eine Analyse der »adoption«- und »diffusion«-Forschung in Bezug auf landwirtschaftliche Beratung. 1969. 362 S. DM 40,–. ISBN 3-88156-006-8.
7 **Schneider**	Landwirtschaftliche Innovationsbereitschaft in Westkamerun. 1969. 80 S. DM 15,–. ISBN 3-88156-007-6.
8 **Eckensberger**	Methodenprobleme der kulturvergleichenden Psychologie. 1970. 127 S. DM 20,–. ISBN 3-88156-008-4.
9 **Dittmann**	Technische Ausbildung in Kenia. Erfolgskontrolle einer Handwerkerschule. 1972. 79 S. DM 16,–. ISBN 3-88156-015-7.
10 **Zimmermann**	Auslandsstudium und nationale Orientierung senegalesischer Akademiker. 1972. 212 + XXXV S. DM 35,–. ISBN 3-88156-016-5.
11 **Schönherr**	Berufliche Diversifikation und Führungsmodernisierung im ländlichen Indien. 1972. 57 S. DM 14,–. ISBN 3-88156-017-3.
12 **Grohs**	Traditionelle Erziehung und Schule in Nordnigeria. 1972. 112 + XXXIX S. DM 20,–. ISBN 3-88156-018-1.
13 **Ruf**	Bilder in der internationalen Politik. Analyse und Bedeutung von »Images« in der Politikwissenschaft. 1973. 139 S. DM 28,–. ISBN 3-88156-020-3.
14 **Dittmann**	Kultur und Leistung. Zur Frage der Leistungsdisposition bei Luo und Indern in Kenia. 1973. 287 S. DM 37,–. ISBN 3-88156-021-1.
15 **Eger**	Familienplanung in Pakistan. 1973. 146 S. DM 28,–. ISBN 3-88156-022-X.
16 **Britsch**	Einzelbetriebliches Wachstum in der Landwirtschaft. 1973. 301 S. DM 37,–. ISBN 3-88156-023-8.
17 **Bergmann & Thie**	Die Einstellung von Industriearbeitern zu Entwicklungspolitik und Entwicklungshilfe. 1973. 118 S. DM 15,–. ISBN 3-88156-024-6.

Verlag **breitenbach** Publishers
Memeler Straße 50, 6600 Saarbrücken, Germany
P.O.B. 16243 Fort Lauderdale/Plantation, Fla 33318, USA

Sozialwissenschaftliche Studien zu internatio-nalen Problemen / Social Science Studies on International Problems (ISSN 0584-603 X)

Herausgegeben von / Edited by
Prof. Dr. Diether Breitenbach

---

18 Schulz Landwirtschaftliche Neuerungsverbreitung an der Elfenbeinküste. 1973. 448 S. DM 49,–. ISBN 3-88156-025-4.

19 Bethke Bergbau und sozialer Wandel in Indien. 1973. 240 + LXI S. DM 39,–. ISBN 3-88156-026-2.

20 Breitenbach Auslandsausbildung als Gegenstand sozialwissenschaftlicher Forschung. 1974. 465 S. DM 35,–. ISBN 3-88156-027-0.

21 von Werlhof Prozesse der Unter-Entwicklung in El Salvador und Costa Rica. 1975. 605 S. DM 45,–. ISBN 3-88156-038-6.

22 Rudersdorf Das Entwicklungskonzept des Weltkirchenrats. 1975. 355 S. DM 25,–. ISBN 3-88156-039-4.

23 Becker-Pfleiderer Sozialisationsforschung in der Ethnologie. Eine Analyse der Theorien und Methoden. 1975. 169 + XXXI S. DM 20,–. ISBN 3-88156-040-8.

24 Bodenstedt (Hg.) Selbsthilfe: Instrument oder Ziel ländlicher Entwicklung. 1975. 106 S. DM 10,–. ISBN 3-88156-041-6.

25 Ehrenberg Die indische Aufrüstung 1947–1974. 1975. 406 S. DM 27,–. ISBN 3-88156-042-4.

26 Eger Familienplanungsprogramme oder Änderung der sozio-ökonomischen Verhältnisse? 1975. 360 S. DM 28,–. ISBN 3-88156-043-2.

27 Kordes Curriculum-Evaluation im Umfeld abhängiger Gesellschaften. Quasiexperimentelle Felduntersuchung eines Schulversuchs zur Ruralisierung der Grunderziehung in Dahome (Westafrika). 1976. 613 S. DM 48,–. ISBN 3-88156-046-7.

28 Schönmeier Berufliche Orientierung somalischer Jugendlicher. Die Wahrnehmung der beruflichen Umwelt. 1976. 445 S. DM 35,–. ISBN 3-88156-055-6.

29 Löber Persönlichkeit und Kultur auf Trinidad. Ein Vergleich zwischen Afrikanern und Indern. 1976. 465 S. DM 35,–. ISBN 3-88156-058-0.

30 Göricke Revolutionäre Agrarpolitik in Äthiopien – Traditionelle Agrarverfassungen und ihre Veränderung durch die Landreformgesetzgebung von 1975. 1977. 291 S. DM 24,–. ISBN 3-88156-073-4.

31 Rhie Community Development durch Selbsthilfegruppen. 1977. 223 S. DM 22,–. ISBN 3-88156-078-5.

32 Grüner Zur Kritik der traditionellen Agrarsoziologie in der Bundesrepublik Deutschland. 1977. 196 S. DM 20,–. ISBN 3-88156-080-7.

33 Hundsdörfer Die politische Aufgabe des Bildungswesens in Tanzania. 1977. 293 S. DM 29,–. ISBN 3-88156-082-3.

34 Steinhoff Prestige und Gewinn: Die Entwicklung unternehmerischer Fähigkeiten in Taiwan, 1880–1972. 1978. 220 S. DM 22,–. ISBN 3-88156-092-0.

Verlag **breitenbach** Publishers
Memeler Straße 50, 6600 Saarbrücken, Germany
P.O.B. 16243 Fort Lauderdale/Plantation, Fla 33318, USA

Sozialwissenschaftliche Studien zu internationalen Problemen / Social Science Studies on International Problems (ISSN 0584-603 X)

Herausgegeben von / Edited by
Prof. Dr. Diether Breitenbach

35 Chen	Ein makroökonometrisches Modell für Taiwan. 1978. 401 S. DM 40,–. ISBN 3-88156-093-9.
36 Fohrbeck	Eine neue Weltwirtschaftsordnung? Grenzen und Möglichkeiten. 1978. 149 S. DM 16,–. ISBN 3-88156-094-7.
37 Heuwinkel	Autozentrierte Entwicklung und die neue Weltwirtschaftsordnung. 1978. 160 S. DM 16,–. ISBN 3-88156-095-5.
38 Kolodzig	Das Erziehungswesen in Tanzania. 1978. 230 S. DM 23,–. ISBN 3-88156-096-3.
39 Wöll	Die Slums von Lissabon. 1978. 350 S. DM 36,–. ISBN 3-88156-100-5.
40 Schepers	Beratung in der entwicklungspolitischen Zusammenarbeit. 1978. 360 S. DM 36,–. ISBN 3-88156-104-8.
41 Pfleiderer-Becker	Tunesische Arbeitnehmer in Deutschland. 1978. 142 S. DM 14,–. ISBN 3-88156-105-6.
42 Bauer	Kind und Familie in Schwarzafrika. 1979. 313 S. DM 32,–. ISBN 3-88156-123-4.
43 Kushwaha	Kommunikationsaspekte der Familienplanung im ländlichen Indien. Eine Fallstudie in Nordindien. 1979. 356 S. DM 35,–. ISBN 3-88156-124-2.
44 Leber, G.	Agrarstrukturen und Landflucht im Senegal. Historische Entwicklung und sozio-ökonomische Konsequenzen. 1979. 142 S. DM 15,–. ISBN 3-88156-125-0.
45 Leber, B.	Entwicklungsplanung und Partizipation im Senegal. Aspekte der Planungsbeteiligung in peripheren Ländern Afrikas. 1979. 294 S. DM 29,–. ISBN 3-88156-126-9.
46 Matzdorf	Wissenschaft, Technologie und die Überwindung von Unterentwicklung. Zur Kritik herrschender Entwicklungs- und Technologiekonzepte und zur Problematik eines autonomen sozialistischen Weges. 1979. 322 S. DM 32,–. ISBN 3-88156-127-7.
47 Römpczyk	Internationale Umweltpolitik und Nord-Süd-Beziehungen. 1979. 303 S. DM 30,-. ISBN 3-88156-129-3.
48 Rauls	Schulische Bildung und Unterentwicklung in Paraguay. 1979. 185 S. DM 19,50. ISBN 3-88156-137-4.
49 Dabisch	Pädagogische Auslandsarbeit der Bundesrepublik Deutschland in der Dritten Welt. 1979. 258 S. DM 25,–. ISBN 3-88156-138-2.
50 Hoffmann	Vom Kolonialexperten zum Experten der Entwicklungszusammenarbeit. Acht Fallstudien zur Geschichte der Ausbildung von Fachkräften für Übersee in Deutschland und in der Schweiz. Mit einem Vorwort von Winfried Böll. 1980. 337 S. DM 20,–. ISBN 3-88156-142-0.

Verlag **breitenbach** Publishers
Memeler Straße 50, 6600 Saarbrücken, Germany
P.O.B. 16243 Fort Lauderdale/Plantation, Fla 33318, USA

Sozialwissenschaftliche Studien zu internationalen Problemen / Social Science Studies on International Problems (ISSN 0584-603 X)

Herausgegeben von / Edited by
Prof. Dr. Diether Breitenbach

51 Alt	Ägyptens Kopten – Eine einsame Minderheit. Zum Verhältnis von Christen und Moslems in Ägypten in Vergangenheit und Gegenwart. Herausgegeben von der Arbeitsgruppe Bielefelder Entwicklungssoziologen und Kübel-Stiftung GmbH. 1980. 111 S. DM 15,–. ISBN 3-88156-144-7.
52 Liem	Die ethnische Minderheit der Überseechinesen im Entwicklungsprozeß Indonesiens. Ein Beitrag zur Erforschung interethnischer Vorurteile in der Dritten Welt. Mit einem Vorwort von Prof. Dr. René König. 1980. 626 S. 11 Abb. DM 49,50. ISBN 3-88156-145-5.
53 Spessart	Garant oder Gegner? Militärregierung und städtische Marginalität in Lima, Peru, 1968–1975: Vier Fallstudien. 1980. 499 + XVIII S. 6 Fotos. Zahlr. Graphiken und Tab. DM 42,–. ISBN 3-88156-149-8.
54 Schultz	Frühkindliche Erziehung in Afrika südlich der Sahara. Eine Erörterung im Hinblick auf Vorschulerziehung. 1980. 307 S. DM 28,–. ISBN 3-88156-152-8.
55 Glaeser	Factors Affecting Land Use and Food Production. A Contribution to Ecodevelopment in Tanzania. 1980. 238 S. DM 24,–. ISBN 3-88156-151-X.
56 Dederichs	Elterliche Erziehung und Genese des Leistungsmotivs in Ghana. Eine empirische Studie über schichtspezifische Sozialisationsbedingungen bei Jugendlichen in Accra. 1980. 168 S. DM 18,–. ISBN 3-88156-155-2.
57 Glaeser	Ökoentwicklung in Tanzania. Ein empirischer Beitrag zu Bedürfnissen, Selbstversorgung und umweltschonender Agrartechnologie im kleinbäuerlichen Betrieb. 1981. 209 S. DM 21,–. ISBN 3-88156-161-7.
58 Heuer/ Oberreit	Peru, Kolonisation und Abhängigkeit. Untersuchungen zur neuen Strategie ausländischer Interessen im peruanischen Agrarsektor. 1981. 192 S. DM 19,–. ISBN 3-88156-165-X.
59 Hendrichs	Die Wirtschaftsbeziehungen der Deutschen Demokratischen Republik mit den Entwicklungsländern. 1981. V, 88 S. DM 10,–. ISBN 3-88156-171-4.
60 Ralle	Modernisierung und Migration am Beispiel der Türkei. 1981. VI, 175 S. DM 19,50. ISBN 3-88156-173-0.
61 Wollmann	Mangelernährung und ländliche Entwicklung. Theoretische und praktische Ansatzpunkte einer grundbedürfnisorientierten Entwicklungspolitik. 1981. VII, 140 S. DM 16,–. ISBN 3-88156-174-9.

Verlag **breitenbach** Publishers
Memeler Straße 50, 6600 Saarbrücken, Germany
P.O.B. 16243 Fort Lauderdale/Plantation, Fla 33318, USA

Sozialwissenschaftliche Studien zu internationalen Problemen / Social Science Studies on International Problems (ISSN 0584-603 X)

Herausgegeben von / Edited by
Prof. Dr. Diether Breitenbach

62 Fürst Staat, Kapital und Regionalproblem in Peru 1968–1978. Zum Zusammenhang zwischen assoziiert-kapitalistischer Entwicklung und strukturell heterogener Raumformation im industriellen Akkumulationsprozeß ökonomisch nicht entwickelter Länder. 1981. Teil I: Untersuchung. VII, 584 S. Teil II: Anmerkungen und statistischer Anhang. VII, 283 S. Gesamtausgabe: DM 75,–. ISBN 3-88156-176-5.

63 Bhatty The Economic Role and Status of Women in the Beedi Industry in Allahabad, India: A Study Prepared for the International Labour Office within the Framework of the World Employment Programme. 1981. II, 97 p. DM 12,–. ISBN 3-88156-192-7.

64 Döbele Entwicklung und Unterentwicklung: Das Beispiel Iran. 1982. XI, 388 S. DM 39,–. ISBN 3-88156-201-X.

Verlag **breitenbach** Publishers
Memeler Straße 50, 6600 Saarbrücken, Germany
P.O.B. 16243 Fort Lauderdale/Plantation, Fla 33318, USA